◇现代经济与管理类规划教材
普通高等教育“十三五”规划教材

税 法

（第 3 版）

段治平 朱海涛 常 晋 编 著

清华大学出版社
北京交通大学出版社
·北京·

内容简介

本书以现行税收法律为依据，力争用活泼、生动、简洁的语言，图表、专题与案例，准确阐述税收经济学、税收法学和税收会计学的一般规律、基本理论、基本业务和基础知识，重点反映税收税法问题在经济学、法学和会计学上的相互关联性和系统性，以及当前我国税收税法领域热点问题，新一轮税制改革重点和难点问题。在编写的过程中，注重历史与现实、理论与实践、国内与国外等不同视角，尽量体现“新颖”“全面”“实用”的精神，做到深入浅出、通俗易懂，使读者在较短的时间内，对我国现行税法有一个比较全面的了解。

本书是为学习税法、国家税收、中国税制等课程编写的教科书。除作为财政、税收、会计专业教材外，还可作为高等院校一般经济管理专业（如工商管理、国际贸易、电子商务、金融等）、法学专业教学用书，也可作为会计专业技术资格考试参考用书和广大经贸财会从业人员的学习参考书及培训用书。

图书在版编目（CIP）数据

税法/段治平，朱海涛，常晋编著. —3版. —北京：北京交通大学出版社；清华大学出版社，2019.8

（现代经济与管理类规划教材）

ISBN 978-7-5121-4037-0

Ⅰ. ①税…　Ⅱ. ①段…②朱…③常…　Ⅲ. ①税法-中国-高等学校-教材　Ⅳ. ①D922.22

中国版本图书馆CIP数据核字（2019）第178284号

税法
SHUIFA

责任编辑：吴嫦娥
出版发行：清华大学出版社　邮编：100084　电话：010-62776969　http://www.tup.com.cn
　　　　　北京交通大学出版社　邮编：100044　电话：010-51686414　http://www.bjtup.com.cn
印 刷 者：北京时代华都印刷有限公司
经　　销：全国新华书店
开　　本：185 mm×260 mm　印张：20.5　字数：512千字
版　　次：2019年8月第3版　2019年8月第1次印刷
书　　号：ISBN 978-7-5121-4037-0/D·229
印　　数：1～3 000册　定价：49.00元

本书如有质量问题，请向北京交通大学出版社质监组反映。对您的意见和批评，我们表示欢迎和感谢。
投诉电话：010-51686043，51686008；传真：010-62225406；E-mail：press@bjtu.edu.cn。

再版说明

本书第一次出版发行至今，已经过去十年了。十年来，尤其是党的十八大以来，以习近平同志为核心的党中央以前所未有的决心和力度推进全面深化改革，作出一系列重大战略部署。随着我国“减税降费”的逐步落实以及新一轮税制改革的持续推进，我国税收制度发生了一系列变化。这其中既有对原有税种的合并，也有新颁布的税种，更有对原有税收法规立法级次的提升，还有税收征管制度的优化及完善。为了提升本书的时效性，决定重新组织人员，进行本次修订。

我们认真梳理了近十年来有关税收制度改革的总体脉络，对其中政策性强的关键节点进行了反复斟酌比较，并充分吸收了相关研究成果。本次修订重点，一是对教材中各税种的征收制度更新至2019年上半年，税收收入以及相关数据更新至2018年。二是对教材的章节做了适当调整，第4章营业税替换为环境保护税。三是对每一章节的例题都做了修订和调整，按照修改后的税率及相关规定重新计算，具体如下所述。

第1章税法概述，修订了税收管理体制及税收征管制度，因为我国税务系统行政机构改革，国、地税机构合并也带来了税收征管制度的一系列变化。

第2章增值税，全面修订了增值税的具体征收制度，将“营改增”以后的增值税制度进行重新排列，结合“后增值税”时代的增值税改革，不断完善其内容。一般纳税人与小规模纳税人的身份认定、课税范围、税率、一般纳税人进项抵扣制度的计算、增值税出口退税制度、增值税专用发票管理、增值税最新税收优惠政策等，都按照改革后的增值税制度修订其内容。

第3章消费税，修订了消费税的税目以及税率，消费税的会计核算，会计科目由“营业税金及附加”调整为“税金及附加”。

第4章营业税替换为环境保护税。以新颁布的环境保护税为依据，介绍其课税制度、应纳税额的计算以及会计核算。

第5章关税，修订了近年来我国关税税则的调整以及国家对进口货物、服务的关税态度，尤其是在国际贸易战中我国关税税率及水平的变化。

第6章企业所得税，修订了应税所得计算的过程，免税项目、三项经费、生产经营中发生的利息支出、业务招待费、业务宣传费和广告支出、企业公益性捐赠、加计扣除等都有新的规定；无形资产的税务处理、生物资产的税务处理、长期待摊费用的税务处理有新的变化；高新技术企业的税收优惠、技术转让所得的税收优惠、小型微利企业的税收优惠都有调整。

第7章个人所得税，按照2019年的新税法重新安排个人所得税的具体制度。从纳税人的身份认定，到课税范围的重新确定，再到个人所得税的计算以及综合所得的预缴制度等，都完全不同于旧版的个人所得税，因此个人所得税的具体征收制度进行了全面修订。

第 8 章其他各税，城建税修订了会计核算；资源税增加了比例税率征收的内容，增加了水资源税的内容，修订了资源税应纳税额的计算；房产税以专题形式增加了对房产税改革的预期；土地增值税修订了计税依据的部分内容；车船税以 2019 年 4 月 23 日颁布的《中华人民共和国车船税法》为依据重新修订内容；印花税修订了纳税方式，由原来的自行纳税为主，调整为统一实行申报纳税方式，不再采用贴花的纳税方式；车辆购置税以 2019 年 7 月 1 日起施行的《中华人民共和国车辆购置税法》为依据重新修订内容；船舶吨税以 2018 年 7 月 1 日起施行的《中华人民共和国船舶吨税法》为依据修订内容。

第 9 章、第 10 章、第 11 章，将税收征管涉及的新规定补充加入，将国际税收中国际反避税的新动态加入，国际税收抵免方法根据我国税制改革的内容进行修订。

扫描本书二维码，安装加阅 APP，注册成功后可以在手机上阅读与本书各章节相关的小知识或资料。

编著者

2019 年 6 月

第1版前言

税收是一个经济范畴，也是一个历史范畴。税收随着国家的产生而产生，是国家赖以生存的基础，具有筹集财政收入、调节经济运行、调节收入分配的重要职能。目前，我国的税收收入已占财政收入的95%左右，是财政收入最主要的来源。

税法是国家法律体系的重要组成部分，是调整税收关系法律规范的总称。其中，税务、海关等部门代表国家行使税收权力，依照法律筹集财政收入，国家通过预算安排用于财政支出，提供公共产品和公共服务；纳税人依法经营，照章纳税，既是履行国家法律规定应尽的义务，又是为享受公共产品付出的代价。

市场经济是法制经济，而公共财政也是具有法制性特征的财政模式。因此，市场经济与税收是具有天然联系的两个范畴。应当看到，随着社会主义市场经济体制的建立和不断完善，税收在我国经济生活中的地位和作用越来越重要，许多高校除财政、税收、会计专业外，对一般经济管理类专业（如工商管理、国际贸易、电子商务、金融等）、法学专业本科生开设了“税法”“国家税收”“中国税制”等相关课程。尤其作为注册会计师、注册税务师必考内容，每年都要出版专门的税法教材及相关的辅导材料。

本书主要有以下特点。

(1) 在对现行税收法律有所侧重情况下，坚持遵循税法学的一般分析框架，基本主线是：税法概述—税收实体法与税收会计—税收征收管理与税务行政法制—税收筹划与税务代理—国际税法及国际税收竞争与协调。

(2) 从编写内容上，以全国人民代表大会及其常务委员会、国务院、财政部、国家税务总局、海关总署发布的现行有效的税收基本法律、法规、规章和有关权威性资料为依据，并在基本概念和基本理论尽量简化明晰的同时，考虑将税收经济学、税收法学和税收会计学等与税收关联性密切的内容糅合在一起，适当引入“财税效应分析”“财税趋向性改革分析”“税收筹划避税与反避税”“税务代理”“税务征管”“税法的历史演进”“比较税法”等内容，以适应学生不同层次的需要。

(3) 在编写方式上，力争用活泼、生动、简洁的语言，图表、案例和大量的计算题，增加实用性、可读性和启发性。除正文外，适当加入了下列模块：学习目的、开篇导言、专题、实例、案例、本章小结、关键词、思考题等。

全书分5部分，共11章。

第1部分即第1章税法概述，具体包括税收与税收负担、税法及税法原则、税法构成要素与税法体系、税收管理体制及税收征管制度四部分。

第2部分为税收实体法，具体包括第2～8章。其中，第2～7章分别是增值税、消费税、营业税、关税、企业所得税、个人所得税等6个税种，具体内容包括概述、我国具体征收制度、适用案例三大部分。第 8 章是其他各税，具体包括城市维护建设税及教育费附加、资源税、城镇土地使用税、房产税、土地增值税、车船税、印花税、车辆购置税、契税、船舶吨税、耕地占用税与烟叶税等 12 个税种。

第 3 部分即第 9 章税收征收管理与税务行政法制。首先介绍税收征收管理法，包括税收征收管理法概述、税务管理、税款征收、税务检查、法律责任、纳税评估管理办法、纳税担保办法等内容。其次介绍税务行政法制，包括税务行政处罚、税务行政复议、税务行政诉讼、税务行政赔偿等内容。

第 4 部分即第 10 章税收筹划与税务代理，主要介绍税收筹划和税务代理的相关理论和基础知识。

第 5 部分即第 11 章国际税法，主要介绍国际税收协定、国际重复征税的产生和消除、国际避税与反避税等方面的相关内容。

本书由段治平担任主编，陈昕担任副主编。书稿写作分工如下：第 1 章、第 11 章由段治平、聂国栋编写；第 2 章、第 6 章、第 10 章由陈昕编写；第 3 章、第 7 章由朱海涛、张福俊编写；第 4 章由孙玉红编写；第 5 章由刘进涛编写；第 8 章由吕君编写；第 9 章由刘鹏编写。

本书在编写过程中，参考借鉴并引用了目前有关税法教材及学术杂志发表的研究成果，特此说明，并向有关作者表示感谢。我们还要感谢北京交通大学出版社吴嫦娥女士，由于她的辛勤努力，才使本书得以顺利出版。

由于编者理论水平和实践经验有限，疏漏或错误在所难免，恳请广大读者批评指正。

编　者

2012 年 1 月

目 录

第1章

税法概述

学习目的

了解税收的起源与发展、税收法律关系、税法与其他法律的关系，掌握税收与税法的概念及其特征、税收负担与税收效应、税法基本原则和适用原则、税法分类、税法构成要素、税法的效力与解释等基本内容，熟悉我国现行税法体系及税收管理体制。

开篇导言

税收是一个古老的经济范畴。在我国，税的名称最先出现于春秋时期鲁宣公十五年（公元前594年）的“初税亩”，即初次实行按亩征税。“税”字左边为“禾”，右边为“兑”，有输送之意。“税”字一出，便广泛应用开来，直至今天。

税收是由国家（或政府）征收的，是国家参与社会产品分配的一种主要形式。其目的是满足国家（政府）经费开支的需要，以维持国家的存在，实现国家的各种职能。美国著名政治家富兰克林曾经说过：“人生中只有两件事不可避免，那就是死亡和纳税。”我国也流传着“皇粮国税，古已有之”的谚语。税收与我们的日常生活息息相关。有人根据中国税率计算出的一些日常商品中的含税份额：一袋价格为2元的盐，包含大约0.29元的增值税和0.03元的城建税；你去餐馆吃饭，最后结账时不论多少，餐费的5.5%是增值税及城建税；如果你吸烟，每包烟若为8元，其中大约4.70元是消费税、增值税和城建税；如此等等。

税收既影响每个人的收入，又影响每个人的支出，是对人们福利状况影响最大的一种社会关系行为。试想，一个人一年到头辛辛苦苦地挣了一笔钱，可能很多，也可能很少。税务官马上就跑过来找你，要求你拿出部分交给政府。如果你不给，他可以强制你。如果你再不掏钱，税务局可能罚你的款，甚至把你关入监狱。难怪有人讲，“征税的艺术就是拔最多的鹅毛又使鹅叫声最小的技术”。正因为如此，人们长期以来一直致力于征税效率与公平的研究，并希望通过更好的税法设置来完成效率与公平更合理的搭配。

税法学是以税法和税收法律现象为研究对象的法律科学，是调整税收关系的法律规范的总称。当然，在奴隶社会和封建社会，征税与否是由国王决定的，国王的意志就是法律。现代宪政主义的税制起源于中世纪的英格兰。1215年6月19日，约翰国王与25名贵族代表在泰晤士河畔的尼米德草地签署了《大宪章》。自此，“没有共同协商，不得征税”“无代表权不纳税”等理念，逐步成为英国宪政的基本原则。应当指出，资本主义制度确立后，国家征收任何税收都必须经过一定的立法程序，君主和国家元首不能擅自决定征税。这与封建专制征税相比，是一个巨大进步。但综观世界各国，国家在征税过程中所形成的特殊分配关系，使得税收的性质取决于社会经济制度的性质和国家的性质，各国的税收制度都取决于本国国情、经济发展水平及其政治制度。在中国几千年悠长的岁月中，税收逐渐形成了自己独特的文化、完备的体系，并在国家的政治、经济生活中发挥着不可替代的作用。新中国成立以来，我国的税收制度历经了几次变革，已从计划经济体制下的商品流转税为主体的单一税收制度，发展成为社会主义市场经济体制下的以流转税、所得税为主体的复合税收制度，税收法制化管理正逐步加强。目前，我国新一轮税制改革正在紧锣密鼓地进行之中。

本章首先介绍税收的起源与发展、税收概念及其特征、税收负担及其转嫁，接着就税法概念、税收法律关系、税法分类、税法与其他法律的关系、税法的特点、税法基本原则和适用原则展开论述，之后则是我国税法构成要素、税制改革状况、税法体系、税收管理体制及税收征管制度等相关内容。本章内容对全书具有提纲挈领的作用。

1.1 税收与税收负担

1.1.1 税收的起源与发展

1. 西方国家的税收起源和发展

早在四五千年前，欧洲的古希腊、古罗马和非洲的古埃及等一些奴隶制国家，就已经出现了税收。以欧洲的税收产生为例，具有现代意义的税收形式大都经历了 3 个阶段：一是自由纳贡时期，这时税收含有临时性捐赠、馈赠的意思；二是承诺纳税阶段，这一时期的税收初步摆脱了贡赋不分的状态，开始具有契约式的约束性和固定性；三是欧洲封建专制课税时期，这时的税收已经具有国家政治权力与私有财产权利相对抗的典型特点。

资本主义国家建立后，其税制发展经历了从以消费税和关税为主体到以所得税为主体的 3 个阶段。以美国为例，其税收制度的发展大体经历了以下 3 个阶段。①以关税为主体的间接税阶段（1783—1861）。1787 年，美国成立联邦共和国，通过了新宪法。新宪法规定，联邦政府拥有独立的课税权，各州将进口关税让渡给联邦政府，作为联邦政府的主要收入来源。到 1861 年平均税率已达 24%左右，其所组织的收入是其他财政收入的 5～10 倍，关税成为这一时期美国税收制度中最重要的税种。②以商品税为中心的复税制阶段（1861—1913）。从 1861 年起，联邦政府扩大了国内消费税的课征范围并提高了税率，使关税收入历史性地退居次要地位，从而逐步确立了以商品税为主体税种的税制框架。③以所得税为主体的复税制阶段（1913 年以后）。1913 年，美国宪法修正案重新恢复开征所得税，从而逐步确立了以商品税为主体税种的税制框架，这一年是美国税制从以商品课税为主走向以所得课税为主的分界线①。但此时，所得税的纳税户仅占全国总户数的 1%，其收入占联邦税收的比重也仅为 5%。1913 年所得税收入只有 0.35 亿美元，到 1920 年就达到 49 亿美元，到 1927 年所得税收入占税收总收入的比重达到 64%。1943 年又从立法角度确立了凡有收入必须纳税的赋税原则，从而使所得税比重继续上升，到 1975 年已达 72%。与此同时，政府于 1924 年开征联邦赠与税，1937 年又开征社会保险税。到 60 年代社会保险税已上升为联邦税收中仅次于个人所得税的第二号税种。只是从 80 年代起，减税改革使所得税比重有所下降，但美国现行税制仍是以所得税为主体的复税制结构。

① 1861 年美国南北战争爆发，为了筹措经费，经国会通过，联邦政府开始对年所得在 800 美元以上的个人征收 3%的个人所得税。1862 年，对个人所得税法进行了修改，规定对超过 1 万美元的年所得，税率提高为 5%，从而使个人所得税稍具累进性。战争结束后，个人所得税遭到了纳税人的一致反对，1872 年个人所得税法被废止。

2. 我国税收的产生和发展

我国最早的税收形式为春秋战国时期的“初税亩”[①]，而之前的“井田制”[②] 及“贡”“助”“彻”等形式在一定意义上说，已经含有税收的某些特征，可以说是我国税收的雏形。

在我国漫长的封建社会中，税收制度大致沿着以人头税、力役之征为主体—人头税和土地税并重—土地税为主体的轨迹发展，其分水岭为唐德宗建中元年（780）杨炎推行的“两税法”[③] 和明嘉靖年间实行“一条鞭法”[④] 及清康熙时期实行的“摊丁入地、地丁合一”制度。我国封建社会除了上述按土地和人丁课征的赋税外，伴随商业和手工业的发展，被称为杂税的各种工商税收也日益增多，如盐税、牙税等，但税额在税收总额中还不占主要地位。

我国半殖民地半封建社会税收制度的主要特点是各种新旧苛捐杂税并存，包括田赋、工商杂税、关税、厘金[⑤]、土药税[⑥]等，形成一套苛重扰民的税收制度。这一时期，税收的主要特征表现为：首先，税负沉重，不断加重旧税（最显著体现在田赋和盐税上）、开征新税（以关税和厘金最显著）；其次，国家部分征税权力和税款支配权力丧失。这一时期，帝国主义强制清政府以税收作为赔款的担保，使中国关税由自主独立变成“协定关税”，并进而夺取中国海关的行政管理权和关税支配权。

新中国成立之初的1950年，在总结老解放区税收制度建设的经验和清理旧中国税收制度的基础上，根据当时的政治经济状况，建立了一套以多种税、多次征为特征的复合税制。之后，则是由繁到简再由简到繁地多次改革和调整。其中，1958年到1978年年底是中国税制曲折发展的时期，当时由于“左”的指导思想的作用和原苏联经济理论及财税制度的影响，税制几经变革，走的都是一条片面简化的路子，税种越来越少，税制越来越简单，税务机构被大量撤并，大批税务人员被迫下放、改行，从而大大缩小了税收在经济领域中的活动范围，严重地影响了税收职能作用的发挥。1978年改革开放以后，首先是适应对外开放需要，建立涉外税收制度为突破口的。后经充分酝酿与起步，实行了“利改税”和全面的工商税制改革，尤其是经过1994年的近乎推倒重来的大规模改革，已从计划经济体制下的商品流转税为主体的单一税收制度，发展成为社会主义市场经济体制下的以流转税、所得税为主体的复合税收制度。这一时期税收的特点主要表现为：①税收、利润分配、收费等多种分配形式并存，但以税收作为主要的分配手段和财政收入形式；②税种较多，征税对象以流转额、所得额为主，财产、资源和特定目的为辅；③税收主要来源于工业和第三产业；④税收优惠较多，偷逃税也比较普遍；⑤税收法制化管理正逐步加强。目前，我国新一轮税制改革

---

① 春秋时代鲁国在鲁宣公十五年（前594）实行的制度，即不论公田、私田一律按亩征税。

② 西周时期典型的土地制度。井田“一井”九百亩，8家农户各分百亩私田；剩余的百亩公田由8家共耕，公田的农产品归奴隶主国家所有的制度。

③ 唐德宗建中元年杨炎改革税制，实行劳动力不分年龄大小，一律按贫富，也就是按拥有土地和财产的多少征税，夏秋两次征收，纳税物变为按户等纳钱或按田亩纳米粟，货币税和实物税并重。

④ 明嘉靖年间，变田有赋、人有役为赋役合一，使劳役逐渐消失，农民对封建国家的人身依附关系得到一定程度的松弛；变对人税为对物税或曰变实物缴纳与货币缴纳并重为货币缴纳，是走向近代税制的开端。清康熙时期，把丁银完全摊入地银征收，实现人丁税、土地税并重为主体的税制向土地税为主体的税制的彻底转变，是中国封建社会税制发展的最高水平。

⑤ 清朝后期为对付太平天国运动筹集财政资金，对各种货物在产、运、销各环节道道课征、层层盘剥所征收的税金，是破坏经济最重、贻害百姓最深的一种恶税。

⑥ 清朝后期对鸦片征收的特别税。

正在紧锣密鼓地进行之中。

3. 税收产生和发展的前提条件

税收是一个历史范畴。税收的产生是国家政治权力干预私有财产权利的必然结果，是人类社会发展到一定历史阶段的产物。综合起来，税收的产生和发展是由以下条件共同决定的。

(1) 社会公共需要是税收产生和存在的社会条件。社会公共需要，作为一种社会客观需要，它的物质内容表现为社会公共设施和社会公共消费。公共需要对受益者来说不可能通过市场交换的方法来解决，也决定了满足公共需要的分配必须由社会公共权力机构来执行，而不可能由具有独立经济利益的生产者自己进行分配。税收就是为满足经常化的社会公共需要筹集费用的最强有力的分配手段①。

(2) 广泛的剩余产品生产是税收产生和存在的物质条件。税收作为一种特定的分配关系，必须要有被分配的对象物，也就是要有分配的物质来源。剩余产品是全社会在一定时期内创造的总产品扣除补偿经济活动中的物化劳动耗费和活劳动耗费以后的剩余部分。剩余产品构成了税收分配的物质来源，是满足国家公共需要的物质基础。

(3) 财产私有制度是税收产生和存在的经济条件。生产资料和社会产品私人占有的财产私有制度是税收产生和存在的经济条件。出现私有财产制度以后，国家只有通过强制性的税收进行课征，才能将属于私人占有的剩余产品的一部分转化为由国家支配，以满足社会公共需要。因此，财产私有制以及由此而产生的经济利益独立化是税收产生和存在的决定性条件之一。

(4) 国家化公共权力是税收产生和存在的政治条件。任何社会制度下的税收都是凭借国家化的社会公共权力，任何征税权的行使都是以强制性的公共权力为后盾的。而强制性的社会公共权力是由具有政治权力的国家来代表的。而国家化的公共权力有一整套强制机关，包括警察、监狱、法庭、军队等。这种国家化的公共权力的存在，就为税收的产生和存在提供了最后的决定性条件。

1.1.2 税收概念及其特征

1. 税收概念

税收是世界各国最重要的财政收入形式。无论是对国家、企业还是公民，税收都是一个十分重要的概念。但不同国家、不同历史时期，乃至不同的学者对税收概念的界定却不尽相同。

我国历史上，税收曾被称为赋税、租税、捐税等，是一个最古老的财政范畴。

在西方，最早回答什么是税收的经济学家是 18 世纪古典经济学的代表人物亚当·斯密。1776 年，他在《国民财富的性质和原因的研究》一书中指出，税收即“人民必须拿出自己一部分私人的收入，给君主或国家，作为一笔公共收入”。

美国财政学家塞里格曼（Seligman）则于 1895 年指出：“赋税是政府对于人民的一种强制征收，用以支付谋取公共利益的费用，其中并不包含是否给予特种利益的关系。”

美国《现代经济学词典》给税收下的定义是：“税收的作用在于应付政府开支的需要而

① “公需说”认为，税收存在的依据在于纳税人对公共需要和公共福利的要求，国家的职能是满足公共需要和增进公共福利，这一职能的实现需要税收来提供物质资源。“交换说”认为，税收是纳税人为获得国家提供的安全保护和公共秩序等公共品所付出的一种代价，国家和纳税人之间是一种利益交换关系，国家征税的依据是其向纳税人提供了公共品。林达尔在“公需说”和“交换说”的基础上，进一步系统地提出了“税收价格论”。“税收价格论”认为税收是纳税人为消费公共品而向政府支付的“价格”，税收征纳双方在本质上是平等的交换关系。

筹集稳定的财政资金。税收是居民个人、公共机构和团体向政府强制转让的货币（偶尔也采取实物或劳务的形式）。它征收的对象是财产、收入或资本收益，也可以来自附加价格或大宗的畅销货。”

马克思把税收定义为：“赋税是政府机器的经济基础，而不是其他任何东西。”“国家存在的经济体现就是捐税。”根据马克思主义学说，我国学者一般认为，税收是国家为了满足公共需要（或实现其职能），凭借其政治权力，运用法律手段，按预定标准，强制无偿地向全体社会成员集中部分社会产品所形成的特定的产品分配关系。1991年年底出版的《中国税务百科全书》把税收定义为：“国家为满足社会公共需要，依据其社会职能，按照法律规定，参与国民收入中剩余产品分配的一种规范形式。”

尽管东西方经济学家们对税收的概念表述不一，但我们仍然可以从中看到一些带有共同性的认识，这就是：税收是由国家或者说是由政府征收的；国家征税凭借的是其拥有的政治权力，并以法律的形式予以明确规定；国家征税的目的是满足国家（政府）经费开支的需要，以维持国家的存在，实现国家的各种职能；税收是一个分配范畴，是国家参与社会产品分配的一种主要形式。由此，本书给出税收一个简单而明确的定义：税收是国家为了实现其职能，凭借政治权力，按照法律规定，强制地参与社会产品分配而取得财政收入的一种形式。

2. 税收的特征

税收作为财政收入的一种形式，具有区别于其他财政收入形式的特征。这些特征可概括为强制性、无偿性和固定性。

(1) 税收的强制性。税收的强制性，是指国家征税是凭借政治权力，通过颁布法律或法令实施的，任何单位和个人都不得违抗。在对社会产品的分配过程中，存在着两种权力：所有者权力和国家政治权力。前者依据对生产要素的所有权取得收入，后者凭借政治权力占有收入。税收的强制性是由它所依据的政治权力的强制性决定的。在税收分配上，国家政治权力是高于所有权的。

(2) 税收的无偿性。税收的无偿性，是指国家征税以后不向纳税人直接支付任何代价或报酬。当然，税收的无偿性也是相对的，因为从个别的纳税人来说，纳税后并未直接获得任何报偿，即税收不具有偿还性。但是若从财政活动的整体来考察，税收的无偿性与财政支出的无偿性是并存的，这又反映出有偿性的一面，即“取之于民，用之于民”。从这个意义上说，有的学者提出税收具有“个别无偿性，整体有偿性”的看法也是不无道理的。

(3) 税收的固定性。税收的固定性，是指国家在征税前就以法律或法规的形式预先规定了征税的标准，包括征税对象、征收的数额或比例，并只能按预定的标准征收。纳税人只要取得了应当纳税的收入，或发生了应当纳税的行为，或拥有了应当纳税的财产，就必须按规定标准纳税。同样，征税机关也只能按规定标准征税，不得随意更改这个标准。由此还可看出，税收的固定性还暗含了税收是连续征收和缴纳的意思，这使税收能成为经常性的财政收入。

应当指出，税收的上述“三性”是相互关联、密不可分的统一体，并被集中概括为税收的权威性。税收的权威性源于国家政权的权威性，因此在税收征纳过程中出现的纳税人不依法纳税、征税人不依法征管等无视税收权威性的现象，均是无视国家法律和政权的权威。而加强税收规范化和法制化，正是维护税收权威性的重要保证。

有关税收的概念与特征，参见图1-1。

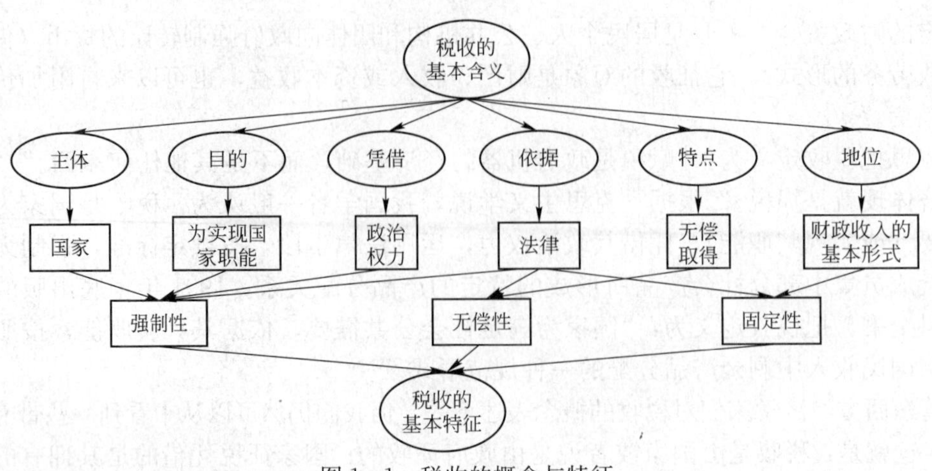

图 1-1　税收的概念与特征

专题 1-1

税收与其他财政收入形式的比较

税收是财政收入的主要形式，从组织收入的角度看，它同其他财政收入形式的作用一样，都能使国家在一定时期内取得财政收入，满足国家公共需要。但税收的 3 个特征，决定了它与其他财政收入形式又有区别。

(1) 与国有资产收益的区别。分配的广度不同：国有资产收益凭借的是资产所有权力，因而除国有企业及国家参股企业外，对其他企业和个人，国家不能以所有者身份参与其纯收入的分配。征收的手段不同：国有资产收益属同一所有制内部的利益分配，不带有强制性。固定性不同：企业实现利润多则收益多，利润少则收益少，稳定性较差。

(2) 与财政性收费[①]的区别。征收主体不同：税收由各级财税机关、海关征收，而财政性收费由经济部门和事业单位收取。偿还性不同：财政性收费是以国家提供某种特定的服务为前提，是等价有偿的。

(3) 与财政发行[②]的区别。物质基础不同：税收形成的财政收入是以社会产品为基础，有相应的物质资料作保证，而财政发行是一种超经济发行，它所形成的财政收入没有相应的物质作基础，因而形成的是一种虚假的购买力，从而表现为货币贬值，物价上涨。固定性不同：财政发行作为一种非生产性发行，其主要目的是弥补赤字，因此只有在必要时国家才会采用这种形式取得收入，其收入是不固定的，也没有一个事先确定的标准，而税收收入是有固定性的。

① 这里的“费”专指政府机关为单位和居民个人提供某种特定的服务时，所收取的工本费、手续费。包括事业收入、规费收入和资源管理费收入。

② 财政发行是指用发行货币的办法来弥补财政赤字或增加财政收入，是一种超经济发行，其结果必然引起货币贬值和物价上涨。它与税的共同之处是都具有无偿性和强制性。财政发行只要开动机器印制钞票即可增加财政收入，国家基本不需付出代价。它的强制性虽不明显，但却很强，因为不管你是否愿意，你手中收入就贬值了，因而人们称之为“隐蔽的税收”。

(4) 与国家信用[①]的区别。强制性不同：国家信用作为一种信用关系，发行方与认购方在法律上处于平等地位，因此只能坚持自愿认购的原则，而不能强迫推销。偿还性不同：国家信用反映了认购方和国家之间的债权债务关系，是有借有还的，要还本付息。固定性不同：国家信用由于是自愿认购，因此认购者可以多购也可以少购，它所形成的财政收入也是不稳定的，而税收收入由于有事先确定的标准，具有固定性。

(5) 与罚没收入[②]的区别。它们的主要区别在固定性上。罚没收入是以发生违法行为为前提的，有违法行为才有可能有罚没收入，因而不具备连续性和固定性；而税收是按规定标准无偿取得的，具有连续性和固定性。

(6) 与专卖收入的区别。强制性不同：专卖收入是国家通过对某些商品的生产、收购和销售，实行完全或非完全的垄断而获得的高额利润，它反映的是商品交易中的买卖关系，不带有强制性，而税收反映的是一方强加于另一方的征纳关系，具有明显的强制性。偿还性不同：在专卖过程中，国家一手收钱一手交货，通过出售某种货物来取得收入，是有偿的，而税收则是无偿的。收入稳定性不同：专卖收入要受到物品种类的限制，还要受到专卖物品的成本变化影响，因此其收入不够稳定，而税收的课征对象很广泛，又是按预定标准征收的，收入比较稳定。

3. 税收的职能与作用

税收职能是指税收所具有的内在功能，税收作用则是税收职能在一定条件下的具体体现。税收的职能与作用主要表现在以下几个方面。

(1) 税收是财政收入的主要来源。组织财政收入是税收的基本职能。税收具有强制性、无偿性、固定性的特点，筹集财政收入稳定可靠。税收的这种特点，使其成为世界各国政府组织财政收入的基本形式。目前，我国税收收入已占国家财政收入的95%左右。

(2) 税收是调控经济运行的重要手段。经济决定税收，税收反作用于经济。这既反映了经济是税收的来源，也体现了税收对经济的调控作用。税收作为经济杠杆，通过增税与减免税等手段来影响社会成员的经济利益，引导企业、个人的经济行为，对资源配置和社会经济发展产生影响，从而达到调控宏观经济运行的目的。政府运用税收手段，既可以调节宏观经济总量，也可以调节经济结构。

(3) 税收是调节收入分配的重要工具。从总体来说，税收作为国家参与国民收入分配最主要、最规范的形式，规范政府、企业和个人之间的分配关系。从不同税种的功能来看，在分配领域发挥着不同的作用。如个人所得税实行超额累进税率，具有高收入者适用高税率、低收入者适用低税率或不征税的特点，有助于调节个人收入分配，促进社会公平。消费税对特定的消费品征税，能达到调节收入分配和引导消费的目的。

(4) 税收还具有监督经济活动的作用。税收涉及社会生产、流通、分配、消费各个领域，能够综合反映国家经济运行的质量和效率。既可以通过税收收入的增减及税源的变化，

① 国家信用是指国家以债务人的身份取得或以债权人的身份提供的信用，这里主要是指为了经济建设和财政预算的需要，国家以债务人的身份，运用发行公债、国外借款等方式筹集资金的一种借贷关系。由于公债是要还本付息的，最终仍然要以征税方式取得的财政收入偿还，因而又称“税收的预征”。

② 罚没收入一般是指对违反国家有关规章制度的行为进行的一种经济处罚。它与税收一样，都具有无偿性和强制性。

及时掌握宏观经济的发展变化趋势，也可以在税收征管活动中了解微观经济状况，发现并纠正纳税人在生产经营及财务管理中存在的问题，从而促进国民经济持续健康发展。

此外，由于税收管辖权是国家主权的组成部分，是国家权益的重要体现，所以在对外交往中，税收还具有维护国家权益的重要作用。

1.1.3 税收负担

税收负担问题是税收的核心问题，也是建立税收制度要解决的首要问题。税收负担是指国家征税减少了纳税人的直接经济利益，从而使其承受的经济负担。它反映一定时期内社会产品在国家与纳税人之间税收分配的数量关系。

1. 税收负担分类

税收负担有宏观税负、中观税负和微观税负之分。

宏观税负又称为广义税负，是指纳税总量占国民经济总量指标（如GDP）的比例。比例越高说明对社会经济的负担越重，反之越轻。宏观税负是从整个国民经济的角度来把握税收总量与经济总量的对比关系，把握国家掌握的财力总量与地方、企业掌握的财力总量的对比关系。

中观税负是介于宏观税负和微观税负之间的一个概念，即某个地区、国民经济某个部门或某个税种的税收负担。合理确定地区、行业的中观税负有利于确立良好的经济区域结构和产业结构，推进经济的高速、平稳发展。

微观税负又称为狭义税负，是指具体纳税人缴纳税收的程度。如果从绝对额来考察，它是指纳税人应支付给国家的税款额；如果从相对额来考察，它是指税收负担率，即纳税人的应纳税额与其计税依据价值的比率。合理确定微观税负比例，有利于调动纳税人的积极性，保持合理的利润水平。

2. 税收负担的影响因素

一般来说，税收负担水平的确定既要考虑政府的财政需要，又要考虑纳税人的实际负担能力，受到经济制度、经济发展水平、体制结构等各种因素的多重影响和共同制约。

第一，经济发展水平是税收负担的决定因素。研究表明，宏观税率与经济发展水平高度相关，人均收入高的国家宏观税率高于人均收入低的国家，宏观税率随着人均收入的升高而升高，但是增长速度却是逐渐减缓的。宏观税负并没有统一的口径，通常结合政府收入构成状况，分为大、中、小口径。大口径宏观税负是指政府全部收入占GDP的比重，按照IMF统计口径测算，2012—2015年中国宏观税负接近30%，远低于发达国家平均水平42.8%，也低于发展中国家平均水平33.4%；中口径宏观税负是指税收收入和社会保障缴款之和占GDP的比重，按照OECD测算口径，2012—2015年中国宏观税负23.4%，2014年OECD国家平均水平为35.5%；小口径宏观税负是指税收收入占GDP的比重，2012—2015年中国宏观税负18.5%左右，并逐年下降，按照IMF数据测算，2013年发达国家为25.9%，发展中国家为20.4%。那么，最佳的税收负担率应为多少呢？世界银行的一份调查资料显示，人均GDP在260美元以下的低收入国家，最佳的税收负担率应为13%左右；人均GDP在750美元左右的偏低收入国家，最佳的税收负担率应为20%左右；人均GDP在2 000美元以上的中等收入国家，最佳的税收负担率应为23%左右；人均GDP在10 000美元以上的高收入国家，最佳的税收负担率应为30%左右。

第二，经济结构调整对税负水平的影响较大。经济结构有丰富的内涵，包括所有制结构、产业结构、企业结构、技术结构等许多方面，其中对税收负担水平及分布影响最大的当属产业结构。1994年税制改革之后的数年中，我国税负结构随着经济结构的调整有了明显的变化，工商税负逐步提高，农业税负稳步降低，企业所得税负也随着现代企业制度的建立有了明显的下降。

第三，国家实行的宏观经济政策也对税负水平具有重要的影响作用。国家为了达到预期的经济目标，往往通过包括财政政策在内的宏观经济政策体系加以综合使用和调整，改变社会资源和财富在社会生产各部门的分配，最终实现经济的协调发展。在这期间不可避免地要涉及各部门和各经济主体的经济利益和税负水平。如国家实行西部大开发战略，最强有力的措施就是通过政策倾斜减轻西部地区的税收负担，吸引劳动力、生产要素和资本流向西部地区。

另外，税收负担还受政府职能、财政状况和国际环境等因素的影响。一国政府承担哪些职能，决定政府规模的大小和参与公共事务的程度。大规模的政府肯定比小规模的政府要求更多的财政收入，作为最主要的财政收入来源的税收，必然要提高税负来响应大规模政府对社会公共事务的参与。国家财政状况的好坏也对税负水平产生重要影响。收不抵支的政府可能具有强烈的提税动机，如面临外债的偿债危机时，税负最终还是落在国内公民身上。平和良好的国际环境有利于低税负的推行；而战争时期，为支付必需的财政支出，必然会增加税收总量从而增大社会总体税负。

3. 税负转嫁方式

政府课税最直接的效应就是给纳税人造成税收负担。但某一税种的最终负担者，往往并不是法定直接纳税人，这就需要研究税收的转嫁与归属。税负转嫁的基本方式有前转嫁和后转嫁两种。

前转嫁又称顺转嫁，是指纳税人通过交易活动，将税款附加在价格之上，顺着价格运动方向向前转移给购买者负担。前转嫁是税负转嫁的基本形式，也是最典型和最普遍的转嫁形式。这种转嫁可能一次完成；也可能多次方能完成。当购买者属于消费者时，转嫁会一次完成；当购买者属于经营者时，会发生辗转向前转嫁的现象，可称为滚动式前转。如果购买者不再转嫁本环节的税负，只发生原销售者的税负转嫁时，称为单一滚动式前转；如果购买者将本环节的税负也加在价格之上向前转移，称为复合滚动式前转。

后转嫁也称为逆转嫁，是指纳税人通过压低购进商品（劳务）的价格，将其缴纳的税款冲抵价格的一部分，逆着价格运动方向，向后转移给销售者负担。属于由买方向卖方的转嫁。后转嫁可能一次完成，也可能多次才会完成。当销售者无法再向后转嫁时，销售者就是税负承担者，转嫁一次完成；当销售者能够继续向后转嫁时，也会发生辗转向后转移税负的现象，可称为滚动式后转。如果销售者不再转移本环节的税负，仍属于单一滚动式后转；如果销售者连同本环节税负一并后转嫁，则属于复合滚动式后转。

【案例1-1】 生活中的税负转嫁。假设老丁每天要消费某品牌香烟一包，单价5元。现在政府对香烟征税，每包香烟征税1元，纳税人是香烟生产厂商。厂商为了追求利润最大化，希望这1元的税收完全由消费者支付，因此香烟的单价涨至6元。作为消费者的老丁，对香烟涨价可能有3种态度：第一，毫不在乎，每天照常消费一包香烟，于是老丁就承担了全部的税款；第二，完全拒绝，不再购买该品牌，转而购买其他价格更低的香烟，这时厂商完全无法把税款转移出去，由厂商承担全部税款；第三，老丁不愿改变自己的消费习惯，但又不愿接受6元的价格，只能接受5.5元的价格，这时1元的税款由老丁和厂商分别承担一半。这个例子比较典型地说明了在流转税中纳税人如何转嫁税收负担与税收的归宿问题。

4. 税负转嫁的条件

一般而言，税负转嫁是通过价格的升降来实现的。如果价格不能自由浮动，税负的转嫁就不可能实现。在存在税负转嫁条件下，税收负担能否转嫁及如何转嫁，还要受税种的不同、供求弹性的大小、课税的范围、市场结构等因素的制约。

在商品或要素的供求弹性方面，一般来说，商品或要素需求弹性越大，表明价格变化时需求者调整需求量的可能性越大，进而通过调整需求量制约价格的可能性也越大；反之，商品或要素需求弹性越小，制约价格的可能性也越小。

在课税范围方面，一般来说，课税范围越宽广，越有利于实现税负转嫁；反之，课税范围越狭窄，越不利于实现税负转嫁。因为商品或要素购买者是否接受提价（税负转嫁引起）的一个重要制约因素是能否找到不提价的同类替代品。如果商品或要素课税的范围很广，同类商品或要素都因课税而提价，其购买者接受转嫁的可能性就加大；如果商品或要素课税范围很窄，同类商品或要素许多因未课税而价格保持不变，其购买者转向购买未课税替代品的可能性增大，相应减小了税负转嫁的可能性。

在税种属性方面，由于税种的属性不同，作为其课税对象的商品或要素的供求弹性不同，而在税负转嫁中表现出不同的特点。总体而言，以商品为课税对象，与商品价格有直接联系的增值税、消费税、关税等流转税是比较容易转嫁的。而对要素收入课征的所得税，则常常是不易转嫁的。如个人所得的工资，主要决定于企业与员工的协商，税前的协定往往是双方尽可能得到的成交条件，税后很难变更。且个人所得税课税范围较宽，个人难以因课税而改变工作，也就难以转嫁税负。对企业课征的法人所得税尽管也存在转嫁的渠道，如提高企业产品售价，降低员工的工资或增加工作强度，以及降低股息和红利等。但这些渠道或者过于迂回，或者会受到企业员工和股东的反对，也都不易实现。

另外，在不同的市场结构中，生产者或消费者对市场价格的控制能力也是有差别的，由此决定了在不同的市场结构条件下，税负转嫁的情况是不同的，市场结构成为制约税负转嫁的重要因素。

1.2 税法及税法原则

1.2.1 税法概念及特点

1. 税法概念

税法是指有权的国家机关制定的用以调整国家与纳税人之间在征纳方面所形成的权利义务关系的法律规范总和。它是国家及纳税人依法征税、依法纳税的行为准则，其目的是保障国家利益和纳税人的合法权益，维护正常的税收秩序，保证国家的财政收入。同时，从规范人们行为的角度看，税法的制定与实施客观上起到了一种指引①、评价、预测②、强制和教

① 所谓指引作用，是指通过国家颁布的税法，人们可以知道国家在税收领域要求什么，反对什么，什么是必须做的，什么是可以做或不可以做的。

② 所谓预测作用，是指依靠税法指引的方向和提供的评价标准，可以预先估计到人们相互间将如何行为，从而在税法许可范围内，对自己的行为作出最合理的安排。例如，企业依据税法进行税收筹划，就是合理利用税法预测作用为自己服务的典型例子。

育作用①。

这里，所谓“有权的国家机关”，是指国家最高权力机关，在我国即是全国人民代表大会及其常务委员会。同时，在一定的法律框架之下，地方立法机关往往拥有一定的税法立法权，因此也是制定税法的主体。此外，国家最高权力机关还可以授权行政机关制定某些税法，获得授权的行政机关也是制定税法主体的构成者。由此可以看出，税法有狭义和广义之分。从狭义上讲，税法指的是经过国家最高权力机关正式立法的税收法律，如我国的个人所得税法、税收征收管理法等。从广义上讲，税法包括由国家最高权力机关即全国人民代表大会正式立法制定的税收法律，由国务院制定的税收法规或由省级人民代表大会制定的地方性税收法规，由有关政府部门制定的税收规章等。

2. 税收法律关系

国家征税与纳税人纳税，形式上表现为利益分配的关系，但经过法律明确其双方的权利与义务后，这种关系实质上已上升为一种特定的法律关系。这种经税法所确认和调整的、国家与纳税人之间在税收分配过程中形成的权利义务关系就是税收法律关系。如果说实现税收分配是目标，从法律上设定税收权利义务则是实现目标的手段。税法调整的是税收权利义务关系，而不直接是税收分配关系。

(1) 税收法律关系的构成。税收法律关系在总体上与其他法律关系一样，都是由权利主体、权力客体和税收法律关系内容三方面构成的，但在三方面的内涵上，税收法律关系则具有特殊性。

权利主体是指税收法律关系中依法享有权利和承担义务的双方当事人，其中一方为代表国家行使征税职责的国家税务机关，包括国家各级税务机关、海关和财政机关，另一方为纳税人。纳税人按照在民法中身份的不同可分为自然人、法人、非法人单位；根据征税权行使范围的不同可分为居民纳税人和非居民纳税人等。不同种类的纳税主体，享受的权利和承担的义务也不尽相同。

权利客体是指税收法律关系主体的权利、义务所共同指向的对象，也就是征税对象。例如，所得税法律关系客体就是生产经营所得和其他所得，财产税法律关系客体即是财产，流转税法律关系客体就是货物销售收入或劳务收入。

税收法律关系的内容就是权利主体所享有的权利和所应承担的义务，这是税收法律关系中最实质的东西，也是税法的灵魂。它规定权利主体可以有什么行为，不可以有什么行为，若违反了这些规定，须承担什么样的法律责任。需要指出，征纳双方的法律地位在税收法律关系中是平等的，但其对应的权利与义务是不对等的，具体情况见表1-1。赋予征税主体较多的权利和要求纳税主体承担较多的义务恰恰是确保税收强制性，以实现税收职能的法律保证。这一点，与一般民事法律关系中主体双方权利与义务平等是不一样的②。

---

① 所谓教育作用，是指借助税法提供的行为模式，使人们调整自己的行为使之逐渐与税法的要求相一致，养成守法的习惯。同时，对违法行为的制裁不仅对违法者，而且对其他人也将起到教育作用。

② 从理论上讲，对税收法律关系的理解有“权力关系说”和“债务关系说”之分。权力关系说将税收法律关系理解为纳税人对国家课税权的服从关系，课税以国家政治权力为依据，体现国家的意志，国家在课税过程中始终处于主导地位，课税权的行使以税收法规的制定、课税行为的实施、税务罚则的运用为基本模式进行。债务关系说则认为税收法律关系是一种公法上的债权债务关系，因为税收从本质上看是一种金钱的给付，是以国家为债权人而依法设定的债。前者的局限性在于没有体现税法的经济属性。在税收越来越深入人们的经济生活，一些民法、经济法的规范相继引入税法范畴之后，单纯用权力关系说已难以对所有税收法律关系问题作出圆满的解释，对纳税担保问题即是如此。债务关系说则揭示了税收法律关系的经济属性，即一种公法上的债权债务关系，从而充实了税收法律关系的理论基础。

表 1-1 征纳双方的权利与义务

税法关系 主体	权 利	义 务
税务机关	依法征税、税务检查、税务处罚	税务宣传、税务咨询、税款入库、受理税收争议
纳税人	多缴税款退还、延期纳税、减免税、税务复议与诉讼	税务登记、纳税申报、接受税务检查、缴纳税款

（2）税收法律关系的产生、变更与消灭。税收法律关系的产生、变更和消灭必须有能够引起税收法律关系产生、变更或消灭的客观情况，它是由税收法律事实来决定的。这种税收法律事实，一般指税务机关依法征税的行为和纳税人的经济活动行为。例如，纳税人开业经营即产生税收法律关系，纳税人转业或停业就造成税收法律关系的变更或消灭。

（3）税收法律关系的保护。税收法律关系的保护形式和方法是很多的，税法中关于限期纳税、征收滞纳金和罚款的规定，刑法中对构成偷税、抗税罪给予刑罚的规定，以及税法中对纳税人不服税务机关征税处理决定，可以申请复议或提出诉讼的规定等都是对税收法律关系的直接保护。税收法律关系的保护对权利主体双方是对等的，不能只对一方保护，而对另一方不予保护。对权利享有者的保护，就是对义务承担者的制约。

3. 税法的分类

税法体系中按各税法的立法目的、征税对象、权限划分、适用范围、职能作用的不同，可分为不同类型的税法。

（1）按照税法的基本内容和效力的不同，可分为税收基本法和税收普通法。

税收基本法是税法体系的主体和核心，在税法体系中起着税收母法的作用。其基本内容一般包括：税收制度的性质、税务管理机构、税收立法与管理权限、纳税人的基本权利与义务、税收征收范围等。我国目前还没有制定统一的税收基本法。

税收普通法是根据税收基本法的原则，对税收基本法规定的事项分别立法实施的法律。如个人所得税法、税收征收管理法等。

（2）按照税法的职能作用的不同，可分为税收实体法和税收程序法。

税收实体法主要是指确定税种立法，具体规定各税种的征收对象、征收范围、税目、税率、纳税地点等。例如《中华人民共和国企业所得税法》《中华人民共和国个人所得税法》就属于税收实体法。

税收程序法是指税务管理方面的法律，主要包括税收管理法、纳税程序法、发票管理法、税务机关组织法、税务争议处理法等。《中华人民共和国税收征收管理法》就属于税收程序法。

（3）按照主权国家行使税收管辖权的不同，可分为国内税法、国际税法、外国税法等。

国内税法一般是按照属人或属地原则，规定一个国家的内部税收制度；国际税法是指国家间形成的税收制度，主要包括双边或多边国家间的税收协定、条约和国际惯例等；外国税法是指外国各个国家制定的税收制度。

（4）按照税法征收对象的不同可分为流转税、所得税、财产与行为税和资源税等。

对流转额课税的税法，是以商品为课税对象，以商品流转额为税基的各种税收，主要包括增值税、消费税、关税等。这类税法的特点是与商品生产、流通、消费有密切联系，对什么商品征税，税率多高，对商品经济活动都有直接的影响，易于发挥对经济的宏观调控作用。

对所得额课税的税法，是以所得为课税对象，以要素所有者（或使用者）取得的要素收入为税基的各种税收，主要包括企业所得税、个人所得税、资本利得税等。其特点是可以直接调节纳税人收入，发挥其公平税负、调整分配关系的作用。

对财产与行为课税的税法，主要是对财产的价值或某种行为课税，包括房产税、印花税、遗产税、赠与税等。

对自然资源课税的税法，主要是为保护和合理使用国家自然资源而课征的税。我国现行的资源税、城镇土地使用税等税种均属于资源课税的范畴。

（5）按照税收收入归属和征收管辖权限的不同，可分为中央税、地方税和共享税。

中央税是指维护国家权益、实施宏观调控所必需的税种，具体包括消费税、关税、车辆购置税、海关代征增值税和消费税等，属于中央政府的财政收入。

地方税属于各级地方政府的财政收入，具体包括资源税、土地增值税、印花税、城市维护建设税、土地使用税、房产税、车船税等。

中央与地方共享税是指同经济发展直接相关的主要税种，属于中央政府和地方政府的共同收入[①]。目前，中央与地方共享税税种及比例如下。①增值税（不含进口环节由海关代征的部分）：中央政府分享50%，地方政府分享50%。②企业所得税：国铁集团、各银行总行及海洋石油企业缴纳的部分归中央政府，其余部分中央与地方政府按60%与40%的比例分享。③个人所得税：除储蓄存款利息所得的个人所得税外，其余部分的分享比例与企业所得税相同。④资源税：海洋石油企业缴纳的部分归中央政府，其余部分归地方政府。⑤城市维护建设税：国铁集团、各银行总行、各保险总公司集中缴纳的部分归中央政府，其余部分归地方政府。⑥印花税：证券交易印花税收入的94%归中央政府，其余6%和其他印花税收入归地方政府。

4. 税法与其他法律的关系

涉及税收征纳关系的法律规范，除税法本身外，在某种情况下也援引一些其他法律。

（1）税法与宪法的关系。宪法是一个国家的根本大法，代表着法律的最高权威，它规定了一个国家最根本的社会制度，属于母法，是其他法律的立法基础。早期的美国宪法（1787年）短短7条规定中，就有5条属于涉税条款，规定了税权的划分、课税原则等内容。我国税法也是依据《中华人民共和国宪法》（以下简称《宪法》）制定的。《宪法》第56条规定：“中华人民共和国公民有依照法律纳税的义务。”《宪法》还规定，国家要保护公民的合法收入、财产所有权，保护公民的人身自由不受侵犯等。《宪法》第33条规定：“中华人民共和国公民在法律面前一律平等。”因此，在制定税法时，就要规定公民应享受的各项权利以及国家税务机关行使征税权的约束条件，同时要求税务机关在行使征税权时，不能侵犯公民的合法权益等。同时，对所有的纳税人平等对待，不能因为纳税人的种族、性别、出身、年龄等不同而在税收上给予不平等的待遇。

（2）税法与民法的关系。民法是用来调整平等主体的公民之间、法人之间、公民和法人之间的财产关系和人身关系的法律规范的总和。民事法律关系在相当程度上是经济关系在法律上的体现，这种关系主要发生在商品经济中，故民法调整方法的主要特点是平等、等价和有偿。而税收征纳关系不是商品的关系，明显带有国家意志和强制的特点，其调整方法要采

① 除上述税法分类外，在一般税收分类中，可按税收负担能否转嫁分为直接税和间接税，按课税标准分为从量税和从价税，按税收与价格的关系分为价内税和价外税，按课税形式分为实物税与货币税等。

用命令和服从的方法，这是其一。其二，调整的程序不同。民事纠纷应按民事诉讼程序解决，而税务纠纷一般先由上一级税务机关复议，纳税人对复议决定不服时，才可通过法院按照行政诉讼程序解决[①]。其三，调整的手段不同。一般来说，民法以民事手段作为调整手段，违法者承担的主要法律责任是民事责任，如违反合同要承担违约责任，支付违约金、赔偿损失等。税法的调整手段则具有综合性，不仅包括民事性质的责任追究，如补缴所欠税款，追缴滞纳金等，更多的是行政处罚和刑罚手段，违法者承担的法律责任主要是行政责任与刑事责任，如偷税者要补缴税款，处以罚款，情节严重的还要依法追究其刑事责任。同时，处理民事纠纷适用调解原则，而解决税收法律关系中的争议，不适用此原则[②]。

税法与民法之间又有联系。第一，税法借用了民法的概念。例如，税法中对于纳税人的确定，必须以民法中关于民事法律关系主体的条件为依据；税法对自然人和法人的解释与确定必须与民法相一致；税法中经常使用的居民、企业、财产、固定资产、无形资产、商标权、专利权、代理、抵押、担保、赔偿、不可抗力等概念都是来自民法。第二，税法借用了民法的规则。例如，民法规定法人以其所有的财产或者以国家授予其经营的财产承担民事责任，自然人以个人或家庭财产承担民事责任。对于纳税责任，这一条也是适用的；再如，税法中某些税种，如遗产税等，应与民法中关于财产所有权的规定相一致，对产权使用和转让收益征税时纳税人的确定，也必须与民法中有关知识产权的规定相一致。此外，税法中纳税人与纳税担保人、纳税人与税务代理人之间的法律关系具有民事法律关系的性质等。

（3）税法与刑法的关系。刑法是关于犯罪、刑事责任与刑罚的法律规范的总和。税法则是调整税收征纳关系的法律规范，其调整的范围不同。但两者也有着密切的联系，因为税法和刑法对于违反税法都规定了处罚条款。但应该指出的是，违反了税法，并不一定就是犯罪。两者之间的区别就在于情节是否严重，轻者给予行政处罚，重者则要承担刑事责任，给予刑事处罚。

5. 税法的特点

通过以上分析，税法的特点可以概括为以下 3 个方面。

（1）从立法过程来看，税法属于制定法。尽管从税收形成的早期历史来考察，不乏由种种不规范的缴纳形式逐渐演化而成的税法，但其一开始就是以国家强制力为后盾形成的规则。其根本原因在于国家征税权凌驾于生产资料所有权之上，是对纳税人收入的再分配。税法属于侵权规范。征纳双方在利益上的矛盾与对立是显而易见的，离开法律约束的纳税习惯并不存在，由纳税习惯演化成习惯法也就成了空谈。同时，为确保税收收入的稳定，需要提高其可预测性，这也促使税收采用制定法的形式。

（2）从法律性质看，税法属于义务性法规。义务性法规是相对授权性法规而言的，是指直接要求人们从事或不从事某种行为的法规，即直接规定人们某种义务的法规。义务性法规的一个显著特点是具有强制性，它所规定的行为方式明确而肯定，不允许任何个人或机关随意改变或违反。从纳税人的角度看，税法是以规定纳税义务为核心构建的，任何人（包括税务执法机关）都不能随意变更或违反法定纳税义务。同时，税法的强制性是十分明显的，在诸法律中，其力度仅次于刑法，这与义务性法规的特点相一致。

---

① 随着税法的私法化倾向，也有些特殊的税收诉讼问题牵涉民事诉讼程序，如税收代位权的诉讼、税收撤销权的诉讼、税收优先权的诉讼等。

② 作为例外，涉及税务行政赔偿的，可以适用调解原则。

(3) 从内容看，税法具有综合性。税法不是单一的法律，而是由实体法、程序法、争讼法等构成的综合法律体系，其内容涉及课税的基本原则、征纳双方的权利义务、税收管理规则、法律责任、解决税务争议的法律规范等，包括立法、行政执法、司法各个方面。其结构大致有：宪法加税收法典；宪法加税收基本法加税收单行法律、法规；宪法加税收单行法律、法规等不同的类型。税法具有综合性，是保证国家正确行使课税权力，有效实施税务管理，确保依法足额取得财政收入，保障纳税人合法权利。

阅读延伸

“税收与税法关系界定”可通过加阅平台阅读。

1.2.2 税法原则

1. 税法基本原则

税法基本原则是指一国调整税收关系的基本规律的抽象和概括，是指规定于或寓意于税收法律之中对税收立法、税收守法、税收司法和税法法学研究具有指导和适用解释的根本指导思想或规则，体现税法的立法精神、本质、特征、功能作用，它是一定社会关系在税收法制建设中的反映，是国家整个税法制度和体系的理论基础①。由于不同国家社会、经济、政治发展情况不同，其税法的基本原则也有所区别。西方国家税法具有四大基本原则，即税收法定原则、税收公平原则、税收效率原则和税收社会政策原则；我国则强调税收法律主义、税收公平主义、税收合作信赖主义与实质课税原则。具体说来，可将税法的原则概括为以下几种。

(1) 税收法定原则，也称税收法定主义。是指税法主体的权利、义务必须由法律加以规定，税法的各类构成要素皆必须且只能由法律予以明确规定。没有法律依据，任何主体不得征税或减免税收。税收法律主义可以概括成课税要素法定（即课税要素必须由法律直接规定）、课税要素明确（即有关课税要素的规定必须尽快地明确而不出现歧义、矛盾，在基本内容上不出现漏洞）和依法稽征3个具体原则。

(2) 税收公平原则，也称税收公平主义。在现代各国的税收法律关系中，所谓公平，是指所有纳税人的法律地位平等，税收负担在国民之间的分配也必须公平合理，但公平合理并非绝对地等额负担，学术界对公平原则的理解存在两种观点：一是“受益说”，包括横向公平和纵向公平，横向公平是指凡自政府得到相同利益者应负担相同的税收，纵向公平是指凡自政府所得利益不同者应负担不同的税收；二是“负担能力说”，认为凡具有相同纳税能力者应负担相同的税收，不同纳税能力者应负担不同的税收。税收负担能力是指各纳税人的经济负担能力，其基础有所得、财产和消费3种。由于税收公平主义源于法律上的平等性原则，所以许多国家的税法在贯彻税收公平主义时，都特别强调“禁止不平等对待”的法理，禁止对特

① 只有当学者们主张的税收原则“被国家以立法形式所采纳时，便成为税法基本原则”，使税收原则与税法原则区别开来（刘剑文. 财政法教程. 北京：法律出版社，1995）。法律上的税收公平主义与经济上要求的税收公平就有明显的不同：第一，经济上的税收公平往往是作为一种经济理论提出来的，可以作为制定税法的参考。但是对政府与纳税人尚不具备强制性的约束力，只有当其被国家以立法形式所采纳时，才会上升为税法基本原则。第二，经济上的税收公平主要是从税收负担带来的经济后果上考虑，而法律上的税收公平不仅要考虑税收负担的合理分配，而且要从税收立法、执法、司法各个方面考虑。纳税人既可以要求实体利益上的税收公平，也可以要求程序上的税收公平。第三，法律上的税收公平是有具体法律制度予以保障的。例如，对税务执法受到的不公正待遇，纳税人可以通过税务行政复议、税务行政诉讼制度得到合理合法的解决。

定纳税人给予歧视性对待，也禁止在没有正当理由的情况下对特定纳税人给予特别优惠。

(3) 税收效率原则。税收效率原则要求以最小的费用获得最大的税收收入，并利用税收的经济调控作用最大限度地促进经济的发展，或者最大限度地减小对经济发展的妨碍。税收的效率原则应该包括以下 3 个方面。一是充分且有弹性。充分是指税收应该能为政府活动提供充实的资金，保证政府实现其职能的需要。有弹性是指要能使税收收入随国民经济的增长而增长，以满足长期的公共品与私人品组合效率的要求。税收的弹性原则不仅仅要满足财政支出增长的要求，而且还可以在宏观经济中起到促进经济稳定的作用。即税收收入可以根据经济周期政策的需要而变动，起到自动稳定器的作用。在经济扩张时期，税收收入因课税对象的增加而自动增加，从而抑制总需求扩张和通货膨胀；在经济收缩时期，税收收入因课税对象的减少而自动下降，从而扩大总需求使经济收缩得到抑制，实现宏观经济的稳定。二是节约与便利。税收是通过强制性手段将一部分资源从私人部门转移到政府部门，这种转移不可避免地会造成资源的耗费，这包括两个方面。一是征税要设立一定的机构，需要耗费一定的人力、物力和财力，这称为征管成本，“节约”便是要求税收要尽可能地减少征管成本。二是指纳税人为履行纳税义务，也需要耗费一部分资源，称为缴纳成本，“便利”是要求税收制度要尽可能地减少缴纳成本。三是中性与校正性。税收的中性是指对不同的产品或服务、不同的生产要素收入、不同性质的生产者课税应采取不偏不倚的政策，使不同产品、服务、生产要素的相对价格能反映其相对成本，保持市场自发调节能达到有效率的资源配置状态。税收的校正性是指对不同的纳税人和课税对象区别对待，使税收有助于实现效率目标，弥补市场缺陷。

(4) 税收收入原则。税收是保证国家职能发挥的主要物质基础，如何在有利于经济发展的条件下，增加国家的财政收入，这就是税收的收入原则。它包括以下几个方面。一要有利于组织收入。首先，要求在对税种的选择上慎之又慎，选择税源充沛且收入可靠的税种。其次，在征收的过程中要做到足额稳定，在征收时必须严格依照税法的规定，把该征的税及时、足额地征收入库，不让税收流失，使税收收入和国民生产总值、国民收入保持适当的稳定比例关系。二要有利于促进经济增长和培养税源。税收分配必须有利于国家宏观调控，有利于为经济增长和培养充沛的税源创造条件，正确处理聚财与生财的关系。三要合理征收、适度征收。合理征收首先指征收的范围要合理，该征的税要征，不该征的税不征。其次是税收负担要合理。适度征收指的是税收的广度和深度要合适。征税既要满足社会公共需要，同时又要考虑国民经济的发展。四要强化税收征收管理。收入原则还要求税收征收过程中的有效性，要求加强征收管理，节约征收费用，减少税收流失。首先要通过制度性安排堵塞税收征管中的漏洞，通过合理设置税务机构，明晰职能范围减少征收费用。其次要提高税务干部素质，严格税务执法，打击偷税、抗税、骗税行为，减少在征收过程中的税款流失。

(5) 税收合作信赖主义。税收合作信赖主义，也称公众信任原则。它在很大程度上汲取了民法“诚实信用”原则的合理思想，认为税收征纳双方的关系就其主流来看是相互信赖、相互合作的，而不是对抗性的。一方面，纳税人应按照税务机关的决定及时缴纳税款，税务机关有责任向纳税人提供完整的税收信息资料，征纳双方应建立起密切的税收信息联系和沟通渠道。税务机关用行政处罚手段强制征税也是基于双方合作关系，目的是提醒纳税人与税务机关合作，自觉纳税。另一方面，没有充足的依据，税务机关不能提出对纳税人是否依法纳税有所怀疑，纳税人有权利要求税务机关予以信任，纳税人也应信赖税务机关的决定是公正和准确的，税务机关作出的法律解释和事先裁定可以作为纳税人缴税的根据，当这种解释或裁定存在错误时，纳税人并不承担法律责任，甚至纳税人因此而少缴的税款也不必再补缴。

(6) 实质课税原则。即指应根据纳税人的真实负担能力决定纳税人的税负，不能仅考核其表面上是否符合课税要件。之所以提出这一原则，是因为纳税人是否满足课税要件，其外在形式与内在真实之间往往会因一些客观因素或纳税人的刻意伪装而产生差异。例如，纳税人借转让定价而减少计税所得，若从表面看，应按其确定的价格计税。但是，这不能反映纳税人的真实所得，因此税务机关根据实质课税原则，有权重新估定计税价格，并据以计算应纳税额。实质课税原则的意义在于防止纳税人的避税与偷税，增强税法适用的公正性。

(7) 税收社会政策原则。税收社会政策原则是指税法作为国家用以推行各种社会政策最重要的手段之一，其实质是税收调节职能的法律原则化。税收社会政策原则确立以后，税法的其他基本原则，特别是税收公平原则会受到一定程度的制约和影响。

专题 1-2

拉弗曲线

美国供给学派代表人物阿瑟·拉弗认为，从政府税收来看，决定税收收入总额的因素，不只是税率的高低，还要看税基（国民收入）的大小。较高的宏观税负水平，即提高税率不一定都会使税收收入增加，有时反而会减少税收收入。因为，税率过高，税收负担加重，经济主体活动的积极性受到限制，削弱劳动和资金的投入量，会造成生产下降趋势。拉弗曲线如图 1-2 所示。

从图 1-2 可以看出，税收收入与税率的函数关系呈抛物线 OAB 状态，随着税率逐步提高，税收收入也随之增加。税率提高至 OC 时，税收收入达到峰值，即 OA'；税率超过 OC，税收收入反而减少；税率达到 OB（100%）时，税收收入将为零。拉弗把 CAB 部分称为课税的禁区。

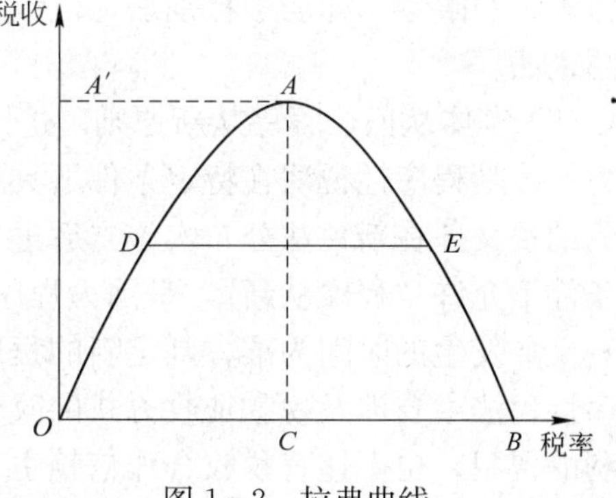

图 1-2 拉弗曲线

拉弗曲线说明了税率与税收及经济增长之间的一般关系，具有至少 4 方面的经济含义。①高税率不一定能够取得高收入，高收入也不必然要求高税率，两者之间没有必然的相关性。高税率会挫伤微观经济主体的经济性，削弱生产者和经营者的活力，直接导致经济的停滞或倒退。②普遍实行高税率往往导致对减免税等税收优惠的依赖，造成对税制完整性、稳定性的冲击，容易产生课税的不公平现象。③在同样的收入水平上可以适用两种税率，如图 1-2 中的 D 点和 E 点处在一点等收入线上，但是体现的税收负担却不一样。D 点的低税负能够刺激劳动力、生产要素和资本投入，从而刺激经济发展，扩大税基，形成良性循环。④既然税率和税收收入、经济增长存在着相关性，那么必然存在一个最优税率，即 OC。这为确定合理、高效的宏观税负提供了理论依据。

2. 税法适用原则

税法适用原则是指税务行政机关和司法机关运用税收法律规范解决具体问题所必须遵循的准则。税法适用原则并不违背税法基本原则，而且在一定程度上体现着税法基本原则。但是与其相比，税法适用原则含有更多的法律技术性准则，更为具体化。

（1）法律优位原则。法律优位原则也称行政立法不得抵触法律原则。法律优位原则明确了税收法律的效力高于税收行政法规的效力，税收行政法规的效力优于税收行政规章的效力。也就是说，当效力低的税法与效力高的税法发生冲突时，效力低的税法即是无效的。

（2）法律不溯及既往原则。法律不溯及既往原则是指当一部新法实施后，对新法实施之前人们的行为不得适用新法，而只能沿用旧法。在税法领域内坚持这一原则，目的在于维护税法的稳定性和可预测性，使纳税人能在知道纳税结果的前提下作出相应的经济决策，税收的调节作用才会较为有效。

（3）新法优于旧法原则。新法优于旧法原则也称后法优于先法原则，其含义为：新法、旧法对同一事项有不同规定时，新法的效力优于旧法。其作用在于避免因法律修订带来新法、旧法对同一事项有不同的规定而给法律适用带来的混乱，为法律的更新与完善提供法律适用上的保障。新法优于旧法原则的适用，以新法生效实施为标志，新法生效实施以后准用新法。新法实施以前包括新法公布以后尚未实施这段时间，仍沿用旧法，新法不发生效力。新法优于旧法原则在税法中普遍适用，但是当新税法与旧税法属于普通法与特别法的关系时，以及某些程序性税法引用“实体从旧，程序从新原则”时，可以例外。

（4）特别法优于普通法的原则。这一原则的含义为：对同一事项两部法律分别订有一般和特别规定时，特别规定的效力高于一般规定的效力。当对某些税收问题需要作出特殊规定，但是又不便于普遍修订税法时，即可以通过特别法的形式予以规范。凡是特别法作出规定的，即排斥普通法的适用。不过，这种排斥仅就特别法中的具体规定而言，并不是说随着特别法的出现，原有的居于普通法地位的税法即告废止。特别法优于普通法原则打破了税法效力等级的限制，即居于特别法地位级别较低的税法，其效力可以高于作为普通法的级别较高的税法。

（5）实体从旧，程序从新原则。这一原则的含义包括两个方面：一是实体税法不具备溯及力；二是程序性税法在特定条件下具备一定的溯及力。即对于一项新税法公布实施之前发生的纳税义务在新税法公布实施之后进入税款征收程序的，原则上新税法具有约束力。在一定条件下允许“程序从新”，是因为程序税法规范的是程序性问题，不应以纳税人的实体性权利义务发生的时间为准，判定新的程序性税法与旧的程序性税法之间的效力关系。并且，程序性税法主要涉及税款征收方式的改变，其效力发生时间的适当提前，并不构成对纳税人权利的侵犯，也不违背税收合作信赖主义。

（6）程序优于实体原则。程序优于实体原则是关于税收争讼法的原则，其基本含义为：在诉讼发生时税收程序法优于税收实体法适用。即纳税人通过税务行政复议或税务行政诉讼寻求法律保护的前提条件之一，是必须事先履行税务行政执法机关认定的纳税义务，而不管这项纳税义务实际上是否完全发生；否则，税务行政复议机关或司法机关对纳税人的申诉不予受理。适用这一原则，是为了确保国家课税权的实现，不因争议的发生而影响税款的及时、足额入库。

1.3 税法构成要素与税法体系

1.3.1 税法构成要素

税法所要解决的基本问题主要包括由谁征税、对什么征税、征多少税、如何征税、纳税人违反税法规定该受何种处罚等，这些基本问题涉及构成税法的基本要素，具体包括总则、纳税义务人、征税对象、税率、纳税环节、纳税期限、减税免税、纳税地点、罚则、附则等项目。

1. 总则

总则主要包括立法依据、立法目的、适用原则等。

2. 纳税义务人

纳税义务人即纳税主体，主要是指一切履行纳税义务的法人、自然人及其他组织。其中，自然人指依法享有民事权利并承担民事义务的公民个人；法人指依法成立、能够独立地支配财产并能以自己的名义享受民事权利和承担民事义务的社会组织。与纳税义务人相关的概念，还有以下7个方面。

(1) 负税人。纳税人是直接向税务机关缴纳税款的单位和个人，负税人是实际负担税款的单位和个人。纳税人如果能够通过一定途径把税款转嫁或转移出去，纳税人就不再是负税人；否则，纳税人同时也是负税人。

(2) 代扣代缴义务人。代扣代缴义务人是指有义务从持有的纳税人收入中扣除其应纳税款并代为缴纳的企业、单位或个人。对税法规定的扣缴义务人，税务机关应向其颁发代扣代缴证书，明确其代扣代缴义务，代扣代缴义务人必须严格履行扣缴义务。对不履行扣缴义务的，税务机关应视情节轻重予以适当处置，并责令其补缴税款。如《个人所得税法》规定：个人所得税以所得人为纳税义务人，以支付所得的单位或个人为扣缴义务人。

(3) 代收代缴义务人。代收代缴义务人是指有义务借助与纳税人的经济交往而向纳税人收取应纳税款并代为缴纳的单位，主要有受托加工单位、生产并销售原油、重油的单位等。代收代缴义务人不同于代扣代缴义务人。代扣代缴义务人直接持有纳税人的收入，可以从中扣除纳税人的应纳税款；代收代缴义务人不直接持有纳税人的收入，只能在与纳税人的经济往来中收取纳税人的应纳税款并代为缴纳。如在委托加工应税消费品中，由受托方代收代缴委托方应纳的消费税税款。

(4) 代征代缴义务人。代征代缴义务人是指因税法规定，受税务机关委托而代征税款的单位和个人。通过由代征代缴义务人代征税款，不仅便利了纳税人税款的缴纳，有效地保证了税款征收的实现，而且对于强化税收征管，有效地杜绝和防止税款流失，有明显作用。如海关受委托代征进口环节的增值税和消费税。

(5) 纳税单位。纳税单位是指申报缴纳税款的单位，是纳税人的有效集合。所谓“有效”，就是为了征管和缴纳税款的方便，可以允许在法律上负有纳税义务的同类型纳税人作为一个纳税单位，填写一份申报表纳税。比如个人所得税，可以单个人为纳税单位，也可以夫妇俩为一个纳税单位，还可以一个家庭为一个纳税单位；公司所得税可以每个分公司为一个纳税单位，也可以总公司为一个纳税单位。纳税单位的大小通常要根据管理上的需要和国家政策来确定。

(6) 税务代理人。税务代理人是指专门代理或帮助纳税人依法履行纳税义务的专家或组织。实行税务代理，是建立现代税收征管体系的有机组成部分。

(7) 纳税担保人。纳税担保人是指税务机关如果认为纳税人有明显的转移、隐匿其应纳税的商品、货物及其他财产的迹象时，可责成纳税人在我国境内寻求有纳税担保能力的公民、法人或其他经济组织，以提供纳税担保。

3. 征税对象

征税对象即纳税客体，主要是指税收法律关系中征纳双方权利义务所指向的物或行为。这是区分不同税种的主要标志，也是确定其他构成要素的基础。与征税对象有关的概念有以下 4 个。

(1) 税种。税种即税收种类的简称。税种的名称反映该税种质的规定性，表现了该税种与其他税种相区别的实质所在。如企业所得税这一税种名称，表明了该税种的征税对象为企业在生产经营活动中所取得的应税所得；又如增值税，表明该税种的征税对象为纳税人在其生产经营活动中所取得的增值额。

(2) 税目。税目是各个税种所规定的具体征税项目或征税范围，是征税对象的具体化，体现了征税的广度。比如，消费税具体规定了烟、酒、木制一次性筷子、实木地板、游艇、高尔夫球及球具、高档手表、成品油等 15 个税目。需要说明的是，并不是每一种税都要划分税目。一般来说，在只有通过划分税目才能够明确本税种内部哪些项目征税、哪些项目不征税，并且只有通过划分税目，才能对课税对象进行归类并按不同类别和项目设计高低不同的税率，平衡纳税人负担的情况下，对这类税种才有必要划分税目。

税目一般可分为列举税目和概括税目。列举税目就是将每一种商品或经营项目采用一一列举的方法，分别规定税目，必要时还可以在税目之下划分若干个细目，如消费税中的“成品油”等税目。概括税目就是按照商品大类或行业采用概括方法设计税目，如资源税中的“其他非金属矿原矿”税目。

(3) 计税依据。又称税基，是指税法中规定的据以计算各种税应纳税款的依据或标准，是征税对象量的表现。征税对象是征税的目的物，而计税依据则是在目的物已经确定的情况下，对目的物据以计算税款的依据或标准。有些税种的征税对象与计税依据是一致的，如消费税；有些税种却不一致，如所得税，征税对象是全部所得额，而计税依据是应纳税所得额。

(4) 税源。税源是指税收的经济来源。课税对象是据以征税的依据，税源则表明纳税人的负担能力，税源大小决定了纳税人的负担能力。各种税因征税对象的不同，都有不同的经济来源。有的税种征税对象与税源是相同的，如所得税，其征税对象和税源都是纳税人的所得，如工资、奖金、利润、利息等。但对于大多数税种来说，税源并不等于课税对象，如财产税，征税对象是应税财产，而税源则是财产的收益或财产所有人的收入。

4. 税率

税率是对征税对象的征收比例或征收额度。税率是计算税额的尺度，也是衡量税负轻重与否的重要标志。我国现行的税率主要有以下 4 类。

(1) 比例税率。即对同一征税对象，不分数额大小，规定相同的征收比例。我国的增值税、营业税、城市维护建设税、企业所得税等采用的是比例税率。

(2) 超额累进税率。即把征税对象按数额的大小分成若干等级，每一等级规定一个税率，税率依次提高，但每一纳税人的征税对象则依所属等级同时适用几个税率分别计算，将计算结果相加后得出应纳税款的税率。目前采用这种税率的有个人所得税。

(3) 定额税率。即按征税对象确定的计算单位，直接规定一个固定的税额。目前采用定额税率的有城镇土地使用税、车船税等。

(4) 超率累进税率。即以征税对象数额的相对率划分若干级距，分别规定相应的差别税率，相对率每超过一个级距的，对超过的部分就按高一级的税率计算征税。目前，采用这种税率的是土地增值税。

目前我国税率适用情况见表1-2。

表1-2 目前我国税率适用情况

税率形式	适用的税种
比例税率	增值税、城市维护建设税、企业所得税等
超额累进税率	个人所得税
定额税率	城镇土地使用税、车船税等
超率累进税率	土地增值税

【案例1-2】 全额累进税率与超额累进税率的区别。

全额累进税率在调节收入方面，较之比例税率要合理。但是采用全额累进税率，在两个级距的临界部位会出现税负增加不合理的情况。例如，如果某甲年收入1 000元，适用税率5%；某乙年收入1 001元，适用税率10%。则甲应纳税额为50元，乙应纳税额为100.1元。虽然，乙取得的收入比甲只多1元，而要比甲多纳税50元，税负极不合理。对于像这样的问题，可以用超额累进税率来解决。见表1-3。

表1-3 超额累进税率计算表

级 数	所得额级距	税率/%	速算扣除数
1	所得额在1 000元以下（含1 000元，下同）	5	0
2	所得额在1 000～2 000元部分	10	50
3	所得额在2 000～3 000元部分	15	150
4	所得额在3 000～4 000元部分	20	300
5	所得额在4 000～5 000元部分	25	500

如果要计算所得额为2 500元的应纳税额。则：

① 1 000元适用税率5%　税额＝1 000×5%＝50(元)

② 1 000～2 000元部分适用税率10%　税额＝(2 000－1 000)×10%＝100(元)

③ 2 000～3 000元部分适用税率15%，2 500元处于本级，税额＝(2 500－2 000)×15%＝75(元)，总之，2 500元应纳税额＝50＋100＋75＝225(元)

但依照超额累进税率来定义应纳税额过于复杂，特别是征税对象数额越大时，适用税率越多，计算越复杂，这就会给实际操作带来困难。因此，在实践中，可采用速算扣除数法来计算，如本例为：

应纳税额＝2 500×15%－150＝225(元)

5. 纳税环节

纳税环节是指税法规定的纳税人发生纳税义务的环节，它规定了征纳行为在什么阶段发生。确定在哪个环节或哪几个环节课税是税收中十分重要的问题，它关系到税款的及时入库和税收杠杆作用的正确发挥。课税环节可以有多种选择，例如，所得税的课征可以是在所得形成之时，也可以在所得分配之时；流转税的课征可以在产制环节、批发环节及零售环节。按照纳税环节的多少，可将税收课征制度划分为两类：一次课征制和多次课征制。其中，一次课征制是指同一税种在商品流转的全过程中只选择某一环节课征的制度，如消费税。实行一次课征制，纳税环节多选择在商品流转的必经环节和税源比较集中的环节，以便既避免重复课征，又避免税款流失。多次课征制是指同一税种在商品流转全过程选择两个或两个以上环节课征的制度，如增值税。

6. 纳税期限

纳税期限是纳税人向国家缴纳税款的法定期限。纳税期限的长短，主要是由以下因素决定的。一是税种的性质，如流转税的纳税期限比较短，企业所得税则比较长。二是应纳税额的大小，同一种税，纳税人生产经营规模大、应纳税额多的，纳税期限短；反之，则纳税期限长。三是交通条件。交通条件好，到银行交款方便的，纳税期限短；反之，则纳税期限长。至于我国现行税制的纳税期限，目前有 3 种形式。

(1) 按期纳税。即根据纳税义务的发生时间，通过确定纳税间隔期，实行按日纳税。按期纳税的纳税间隔期分为 1 天、3 天、5 天、10 天、15 天和 1 个月，共 6 种期限。纳税人的具体纳税间隔期限由主管税务机关根据情况分别核定。以 1 个月为一期纳税的，自期满之日起 10 天内申报纳税；以其他间隔期为纳税期限的，自期满之日起 5 天内预缴税款，于次月 1 日起 10 天内申报纳税并结清上月税款。

(2) 按次纳税。即根据纳税行为的发生次数确定纳税期限。如耕地占用税等。

(3) 按年计征，分期预缴。即按规定的期限预缴税款，年度结束后汇算清缴，多退少补。这是对按年度计算税款的税种为了及时、均衡地取得财政收入而采取的一种纳税期限。分期预缴一般是按月或按季预缴。如企业所得税、房产税、土地使用税等。

7. 减税免税

税收优惠是为了解决按税法规定进行征税时所不能解决的具体问题，而在一定时期内对纳税人采取减税、免税、出口退税等一些特殊的规定，是税收的统一性和灵活性相结合的具体体现。

(1) 减税。即依据税法规定减除纳税义务人一部分应纳税款。它是对某些纳税人进行扶持或照顾，以减轻其税收负担的一种特殊规定。一般分为法定减税、特定减税和临时减税 3 种方式。

(2) 免税。即对某些特殊纳税人免征某种（或某几种）税收的全部税款。一般分为法定免税、特定免税和临时免税 3 种方式。

(3) 延期纳税。是对纳税人应纳税款的部分或全部税款的缴纳期限适当延长的一种特殊规定。

(4) 出口退税。为了扩大出口贸易，增强出口货物在国际市场上的竞争力，按国际惯例对企业已经出口的产品退还在出口前各环节缴纳的国内流转税（主要是增值税和消费税）税款。

(5) 再投资退税。即对特定的投资者将取得的利润再投资于本企业或新办企业时，退还已纳税款。

(6) 即征即退。即对按税法规定缴纳的税款，由税务机关在征税时部分或全部退还纳税人。与出口退税先征后退、投资退税一并属于退税的范畴，其实质是一种特殊方式的免税和减税。目前，我国采取即征即退政策仅限于缴纳增值税的个别纳税人。

(7) 先征后返。即对按税法规定缴纳的税款，由税务机关征收入库后，再由税务机关或财政部门按规定的程序给予部分或全部退税或返还已纳税款，它属退税范畴，其实质也是一种特定方式的免税或减免规定。目前，我国采取先征后返的办法主要适用于缴纳流转税和企业所得税的纳税人。

(8) 税收抵免。即对纳税人来源于国内外的全部所得或财产课征所得税时，允许以其在国外缴纳的所得税或财产税税款抵免应纳税额，它是解决国际间所得或财产重复课税的一种措施。税收抵免是世界各国的一种通行做法。

(9) 投资抵免。即政府对纳税人在境内的鼓励性投资项目允许按投资额的多少抵免部分或全部应纳所得税额。实行投资抵免是政府鼓励企业投资，促进经济结构和产业结构调整，加快企业技术改造步伐，推动产品升级换代，提高企业经济效益和市场竞争力的一种政策措施，是世界各国普遍采取的一种税收优惠政策。从1999年开始，我国政府开始对技术改造国产设备实施投资抵免政策。

(10) 起征点。即对征税对象开始征税的起点规定一定的数额。征税对象达到起征点的就全额征税，未达到起征点的不征税。税法对某些税种规定了起征点。比如，我国现行增值税政策规定，个人销售货物的起征点幅度为月销售额5 000～20 000元；个人销售应税劳务的起征点幅度为月销售额5 000～20 000元；按次纳税的，起征点为每次（日）销售额300～500元。确定起征点，主要是为了照顾经营规模小、收入少的纳税人采取的税收优惠。

(11) 免征额。即按一定标准从课税对象全部数额中扣除一定的数额，扣除部分不征税，只对超过的部分征税。免征额与起征点同为征税与否的界限，在纳税人收入没有达到起征点或没有超过免征额的情况下，都不征税。但当纳税人收入达到或超过起征点时，就其收入全额征税；而当纳税人收入超过免征额时，则只就超过的部分征税。两者相比，享受免征额的纳税人比享受同额起征点的纳税人税负要轻。

(12) 加速折旧。即按税法规定对缴纳所得税的纳税人，准予采取缩短折旧年限、提高折旧率的办法，加快折旧速度，减少当期应纳税所得额。

与税收优惠相对应的，则是税收附加和税收加成。税收附加也称为地方附加，是地方政府按照国家规定的比例随同正税一起征收的列入地方预算外收入的一种款项。正税是指国家正式开征并纳入预算内收入的各种税收。税收附加由地方财政单独管理并按规定的范围使用，不得自行变更。例如，教育费附加只能用于发展地方教育事业。税收加成是指根据税制规定的税率征税以后，再以应纳税额为依据加征一定成数和税额。加征一成相当于纳税额的10%。和加成相适应的还有税收加倍，即在应纳税额的基础上加征一定倍数的税款。无论是税收附加还是税收加成，都增加了纳税人的负担。但这两种加税措施的目的是不同的。实行地方附加是为了给地方政府筹措一定的机动财力，用于发展地方建设事业；实行税收加成则是为了调节和限制某些纳税人获取的过多的收入或者是对纳税人违章行为进行的处罚措施。

8. 纳税地点

主要是指根据各个税种纳税对象的纳税环节和有利于对税款的源泉控制而规定的纳税人（包括代征、代扣、代缴义务人）的具体纳税地点。

9. 罚则

主要是指对纳税人违反税法的行为采取的处罚措施。

10. 附则

附则一般都规定与该法紧密相关的内容，该法的解释权、生效的时间等。

1.3.2 我国税法体系与税收制度

1. 税法体系与税收制度

税法体系是指一个国家不同的税收法律规范有机联系而构成的统一整体。所谓“体系”，是指由若干事物构成的一个相互联系的有机整体。一套健全的税法体系，至少应具有两个特征。一是结构上的完整系统性，既要包括国家各级机关税收立法权限、管理权限的划分，国家与社会成员在征纳税中权利和义务的确定，对税务机关执法行为的监督制约制度，也要包括不同税种、不同征税对象及税目、税率、程序、法律责任的确定等。当然，这些内容有的反映在税法通则或税收基本法上，有的则反映在税收实体法、税收程序法等法律中。二是内在的有机联系性。作为税收法律体系，其内部要有严密的相互联系、相互制约的机制。制定任何一个税收法律、法规或规章都要有高一层次的法律或法规为依据，依次为税收规章、税收法规、税收法律、税法通则（税收基本法）、宪法。

税收制度是一个国家的税收结构、税收管理体制及征收管理体制的综合，它包括国家向纳税人征税的法律依据以及征收机关的管理体制和工作规程等。狭义的税收制度是指税种的组成体系及其征收办法①。广义的税收制度是一个复杂的体系，一般应由 3 个层次构成：一是税种制度，即每一个具体税种就是一种税收制度（即“一税一法”制度），如增值税制度；二是税系制度，即由某一类别构成的税种制度就是税收制度，如所得税制度、流转税制度等；三是总体税收制度，即由一个国家各个类别的税系制度及规范税款征收程序的法律法规所构成的税收制度，如中国税收制度、美国税收制度。可见，税法体系与税收制度在外部表现形式上有很多一致的地方，都由法律、法规、规章等规范所组成。所以从税收工作的角度来讲，税法体系就是通常所说的税收制度（简称税制）。但税法体系与税收制度有所区别，税收制度的表现形式比税法丰富，表现内容也比税法宽泛，如非正式约束的税收信用管理制度及有效的实施机制。在废、改、立的程序上也有不同，税收制度除了上升为法律的以外，很大一部分是对机关内部或管理相对人才有约束力，比如计、会、统工作制度及专责管理制度等。

2. 我国税制改革状况

从总体上看，我国税制改革大致上经历了 3 个历史时期。

第一个时期是从 1949 年新中国成立到 1957 年，即国民经济恢复和社会主义改造时期，这是新中国税制建立和巩固的时期。1950 年 1 月 30 日，中央人民政府政务院发布《全国税政实施要则》，规定全国共设 14 种税收，即货物税、工商业税（包括营业税和所得税两个部分）、盐税、关税、薪给报酬所得税、存款利息所得税、印花税、遗产税、交易税、屠宰税、房产税、地产税、特种消费行为税和使用牌照税。此外，还有各地自行征收的一些税种，如农业税、牧业税等。从 1950 年到 1958 年，我国根据当时的政治、经济状况，在清理旧税制

① 邓子基. 财政学原理. 修订本. 北京：经济科学出版社，1997.

的基础上，建立了一套以多种税、多次征为特征的复合税制。由于党和国家的重视及各方面的努力，这套新税制的建立和实施，对于保证革命战争的胜利，实现国家财政经济状况的根本好转，促进国民经济的恢复和发展，以及配合国家对于农业、手工业和资本主义工商业的社会主义改造，建立社会主义经济制度，发挥了重要的作用。

第二个时期是从1958年到1978年年底中国共产党第十一届中央委员会第三次全体会议召开之前，这是我国税制曲折发展的时期。1958年，我国进行了新中国成立以后第一次大规模的税制改革，其主要内容是简化工商税制，试行工商统一税，甚至一度在城市国营企业试行"税利合一"，在农村人民公社试行"财政包干"。至此，我国的工商税制共设9个税种，即工商统一税、工商所得税、盐税、屠宰税、利息所得税（1958年停征）、城市房地产税、车船使用牌照税、文化娱乐税（1966年停征）和牲畜交易税（无全国性统一法规）。1962年，开征了集市交易税，1966年以后各地基本停征。

1973年，我国进行了新中国成立以后第二次大规模的税制改革，其核心仍然是简化工商税制。至此，我国的工商税制一共设有7种税，即工商税（包括盐税）、工商所得税、城市房地产税、车船使用牌照税、屠宰税、工商统一税和集市交易税。对国营企业只征收一道工商税，对集体企业只征收工商税和工商所得税，城市房地产税、车船使用牌照税、屠宰税仅对个人和极少数单位征收，工商统一税仅对外适用。

第三个时期是1978年党的十一届三中全会召开之后的新时期，是我国税制建设得到全面加强、税制改革不断前进的时期。

改革开放初期的税制改革是以适应对外开放需要，建立涉外税收制度为突破口的。从1980年9月到1981年12月，第五届全国人民代表大会先后通过并公布了中外合资经营所得税法、个人所得税法和外国企业所得税法。同时，对中外合资企业、外国企业和外国人继续征收工商统一税、城市房地产税和车船使用牌照税。

在建立涉外税制之后，又分两步实施国营企业"利改税"改革，把国家与企业的分配关系以税收的形式固定下来：1983年，国务院决定在全国试行国营企业利改税，即将新中国成立以后实行了30多年的国营企业向国家上缴利润的制度改为缴纳企业所得税的制度，并取得了初步的成功；为了加快城市经济体制改革的步伐，国务院决定从1984年10月起在全国实施第二步利改税和工商税制改革，发布了关于征收国营企业所得税、国营企业调节税、产品税、增值税、营业税、盐税、资源税的一系列行政法规。在此期间，国务院还批准开征了烧油特别税，发布了牲畜交易税暂行条例。

此后，国务院又陆续发布了关于征收集体企业所得税、私营企业所得税、城乡个体工商业户所得税、个人收入调节税、城市维护建设税、奖金税（包括国营企业奖金税、集体企业奖金税和事业单位奖金税）、国营企业工资调节税、固定资产投资方向调节税、特别消费税、房产税、车船使用税、城镇土地使用税、印花税、筵席税等税收的法规。1991年，第七届全国人民代表大会第四次会议将中外合资所得税法与外国企业所得税法合并为外商投资企业和外国企业所得税法。

至此，我国的工商税制共有32种税收，即产品税、增值税、营业税、资源税、盐税、城镇土地使用税、国营企业所得税、国营企业调节税、集体企业所得税、私营企业所得税、城乡个体工商业户所得税、个人收入调节税、国营企业奖金税、集体企业奖金税、事业单位奖金税、国营企业工资调节税、固定资产投资方向调节税、城市维护建设税、烧油特别税、筵席税、特别消费税、房产税、车船使用税、印花税、屠宰税、集市交易税、牲畜交易税、外商投资企业和外国企业所得税、个人所得税、工商统一税、城市房地产税和车船使用牌照税。

1992 年 9 月召开的党的十四大提出了建立社会主义市场经济体制的战略目标，1993 年 11 月，党的十四届三中全会通过了《关于建立社会主义市场经济体制若干问题的决定》，明确提出了税制改革的基本原则和主要内容。1994 年，国家实施了新中国成立以来，规模最大、范围最广、成效最显著、影响最深远的一次税制改革。这次改革围绕建立社会主义市场经济体制的目标，积极构建适应社会主义市场经济体制要求的税制体系。主要内容包括：第一，全面改革了流转税制，实行了以比较规范的增值税为主体，消费税、营业税并行，内外统一的流转税制；第二，改革了企业所得税制，将过去对国营企业、集体企业和私营企业分别征收的多种所得税合并为统一的企业所得税；第三，改革了个人所得税制，将过去对外国人征收的个人所得税、对中国人征收的个人收入调节税和个体工商业户所得税合并为统一的个人所得税；第四，对资源税、特别目的税、财产税、行为税做了大幅度的调整，如扩大了资源税的征收范围，开征了土地增值税，取消了盐税、奖金税、集市交易税等 7 个税种，并将屠宰税、筵席税的管理权下放到省级地方政府，新设了遗产税和证券交易税（但是一直没有立法开征）。

2003 年以来，按照科学发展观的要求和十六届三中全会的部署，围绕完善社会主义市场经济体制和全面建设小康社会的目标，分步实施了税制改革和出口退税机制改革。目前，我国共有增值税、消费税、企业所得税、个人所得税、资源税、城镇土地使用税、房产税、城市维护建设税、耕地占用税、土地增值税、车辆购置税、车船税、印花税、契税、烟叶税、关税、船舶吨税、环境保护税等 18 个税种①。表 1－4 为我国税收制度的沿革。

表 1－4 中国税收制度的沿革

序号	1950	1953	1958	1973	1984	1994	2005 年至 2019 年 1 月
1	关税	关税	关税	关税	关税	关税	关税
2	盐税	盐税	盐税		盐税		
3	货物税	货物税					
4	交易税 棉花				产品税	消费税	消费税
5	土布	商品流通税	工商统一税	工商税	增值税	增值税	增值税
6	粮食				营业税	营业税	营业税④
7	药材				工商统一税①		
8	牲畜	牲畜交易税	牲畜交易税	牲畜交易税	牲畜交易税		
9	棉纱统销税②		集市交易税③		集市交易税		

① 固定资产投资方向调节税由国务院决定自 2000 年起暂停征收，城市房地产税于 2009 年 1 月 1 日起废止。

续表

序号	1950	1953	1958	1973	1984	1994	2005年至2019年1月
10	工商业税营业税	工商业税营业税	工商所得税	工商所得税	国有企业所得税	企业所得税	企业所得税
11	所得税	所得税			国有企业调节税		
12					集体企业所得税④		
13					私营企业所得税⑤		
14					中外合资经营企业所得税⑥	外商投资企业和外国企业所得税⑦	外商投资企业和外国企业所得税⑧
15					外国企业所得税⑨		
16					个体工商业户所得税⑩		
17	存款利息所得税	利息所得税	利息所得税⑪		个人所得税⑫	个人所得税	个人所得税
18	薪给报酬所得税				个人收入调节税⑬		
19	印花税	印花税			印花税⑭	印花税	印花税
20	车船使用牌照税	车船使用牌照税			车船使用牌照税⑮	车船使用牌照税	车船使用牌照税⑯
21					车船使用税⑰	车船使用税	车船使用税⑱
22							车辆购置税⑲
23	船舶吨税⑳	船舶吨税	船舶吨税	船舶吨税	船舶吨税	船舶吨税	船舶吨税
24	房产税	城市房地产税	城市房地产税	城市房地产税	城市房地产税㉑	城市房地产税	城市房地产税㉒
25	地产税				房产税㉓	房产税	房产税
26					城镇土地使用税㉔	城镇土地使用税	城镇土地使用税
27						土地增值税	土地增值税
28					耕地占用税㉕	耕地占用税	耕地占用税
29	契税	契税	契税	契税	契税	契税	契税
30					资源税	资源税	资源税
31	农（牧）业税	农（牧）业税	农（牧）业税	农（牧）业税	农（牧）业税	农（牧）业税	农（牧）业税㉖

续表

序号	1950	1953	1958	1973	1984	1994	2005年至2019年1月
32	遗产税						
33					城市维护建设税㉗	城市维护建设税	城市维护建设税
34	特种消费行为税	文化娱乐税	文化娱乐税㉘		特别消费税㉙		
35					建筑税㉚		
36					固定资产投资方向调节税㉛	固定资产投资方向调节税	
37					国营企业工资调节税㉜		
38					国营企业奖金税㉝		
39					集体企业奖金税㉞		
40					事业单位奖金税㉟		
41					烧油特别税㊱		
42	屠宰税	屠宰税	屠宰税	屠宰税	屠宰税	屠宰税	屠宰税㊲
43					筵席税㊳	筵席税	筵席税㊴

注：①1982年明确对涉外企业适用；②1951年开征；③1962年开征，1964年暂停征收；④1985年开征；⑤1988年开征；⑥1980年开征；⑦1991年施行；⑧2008年与“企业所得税”合并，共称“企业所得税”；⑨1981年开征；⑩1986年开征；⑪1959年停征；⑫1980年开征；⑬1986年开征；⑭1988年开征；⑮1982年明确对涉外企业和个人适用；⑯2007年与车船使用税同时停征，改征车船税；⑰1986年恢复征收；⑱2007年与车船使用牌照税同时停征，改征车船税；⑲2001年开征；⑳1952年开征；㉑1982年明确对涉外企业和个人适用；㉒2009年1月1日起废止；㉓1986年恢复征收；㉔1988年开征；㉕1987年开征；㉖2004年起逐步取消；㉗1985年开征；㉘1966年停征；㉙1989年开征；㉚1983年开征，1991年停征；㉛1991年开征，2000年暂停征收；㉜1985年开征；㉝1984年开征；㉞1985年开征；㉟1985年开征；㊱1982年开征；㊲自2006年2月17日起停止征收；㊳1988年开征；㊴绝大多数省份现已停征；㊵2017年停征。

阅读延伸

“世界各国税制结构的现状及发展规律”见加阅平台。

3. 我国现行税法体系

我国的税收法律体系，经过半个多世纪的努力，特别是1994年税制改革，初步形成了以宪法中的税收规范为统帅，以大量的税收法律、行政法规、地方性法规和单行条例为主体，并辅以相当数量的税法解释、规章、税收协定等所组成的税法形式体系①。

① 目前，世界上税法体系有3种模式：一种是“宪法＋税收基本法＋单行税法”模式，代表国家是德国和日本；一种是“宪法＋税收法典”模式，代表国家是美国和法国；一种是“宪法＋单行税法”模式，我国目前采用这种模式。

1）全国人民代表大会及其常务委员会制定的法律和有关规范性文件

税收法律在中华人民共和国主权范围内普遍适用，具有最高法律效力。目前，由全国人民代表大会及其常务委员会制定的税收实体法有8部，即《中华人民共和国企业所得税法》《中华人民共和国个人所得税法》《中华人民共和国车船税法》《中华人民共和国环境保护税法》《中华人民共和国烟叶税法》《中华人民共和国船舶吨税法》《中华人民共和国耕地占用税法》《中华人民共和国车辆购置税法》；税收程序法有1部，即《中华人民共和国税收征收管理法》。

全国人民代表大会及其常务委员会作出的规范性决议、决定及全国人民代表大会常务委员会的法律解释，同其制定的法律具有同等法律效力。

2）国务院制定的行政法规和有关规范性文件

我国现行税法绝大部分都是国务院制定的行政法规和规范性文件。归纳起来，可以区分为以下几种类型。一是税收的基本制度。全国人大及其常委会尚未制定法律的，授权国务院制定行政法规。比如，现行增值税、消费税、土地增值税、房产税、城镇土地使用税、契税、资源税、印花税、城市维护建设税、关税等诸多税种，都是国务院制定的税收条例。二是法律实施条例或细则。全国人大及其常委会制定的个人所得税法、企业所得税法、税收征管法，国务院相应制定实施条例或实施细则。三是税收的非基本制度。国务院根据实际工作需要制定的规范性文件，包括国务院或者国务院办公厅发布的通知、决定等。四是对税收行政法规具体规定所作的解释。如2004年2月国务院办公厅对《中华人民共和国城市维护建设税暂行条例》第五条解释的复函（国办函〔2004〕23号）。五是国务院所属部门发布的，经国务院批准的规范性文件，视同国务院文件。如2006年3月财政部、国家税务总局经国务院批准发布的《关于调整和完善消费税政策的通知》。

3）国务院财税主管部门制定的规章和规范性文件

国务院财税主管部门，主要是财政部、国家税务总局、海关总署和国务院关税税则委员会。它们根据法律和国务院行政法规或者规范性文件的要求，在本部门权限范围内发布的有关税收事项的规章和规范性文件，包括命令、通知、公告、通告、批复、意见、函等文件形式。具体有3种：一是根据行政法规的授权，制定行政法规的实施细则；二是对税收法律或者行政法规在具体适用过程中，为进一步明确界限或者补充内容以及如何具体运用作出的解释；三是在部门权限范围内发布对税收政策和税收征管具体事项做出规定的规章和规范性文件。

4）地方人民代表大会及其常务委员会制定的地方性法规和有关规范性文件

省、自治区、直辖市人民代表大会及其常务委员会和省、自治区人民政府所在地的市以及经国务院批准的较大的市的人民代表大会及其常务委员会，可以制定地方性法规。但根据《中华人民共和国税收征收管理法》规定，只有经由税收法律和税收行政法规授权，地方各级人民代表大会及其常务委员会才有权制定地方性税收法规。

5）地方人民政府制定的地方政府规章和有关规范性文件

省、自治区、直辖市人民政府，以及省、自治区人民政府所在地的市和经国务院批准的较大的市的人民政府，可以根据法律和国务院行政法规，制定规章。

6）省级以下税务机关制定的规范性文件

这是指省级或者省级以下税务机关在其权限范围内制定的适用于其管辖区域内的具体税收规定。通常是有关税收征管的规定，在特定区域内生效。这些规范性文件的制定依据，往往是税收法律、行政法规和规章的规定或者上级税务机关的文件要求。

7）中国政府与外国政府签订的税收协定

税收协定是指两个以上的主权国家，为了协调相互之间在处理跨国纳税人征税事务和其他涉税事项，依据国际关系准则签订的协议或条约。税收协定属于国际法中“条约法”的范畴，是划分国际税收管辖权的重要法律依据，对当事国具有同国内法效力相当的法律约束力。截至 2018 年 10 月，中国已经和 25 个国际组织和区域税收组织建立了合作关系，与 110 个国家和地区签署了双边税收协定或安排；推出了服务“一带一路”建设 10 项税收措施，拓展国别税收咨询等 8 个方面服务举措，发布了 81 份“一带一路”沿线国家投资税收指南等。世界银行最新发布的《2019 世界营商环境报告》显示，中国营商环境排名大幅提升到第 46 位，其中，中国纳税指标排名比 2017 年提升了 16 位。

1.4 税收管理体制及税收征管制度

1.4.1 税收管理体制

税收管理体制是在各级国家机构之间划分税权的制度。税收管理权限，包括税收立法权、税收法律法规的解释权、税种的开征或停征权、税目和税率的调整权、税收的加征和减免权等。如果按大类划分，可以简单地将税收管理权限划分为税收立法权和税收执法权两类。

1. 税收立法权的划分

税收立法权是制定、修改、解释或废止税收法律、法规、规章和规范性文件的权力。我国税收立法权划分的层次如下。

（1）全国性税种的立法权，即包括全部中央税、中央与地方共享税和在全国范围内征收的地方税税法的制定、公布和税种的开征、停征权，属于全国人民代表大会（简称全国人大）及其常务委员会（简称常委会）。《中华人民共和国宪法》规定，全国人民代表大会和全国人民代表大会常务委员会行使国家立法权。《中华人民共和国立法法》第 8 条规定，税收事项属于基本制度，只能由全国人民代表大会及其常务委员会通过制定法律方式确立。

（2）经全国人大及其常委会授权，全国性税种可先由国务院以“条例”或“暂行条例”的形式发布施行。经一段时期后，再行修订并通过立法程序，由全国人大及其常委会正式立法。

（3）经全国人大及其常委会授权，国务院有制定税法实施细则、增减税目和调整税率的权力。

（4）经全国人大及其常委会的授权，国务院有税法的解释权；经国务院授权，国家税务主管部门（财政部和国家税务总局）有税收条例的解释权和制定税收条例实施细则的权力。

（5）省级人民代表大会及其常务委员会有根据本地区经济发展的具体情况和实际需要，在不违背国家统一税法，不影响中央的财政收入，不妨碍我国统一市场的前提下，开征全国性税种以外的地方税种的税收立法权。税法的公布，税种的开征、停征，由省级人大及其常务委员会统一规定，所立税法在公布实施前须报全国人大常委会备案。

（6）经省级人民代表大会及其常务委员会授权，省级人民政府有本地区地方税法的解释权和制定税法实施细则、调整税目、税率的权力，也可在上述规定的前提下，制定一些税收征收办法，还可以在全国性地方税条例规定的幅度内，确定本地区适用的税率或税额。上述权力除税法解释权外，在行使后和发布实施前须报国务院备案。

根据我国现行体制，税收立法权，无论中央税、中央地方共享税还是地方税，立法权都集中在中央，地方只能根据中央的授权制定税收法规、规章或者规范性文件。例如，城镇土地使用税暂行条例规定，税额标准由省、自治区、直辖市人民政府在规定幅度内确定。地区性地方税收的立法权应只限于省级立法机关或经省级立法机关授权同级政府，不能层层下放。此外，《中华人民共和国民族区域自治法》第35条规定，在民族自治地方，自治机关（省级人民代表大会和省级人民政府）在国家统一审批减免税项目之外，对属于地方财政收入的某些需要从税收上加以照顾和鼓励的，可以实行减税或者免税；自治州、自治县决定减税或者免税，须报省或者自治区人民政府批准。

目前，中央人民政府不在特别行政区征税，特别行政区实行独立税收制度，参照原在香港、澳门实行的税收政策，自行立法规定税种、税率、税收宽免和其他税务事项。立法会是特别行政区的立法机关，它制定的税收法律在特别行政区内具有最高法律效力。特别行政区法律须报全国人民代表大会常务委员会备案，但备案不影响生效。

阅读延伸

“国外税收立法权的划分”见加阅平台。

2. 税收执法权的划分

税收执法权是指法定的涉税国家行政机关依照税法及其他相关法律文件的规定进行税款征收及税务管理等具体行政行为的权力，是国家行政权力的重要组成部分，是法定权力和法定职责的统一体。税收执法权一般包括税收管理权、税款征收权、税收检查权、税收保障权、税收复议权等①。根据国务院《关于实行财政分税制有关问题的通知》等有关法律、法规的规定，我国现行税制下税收执法管理权限的划分大致如下。

(1) 首先按收入归属划分税收管理权限的原则，对中央税，其税收管理权由国务院及其税务主管部门（财政部和国家税务总局）掌握，由中央税务机构负责征收；对地方税，其管理权由地方人民政府及其税务主管部门掌握，由地方税务机构负责征收；对中央与地方共享税，其管理权限按中央和地方政府各自的收入归属划分，由中央税务机构负责征收，共享税中地方分享的部分，由中央税务机构直接划入地方金库。

(2) 地方自行立法的地区性税种，其管理权由省级人民政府及其税务主管部门掌握。

(3) 属于地方税收管理权限，在省级及其以下的地区如何划分，由省级人民代表大会或省级人民政府决定。

(4) 除少数民族自治区和经济特区外，各地均不得擅自停征全国性的地方税种。

(5) 经全国人大及其常委会和国务院的批准，民族自治地方可以拥有某些特殊的税收管理权，如全国性地方税种某些税目税率的调整权以及一般地方税收管理权以外的其他一些管理权等。

(6) 经全国人大及其常委会和国务院的批准，经济特区也可以在享有一般地方税收管理权之外，拥有一些特殊的税收管理权。

(7) 上述地方（包括少数民族自治地区和经济特区）的税收管理权的行使，必须以不影

---

① 需要注意的是，税法解释权的性质及归属问题。一般认为，不管税收执法主体是对何种法律渊源进行解释，只要其解释所产生的法律效果仅限于特定纳税人的，那么就可以被归为税收执法权的范畴；而如果其解释所产生的法律效果具有普遍适用性，那么就应当被归为税收立法权的范畴，即使这个税法解释权的行使主体同样是涉税国家行政机关，也不能改变其税收立法权的属性。

响国家宏观调控和中央财政收入为前提。

(8) 涉外税收必须执行国家的统一税法，涉外税收政策的调整权集中在全国人大常委会和国务院，各地一律不得自行制定涉外税收的优惠措施。

(9) 根据国务院的有关规定，为了更好地体现公平税负、促进竞争的原则，保护社会主义统一市场的正常发育，在税法规定之外，一律不得减税免税，也不得采取先征后返的形式变相减免税。

3. 税法的效力

税法的效力是指税法在什么地方、什么时间、对什么人具有法律约束力。税法的效力范围表现为空间效力、时间效力和对人的效力。

1) 税法的空间效力

税法的空间效力是指税法在特定地域内发生的效力。由一个主权国家制定的税法，原则上必须适用于其主权管辖的全部领域，但是具体情况有所不同。我国税法的空间效力主要包括两种情况。一是在全国范围内有效。由全国人民代表大会及其常务委员会制定的税收法律，国务院颁布的税收行政法规，财政部、国家税务总局制定的税收行政规章以及具有普遍约束力的税务行政命令除在个别特殊地区外的全国范围内有效。这里所谓“个别特殊地区”主要指我国香港、澳门、台湾和保税区等。二是在地方范围内有效。这里包括两种情况：一是由地方立法机关或政府依法制定的地方性税收法规、规章及具有普遍约束力的税收行政命令在其管辖区域内有效；二是由全国人民代表大会及其常务委员会、国务院、财政部、国家税务总局制定的具有特别法性质的税收法律、税收法规、税收规章和具有普遍约束力的税收行政命令在特定地区（如经济特区，老、少、边、贫地区等）有效。

2) 税法的时间效力

税法的时间效力是指税法何时开始生效、何时终止效力和有无溯及力的问题。在我国，税法的生效主要分为 3 种情况。一是税法通过一段时间后开始生效。其优点在于可以使广大纳税人和执法人员事先学习、了解和掌握该税法的具体内容，便于其得到准确的贯彻、执行。二是税法自通过发布之日起生效。一般来说，重要税法个别条款的修订和小税种的设置，对于执法人员和纳税人来讲易于理解、掌握。实施前也不需要更多的准备，因此大多采用这种生效方式，这样可以兼顾税法实施的及时性与准确性。三是税法公布后授权地方政府自行确定实施日期，这种税法生效方式实质上是将税收管理权限下放给地方政府。

税法的失效表明其法律约束力的终止，其失效通常有 3 种类型。一是以新税法代替旧税法。这是最常见的税法失效宣布方式。即以新税法的生效日期为旧税法的失效日期。二是直接宣布废止某项税法。当税法结构调整，需要取消某项税法，又没有新的相关税法设立时，往往需要另外宣布取消废止的税法。三是税法本身规定废止的日期。即在税法的有关条款预先确定废止的日期，届时税法自动失效。鉴于这种方法较为死板，易于使国家财政陷于被动，因此在税收立法实践中很少采用。

税法时间效力的另一个问题是溯及力问题。一部新税法实施后，对其实施之前纳税人的行为如果适用，该税法即具有溯及力；反之则无溯及力。我国及许多国家的税法都坚持不溯及既往的原则（对此问题，我们在税法适用原则中已讨论过）。

3) 税法对人的效力

税法对人的效力即指税法对什么人适用、能管辖哪些人。由于税法的空间效力、时间效力最终都要归结为对人的效力，因此在处理税法对人的效力时，国际上通行的原则有3个：一是属人主义原则，凡是本国的公民或居民，不管其身居国内还是国外，都要受本国税法的管辖；二是属地主义原则，凡是本国领域内的法人和个人，不管其身份如何，都适用本国税法；三是属人、属地相结合的原则，我国税法即采用这一原则。凡我国公民，在我国居住的外籍人员，以及在我国注册登记的法人，或虽未在我国设立机构，但有来源于我国收入的外国企业、公司、经济组织等，均适用我国税法。

4. 税法的解释

税法的解释指其法定解释，即有法定解释权的国家机关，在法律赋予的权限内对有关税法或其条文进行的解释。一般来说，法定解释应严格按照法定的解释权限进行，任何有权机关都不能超越权限进行解释，因此，法定解释具有专属性。只要法定解释符合法的精神及法定的权限和程序，这种解释就具有与被解释的法律、法规、规章相同的效力。因此，法定解释同样具有法的权威性。法定解释大多是在法律实施过程中，特别是在法律的适用过程中进行的，是对具体的法律条文、具体的事件或案件作出的，所以具有针对性，但其效力不限于具体的法律事件或事实，而具有普遍性和一般性。按解释权限划分，税法的法定解释可以分为立法解释、司法解释和行政解释；按照解释的尺度不同，税法解释还可以分为字面解释①、限制解释②与扩充解释③。

税法解释之所以必要，是因为以下原因：税收法律规范是一种概括的、普遍的行为规范，只规定一般的适用条件、行为模式和法律后果；税收法律规范一经合法制定便具有相对稳定性，不能朝令夕改，而经济活动却不断发展变化；在税收立法工作，由于各种主客观原因。税收法律与其他法律部门的法律之间、各种税收法律之间时常出现矛盾或抵触现象，同时也存在着界限不明或缺位问题；税收法律规范具有一定的抽象性，常采用专门的税收法律概念、术语加以表达，不易为人们理解。同时。由于人们各自的情况不同，如在年龄、职业、文化水平、生活经验等方面的差异，常会对同一税收法律规范产生不同的理解。

税法解释是税法顺利运行的必要保证，是提高税法灵活性与可操作性的基本手段之一。完善税法解释可以弥补立法的不足，如通过行政解释可以解决税法没有规定到的具体问题，解决立法前后矛盾、立法不配套、立法滞后等问题。反过来，累积起来的税法解释也是下一步修订或设立税法的准备和依据。此外，税法解释对于税收执法、税收法律纠纷的解决都是必不可少的。

1.4.2 税务机构设置和税收征管制度

1. 税收征管及其特征

税收征管是指税务机关依据国家有关税收政策法规的规定，为实施税收分配活动和处理税收分配关系，指导征纳双方正确行使征税权利和履行纳税义务，而对日常活动所进行的计划、组织、控制、协调和监督的过程。

税收征管包括征管依据、征管手段、征管主体和征管对象4个要素。其中，征管依据主

---

① 按照文义解释原则，必须严格依税法条文的字面含义进行解释，既不扩大也不缩小。

② 税法的限制解释是指为了符合立法精神与目的，对税法条文所进行的窄于其字面含义的解释。

③ 税法的扩充解释是指为了更好地体现立法精神，对税法条文所进行的大于其字面含义的解释。

要是指税收征管法规，如《中华人民共和国税收征收管理法》以及分散于各个税种法中的征管规定；征管手段主要是指征管模式、征管方法、征纳规程和监督检查等；征管主体是指代表国家行使征税权利的征管组织和征管人员；征管对象是征管手段作用于其上的客体，主要是指税制要素。

税收征管是税收管理的重要组成部分，二者区别在于：第一，从主体来看，税收管理的主体是国家权力机关、国家行政机关和税务机关，而税收征管的主体仅指税务机关等具体征管部门；第二，从依据看，税收管理的依据是税收分配活动的特点及其客观经济规律，而税收征管的依据是既定的税收法律、法规；第三，从权限看，税收管理主要具有税收立法权、税收执法权、税收司法权，而税收征管实际上是履行税收执法权。

2. 税务机构设置及合并

税务机关是主管我国税收征收管理工作的部门。1994 年，为了进一步理顺中央与地方的财政分配关系，更好地发挥国家财政的职能作用，增强中央的宏观调控能力，促进社会主义市场经济体制的建立和国民经济持续、快速、健康的发展，我国开始实行分税制财政管理体制。同时，为了适应分税制财政管理体制的需要，我国对税收管理机构也进行了相应的配套改革。中央政府设立国家税务总局，是国务院主管税收工作的直属机构；省及省以下税务机构分设为国家税务局和地方税务局两个系统。

国家税务局系统的机构设置为 4 级，即：国家税务总局，省（自治区、直辖市）国家税务局，地（设区的市、州、盟）国家税务局，县（市、旗）国家税务局。国家税务局系统实行国家税务总局垂直管理的领导体制，在机构、编制、经费、领导干部职务的审批等方面按照下管一级的原则，实行垂直管理。地方税务局按行政区划设置，分为 3 级，即：省（自治区、直辖市）地方税务局，地（设区的市、州、盟）地方税务局，县（市、旗）地方税务局。地方税务局系统的管理体制、机构设置、人员编制按地方人民政府组织法的规定办理。

2018 年 2 月 28 日，中国共产党第十九届中央委员会第三次全体会议通过了《深化党和国家机构改革方案》中改革国税地税征管体制的意见，将省级和省级以下国税地税机构合并，具体承担所辖区域内的各项税收、非税收入征管等职责。国税地税机构合并后，实行以国家税务总局为主与省（区、市）人民政府双重领导管理体制。2018 年 5 月 1 日全国基本实现了国税地税业务在实体办税服务厅“一厅通办”、网上税务局“一网办理”和 12366 纳税服务热线“一键咨询”，让纳税人享受到税收征管体制改革带来的便利。

2018 年 6 月 15 日，按照党中央、国务院关于国税地税征管体制改革的决策部署，在前期做好统一思想、顶层设计、动员部署等工作的基础上，全国各省（自治区、直辖市）级以及计划单列市国税局、地税局合并且统一挂牌，标志着国税地税征管体制改革迈出阶段性关键一步。

2018 年 7 月 5 日，全国各市级国税局、地税局合并，535 个市级新税务局集中统一挂牌并对外履行职责，标志着国税地税征管体制改革顺利向纵深推进。2018 年 7 月 20 日，全国县乡国税地税机构正式合并，所有县级和乡镇新税务机构统一挂牌，标志着全国、省、市、县乡 4 级税务机构分步合并和相应挂牌工作有序推进。

2019 年国家新税务机构挂牌后，新税务机构要启用新的行政与业务印章，原国税、地税机关的行政与业务印章停止使用；新税务机构涉及的相关证书、文书、表单等要启用新的名称、局轨、字轨和编号。新税务机构挂牌后，将承继原国税、地税机关税费征管的职责和相关工作，具体如下。

(1) 原国税、地税机关已作出的行政决定、出具的执法文书以及签订的各类协议继续有效。以委托代征工作为例，县国税、地税机关与代征单位签订的委托代征协议，在县新税务机构挂牌后该协议仍处于有效期的，则该委托代征协议可以依法继续有效。

(2) 原国税、地税机关已受理但尚未办结的事项，由新税务机构继续办理。以延期缴纳税款业务为例，省国税或地税机关在挂牌前受理了纳税人延期缴纳税款申请的，挂牌后，由新的省税务机构为纳税人继续办理。

(3) 纳税人、扣缴义务人以及其他行政相对人已取得的相关税务证件、资格、证明继续有效。

(4) 新税务机构对税费征收、行政许可、减免退税、税务检查、行政处罚、投诉举报、争议处理、信息公开等涉税事项，在新的规定发布施行前，暂按原规定办理，但统一以新机构名称对外开展工作。纳税人在新税务机构办理涉税事宜时，相同资料只需提供一套，同一涉税事项只需申请一次。

按照国家税务总局统一部署，各个地区税务局在2019年上半年陆续上线金税三期（并库版），实现原国税、地税两套金税三期系统并库，合并后纳税人纳税缴税时间将会大大缩短。

3. 税收征管制度

税收征管制度是对国家税收征收机关和纳税义务人在税收征纳过程中所应遵守的程序及双方的权利义务关系做出的规定。依据新制度经济学对制度构成的划分，可以将我国税收征管制度分为以下3部分①。

1) 正式制度

正式制度部分是国家为了促进经济和社会发展，规范税收征收和缴纳行为而制定的一系列税收征管法律、法规规章和其他规范性文件，具体包括税务机关组织法、税收征管法、税收责任法、税收救济法、税务代理法。其中，税收征管法为核心。

(1) 税务机关组织法。内容包括税务机关的目标、职能，税务机关的法律地位，各级税务机关内外部机构设立规范，税权在国地税各级税务机关的配置，各职位准入条件及对应的职权、职责，各机构之间、职位之间的协调配合与监督制约关系，人员编制，经费的来源、使用及其管理等。

(2) 税收征管法。指在税收征纳过程中，税务当事人必须遵守的程序性的法律规范。内容包括税务登记、账簿凭证管理、发票管理、纳税申报、税款征收、税务检查、文书送达等方面的规定。

(3) 税收责任法。指规定税务当事人因税收违法、犯罪行为，应承担的各种直接强制性法律后果及实施程序的法律规范的总称。包括设定税收责任的法律和实施税收责任的法律。税收责任包括税收行政责任和税收刑事责任及与税收活动相关的民事责任。税收行政责任形式主要包括税务行政处罚和税务行政处分。

(4) 税收救济法。指为制止和纠正征税主体侵害纳税主体合法权益的行为，使纳税主体的合法权益获得补救而在法律上设计的一系列规范的总称。内容包括税务行政复议、税务行政诉讼、税务行政赔偿。

(5) 税务代理法。指规范税务代理行为的法律规范的总称。税务代理是税务代理人在法定的范围内，接受纳税人、扣缴义务人的委托，以纳税人、扣缴义务人的名义，代为办理税

① 韩桂. 中国税收征管制度优化研究. 厦门：厦门大学，2005.

务事宜的一种专门行为。

2）非正式制度

非正式制度部分是指在税收的征收和管理活动中形成或体现出来的有关税收方面的心理、观念、伦理道德、经验体会及文化积淀等内容，它们集中表现为税收征管文化，主要包括纳税人的理念（如全体纳税人对税收的基本认识，诚信纳税的意识，纳税人主人翁意识等）和征税人的理念（如依法征税、为纳税人服务的思想，税务机关的工作氛围，税务人员的形象等）。现代税收征管文化的目的是要作为一种先进理念来引导纳税遵从，发挥指导思想的作用，将纳税人、征税人的不同利益沟通、连接在一起，融合成一个社会共同体的利益。其核心是纳税遵从的税收征管文化及纳税服务体系建设，具体来说，有以下几个方面。

(1) 通过广泛、深入、持续的税收宣传更新纳税人理念。税法宣传是增强全社会依法诚信纳税意识，提高纳税人税法遵从度，规范税务机关执法行为的重要措施。从 1992 年至今，每年 4 月由国家税务总局组织全国税务系统集中开展税收宣传。编辑出版系列税法普及读物，推动税法宣传进学校、进社区、进企业、进机关、进农村、进军营，在多个层面系统地开展税法宣传。坚持正反两方面的典型宣传，提高纳税人税法遵从度。广泛宣传依法诚信纳税的典型，发挥其引导作用；对涉税违法犯罪的典型案件及时曝光，教育广大纳税人，震慑不法分子。

(2) 通过税务文化建设更新征税人理念。其中，税务思想建设是指既要认真清除残存于现行税务文化中的封建宗法思想、特权思想、专制思想、奴化买办思想及资产阶级腐朽思想，又要大胆吸收借鉴古今中外一切优秀的行政思想，如我国古代行政思想中的经世致用、自强不息、天下为公的思想，近现代西方法治、实效的思想及不断更新的管理思想和管理理论，更要弘扬新中国行政文化中的实事求是、理论联系实际，全心全意为人民服务的思想，着力于建构现代税务征管需要的创造性、开拓性、重法制、重效率的思想，以使有中国特色社会主义现代税务思想朝着高效、廉洁、民主、公正、法制的方向发展；税务态度建设是指税务行政主体及其人员要端正工作动机，改善税务态度，增强税务情感，建立真诚、乐观的税务工作情绪，使不良税务态度能及时得到调整；税务道德建设包括在道德认识上要摆正税务人员与人民群众的道德关系，在道德感情上要养成税务人员对人民群众的爱心和高效满足人民群众的道德情感，在道德意志上努力培养、锻炼税务人员具有克服困难去履行为人民服务的道德义务和毅力，在道德信念上培养税务人员公正廉洁、社会至上、勇于负责的强烈责任感，在道德习惯上培养崇尚高效、重视时间效率的观念和善于接受监督的良好习惯；税务价值建设是指建设一种民主与效率相一致，稳定与发展相协调的税务价值观，树立稳定、健康、和谐的税务心理和与现代税收征管要求相适应的考核评价标准，最终建立符合社会主义市场经济的多元化的税务价值评价体系，为建设现代税收征管文化提供良好的社会心理环境。

(3) 通过优质的纳税服务引导纳税遵从。主要包括纳税咨询辅导、税收管理信息化逐步推进、多种申报和缴税方式、公开办税及减轻纳税人办税负担。

(4) 税收信用体系建设。国家税务总局于 2003 年制定了《纳税信用等级评定管理试行办法》，全面开展纳税信用等级评定工作，推进税收信用体系建设。纳税信用等级的评定内容涉及纳税人遵从税法情况和接受税务机关管理情况，具体包括税务登记情况、纳税申报情况、账簿凭证管理情况、税款缴纳情况、违反税收法律行政法规行为处理情况等，根据这些情况划分的标准，纳税信用等级评定设置A、B、C、D 4级。

(5) 通过规范用税行为提高照章纳税水平。一是要以权利与义务相对称的税收观念进行正面宣传，让各级政府部门懂得其自身的根本职能，即向纳税人提供公共产品或服务，而纳税人所缴纳的税收则是其从事提供公共产品或服务活动的资金来源。二是建立完备的用税信息公开披露机制。三是加快用税决策科学化、民主化和法制化的进程，改善用税决策系统，提高用税政策的制定和执行的质量。四是建立用税政策评估机制，检验用税政策的效果、效益和效率。

3) 税收征管实施机制

实施机制部分是为了保障正式制度与非正式制度的贯彻实施而进行的以税收执法为核心的税收执法、税收司法和协税护税机制。

(1) 税收执法机制。就内容而言，税收执法包括税款征收、税源管理、税务稽查和法律救济。其中，征收职能主要包括受理和审核纳税申报、税款征收、处理逾期申报和缴款、计划会计统计等；管理职能主要包括咨询辅导、税务登记与认定、核定申报方式与定额、发票管理、交叉稽核、减免缓退税审批、纳税评估、税源监控和日常检查等；稽查职能主要包括查处涉税违法案件和牵头组织税收专项检查等；救济职能主要包括税务行政复议和赔偿等。应该看到，经过各级税务机关的不断实践和探索，我国逐步形成了“以申报纳税和优化服务为基础，以计算机网络为依托，集中征收，重点稽查，强化管理”的税收征管模式。同时，分解税收执法权力①、建立健全案件审理制度、推行税收执法责任制、开展经常性税收执法检查、强化全方位监督等税收执法监督措施则是规范税收执法行为，杜绝权力滥用和执法随意性的重要保证。

(2) 税收司法机制。我国没有单独的税收司法机关，目前我国税收司法组织的形式主要有人民检察院派驻税务机关的税务检察室、公安机关派驻税务机关的税务公安办公室和人民法院派驻税务机关的法院执行室。严格来讲，这并不是真正的税收司法组织，所以税收司法权由国家司法机关来行使，分别是公安机关、人民检察院、人民法院和司法行政机关。就内容而言，税收司法包括解决税收争议和处理税收违法犯罪。其中，公安机关负责危害税收征管罪案件的侦查、拘留、执行逮捕、预审；检察机关负责税务人员涉税职务犯罪的立案侦查，同时行使税务刑事案件的公诉权和法律监督权；人民法院是税收行政案件和税务刑事案件的审判机关，行使税收案件的审判权和强制执行权；司法行政机关是国家刑罚执行机关，行使狱政管理权。

(3) 协税护税机制。协税护税主体是指充分运用自己的职权、职能，有效地协助税务机关依法行政，为税收事业保驾护航的一切社会力量。根据新税收征管法的有关规定，协税护税主体包括地方各级人民政府、各有关部门和单位、任何单位和个人、工商行政管理机关、银行和其他金融机构、出境管理机关、新闻媒体等。其中，地方各级人民政府依法加强对本行政区域内税收征收管理工作的协调、各有关部门和单位支持协助税务机关依法执行职务、

---

① 这主要表现在以下3个方面：在机构设置上，将税收业务分解为征收、管理、稽查、行政复议4个相互分离的系列，各系列工作相互制约；在税务检查上，将税务检查工作区分为选案、检查、审理、执行4个相互分离的系列，做到选案不查案、查案不审理、审理不执行；在工作流程上，健全执法行为事前、事中、事后全过程监督机制。

任何单位和个人检举违反税法行为、工商行政管理机关定期向税务机关通报办照情况及吊销违法纳税人营业执照、银行和其他金融机构向税务机关报告纳税人开户情况及冻结违法纳税人账户、出境管理机关阻止欠税纳税人出境，新闻媒体对违法纳税人进行曝光。

本章小结

税收是伴随着国家的产生而产生的，是国家为了实现其职能，凭借政治权力，按照法律规定，强制地参与社会产品分配而取得财政收入的一种形式，强制性、无偿性和固定性是税收固有的3个特点。征税会对经济运行产生一定的影响，表现在国家征税会给负税人造成经济利益的损失。税收负担有宏观税负、中观税负和微观税负之分。税收负担的轻重，受到经济制度、经济发展水平、体制结构等各种因素的多重影响和共同制约。税负能否顺利转嫁还受到商品或要素的供求弹性、课税范围、反应期间、税种属性及市场结构等因素的制约。

税法是国家制定的用以调整国家与纳税人之间在征纳方面的权利及义务关系的法律规范的总称。税法与税收既有联系又有区别。税收法律关系是由权利主体、客体和法律关系内容3个方面构成的。税法体系中按各税法的立法目的、征税对象、权限划分、适用范围、职能作用的不同，可分为不同类型的税法。涉及税收征纳关系的法律规范，除税法本身外，在某种情况下也援引一些其他法律，这涉及税法与宪法、民法、刑法的关系。西方国家税法具有四大基本原则，即税收法定原则、税收公平原则、税收效率原则和税收社会政策原则；我国则强调税收法律主义、税收公平主义、税收合作信赖主义与实质课税原则。

税法所要解决的基本问题主要包括由谁征税、对什么征税、征多少税、如何征税、纳税人违反税法规定该受何种处罚等，这些基本问题涉及构成税法的基本要素，具体包括总则、纳税义务人、征税对象、税目、税率、纳税环节、纳税期限、纳税地点、减税免税、罚则、附则等项目。税法体系是指一个国家不同的税收法律规范有机联系而构成的统一整体。我国的税收法律体系，经过半个多世纪的努力，特别是1994年税制改革，初步形成了以《中华人民共和国宪法》中的税收规范为统帅，以大量的税收法律、行政法规、地方性法规和单行条例为主体，并辅以相当数量的税法解释、规章、税收协定等所组成的税法形式体系。

税收管理体制是在各级国家机构之间划分税权的制度。目前我国的税收立法权主要表现为：中央税、中央与地方共享税以及全国统一实行的地方税的立法权集中在中央，以保证中央政令统一，维护全国统一市场和企业平等竞争；依法赋予地方适当的地方税收立法权。税收执法权按照不同的级次，由不同的机构掌握。税收征收管理制度是对国家税收征收机关和纳税义务人在税收征纳过程中所应遵守的程序及双方的权利义务关系作出的规定。依据新制度经济学对制度构成的划分，可以将我国税收征管制度分为正式制度、非正式制度和税收征管实施机制3部分。

练习与思考题

一、单项选择题

1. 效力低的税法与效力高的税法发生冲突，效力低的税法即是无效的，体现的原则是（ ）。

A. 新法优于旧法原则　　　　B. 特别法优于普通法原则
C. 程序优于实体原则　　　　D. 法律优位原则

2. 下列属于税收法规的文件是（　　）。
A.《税务部门规章制度实施办法》
B.《中华人民共和国个人所得税法实施条例》
C.《全国人大常委会关于惩治偷税、抗税犯罪的补充规定》
D.《中华人民共和国烟叶税法》

3. 根据《中华人民共和国税收征管法》规定，以下不属于纳税人权利的是（　　）。
A. 申请退还多缴税款权
B. 纳税申报方式选择权
C. 按照规定安装、使用税控装置的权利
D. 依法要求听证的权利

4. 以下不属于流转税类的税种是（　　）。
A. 房产税　　B. 车船税　　C. 增值税　　D. 个人所得税

5. 属于税收法律关系产生的基础和标志的是（　　）。
A. 引起纳税义务成立的法律事实
B. 税法的实施
C. 税法的公布
D. 税法草案的提出

二、判断题

1. 税收执法监督的主体是司法机关、审计机关等。（　　）
2. “两税法”的出现，由历代对人征税转为对物征税。（　　）
3. 城市维护建设税是实行地区差别比例税率的税种。（　　）
4. 课税对象是税收实体法诸要素中的基础性要素，因为它是各税种划分的主要标志。（　　）
5. 我国税法生效方式是税法通过一段时间后开始生效。（　　）

三、思考题

1. 税收产生与发展的条件有哪些？
2. 税收负担的影响因素有哪些？
3. 我国税法的基本原则及适用原则是什么？
4. 我国税法的基本要素及税法体系是什么？
5. 我国税收管理体制框架如何？

第2章
增值税

学习目的

通过本章学习，理解增值税的概念、类型、特点；掌握增值税的税制要素、应纳税额计算方法、出口货物退（免）税的计算方法；熟悉增值税的申报缴纳和专用发票的管理及基本的会计处理。

开篇导言

从计税原理上讲，增值税是以商品（或劳务）增值额为征税对象的一种税，所以称之为增值税。它的前身是营业税等全值流转税。

增值税最早产生于英国，1954 年在法国推行成功。之后，尤其自 20 世纪 70 年代以来，由于其自身具备的税基宽、消除重复征税和内部制约机制等优越性越来越为世界各国所认同，如春潮般在世界各大洲陆续推开，成为 20 世纪后期流转税中最好的一个税种。从税制改革的发展趋势看，增值税最终一定会取代其他类型的全值流转税。

为了适应有计划商品经济的发展，我国也于 1979 年开始在某些地区和行业引进、试行增值税。1994 年税制改革后，我国建立了增值税、消费税、营业税三税并立，并以增值税为核心的全新的流转税体系。目前，增值税是整个税制中对经济覆盖面最广、调节面最大、影响最深的税种。据统计，新税制实施后，我国的增值税收入已占流转税收入的 60%以上，在整个税收收入中占到 1/3 以上，已成为我国税制结构中事实上的主体税种。

本章首先介绍增值税的概念、类型、特点，然后，重点介绍我国增值税制度的主要内容及增值税的会计处理。

2.1 增值税概述

2.1.1 增值税的产生与发展

1. 增值税的产生

增值税这一概念是 1917 年由美国耶鲁大学的托马斯·S. 亚当斯和一位法国商人兼学者威尔海姆·范·西蒙斯首先提出的。1954 年，法国以增值税替代原有的全值流转税，并试行成功以后，开始形成了以增值额为课税对象的增值税税制。法国的增值税改革掀起了全球新一轮税制改革的高潮，除美国仍坚持不实行增值税外，大部分发达国家包括 OECD 组织中大部分国家和许多发展中国家均采用了增值税。目前，增值税已经成为西方发达国家和许多发展中国家复合税制中的重要税种。从税制改革的发展趋势看，增值税一定会取代其他类型的全值流转税，这也是一种大趋势。

2. 我国增值税制度的建立

我国自1979年下半年开始引进增值税并在极少数地区试点，征税范围也仅选择了机器机械和农业机具两个行业及自行车、缝纫机、电风扇3种产品。1983年1月起全国范围内对上述两大行业和3种产品试行增值税。在全国试点的基础上，1984年10月结合国营企业第二步利改税对原工商税进行了改革，国务院颁发了《中华人民共和国增值税条例（草案）》，将其划分为产品税、增值税和营业税，标志着增值税制度在我国正式建立。但这时建立的增值税还不同于国际上大部分国家实行的真正意义上的增值税，只限于在生产环节征税，而且征税范围仅限于12项工业产品，后来在1986年、1987年和1988年3次扩大了征税范围，对31大类产品实行了增值税。但直到1993年，增值税的改革没有再迈出大的步伐。

3. 1994年增值税制度的改革

1994年以前的增值税虽然在一定范围内排除了重复征税的弊端，但仍不彻底，在整个国民经济范围内还存在着相当严重的重复征税，距国际规范化的增值税相差甚远。这就要求必须改革原有的增值税，建立新的规范化的增值税。为此，我国1994年对增值税制度进行了全面彻底的改革，并以增值税改革为核心建立了新的流转税制度。

改革的主要内容包括3个部分。①遵循普遍征收原则，扩大了征税范围，从工业扩大到商业。新增值税的征税范围包括了货物的生产、批发、零售、进口4个环节及加工、修理修配劳务。相应的，从事这些活动的各类单位和个人，都是增值税的纳税人。②按照中性原则的要求，减少了税率档次。改革后的增值税由原来的8%～45%共12档税率减少为只设17%和13%两档税率。除少数货物外，绝大部分货物都按照17%的基本税率征税。这种基本中性的特点，保证了市场对资源优化配置的基础性作用。③遵循简化原则，在计税方法上，对一般纳税人采取规范的购进扣税法，对小规模纳税人销售货物或应税劳务，采取简易办法计征税款。

经过1994年改革之后，我国增值税趋于成熟与完善，开始进入国际通行的规范化的行列。

4. 我国增值税的全面转型

所谓增值税的转型，是指生产型增值税向消费型增值税的转型过渡。由于我国最初实行的生产型增值税不允许抵扣外购固定资产的进项税额，因此造成重复征税弊端，也不利于鼓励投资；而消费型增值税对外购固定资产准予抵扣全部进项税，充分发挥了增值税中性税收的特征，最大限度地减少了税收对市场机制作用的扭曲。因此，世界各国除了极少数国家采用生产型增值税外，大部分国家实行的都是消费型增值税。经过几年试点之后，2008年11月5日国务院第34次常务会议审议通过了修订后的《中华人民共和国增值税暂行条例》，于11月10日以国务院令第538号公布，2009年1月1日起施行。2008年12月15日，财政部、国家税务总局以财政部和国家税务总局令第50号公布了修订后的《中华人民共和国增值税暂行条例实施细则》。自2009年1月1日起，我国在全国所有地区、所有行业全面实施消费型增值税改革。改革的目的是扩大国内需求，降低企业设备投资的税收负担，促进企业技术进步、产业结构调整和转变经济增长方式。改革的主要内容包括：允许企业抵扣新购入设备所含的增值税；取消进口设备免征增值税；取消外商投资企业采购国产设备增值税退税；将小规模纳税人增值税征收率统一调至3%；将矿产品增值税税率恢复到17%。

5.“营改增”进程及意义

营业税改增值税，简称“营改增”，是指以前缴纳营业税的应税项目改成缴纳增值税。“营改增”目的是加快财税体制改革，进一步减轻企业赋税，调动各方积极性，促进服务业尤其是科技等高端服务业的发展，促进产业和消费升级，培育新动能，深化供给侧结构性改革。“营改增”最大特点是减少重复征税，增值税只对产品或者服务的增值部分纳税，减少重复纳税的环节，可以促使社会形成更好的良性循环，有利于企业降低税负。

营业税和增值税，是我国流转税的两大主体税种。“营改增”在全国的推广，大致经历了以下几个阶段：2012 年 1 月 1 日起，在上海交通运输业和部分现代服务业开展“营改增”试点；自 2012 年 8 月 1 日起至 2012 年年底，国务院扩大“营改增”试点至 8 省市；2013 年 8 月 1 日，“营改增”范围已推广到全国试行，将广播影视服务业纳入试点范围；2014 年 1 月 1 日起，将铁路运输和邮政服务业纳入“营改增”试点，至此交通运输业已全部纳入“营改增”范围；自 2016 年 5 月 1 日起，中国全面推开“营改增”试点，将建筑业、房地产业、金融业、生活服务业全部纳入“营改增”试点；2017 年 12 月 1 日，国务院废止《中华人民共和国营业税暂行条例》和修改《中华人民共和国增值税暂行条例》，至此，营业税退出历史舞台，增值税制度更加规范。这是自 1994 年分税制改革以来，财税体制的又一次深刻变革。

“营改增”是推进供给侧结构性改革的重大举措，是近年来我国实施的减税规模最大的改革措施，“营改增”对于推动构建统一简洁税制和消除重复征税，有效减轻企业和群众负担，拉长产业链条，扩大税基，落实创新驱动发展战略，促进新动能成长和产业升级，带动增加就业，起到了一举多得的重要作用，既为当前经济增长提供了有力支撑，也为今后持续发展增添了强劲动力。

为了持续推进增值税改革，进一步减税降费，自 2018 年 5 月 1 日起，纳税人发生增值税应税销售行为或者进口货物，原适用 17%和 11%税率的，税率分别调整为 16%和 10%；纳税人购进农产品，原适用 11%扣除率的，扣除率调整为 10%；原适用 17%税率且出口退税率为 17%的出口货物，出口退税率调整至 16%；原适用 11%税率且出口退税率为 11%的出口货物、跨境应税行为，出口退税率调整至 10%。

2019 年 4 月 1 日起，增值税一般纳税人发生增值税应税销售行为或者进口货物，提供加工、修理修配劳务，销售有形动产租赁服务等原适用 16%税率的，如制造业等行业增值税税率调整为 13%；原适用 10%税率的，如交通运输和建筑等行业增值税税率调整为 9%。2010—2018 年以来我国增值税收入概况见表 2-1。

表 2-1 2010—2018 年以来我国增值税收入概况

年份	增值税税收入/亿元	税收收入合计/亿元	增值税收入占税收总收入比重/%
2010	21 093.48	73 210.79	28.81
2011	24 266.63	89 738.39	27.04
2012	26 415.51	100 614.28	26.25
2013	28 810.13	110 530.70	26.07
2014	30 855.36	119 175.31	25.89

续表

年份	增值税税收入/亿元	税收收入合计/亿元	增值税收入占税收总收入比重/%
2015	31 109.47	124 922.20	24.90
2016	40 712.08	130 360.73	31.23
2017	56 378.00	144 360.00	39.05
2018	61 529.00	156 401.00	39.34

说明：增值税收入指国内增值税收入，不包括进口货物增值税。比如2018年进口货物增值税、消费税合计为16 879亿元。税收收入未扣减出口退税收入。

资料来源：《中国统计年鉴2017》及财政部官网数据整理计算而得。

2.1.2 增值税的概念

增值税是以商品价值中的增值额为课税对象计征的一种流转税。从计税原理而言，增值税是对商品生产和流通中各环节的新增价值或商品附加值进行征税，所以称之为“增值税”。从税制的角度而言，增值税是指对在我国境内销售货物、销售应税服务、无形资产和不动产、提供应税劳务以及进口货物的单位和个人，就其增值额征收的一种税。

作为增值税课程对象的增值额，有理论增值额和法定增值额之分。

1. 理论增值额

理论增值额是指企业或个人在生产经营过程中新创造的那部分价值，相当于商品价值$C+V+M$扣除生产经营过程中消耗掉的生产资料转移价值C之后的余额，即劳动者新创造的$V+M$部分，它主要包括工资、利润、利息、租金和其他属于增值性的费用。

现实经济生活中，对增值额可从以下两方面来理解。

第一，从一个生产经营单位来看，增值额即该单位销售货物或提供劳务的收入额扣除了生产经营这种货物或劳务而外购的货物价款后的余额，即$(C+V+M)-C$。

增值额＝销售额－购入商品金额

第二，从商品生产流通的全过程来看，增值额是该商品经历的生产和流通的各个环节所创造的增值额之和，也就是该项货物的最终销售价值。

最终销售额＝∑各环节增值额

实例

某服装产品最终销售价格为300元，这300元是由5个生产经营环节共同创造的。那么，该货物在5个环节中创造的增值额之和就是该货物的全部销售额。该货物每一环节的增值额和销售额的数量及关系见表2-2（为便于计算，假定第一环节没有物质消耗，都是该环节新创造的价值）。

表2-2 货物在各环节的增值额和销售额的数量及关系

元

项目＼环节	棉花生产	棉布生产	服装生产	批发商	零售商	合计
增值额	50	50	100	60	40	300
销售额	50	100	200	260	300	

该项货物在上述5个环节的增值额之和为300元，该项货物的最终销售价格也是300元。这种情况说明实行增值税时，在税率一致的情况下，对每一生产流通环节征收的增值税之和，实际上就是按货物最终销售额征收的增值税。

2. 法定增值额

法定增值额是目前实行增值税的国家根据各国国情、政策要求，在增值税制度中人为确定的增值额。国家可以根据需要，通过税法规定在购进项目中允许扣除和不允许扣除的项目，即法定增值额就是生产经营收入扣除税法规定的项目金额后的余额部分，即：

增值额＝销售额－法定扣除项目金额

法定增值额不一定等于理论增值额，有可能大于、小于或等于理论增值额，二者不一致的原因是各国在规定扣除范围时，对外购固定资产的处理办法不同。一般来说，各国在确定增值额时，对外购流动资产价款都允许从货物总价值中扣除。但固定资产价款各国处理办法则有所不同，有的国家为了鼓励扩大投资，允许对外购固定资产的价值所含的税款在当期一次扣除；有的国家考虑到财政收入的需要，不鼓励过快更新设备，规定外购固定资产的价值不允许扣除。即使在允许扣除的国家，扣除情况也不一样，有的能全部扣除，有的则只能是部分扣除。正是由于对外购固定资产扣除的处理办法不同，所以各国的法定增值额与理论增值额在量上是不同的。

实例

假定某企业报告期货物销售额为100万元，从外单位购入的原材料等流动资产价款为20万元，购入机器设备等固定资产价款为60万元，当期计入成本的折旧费为6万元。根据上述条件计算该企业的理论增值额及在不同国别增值税制度下的法定增值额（见表2-3）。该企业报告期内的理论增值额＝100－20－6＝74(万元)。

表2-3 不同国别的法定增值额 万元

项目 / 国别	允许扣除的外购流动资产的价款	允许扣除的外购固定资产的价款	法定增值额	法定同理论增值额的差额
A国	20	0	80	＋6
B国	20	6	74	0
C国	20	60	20	－54

2.1.3 增值税的类型

由于在理论上对增值额的理解不同，在实践中对法定扣除项目的规定不同，因而形成了不同类型的增值税。按照对外购固定资产的处理方式不同，可将增值税划分为生产型增值税、收入型增值税和消费型增值税。表2-4比较了3种增值税类型的优缺点。

表 2-4 3种增值税类型比较

类型	特点	优点	缺点
生产型增值税	① 计算增值税时不允许扣除任何外购固定资产价款；其折旧也作为增值额的一部分据以课税 ② 税基大体相当于国民生产总值的统计口径，故称为生产型增值税 ③ 法定增值额＞理论增值额	限制固定资产投资膨胀，扩大了税基，能保证财政收入	对固定资产存在重复征税问题，不利于技术进步和设备的更新换代，同时会妨碍出口产品的升级
收入型增值税	① 计算增值税时对外购固定资产只允许扣除当期计入产品价值的折旧费部分 ② 从整个国民经济来看，其税基相当于国民收入，故称为收入型增值税 ③ 法定增值额＝理论增值额	从理论上来讲是一种标准的增值税，完全避免了重复征税	不利于实行规范化的发票扣税制度，实务操作困难
消费型增值税	① 对当期购进用于生产应税产品的固定资产价款，允许从当期增值额中一次全部扣除 ② 从整个国民经济来看，其课税基数只相当于消费资料价值部分，故称为消费型增值税 ③ 法定增值额＜理论增值额	体现增值税优越性，最宜实行凭发票扣税的计算方法，便于操作；有利于鼓励投资	税基最小，减少了财政收入

2.1.4 增值税的计税方法

增值税的计税方法一般有直接计税法和间接计税法，前者又可分为加法和减法。具体计算内容、计算公式和适用性，参见表 2-5。

表 2-5 增值税的计税方法与比较

计税方法		计算内容	计算公式	适用性分析
直接计税法	加法	将纳税人在纳税期内的各个增值项目相加，计算出增值额，再据以计算增值税	增值额＝工资＋利润＋利息＋租金＋其他增值项目金额	由于增值因素与非增值因素难以准确划分，使得增值额有时无法计算，如企业支付的各种罚款、没收的财物或接受的捐赠是否属于增值额难以确定，因此这种加法实际上并未被采用
	减法	将纳税人在纳税期内的商品与劳务的销售额减去法定扣除的非增值项目（如外购原材料、燃料、零配件、动力等金额）后的余额作为增值额据以计算增值税	增值额＝销售收入额－法定非增值项目金额	只有在采用一档税率的情况下才可以实行，如果采用多档税率的增值税制度，则不具有实际意义
间接计税法		又称为税款抵扣法或购进扣税法，是指不直接根据增值额计算增值税，而是先计算出应税货物的整体税负，再从中扣除法定的外购项目已纳税款	应纳增值税额＝销售收入×适用税率－法定扣除项目已纳税款	简便易行，计算准确，既适用于单一税率，又适用于多档税率，是实行增值税的国家普遍采用的计算方法

2.1.5 增值税的优点

增值税作为一种新型流转税，与其他流转税相比，具有特殊的课税对象，在制度设计上更为合理，具有传统流转税不可比拟的优越性。

(1) 税基广阔，具有征收的普遍性和连续性，有利于国家普遍、稳定、及时取得财政收入。增值税以增值额为课税对象，凡是实现价值增值的领域，都可以对生产经营活动实行普遍征税，具有广阔的税基。从横向看，可以覆盖农业、工业、商业和服务业各领域；从纵向看，生产、批发、零售各环节产生的增值额可以逐级课征。而且增值税不会因为经济结构和生产组织方式的变化而影响财政收入的变化，能够保证财政收入的稳定性和可靠性。

(2) 道道征税，但不重复征税，能够平衡税负，促进公平竞争。增值税只对货物或劳务销售额中没有征过税的那部分增值额课征，有效地消除了按销售额全值征税所造成的重复征税的现象，使其具有了中性税收的特征。它能够彻底解决同一种货物由全能厂生产和非全能厂生产所产生的税负不平衡问题。其税负高低既不受货物价格中外购成本所占比重大小的影响，也不受货物所经历的流转环节多少的影响，使得同一货物不论是由全能厂生产还是非全能厂生产，只要最终销售价格相同，增值税税负就相同。这使得增值税为生产的专业化协作的发展消除了税收上的障碍，适应了社会化大生产的发展趋势，为在市场经济下的公平竞争提供了良好的外部条件。

(3) 逐环节征税，逐环节扣税，可以转嫁税负，最终消费者承担了全部税款。作为一种新型流转税，增值税保留了传统间接税按流转额全值计税和道道征税的特点，同时实行税款抵扣制度。即在逐环节征税的同时，还实行逐环节扣税。每一环节的税负实际上是由下一环节的经营者负担，直到货物卖给最终消费者时，货物在以前环节已纳的税款连同本环节的税款也一并转移给了最终消费者。因此，增值税税负直接以前转的方式发生税负转嫁，最终消费者是全部税款的承担者，具有典型的间接税特征。

(4) 能够促进对外贸易的发展。增值税一方面便于对出口商品实行彻底退税，另一方面又可平衡进口商品与国内商品税负，避免对进口商品征税不足导致对国内商品造成竞争威胁。传统流转税按商品全部销售额征税，并因商品流转环节的多少影响商品税负的变化，在商品出口时由于难以准确核算其已纳税额而无法按实际已纳税额退税，有可能出现退税不足或是退税过多的现象，继而影响商品在国际市场的竞争力或形成国家对出口货物的补贴。而实行增值税则可以避免以上问题，商品的出口价格就是其全部增值额，用出口价格乘以增值税税率，即可准确计算出应退税额，从而做到一次全部将已征税款准确地退还给企业，使出口货物以不含税价格进入国际市场。另外，对进口货物征收增值税，有利于贯彻国际间同等纳税的原则，避免产生进口货物的税负轻于国内同类货物，以及进口货物利润大于国内相同货物利润的假象，从而能够正确比较和衡量进口货物的得失，既体现了国际间同等纳税的原则，又维护了国家经济权益。

(5) 在税收征管上可以互相制约，交叉审计，避免发生偷漏税。增值税实行税款抵扣的计税方法，每一道环节应征税额取决于本环节及上一环节的销售税额。与此相适应，对上一环节的销售税额实行凭发票扣税的制度，即销售方开具的增值税发票既是销货方计算销项税额的凭证，也是购货方据以扣税的凭证，通过发票在买卖双方之间形成了一个有机的扣税链条，从而使得买卖双方可以互相监督，互相制约，避免了纳税人偷漏税款和错计税款。

2.2 我国增值税的具体征收制度

2.2.1 征税范围

1. 一般规定

自2016年5月1日以后，增值税征税范围包括货物销售和进口，加工、修理、修配劳务的提供，销售服务、无形资产和不动产的应税行为。简而言之，原有的增值税和营业税将课税范围一分为二的局面统一至增值税的范围内，即涵盖了全部的生产经营范围。

1）销售和进口货物

货物是指有形动产，包括电力、热力和气体在内。货物的生产、批发、零售统一以货物销售为替代。销售货物是指有偿转让货物的所有权，有偿是指从购买方取得货币、货物或其他经济利益。

进口货物是指申报进入我国海关境内的货物。确定一项货物是否属于进口货物，必须看其是否办理了报关进口手续。只要是报关进口的应税货物，均属于增值税征税范围，在进口环节缴纳增值税。

2）提供加工、修理修配劳务

加工是指接受来料承做货物，加工后的货物所有权属于委托方所有，即委托加工业务，是由委托方提供原材料及主要材料，受托方按照委托方的要求制造货物并收取加工费的业务；修理修配是指受托对损伤和丧失劳动功能的货物进行修复，使其恢复原状和功能的业务。

3）销售服务

销售服务是指提供交通运输服务、邮政服务、电信服务、建筑服务、金融服务、现代服务、生活服务7项服务业。

(1) 交通运输服务。是指使用运输工具将货物或者旅客送达目的地，使其空间位置得到转移的业务活动。它包括陆路运输服务（铁路、公路、缆车、索道、地铁、城市轻轨等）、水路运输服务（包括程租、期租业务）、航空运输服务（包括湿租业务、航天运输服务）、管道运输服务（通过管道输送气体、液体、固体物质的运输服务）。

出租车公司向使用本公司自有出租车的出租车司机收取的管理费用，按陆路运输服务征收增值税。

无运输工具承运业务，按照交通运输服务缴纳增值税。无运输工具承运业务，是指经营者以承运人的身份与托运人签订运输服务合同，收取运费并承担承运人责任，然后委托实际承运人完成运输服务的经营活动。

水路运输的程租、期租业务，属于水路运输业务。程租业务，是指运输企业为租船人完成某一特定航次的运输任务并收取租赁费的业务；期租业务，是指运输企业将配备有操作人员的船舶承租给他人使用一定期限，承租期内听候承租方调遣，不论是否经营都收取租赁费，发生的固定费用均由船东负担的业务。

航空运输的湿租业务属于航空运输服务。湿租业务是指航空运输企业将配备有机组人员的飞机承租给他人使用一定期限，承租期内听候承租方调遣，不论是否经营，均收取租赁费，发生的固定费用均由承租方承担的业务。

自 2018 年 1 月 1 日起，纳税人已售票但客户逾期未消费取得的运输逾期票证收入，按照交通运输服务缴纳增值税。

(2) 邮政服务。是指中国邮政集团公司及所属邮政企业提供邮件寄递、邮政汇兑和机要通信等邮政基本服务的业务活动。它包括邮政普遍服务（包括函件、包裹等邮件寄递，以及邮票发行、报刊发行和邮政汇兑等业务活动）、邮政特殊服务（包括义务兵平常信函、机要通信、盲人读物和革命烈士遗物的寄递等业务活动）、其他邮政服务（包括邮册等邮品销售、邮政代理等业务活动）。

(3) 电信服务。是指利用有线、无线的电磁系统或者光电系统等各种通信网络资源，提供语音通话服务，传送、发射、接受或者应用图像、短信等电子数据和信息的业务活动。它包括基础电信服务和增值电信服务：前者是指利用固网、移动网、卫星、互联网，提供语音通话服务的业务活动，以及出租或者出售带宽、波长等网络元素的业务活动；后者是指利用固网、移动网、卫星、互联网、有线电视网络，提供短信和彩信服务、电子数据和信息的传输及应用服务、互联网接入服务等业务活动。

卫星电视信号落地转接服务，按照增值电信服务计算缴纳增值税。

(4) 建筑服务。是指建筑物、构筑物及其附属设施的建造、修缮、装饰，线路、管道、设备、设施等的安装以及其他工程作业的业务活动。它包括工程服务、安装服务、修缮服务、装饰服务、其他建筑服务（包括园林绿化、平整土地、拆除建筑物、清理等）。

固定电话、有线电视、宽带、水、电、燃气等经营者向用户收取的安装费、初装费、开户费、扩容费以及类似收费，按照安装服务缴纳增值税。

(5) 金融服务。是指经营金融保险的业务活动。它包括贷款服务、直接收费金融服务、保险服务和金融商品转让。融资性售后回租、以货币资金投资收取的固定利润或者保底利润，按照贷款服务缴纳增值税。保险服务包括人身保险服务、财产保险服务。基金、信托、理财产品等各类资产管理产品按照金融商品转让缴纳增值税。

(6) 现代服务。是指围绕制造业、文化产业、现代物流产业等提供技术性、知识性服务的业务活动。

① 研发和技术服务。包括研发服务、合同能源管理服务、工程勘察勘探服务、专业技术服务。其中，专业技术服务，是指气象服务、地震服务、海洋服务、测绘服务、城市规划、环境与生态监测服务等专项技术服务。

② 信息技术服务。包括软件服务、电路设计及测试服务、信息系统服务和业务流程管理服务和信息系统增值服务。

③ 文化创意服务。包括设计服务、知识产权服务、广告服务和会议展览服务。

④ 物流辅助服务。包括航空服务、港口码头服务、货运客运场站服务、打捞救助服务、装卸搬运服务和收派服务。港口设施经营人收取的港口设施保安费按“港口码头服务”征税。

⑤ 租赁服务。包括融资租赁服务和经营租赁服务。将建筑物、构筑物等不动产或者飞机、车辆等有形动产的广告位出租给其他单位或者个人用于发布广告，按照经营租赁服务缴纳增值税；车辆停放服务、道路通行服务（包括过路费、过桥费、过闸费等）等按照不动产经营租赁服务缴纳增值税；水路运输的光租业务、航空运输的干租业务，属于经营租赁服务。

⑥ 鉴证咨询服务。包括认证服务、鉴证服务和咨询服务。翻译服务和市场调查服务按照“咨询服务”缴纳增值税。

⑦ 广播影视服务。包括广播影视节目（作品）的制作服务、发行服务和播映（含放映）服务。

⑧ 商务辅助服务。包括企业管理服务、经纪代理服务（金融代理、知识产权代理、货物运输代理服务、代理报关服务、法律代理、房地产中介、职业中介、婚姻中介、代理记账、拍卖等）、人力资源服务（提供公共就业、劳务派遣、劳动力外包等服务）、安全保护服务。

⑨ 其他现代服务。比如纳税人对安装运行后的电梯提供的维护保养服务，纳税人为客户办理退票而取得的退票费、手续费收入等，按照其他现代服务增收增值税。

(7) 生活服务。是指为满足城乡居民日常生活需求提供的各类服务活动。包括文化体育服务、教育医疗服务、旅游娱乐服务、餐饮住宿服务、居民日常服务、其他生活服务。

4) 销售无形资产

销售无形资产是指有偿转让无形资产所有权或者使用权的业务。无形资产，是指不具有实物形态，但是能够带来经济利益的资产，包括技术、商标、著作权、商誉、自然资源使用权和其他权益性无形资产。技术，包括专利技术和非专利技术。自然资源使用权包括土地使用权、海域使用权、探矿权、取水权和其他自然资源使用权。其他权益性无形资产，包括基础设施资产经营权、公共事业特许权、配额、经营权、经销权、分销权、代理权、网络游戏虚拟道具、域名、名称权、肖像权、冠名权、转会费等。

5) 销售不动产

销售不动产是指有偿转让不动产所有权的业务。不动产是指不能移动或者移动后会引起性质、形状改变的财产，包括住宅、商业营业用房、办公楼等建筑物和道路、桥梁、隧道、水坝等构筑物。转让建筑物有限产权或者永久使用权的，转让在建的建筑物或者构筑物所有权的，以及在转让建筑物或构筑物时一并转让其所占土地的使用权的，按照销售不动产缴纳增值税。

6) 增值税课税范围的补充说明

(1) 增值税课税范围不包括下列 4 项非经营性活动：①行政单位收取的同时满足条件的政府性基金或者行政事业性收费——由国务院或者财政部批准设立的政府性基金、由国务院或者省级人民政府及其财政、价格主管部门批准设立的行政事业性收入，收取时开具省级（含省级）以上财政部门监（印）制的财政票据，所收款项全额上缴财政；②单位或者个体工商户聘用的员工为本单位或者雇主提供取得工资的服务；③单位或者个体工商户为员工提供的应税服务；④财政部和国家税务总局规定的其他情形。

(2) 增值税课税范围不包括下列境外销售的服务或无形资产：①境外单位或者个人向境内单位或者个人销售完全在境外发生的服务；②境外单位或者个人向境内单位或者个人销售完全在境外使用的无形资产；③境外单位或者个人向境内单位或者个人出租的完全在境外使用的无形资产；④财政部和国家税务总局规定的其他情形。

2. 属于征税范围的特殊行为

1) 视同销售行为

在一般的销售中，有两项标准可以证明发生了销售行为：①开具了发票；②收取了款项。但有一些情况不符合上述两项规定，也视同发生了销售行为。单位或者个体工商户的下列行为，视同销售货物：①将货物交付其他单位或者个人代销；②销售代销货物；③设有两个以上机构并实行统一核算的纳税人，将货物从一个机构移送其他机构用于销售，但相关机构设在同一县（市）的除外；④将自产、委托加工的货物用于非增值税应税项目；⑤将自产、委托加工的货物用于集体福利或者个人消费；⑥将自产、委托加工或者购进的货物作为投资，提供给其他单位或者个体工商户；⑦将自产、委托加工或者购进的货物分配给股东或者投资者；⑧将自产、委托加工或者购进的货物无偿赠送其他单位或者个人。

上述8项视同销售行为具有以下3个特点：①货物的所有权发生了变化，比如上述第②、⑥、⑦、⑧项；②将自产或委托加工的货物，从生产领域转移到增值税范围以外或者转移到消费领域，比如上述第④、⑤项；③所有权没有发生变化，但是基于堵塞管理漏洞的需要，而视同销售，比如上述第③项。

出现视同销售行为的原因是，增值税征税范围涉及货物的生产、批发、零售和进口4个环节，涉及货物流转的所有环节。如果上述几项情况不视同销售，则增值税链条会发生中断。为了保证增值税链条的延续，则需要对其视同销售。

2）混合销售行为

所谓混合销售行为，是指一项销售行为既涉及货物又涉及服务。混合销售行为的特点是销售货物与提供应税服务是由同一纳税人实现，价款是同时从一个购买方取得的，即应税服务是为了直接销售货物而提供的，它与销售货物是紧密相连的从属关系。从事货物的生产、批发或者零售的单位和个体工商户的混合销售行为，按照销售货物缴纳增值税；其他按单位和个体工商户的混合销售行为，按照销售服务缴纳增值税。

上述从事货物的生产、批发或者零售的单位和个体工商户，包括以从事货物的生产、批发或零售为主，并兼营销售服务的单位和个体工商户在内。

3）兼营销售行为

兼营销售行为，是指纳税人的经营范围既包括销售货物和加工修理修配劳务，又包括销售服务、无形资产或者不动产。兼营销售行为的特点是销售货物、加工修理修配劳务、销售服务、无形资产、不动产不同时发生同一项销售行为中。

纳税人销售货物、加工修理修配劳务、服务、无形资产、不动产适用不同税率或者征收率的，应当分别核算适用不同税率或者征收率的销售额；未分别核算销售额的，从高适用税率或征收率。

4）混合销售与兼营销售的比较

混合销售与兼营销售的共同点是，两种行为的经营范围都有销售货物和提供劳务；二者的不同点是，混合销售强调的是同一项销售行为中存在这两类经营项目的混合，兼营强调的是在同一纳税人的经营活动中存在这两类经营项目，但是这两类经营项目不是在同一项销售行为中发生，不具有从属关系。

因此在税务处理上，混合销售的纳税主要原则是按“经营主业”划分，分别按照“销售货物”或“销售服务”征收增值税；兼营销售的纳税原则是分别核算、分别按照适用税率征收增值税，不能分别核算的，从高适用税率或征收率。二者体现的征税原则是不同的，也体现了税法对两种行为的定性是不同的。

3. 不征收增值税的项目

(1) 基本建设单位和从事建筑安装业务的企业附设工厂、车间在建筑现场制造的预制构件、凡直接用于本单位或本企业建筑工程的。

(2) 供应或开采未经加工的天然水。

(3) 国家管理部门行使其管理职能，发放的执照、牌照和有关证书等取得的工本费收入。

(4) 计算机软件产品，纳税人销售的软件产品随同销售一并收取的软件安装费、维护费、培训费等收入，按照混合销售纳税，并享受软件产品增值税即征即退的优惠。

(5) 在资产重组过程中，通过合并、分立、出售、置换等方式，将全部或部分实物资产以及与其相关联的债权、负债和劳动力一并转让给其他单位和个人，其中涉及的不动产、土地使用权转让行为。

(6) 纳税人自 2013 年 2 月 1 日起取得的中央财政补贴，不属于增值税应税收入，不征收增值税，如燃油电厂从政府财政专户取得的发电补贴收入。

(7) 存款利息。

(8) 被保险人获得保险赔付。

(9) 根据国家指令无偿提供的铁路运输服务、航空运输服务属于公益活动，不征收增值税。

(10) 房地产主管部门或其指定机构、公积金管理中心、开发企业以及物业管理单位代收取的住宅专项维修资金。

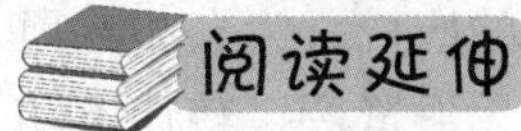

“增值税实施范围的国际比较”见加阅平台。

2.2.2　纳税人

1. 基本规定

增值税纳税人是指税法规定负有缴纳增值税义务的单位和个人。凡在中华人民共和国境内销售或进口货物或者加工、修理修配劳务（以下简称劳务）、销售服务、无形资产或者不动产的单位和个人，为增值税的纳税人。

1) 纳税人

从事上述业务的单位或个人为增值税的纳税人。

单位租赁或者承包给其他单位或者个人经营的，以承租人或者承包人为纳税人。

报关进口货物的纳税人是进口货物收货人或报关进口单位。代理进口的，以海关完税凭证（专用缴款书）上的纳税人为增值税的纳税人。

2) 扣缴义务人

中华人民共和国境外的单位或者个人在境内提供应税劳务，在境内未设有经营机构的，以其境内代理人为扣缴义务人；在境内没有代理人的，以购买方为扣缴义务人。

按照经营规模的大小和会计核算健全与否等标准，增值税纳税人可分为一般纳税人和小规模纳税人。

2. 小规模纳税人认定及管理

从事货物生产或提供应税劳务的纳税人，以及以从事货物生产或提供应税劳务为主，并兼营货物批发或零售的纳税人，年应税销售额在50万元（含50）以下的；其他纳税人，年应税销售额在80万元（含80）以下的；提供应税行为的纳税人年应税销售额为500万元（含500）以下的。

自2018年5月1日起，统一增值税小规模纳税人标准，即增值税小规模纳税人标准为年应征增值税销售额500万元及以下。对已经登记为增值税一般纳税人的单位和个人，在2018年12月31日前，可转登记为小规模纳税人，其未抵扣的进项税额可做转出处理。

年应税销售额超过小规模纳税人标准的其他个人按小规模纳税人纳税；年应税销售额超过规定标准但不经常发生应税行为的单位和个体工商户，以及非企业性单位、不经常发生应税行为的企业，按小规模纳税人纳税；兼有销售货物、提供加工、修理修配劳务以及应税服务，且不经常发生应税行为的单位和个体工商户可选择按小规模纳税人纳税。

对小规模纳税人的认定权限，在县级以上税务机关。小规模纳税人实行简易办法征收增值税，一般不使用增值税专用发票。

3. 一般纳税人的认定及管理

1）认定范围

增值税纳税人年应税销售额超过财政部、国家税务总局规定的小规模纳税人标准（以下简称规定标准）的，除“按照政策规定选择按照小规模纳税人纳税的、年应税销售额超过规定标准的其他个人”外，应当向主管税务机关办理一般纳税人登记。

年应税销售额是指纳税人在连续不超过12个月或4个季度的经营期内累计应税销售额，包括纳税申报销售额、稽查查补销售额、纳税评估调整销售额。纳税人的应税行为有扣除项目的，其应税行为按未扣除之前的销售额计算。纳税人偶然发生的销售无形资产、转让不动产的销售额，不计入应税行为年应税销售额。

经营期是指纳税人在存续期内的连续经营期间，含未取得销售收入的月份或季度。纳税申报销售额是指纳税人自行申报的全部应税销售额，包括免税销售额和税务机关代开发票销售额。稽查查补销售额和纳税评估调整销售额计入查补税款申报当期的销售额，而不是不计入税款的所属期。

2）特殊规定

年应税销售额未超过规定标准的纳税人，会计核算健全、能够提供准确税务资料的，可以向主管税务机关办理一般纳税人登记。会计核算健全，是指能够按照国家统一的会计制度规定设置账簿，根据合法有效凭证进行核算。

3）办理一般纳税人的登记程序

纳税人向主管税务机关填报“增值税一般纳税人登记表”，如实填写固定生产经营场所等信息，并提供税务登记证件。纳税人填报内容与税务登记信息一致的，税务机关当场登记；不一致的或不符合要求的，当场告知纳税人补正信息。

4）办理登记的时限和地点

纳税人在应税销售额超过规定标准的期间所属申报期结束后15日内按照要求办理相关手续，未办理的主管税务机关在规定时限结束后5日内制作“税务事项通知书”，告知纳税人5日内办理，逾期不办理的，次月起按照销售额依照增值税税率计算应纳税额，不得抵扣进项税额，直至纳税人办理相关手续为止。纳税人应当向其机构所在地主管税务机关办理登记手续。对税收遵从度低的一般纳税人，主管税务机关可以实行纳税辅导期管理。

一般纳税人采取进项抵扣计算方法，使用增值税专用发票。

2.2.3 税率

1. 一般纳税人适用的增值税税率

对于一般纳税人适用的增值税税率一共有4档：13%、9%、6%、0%。销售货物、加工修理修配劳务、有形动产租赁服务和进口税率为13%；销售交通运输服务、邮政、基础电信、建筑、不动产租赁服务，销售不动产，转让土地使用权以及销售或进口列举的农产品等货物税率为9%；销售无形资产（除土地使用权）、销售服务为6%；出口货物税率为0%，见表2-6。

表2-6 增值税税率表

序号	税 目	税 率
1	销售或者进口货物（除9～12项外）	13%
2	加工、修理修配劳务	13%
3	有形动产租赁服务	13%
4	不动产租赁服务	9%
5	销售不动产	9%
6	建筑服务	9%
7	运输服务	9%
8	转让土地使用权	9%
9	饲料、化肥、农药、农机、农膜	9%
10	粮食等农产品、食用植物油、食用盐	9%
11	自来水、暖气、冷气、热水、煤气、石油液化气、天然气、二甲醚、沼气、居民用煤炭制品	9%
12	图书、报纸、杂志、音像制品、电子出版物	9%
13	邮政服务	9%
14	基础电信服务	9%
15	增值电信服务	6%
16	金融服务	6%
17	现代服务	6%
18	生活服务	6%
19	销售无形资产（除土地使用权外）	6%
20	出口货物	0%
21	跨境销售国务院规定范围内的服务、无形资产	0%

另外，适用9%低税率的货物容易与适用13%的货物混淆，以下货物适用13%的税率：①以粮食为原料加工的速冻食品、方便面、副食品和各种熟食品，玉米浆、玉米皮、玉米纤

维（又称喷浆玉米皮）和玉米蛋白粉；②各种蔬菜罐头；③专业复烤厂烤制的复烤烟叶；④农业生产者用自产的茶青再经筛分、风选、拣剔、碎块、干燥、匀堆等工序精制而成的精制茶、边销茶及掺兑各种药物的茶和茶饮料；⑤各种水果罐头、果脯、蜜饯、炒制的果仁、坚果、碾磨后的园艺植物（如胡椒粉、花椒粉等）；⑥中成药；⑦锯材、竹笋罐头；⑧熟制的水产品和各类水产品的罐头；⑨各种肉类罐头、肉类熟制品；⑩各种蛋类的罐头；⑪酸奶、奶酪、奶油等各种用鲜奶加工的奶制品；⑫洗净毛、洗净绒；⑬直接用于动物饲养的粮食、饲料添加剂；⑭用于人类日常生活的各种类型包装的日用卫生用药（如卫生杀虫剂、驱虫剂、驱蚊剂、蚊香等）；⑮以农副产品为原料加工工业产品的机械、农用汽车、三轮运货车、机动渔船、森林砍伐机械、集材机械、农机零部件。

2. 小规模纳税人的征收率

小规模纳税人或者选择简易计征的一般纳税人适用3%或5%的征收率，见表2-7。

表2-7 增值税纳税人的征收率

序号	税目	征收率
1	销售货物	3%
2	加工、修理修配劳务	3%
3	销售服务（除另有规定外）	3%
4	销售无形资产	3%
5	销售不动产	5%

1）适用3%征收率的情况

(1) 由于小规模纳税人会计核算不健全，无法准确核算进项税额和销项税额，在增值税征收管理中，采用简便方式，按照其销售额与规定的征收率计算缴纳增值税，不允许抵扣进项税额，也不允许自行开具增值税专用发票。

小规模纳税人在中华人民共和国境内销售货物、服务、无形资产、不动产，适用简易方法计税，增值税征收率为3%。

小规模纳税人销售自己使用过的除固定资产以外的物品，应按3%的征收率征收增值税。

(2) 对于一般纳税人生产销售的特定货物和应税服务，可以选择适用简易计税方法计税，增值税征收率3%的情形有29项。

货物销售，共11项：①销售自产的用微生物、微生物代谢产物、动物毒素、人或动物的血液或组织制成的生物制品；②寄售商店代销寄售物品（包括居民个人寄售的物品在内）；③典当业销售死当物品；④销售自产的县级及县级以下小型水力发电单位生产的电力；⑤销售自产的自来水；⑥销售自产的建筑用和生产建筑材料所用的砂、土、石料；⑦销售自产的以自己采掘的砂、土、石料或其他矿物连续生产的砖、瓦、石灰（不含黏土实心砖、瓦）；⑧销售自产的商品混凝土（仅限于以水泥为原料生产的水泥混凝土）；⑨单采血浆站销售非临床用人体血液；⑩药品经营企业销售生物制品，兽用药品经营企业销售兽用生物制品，销售抗癌罕见病药品；⑪提供物业管理服务的纳税人，向服务接受方收取的自来水水费，以扣除其对外支付的自来水水费后的余额为销售额，按照简易计税方法依3%的征收率计算缴纳增值税。

服务销售，共18项：①经认定的动漫企业为开发动漫产品提供的服务，以及在境内转让动漫版权；②提供城市电影放映服务；③公路经营企业收取试点前开工的高速公路的车辆通行费；④提供非学历教育服务；⑤提供教育辅助服务；⑥公共交通运输服务，包括轮客渡、公交客运、地铁、城市轻轨、出租车、长途客运、班车；⑦电影放映服务、仓储服务、装卸搬运服务、收派服务和文化体育服务（含纳税人在游览场所经营索道、摆渡车、电瓶车、游船等取得的收入）；⑧以纳入营改增试点之日前取得的有形动产为标的物提供的经营租赁服务；⑨纳入营改增试点之日前签订的尚未执行完毕的有形动产租赁合同；⑩以清包工方式提供、为甲供工程提供的、为建筑工程老项目提供的建筑服务；⑪建筑工程总承包单位为房屋建筑的地基与基础、主体结构提供工程服务，建设单位自行采购全部或部分钢材、混凝土、砌体材料、预制构件的，适用简易计税方法计税；⑫一般纳税人销售电梯的同时提供安装服务，其安装服务可以按照甲供工程选择适用简易计税方法计税；⑬中国农业发展银行总行及其各分支机构提供涉农贷款取得的利息收入；⑭农村信用社、村镇银行、农村资金互助社、由银行业机构全资发起设立的贷款公司、法人机构在县（县级市、区、旗）及县以下地区的农村合作银行和农村商业银行提供金融服务收入；⑮对中国农业银行纳入“三农金融事业部”改革试点的各省、自治区、直辖市、计划单列市分行下辖的县域支行和新疆生产建设兵团分行下辖的县域支行（也称县事业部），提供农户贷款、农村企业和农村各类组织贷款取得的利息收入；⑯资管产品管理人运营资管产品过程中发生的增值税应税行为，暂适用简易计税方法，按照3%的征收率缴纳增值税；⑰非企业性单位中的一般纳税人提供的研发和技术服务、信息技术服务、鉴证咨询服务，以及销售技术、著作权等无形资产；⑱非企业性单位中的一般纳税人提供技术转让、技术开发和与之相关的技术咨询、技术服务。

2）适用5%征收率的情况

（1）一般纳税人可选择5%征收率的情形有8项。①出租、销售2016年4月30日前取得的不动产；②提供劳务派遣服务、安全保护服务（含提供武装守护押运服务）选择差额纳税的；③收取试点前开工的一级公路、二级公路、桥、闸通行费；④提供人力资源外包服务；⑤转让2016年4月30日前取得的土地使用权，以取得的全部价款和价外费用减去取得该土地使用权的原价后的余额为销售额；⑥2016年4月30日前签订的不动产融资租赁合同；⑦以2016年4月30日前取得的不动产提供的融资租赁服务；⑧房地产开发企业出租、销售自行开发的房地产老项目。

（2）按照3%征收率减按2%征收的情形有6项：①纳税人销售旧货；②2008年12月31日以前未纳入扩大增值税抵扣范围试点的纳税人，销售自己使用过的2008年12月31日以前购进或者自制的固定资产；③2008年12月31日以前已纳入扩大增值税抵扣范围试点的纳税人，销售自己使用过的在本地区扩大增值税抵扣范围试点以前购进或者自制的固定资产；④销售自己使用过的属于不得抵扣且未抵扣进项税额的固定资产；⑤纳税人购进或者自制固定资产时为小规模纳税人，认定为一般纳税人后销售该固定资产；⑥一般纳税人销售自己使用过的、纳入营改增试点之日前取得的固定资产。

以上销售自己使用过的固定资产，适用简易办法依照3%征收率减按2%征收增值税政策的，可以放弃减税，按照简易办法依照3%征收率缴纳增值税，并可以开具增值税专用发票。

（3）按照5%征收率减按1.5%征收：个体工商户和其他个人出租住房减按1.5%计算应纳税额。

2.2.4 销项税额与进项税额

我国目前对一般纳税人所采用的增值税计算方法为购进扣税法，计算公式为：

应纳税额＝当期销项税额－当期进项税额

因此，增值税一般纳税人当期应纳税额的多少，取决于当期销项税额和当期进项税额。

1. 销项税额的确定

销项税额是指纳税人销售货物、劳务、服务、无形资产、不动产，按照销售额和规定的税率计算并向购买方收取的增值税税额。销项税额的计算公式为：

销项税额＝销售额×适用税率

可见，销项税额的计算取决于销售额和适用税率两个因素。其中，适用税率在前已有说明，此处主要介绍销售额。

1）一般销售方式下的销售额

增值税条例规定，销售额为纳税人销售货物或者提供应税劳务向购买方收取的全部价款和价外费用。具体来说，销售额应当包括以下 3 项内容。

(1) 销售货物或应税劳务取自于购买方的全部价款。

(2) 向购买方收取的各种价外费用。价外费用是指价外向购买方收取的手续费、补贴、基金、集资费、返还利润、奖励费、违约金（延期付款利息）、包装费、包装物租金、储备费、优质费、运输装卸费、代收款项、代垫款项及其他各种性质的价外收费。凡随同销售货物或提供应税劳务向购买方收取的价外费用，无论其会计制度如何核算，均应并入销售额计算纳税。税法规定各种性质的价外收费都要并入销售额计算征税，目的是防止以各种名目的收费减少销售额逃避纳税的现象。但下列项目不包括在内。

① 向购买方收取的销项税额。因为增值税是价外税，其税款不应当包含在销售货物的价款中。如果是含税收入，应当换算为不含税收入。换算公式为：

不含税销售额＝含税销售额/(1＋增值税税率)

② 受托加工应征消费税的消费品所代收代缴的消费税。

③ 同时符合以下条件的代垫运费：承运部门的运费发票开具给购买方的；纳税人将该项发票转交给购买方的。

④ 同时符合以下条件代为收取的政府性基金或者行政事业性收费：由国务院或者财政部批准设立的政府性基金，由国务院或者省级人民政府及其财政、价格主管部门批准设立的行政事业性收费；收取时开具省级以上财政部门印制的财政票据；所收款项全额上缴财政。

⑤ 销售货物的同时代办保险等而向购买方收取的保险费，以及向购买方收取的代购买方缴纳的车辆购置税、车辆牌照费。

(3) 应税消费品的消费税税金。因为消费税是价内税，因此，应税消费品在计征增值税时，其应税销售额应当包括消费税税金。

2）特殊销售方式下的销售额

在市场竞争中，为扩大销售，占领更多的市场份额，纳税人会采取某些特殊、灵活的销售方式，在税法中对这些销售方式及其销售额的确定也作了明确规定。

(1) 以折扣方式销售货物。折扣销售是指销售方在销售货物或应税劳务时，因购货方购货数量较大等原因而给予其的价格优惠（如购买 5 件，销售价格折扣 5%；购买 10 件，折扣10%等）。由于折扣是在实现销售时同时发生的，因此，按照现行税法规定，纳税人采取折扣方式销售货物，如果销售额和折扣额是在同一张发票上分别注明的，可以按折扣后的余额作为销售额计算增值税；如果将折扣额另开发票，不论其在财务上如何处理，均不得从销售额中减除折扣额。需要注意，折扣销售仅限于货物价格的折扣，如果销货者将自产、委托加工和购买的货物用于实物折扣的，则该实物款额不能从货物销售额中减除，应按“视同销售货物”中的“赠送他人”计算征收增值税。

另外，要区分折扣销售与销售折扣和销售折让，三者的税务处理是不同的。表2-8对三者的不同作了比较。

表2-8　折扣销售、销售折扣与销售折让的比较

	内　容	税务处理
折扣销售	销售方在销售货物或应税劳务时，因购货方购货数量较大等原因而给予的价格优惠，折扣与销售同时发生	销售额和折扣额在同一张发票上注明可扣，否则不可扣；实物折扣不得扣除
销售折扣	销货方在销售货物或应税劳务后，为了鼓励购货方及早支付货款而协议许诺给予购货方的一种折扣优待（如：10天内付款，货款折扣2%；20天内付款，折扣1%；30天内全价付款）。销售折扣发生在销货之后，是一种融资性质的理财费用	不得从销售额中减除折扣额
销售折让	货物销售后，由于其品种、质量等原因购货方未予退货，但销货方需给予购货方的一种价格折让	可扣除折让款，以折让后的货款为销售额

（2）以旧换新方式销售货物。以旧换新是指纳税人在销售过程中，折价收回同类旧货物，并以折价款部分冲减货物价款的一种销售方式。根据税法规定，采取以旧换新方式销售货物的，应按新货物的同期销售价格确定销售额，不得扣减旧货物的收购价格。采取这种方式处理的原因：一是在于销售货物与收购货物是两个不同的业务，销售额与收购额不能相互抵减；二是为了严格增值税的计算征收，防止出现销售额不实、减少纳税的现象。但金银首饰例外，对金银首饰以旧换新业务，可以按销售方实际收取的不含增值税的全部价款征收增值税。

（3）采取还本销售方式销售货物。还本销售是指纳税人在销售货物后，按约定的时间，一次或分次退还给购货方全部或部分货款。这种方式实际上是一种筹资，是以货物换取资金的使用价值，到期还本不付息的方法。税法规定，采取还本方式销售货物的，不得从销售额中减除还本支出。

（4）采取以物易物方式销售。以物易物是一种较为特殊的购销活动，是指购销双方不是以货币结算，而是以同等价款的货物相互结算，实现货物购销的一种方式。在实务中，有的纳税人以为以物易物不是购销行为，销货方收到购货方抵顶货款的货物，认为自己不是购货；购货方发出抵顶货款的货物，认为自己不是销货。这两种认识都是错误的。正确的方法应当是：以物易物双方都应作购销处理。以各自发出的货物核算销售额并计算销项税额，以各自收到的货物按规定核算购货额并计算进项税额。应注意，在以物易物活动中，应分别开具合法的票据，如收到的货物不能取得相应的增值税专用发票或其他合法票据的，不能抵扣进项税额。

3）视同销售行为销售额的确定

税法在“征税范围”中已列明了单位和个体经营者的8种视同销售货物行为。由于视同销售行为一般不是以资金的形式反映出来，会出现无销售额的现象。另外，有时纳税人销售货物或提供应税劳务的价格明显偏低且无正当理由。因此，税法规定，对以上情况主管税务机关有权按下列顺序确定其计税销售额。

(1) 按纳税人当月同类货物的平均销售价格确定。

(2) 按纳税人最近时期同类货物的平均销售价格确定。

(3) 用以上两种方法均不能确定销售额的情况下，可按组成计税价格确定。组成计税价格的公式为：

组成计税价格＝成本×(1＋成本利润率)

属于应征消费税的货物，其组成计税价格中应加计消费税税额。其组成计税价格公式为：

组成计税价格＝成本×(1＋成本利润率)＋消费税税额

或 组成计税价格＝成本×(1＋成本利润率)/(1－消费税税率)

公式中的成本，是指销售自产货物的为实际生产成本，销售外购货物的为实际采购成本。公式中的成本利润率为10％。但属于应从价定率征收消费税的货物，其组成计税价格公式中的成本利润率，为《消费税若干具体问题的规定》中规定的成本利润率。

例如，某服装厂是一般纳税人，在2018年某月，将自产的服装作为福利发放给本厂职工，共发放女衬衫100件，销售价每件150元（不含税）；发放男衬衫200件，无销售价，已知制作男衬衫的总成本为36 000元。则女衬衫计税销售额＝100×150＝15 000(元)；男衬衫计税销售额＝36 000×(1＋10％)＝39 600(元)。

纳税人发生固定资产视同销售行为，对已使用过的固定资产无法确定销售额的，以固定资产净值为销售额。

4) 含税销售额

为了符合增值税作为价外税的要求，纳税人在填写进销货及纳税凭证、进行账务处理时，应分项记录不含税销售额、销项税额和进项税额，以正确计算应纳增值税税额。然而，在实际工作中，常常会出现一般纳税人将销售货物或者应税劳务采用销售额和销项税额合并定价收取的方法。这样，就会形成含税销售额。在计算应纳税额时，如果使用含税销售额，就会导致增值税计税环节出现重复纳税的现象，甚至出现物价非正常上涨的局面。因此，一般纳税人销售货物或者应税劳务取得的含税销售额在计算销项税额时，必须将其换算为不含税的销售额。换算公式为：

不含税销售额＝含税销售额/(1＋征收率)

5) 包装物押金计税问题

包装物是指纳税人包装本单位货物的各种物品。纳税人销售货物时另收取包装物押金，目的是促使购货方及早退回包装物以便周转使用。根据税法规定，纳税人为销售货物而出租出借包装物收取的押金，单独记账核算的，时间在1年以内，又未过期的，不并入销售额征税，但对因逾期未收回包装物不再退还的押金，应按所包装货物的适用税率计算销项税额。其中，“逾期”是指按合同约定实际逾期或以1年为期限，对收取1年以上的押金，无论是否退还均并入销售额征税。在将包装物押金并入销售额征税时，需要先将该押金换算为不含税价，再并入销售额征税。对于个别包装物周转使用期限较长的，报经税务机关确定后，可适当放宽逾期期限。另外，包装物押金不应混同于包装物租金，包装物租金在销货时作为价外费用并入销售额计算销项税额。

从1995年6月1日起，对销售除啤酒、黄酒外的其他酒类产品而收取的包装物押金，无论是否返还以及会计上如何核算均应并入当期销售额征税。对销售啤酒、黄酒所收取的押金，按上述一般押金的规定处理。

6）应税行为的销售额

纳税人销售服务、无形资产或者不动产的销售额，是指纳税人发生应税行为取得的全部价款和价外费用，财政部另有规定的除外。价外费用是指价外收取的各种性质的收费，但不包括代为收取的政府性基金或者行政事业性收费和以委托方名义开具发票代委托方收取的款项。

（1）贷款服务，以提供贷款服务取得的全部利息及利息性质的收入为销售额。

（2）直接收费金融服务，以提供直接收费金融服务收取的手续费、佣金、酬金、管理费、服务费、经手费、开户费、过户费、结算费、转托管费等各类费用为销售额。

（3）金融商品转让，按照卖出价扣除买入价后的余额为销售额。

（4）经纪代理服务，以取得的全部价款和价外费用，扣除向委托方收取并代为支付的政府性基金或者行政事业收费后的余额为销售额。

（5）融资租赁服务，以取得的全部价款和价外费用，扣除支付的借款利息、发行债权利息和车辆购置税后的余额为销售额。融资性售后回租服务，以取得的全部价款和价外费用，不含本金，扣除对外支付的借款利息，发行债券利息后的余额为销售额。

（6）航空运输企业的销售额，不包括代收的机场建设费和代售其他航空运输企业客票收入。

（7）提供客运场站服务，以其取得的全部价款和价外费用，扣除支付给承运方运费后的余额为销售额。

（8）旅游服务，可以选择以取得的全部价款和价外费用，扣除向旅行服务购买方收取并支付给其他单位和个人的住宿费、餐饮费、交通费等旅游费用后的余额为销售额。

（9）建筑服务，以取得的全部价款和价外费用，扣除支付的分包款项的余额为销售额。

（10）房地产开发企业开发新项目，以其取得的全部价款和价外费用扣除受让土地支付的土地价款后的余额为销售额。

第一，销售非自建不动产。

① 一般纳税人转让其2016年4月30日前取得（不含自建）的不动产，可以选择适用简易计税方法计税，以取得的全部价款和价外费用扣除不动产购置原价或者取得不动产时的作价后的余额为销售额，按照5%的征收率计算应纳税额。纳税人应按照上述计税方法向不动产所在地税务机关预缴税款，向机构所在地税务机关申报纳税。

② 一般纳税人转让其2016年4月30日前取得（不含自建）的不动产，选择适用一般计税方法计税的，以取得的全部价款和价外费用为销售额计算应纳税额。纳税人应以取得的全部价款和价外费用扣除不动产购置原价或者取得不动产时的作价后的余额，按照5%的预征率向不动产所在地税务机关预缴税款，向机构所在地税务机关申报纳税。

③ 一般纳税人转让其2016年5月1日后取得（不含自建）的不动产，适用一般计税方法，以取得的全部价款和价外费用为销售额计算应纳税额。纳税人应以取得的全部价款和价外费用扣除不动产购置原价或者取得不动产时的作价后的余额，按照5%的预征率向不动产所在地税务机关预缴税款，向机构所在地税务机关申报纳税。

④ 小规模纳税人销售其取得（不含自建）的不动产（不含个体工商户销售购买的住房和其他个人销售不动产），应以取得的全部价款和价外费用减去该项不动产购置原价或者取得不动产时的作价后的余额为销售额，按照5%的征收率计算应纳税额。

⑤ 其他个人销售其取得（不含自建）的不动产（不含其购买的住房），应以取得的全部价款和价外费用减去该项不动产购置原价或者取得不动产时的作价后的余额为销售额，按照5%的征收率计算应纳税额。

第二，销售自建不动产。

① 一般纳税人转让其2016年4月30日前自建的不动产，可以选择适用简易计税方法计税，以取得的全部价款和价外费用为销售额，按照5%的征收率计算应纳税额。

② 一般纳税人转让其2016年4月30日前自建的不动产，选择适用一般计税方法计税的，以取得的全部价款和价外费用为销售额计算应纳税额。纳税人应以取得的全部价款和价外费用，按照5%的预征率向不动产所在地主管机关预缴税款，向机构所在地主管机关申报纳税。

③ 一般纳税人转让其2016年5月1日后自建的不动产，适用一般计税方法，以取得的全部价款和价外费用为销售额计算应纳税额。纳税人应以取得的全部价款和价外费用，按照5%的预征率向不动产所在地主管机关预缴税款，向机构所在地主管机关申报纳税。

④ 小规模纳税人销售其自建的不动产，应以取得的全部价款和价外费用为销售额，按照5%的征收率计算应纳税额。

2. 进项税额的确定

进项税额是纳税人购进货物、劳务、服务、无形资产、不动产所支付或负担的增值税额，是与销项税额相对应的另一个概念。在开具增值税专用发票的情况下，它们之间的对应关系是：销售方收取的销项税额，就是购买方支付的进项税额。需要注意的是，并不是纳税人支付的所有进项税额都可以从销项税额中抵扣。税法对哪些进项税额可以抵扣，哪些不能抵扣作了严格的规定，如果违反税法规定随意抵扣就将以偷税论处。一般而言，准予抵扣的进项税额可以根据以下两个方法来确定：一是直接体现在销货方开具的增值税专用发票上注明的税额，不需要计算，以票扣税即可；二是购进某些货物或者接受应税劳务时，其进项税额是根据支付金额和法定的扣除率计算出来的。

1）准予从销项税额中抵扣的进项税额

根据税法的规定，准予从销项税额中抵扣的进项税额，限于下列增值税扣税凭证上注明的增值税税额和按规定的扣除率计算的进项税额。

（1）从销售方取得的增值税专用发票上注明的增值税税额。

（2）从海关取得的海关进口增值税专用缴款书上注明的增值税税额。

（3）购进农产品，由于其农业生产者销售农产品属于免税，购进后生产还是直接销售，如果用于连续生产的话，是否是深加工的农产品，涉及的进项税额扣除政策并不相同。

第一，未实行核定扣除方法的纳税人。

① 购进农产品取得适用税率的专用发票或者海关专用缴款书，按票面注明的增值税额抵扣。

② 从农业生产者购进农产品，按照农产品收购发票或者销售发票上注明的买价和9%的扣除率计算进项税额。

③ 农产品销售发票，是指农业生产者销售自产农产品适用免征增值税政策而开具的普通发票。

④ 从小规模纳税人购进农产品，取得3%征收率专用发票的，以增值税专用发票上注明的金额和9%的扣除率计算进项税额。

上述前三项所列情形，用于生产或者委托加工13%税率货物的，在领用当期加计扣除1%的进项税额。

⑤ 纳税人购进农产品，既用于生产或委托加工13%税率货物，又用于生产其他货物服务的，应分别核算。未分别核算的，统一以增值税专用发票或海关进口增值税专用缴款书上注明的增值税额为进项税额，或以农产品收购发票或销售发票上注明的买价和9%的扣除率计算进项税额。

⑥ 从批发、零售环节购进适用免征增值税政策的蔬菜、部分鲜活肉蛋而取得的普通发票，不得作为计算抵扣进项税额的凭证。

⑦ 从小规模纳税人购进农产品，取得3%征收率的普通发票，不得作为计算抵扣进项税额的凭证。

第二，实行核定扣除方法的纳税人。

① 以购进农产品为原料生产货物的，扣除率为销售货物的适用税率。具体计算公式为：

当期允许抵扣农产品增值税进项税额＝当期农产品耗用数量×农产品平均购买单价×扣除率/(1＋扣除率)

② 购进农产品直接销售的，扣除率为9%。具体计算公式为：

当期允许抵扣农产品增值税进项税额＝当期销售农产品数量/(1－损耗率)×农产品平均购买单价×9%/(1＋9%)

③ 购进农产品用于生产经营且不构成货物实体的（包括包装物、辅助材料、燃料、低值易耗品等），用于生产适用13%税率货物的扣除率为10%，用于生产适用9%税率货物的扣除率为9%。具体计算公式为：

当期允许抵扣农产品增值税进项税额＝当期耗用农产品数量×农产品平均购买单价×扣除率/(1＋9%)

(4) 自境外单位或个人购进劳务、服务、无形资产或者境内的不动产，从税务机关或者代扣代缴义务人取得的代扣代缴税款的完税凭证上注明的增值税额。

(5) 不动产进项税额的抵扣。

适用一般计税方法的纳税人，2016年5月1日至2019年4月1日期间，取得并在会计制度上按固定资产核算的不动产、发生的不动产在建工程，其进项税额分2年从销项税额中抵扣，第一年抵扣比例为60%，第二年抵扣比例为40%。

自2019年4月1日起，纳税人取得不动产或者不动产在建工程的进项税额不再分2年抵扣。此前按照上述规定尚未抵扣完毕的待抵扣进项税额，可自2019年4月税款所属期起从销项税额中抵扣。

取得不动产，包括以直接购买、接受捐赠、接受投资入股、自建以及抵债等方式取得，不包括房地产开发企业自行开发的房地产项目。

对于2019年4月1日以后，纳税人购入不动产，持有期间用途发生改变的，已抵扣进项税额的不动产，发生非正常损失，或者改变用途，专用于简易计税方法计税项目、免征增值税项目、集体福利或者个人消费的，按照下列公式计算不得抵扣的进项税额，并从当期进项税额中扣减。该公式为：

不得抵扣的进项税额＝已抵扣进项税额×不动产净值率

不动产净值率＝(不动产净值/不动产原值)×100%

按照规定不得抵扣进项税额的不动产，发生用途改变，用于允许抵扣进项税额项目的，按照下列公式在改变用途的次月计算可抵扣进项税额。该公式为：

可抵扣进项税额＝增值税扣税凭证或计算的进项税额×不动产净值率

(6) 进口环节进项税额的抵扣。

对海关代征进口环节增值税开具的增值税专用缴款书上注明有两个单位名称，既有代理进口单位名称又有委托进口单位名称的，只准予其中取得专用缴款书原件的一个单位抵扣税款。申报抵扣税款的委托进口单位，必须提供相应的海关代征增值税专用缴款书原件、委托代理合同及付款凭证；否则，不准抵扣进项税额。

(7) 自2018年1月1日起，纳税人支付的道路、桥、闸通行费，抵扣规则为：纳税人支付的道路通行费，按照收费公路通行费增值税电子发票上注明的增值税额抵扣进项税额。

纳税人支付的桥、闸通行费，暂凭取得的通行费发票上注明的收费金额按照下列公式计算可抵扣进项税额：

$$\begin{matrix}\text{桥、闸通行费} \\ \text{可以抵扣进项税额}\end{matrix} = \begin{matrix}\text{桥、闸通行费发票} \\ \text{上注明的金额}/(1+5\%)\times 5\%\end{matrix}$$

(8) 纳税人购进国内旅客运输服务，其进项税额允许从销项税额中抵扣。

(9) 自2019年4月1日至2021年12月31日，允许生产、生活性服务业纳税人按照当期可抵扣进项税额加计10%，抵减应纳税额。

2) 不得从销项税额中抵扣的进项税额

(1) 用于简易计税方法计税项目、免征增值税项目、集体福利或者个人消费（包括纳税人的交际应酬消费）的购进货物、劳务、服务、无形资产和不动产，仅指专用于上述项目的固定资产、无形资产（不包括其他权益性资产）、不动产。

(2) 非正常损失的购进货物，以及相关的劳务和交通运输服务。

(3) 非正常损失的在产品、产成品所耗用的购进货物（不包括固定资产）、劳务和交通运输服务。

(4) 非正常损失的不动产，以及该不动产所耗用的购进货物、设计服务和建筑服务。

(5) 非正常损失的不动产在建工程所耗用的购进货物、设计服务和建筑服务。

(6) 购进的旅客运输服务、贷款服务、餐饮服务、居民日常服务和娱乐服务。

(7) 财政部国家税务总局规定的其他情形。

固定资产是指使用期限超过12个月的机器、机械、运输工具以及其他与生产经营有关的设备、工具、器具等有形动产。

非正常损失是指因管理不善造成货物被盗、丢失、霉烂变质，以及因违反法律法规造成货物或者不动产被依法没收、销毁、拆除的情形。

(8) 适用一般计税方法的纳税人，兼营简易计税方法计税项目、免征增值税项目而无法划分不得抵扣的进项税额，按下列公式计算不得抵扣部分：

不得抵扣的进项税额＝当期无法划分的全部进项税额×(当期简易计税方法计税项目销售额＋免征增值税项目销售额)/当期全部销售额

(9) 一般纳税人会计核算不健全，或者不能够提供准确的税务资料的，或者纳税人销售额超过小规模纳税人标准，未申请办理一般纳税人认定手续的，应该依照增值税税率计算应纳税额，不得抵扣进项税额，也不得适用增值税专用发票。

3. 农产品增值税进项税额核定办法

为调整和完善农产品增值税抵扣机制，经国务院批准，在部分行业开展增值税进项税额核定扣除试点。从 2017 年 7 月 1 日起，以购进农产品为原料生产销售液体乳以及乳制品、酒及酒精、植物油的增值税一般纳税人，纳入农产品增值税进项税额核定扣除试点范围，购进农产品无论是否用于生产上述产品，增值税进项税额均按照农产品增值税进项税额核定扣除试点实施办法有关规定抵扣。试点纳税人购进农产品不再凭票计算抵扣进项税额，购进农产品以外的货物服务和应税行为，仍然按现行抵扣政策抵扣；其他纳税人购进农产品仍然是凭票计算抵扣进项税额。

(1) 试点纳税人以购进农产品为原料生产货物的，进项税额抵扣方法有投入产出法、成本法和参照法：

① 投入产出法。据国家标准、行业标准或者行业公认标准，确定单位数量货物耗用农产品的数量（以下称农产品单耗数量）。对以单一农产品原料生产多种货物或者多种农产品原料生产多种货物的，应采取合理的方法，按生产的不同货物分配农产品单耗数量。根据农产品单耗数量以及每月销售货物数量、农产品平均购买单价、农产品进项税额扣除率计算当期允许抵扣的农产品进项税额。当期允许抵扣的农产品进项税额计算公式为：

$$\text{当期允许抵扣的农产品进项税额}=\text{当期农产品耗用数量}\times\text{平均购买单价}\times\text{农产品进项税额扣除率}/(1+\text{农产品进项税额扣除率})$$

$$\text{当期农产品耗用数量}=\text{当期销售货物数量}\times\text{农产品单耗数量}$$

平均购买单价是指期末累计购买农产品的平均买价，不包括买价之外单独支付的运费和入库前的整理费用。

自产农产品的平均购买单价按照按纳税人同类货物的平均购买单价或者自产农产品生产成本确定。

② 成本法。依据纳税人上一年度会计核算资料，计算确定生产耗用农产品的买价占生产成本的比例（以下称农产品耗用率）。买价不包括在买价之外单独支付的运费和入库前的整理费用。根据当期主营业务成本、农产品耗用率及农产品进项税额扣除率计算当期允许抵扣的农产品进项税额。当期允许抵扣的农产品进项税额计算公式为：

$$\text{当期允许抵扣的农产品进项税额}=\text{当期主营业务成本}\times\text{农产品耗用率}\times\text{农产品进项税额扣除率}/(1+\text{农产品进项税额扣除率})$$

$$\text{农产品耗用率}=\text{农产品买价}/\text{生产成本}$$

对以单一原料生产多种货物或者多种原料生产多种货物的，在核算当期主营业务成本及核定农产品耗用率时，应采取合理的方法归集和分配。

年度终了之后税务机关应按照纳税人本年度实际发生的农产品耗用率对纳税人当年允许抵扣的农产品进项税额进行清算。

③ 参照法。新办的纳税人或者纳税人新增产品，税务机关参照所属行业或者其他相同或者相近纳税人的扣除标准进行核定。

(2) 纳税人购进农产品直接销售的，进项税额按照以下方法核定扣除：

$$\text{当期允许抵扣农产品进项税额}=[\text{当期销售农产品数量}/(1-\text{损耗率})]\times\text{农产品平均购买单价}\times9\%/(1+9\%)$$

$$\text{损耗率}=\text{损耗数量}/\text{购进数量}$$

（3）纳税人购进农产品用于生产经营且不构成货物实体的（如包装物、燃料、低值易耗品等），进项税额按照以下方法核定扣除：

$$\text{当期允许抵扣农产品进项税额}=\text{当期耗用农产品数量}\times\text{农产品平均购买单价}\times9\%/(1+9\%)$$

（4）纳税人适用的农产品进项税额核定扣除方法由税务机关确定。纳税人应当按照规定准确计算当期允许抵扣的农产品进项税额，并从相关科目转入“应交税费——应交增值税（进项税额）”科目。未能准确计算的，由税务机关核定。纳税人购进的农产品或者以农产品为原料的在产品、产成品发生非正常损失的，未按照财务会计制度的有关规定处理，造成多抵扣进项税额的，按照《中华人民共和国税收征收管理法》的有关规定处理。

阅读延伸

“农产品进项税额核定”见加阅平台。

2.2.5　一般纳税人应纳税额的计算

应纳税额为当期销项税额抵扣当期进项税额后的余额。基本计算公式为：

$$\text{应纳税额}=\text{当期销项税额}-\text{当期进项税额}$$

1. 计算应纳税额的时间界定

为了保证计算应纳税额的合理、准确，纳税人必须严格把握“当期”抵扣这个要点。“当期”是个重要的时间限定，具体是指税务机关依照税法规定对纳税人确定的纳税期限；只有在纳税期限内实际发生的销项税额、进项税额，才是法定的当期销项税额或当期进项税额。目前，有些纳税人为了达到逃避纳税的目的，把当期实现的销售额隐瞒不记账或滞后记账，以减少当期销项税额，或者把不是当期实际发生的进项税额也充作当期进项税额，以加大进项税额，少纳税甚至不纳税。为了制止这种违法行为，税法首先对销售货物或应税劳务应计入当期销项税额以及抵扣的进项税额的时间作了限定。

1）销项税额的时间界定

总的原则是销项税额的确定不得滞后，具体根据纳税义务发生时间来执行。

2）进项税额抵扣时间界定

总的原则是进项税额的确定时间不得提前，增值税专用发票认证是进项税额抵扣的前提。增值税专用发票认证是指通过增值税发票税控系统对增值税发票所包含的数据进行识别和确认。纳税人必须在规定的期限内进行认证并申请抵扣进项税额。进项税额的抵扣时间影响纳税人不同纳税期间的应纳税额。纳税人取得的 2017 年 6 月 30 日前开具的增值税抵扣凭证，仍按 180 天执行。

（1）防伪税控专用发票进项税额抵扣时限。

自 2017 年 7 月 1 日起，增值税一般纳税人取得的 2017 年 7 月 1 日及以后开具的增值税专用发票和机动车销售统一发票，应自开具之日起 360 日内认证或登录增值税发票选择确认平台进行确认，并在规定的纳税申报期内，向主管税务机关申报抵扣进项税额。

(2) 海关完税凭证进项税额的抵扣时限。

增值税一般纳税人取得的 2017 年 7 月 1 日以后开具的海关进口增值税专用缴款书，应自开具之日起 360 日内向主管税务机关报送“海关完税凭证抵扣清单”，申请稽核比对。

2. 扣减当期销项税额的规定

纳税人在销售货物时，因货物质量、规格等原因而发生销货退回或销售折让，应对当期销项税额进行调整。税法规定，一般纳税人因销货退回和折让而退还给购买方的增值税额，应从发生销货退回或折让当期的销项税额中扣减。

3. 进项税额不足抵扣的税务处理

由于增值税实行购进扣税法，有时企业当期购进的货物很多，在计算应纳税额时会出现当期销项税额小于当期进项税额不足抵扣的情况。根据税法规定，当期进项税额不足抵扣的部分可以结转下期继续抵扣。

4. 扣减当期进项税额的规定

1) 进货退出或折让的税务处理

税法规定，一般纳税人因进货退回或折让而从销货方收回的增值税额，应从发生进货退回或折让当期的进项税额中扣减。如不按规定扣减，造成进项税额虚增，不纳或少纳增值税的，属于偷税行为，按偷税予以处罚。

2) 已抵扣进项税额的购进货物发生用途改变的税务处理

由于增值税实行“购进扣税法”，当期购进的货物或应税劳务如果事先并未确定将用于非生产经营项目，其进项税额会在当期销项税额中予以抵扣。但已抵扣进项税额的购进货物或应税劳务如果事后改变用途，如用于免税项目、集体福利或者个人消费、购进货物发生非正常损失、在产品或产成品发生非正常损失，将如何处理？根据税法规定，应将该项购进货物或应税劳务的进项税额从当期发生的进项税额中扣减，无法准确确定该项进项税额的，按当期实际成本计算应扣减的进项税额。

纳税人已抵扣进项税额的固定资产、无形资产和不动产用于不得从销项税额抵扣进项税额项目的，应在当月按下列公式计算不得抵扣的进项税额：

不得抵扣进项税额＝固定资产、无形资产或不动产净值×适用税率

固定资产、无形资产或不动产的净值是指纳税人按照财务会计制度计提折旧后计算的资产净值。

2.2.6 简易计税方法应纳税额的计算

简易计税方法的应纳税额，是指按照销售额和增值税征收率计算的增值税额，不得抵扣进项税额，计算公式为：

应纳税额＝销售额×征收率

销售额＝含增值税销售额/(1＋征收率)

简易计税方法的适用对象，既包括小规模纳税人销售货物、提供应税劳务或应税服务。也包括一般纳税人的特殊销售或提供特定应税服务。销售额的含义与一般计税方法中销售额的含义一样，均是不含增值税的销售额。

1. 简易计税方法与一般计税方法的基本计税差异

(1) 一般计税方法计算价税分离时使用的是税率，简易计税方法使用征收率计算价税分离。

(2) 一般计税方法用销售额计算的是销项税额，简易计税方法用销售额计算的是应纳税额。

2. 征收率

简易计征的征收率为 3%；销售不动产、租赁不动产为 5%；个人出租住房，减按 1.5%；纳税人销售自己使用过的固定资产减按 2%。

3. 全额抵减的规定

自 2011 年 12 月 1 日起，增值税纳税人购买增值税税控系统专用设备支付的费用以及缴纳的技术维护费可在增值税应纳税额中全额抵减。

4. 销售自己使用过的固定资产（见表 2-9）

表 2-9 销售自己使用过的固定资产

税务处理	应纳税额	发票开具
减按 2%的征收率征收增值税	[含税销售额/(1+3%)]×2%	不得由税务机关代开增值税专用发票
可以放弃减税	[含税销售额/(1+3%)]×3%	可以代开专用发票

2.2.7 进口货物应纳税额的计算

对进口货物征税是国际上大多数国家的通常做法。根据《中华人民共和国增值税暂行条例》的规定，一切进口货物的单位和个人都应当依照规定缴纳增值税。

1. 进口货物征税的范围

申报进入中华人民共和国海关境内的货物，均应缴纳增值税。

确定一项货物是否属于进口货物，必须首先看其是否有报关进口手续。只要是报关进口的应税货物，不论其用途如何，均应按照规定缴纳进口环节的增值税（免税进口货物除外）。

2. 进口货物的纳税人

进口货物的收货人或办理报关手续的单位和个人，为进口货物增值税的纳税义务人，包括国内一切从事进口业务的企业事业单位、机关团体和个人。

对代理进口货物以海关开具的完税凭证上的纳税人为增值税纳税人。在实际工作中一般由进口代理者代缴进口环节增值税。纳税后，由代理者将已纳税款和进口货物价款费用等与委托方结算，由委托者承担已纳税款。

3. 进口货物的适用税率

进口货物增值税税率与增值税一般纳税人在国内销售同类货物的税率相同。

4. 进口货物应纳税额的计算

纳税人进口货物，按照组成计税价格和规定的税率计算应纳税额，不得抵扣任何税额。组成计税价格和应纳税额的计算公式是：

组成计税价格＝关税完税价格＋关税＋消费税＝

（关税完税价格＋关税）/（1－消费税税率）

应纳税额＝组成计税价格×税率

需要注意的是，进口货物增值税的组成计税价格中包括已纳关税税额，如果进口货物属于消费税应税消费品，其组成计税价格中还要包括进口环节已纳消费税税额。前述“不得抵扣任何税额”，是指在计算进口环节的应纳增值税税额时，不得抵扣发生在我国境外的各种税金。

按照《中华人民共和国海关法》和《中华人民共和国进出口关税条例》的规定，一般贸易项下进口货物的关税完税价格以海关审定的成交价格为基础的到岸价格作为完税价格。所谓成交价格，是一般贸易项下进口货物的买方为购买该项货物向卖方实际支付或应当支付的价格；到岸价格包括货价，加上货物运抵我国关境内输入地点起卸前的包装费、运费、保险费和其他劳务费等费用构成。特殊贸易项下进口的货物，由于进口时没有“成交价格”可作依据，为此，《中华人民共和国进出口关税条例》对这些进口货物制定了确定其完税价格的具体办法。

【案例 2-1】 某市日化厂为增值税一般纳税人，2019 年 5 月进口一批化妆品，买价 85 万元，境外运费及保险费共计 5 万元，海关于 5 月 15 日开具了完税凭证，日化厂缴纳进口环节税金后海关放行，计算该日化厂进口环节应纳增值税（关税税率为 50%，消费税税率为 15%）。

解：关税完税价格＝85＋5＝90(万元)

组成计税价格＝90×(1＋50%)/(1－15%)＝158.82(万元)

进口环节缴纳增值税＝158.82×13%＝20.65(万元)

2.2.8 出口货物、劳务和跨境应税行为增值税退（免）税

1. 出口货物、劳务和跨境应税行为退免税制度概述

出口货物、劳务和跨境应行为退（免）税是国际贸易中通常采用的并为世界各国普遍接受的、目的在于鼓励各国出口货物公平竞争的一种退还或免征增值税、消费税的税收措施，即对出口货物、劳务和跨境应税行为已承担或应承担的增值税和消费税等间接税实行退还或者免征。

我国的出口货物、劳务和跨境应税行为退（免）增值税是指在国际贸易业务中，对我国报关出口的货物、劳务和跨境应税行为退还或免征其在国内各生产和流转环节按税法规定缴纳的增值税，即对应征收增值税的出口货物、劳务和跨境应税行为实行零税率（国务院另有规定除外）。

零税率从税法上理解有两层含义：一是对本道环节生产或销售货物、劳务和跨境应税行为的增值部分免征增值税；二是对出口货物、劳务和跨境应税行为以前环节所含的进项税额进行退还。由于各种货物、劳务和跨境应税行为出口政策不同，出口前涉及征免增值税的情况也有所不同，且由于出口政策是国家调控经济的手段，因此，对货物、劳务和跨境应税行为出口的不同情况，国家在遵循“征多少、退多少”“未征不退和彻底退税”基本原则的基础上，制定了不同的增值税退（免）税处理办法。

2. 出口货物、劳务和跨境应税行为退（免）增值税基本政策

世界各国为了鼓励本国货物出口，在遵循 WTO 基本规则的前提下，一般都采取优惠的税收政策。有的国家采取对该货物出口前所包含的税金在出口后予以退还的政策（即出口退税）；有的国家采取对出口的货物在出口前即予以免税的政策。我国采取出口退税与免税相结合的政策。

(1) 出口免税并退税。出口免税是指对货物、劳务和跨境应税行为在出口销售环节免征增值税，这是把货物、劳务和跨境应税行为出口环节与出口前的销售环节都同样视为一个征

税环节；出口退税是指对货物、劳务和跨境应税行为在出口前实际承担的税收负担，按规定的退税率计算后予以退还。

(2) 出口免税不退税。出口免税与上述第1项含义相同。出口不退税是指适用这个政策的出口货物、劳务和跨境应税行为因在前一道生产、销售环节或进口环节是免税的，因此，出口时该货物、劳务和跨境应税行为的价格中本身就不含税，也无须退税。

(3) 出口不免税也不退税。出口不免税是指对国家限制或禁止出口的某些货物、劳务和跨境应税行为的出口环节视同内销环节，照常征税；出口不退税是指对这些货物、劳务和跨境应税行为出口不退还出口前其所负担的税款。

3. 出口货物、劳务和跨境应税行为增值税退（免）税具体做法

1) 出口企业出口货物

出口企业，是指依法办理工商登记、税务登记、对外贸易经营者备案登记，自营或委托出口货物的单位或个体工商户，以及依法办理工商登记、税务登记但未办理对外贸易经营者备案登记，委托出口货物的生产企业。

出口货物，是指向海关报关后实际离境并销售给境外单位或个人的货物，分为自营出口货物和委托出口货物两类。

生产企业，是指具有生产能力（包括加工、修理修配能力）的单位或个体工商户。

企业出口给外商的新造集装箱，交付到境内指定堆场，并取得出口货物报关单（出口退税专用），同时符合其他出口退（免）税规定的，准予按照现行规定办理出口退（免）税。

自2017年1月1日起，生产企业销售自产的海洋工程结构物，或者融资租赁企业及其设立的项目子公司、金融租赁公司及其设立的项目子公司购买并以融资租赁方式出租的国内生产企业生产的海洋工程结构物，应按规定缴纳增值税，不再适用增值税出口退税政策，但购买方或者承租方为按实物征收增值税的中外合作油（气）田开采企业的除外。

2) 出口企业或其他单位视同出口的货物

出口企业或其他单位视同出口的货物具体是指出口企业对外援助、对外承包、境外投资的出口货物。出口企业经海关报关进入国家批准的进口加工区、保税物流园区、保税港区、综合保税区、珠澳跨境工业区（珠海园区）、中哈霍尔果斯国际边境合作中心（中方配套区域）、保税物流中心（B型）并销售给特殊区域内单位或境外单位、个人的货物。

免税品经营企业销售的货物（国家规定不允许经营和限制出口的货物、卷烟和超出免税品经营企业的《企业法人营业执照》中规定经营范围的货物除外）具体是指：中国免税品（集团）有限责任公司向海关报关运入海关监管仓库，专供其经国家批准设立的统一经营、统一组织进货、统一制定零售价格、统一管理的免税店销售的货物；国家批准的除中国免税品（集团）有限责任公司外的免税品经营企业，向海关报关运入海关监管仓库，专供其所属的首都机场口岸海关隔离区内的免税店销售的货物；国家批准的除中国免税品（集团）有限责任公司外的免税品经营企业所属的上海虹桥、浦东机场海关隔离区内的免税店销售的货物。

3) 生产企业视同出口货物的满足条件

持续经营以来从未发生骗取出口退税、虚开增值税专用发票或农产品收购发票、接受虚开增值税专用发票（善意取得虚开增值税专用发票除外）行为且同时符合下列条件的生产企业出口的外购货物，可视同自产货物适用增值税退（免）税政策：已取得增值税一般纳税人

资格，已持续经营2年及2年以上；纳税信用等级A级，上一年度销售额5亿元以上，外购出口的货物与本企业自产货物同类型或具有相关性。

4）出口企业对外提供加工修理修配劳务

对外提供加工修理修配劳务，是指对进境复出口货物或从事国际运输的运输工具进行的加工修理修配。

4. 融资租赁货物出口退税

对融资租赁企业、金融租赁公司及其设立的项目子公司（以下统称融资租赁出租方），以融资租赁方式租赁给境外承租人且租赁期限在5年（含）以上，并向海关报关后实际离境的货物，试行增值税、消费税出口退税政策。

融资租赁出口货物的范围，包括飞机、飞机发动机、铁道机车、铁道客车车厢、船舶及其他货物，具体应符合《中华人民共和国增值税暂行条例实施细则》第21条“固定资产”的相关规定。

5. 出口货物、劳务和跨境应税行为增值税退税率

(1) 除单独规定外，出口货物、劳务、应税服务的退税率为其适用的增税率。

(2) 外贸企业购进按简易办法征税的出口货物、从小规模纳税人处购进的出口货物，其退税率分别为简易办法实际执行的征收率、小规模纳税人的征收率。

(3) 出口企业委托加工、修理修配货物，其加工、修理修配劳务的退税率为出口货物的退税率。

(4) 适用不同退税率的货物、劳务及应税服务，应分开报关，核算并申报退（免）税，否则从低适用退税率。

自2018年5月1日起，原适用17%税率且出口退税率为17%的出口货物，出口退税率调整至16%；原适用11%税率且出口退税率为11%的出口货物、跨境应税行为，出口退税率调整至10%。

2018年11月1日起，将货物出口退税率为15%的和部分13%的提至16%；9%的提至10%，其中部分提至13%；5%的提至6%，部分提至10%；对高耗能、高污染、资源性产品和面临去产能任务等产品出口退税率维持不变。同时，加快退税进度，2018年底前将办理退税平均时间由13个工作日缩短至10个工作日；进一步简化税制，退税率由原来的七档减为16%、13%、10%、6%、5%五档。

2019年4月1日起，将原适用税率和退税率均为16%的出口货物劳务，退税率调整为13%；将原适用税率和退税率均为10%的出口货物和出口服务，退税率调整为9%。

同时，为保障企业的合法权益，给出口企业消化库存留出时间，对调整退税率的出口货物服务安排了3个月的过渡期，过渡期内出口已按原税率征税的货物服务，仍执行原退税率。

关于离境退税率的调整方面，在调整前，实施境外旅客购物离境退税政策的退税物品，统一执行11%的退税率；此调整后，将原10%的适用税率调整为9%。配合税率调整，将适用税率为9%的退税物品，退税率调整为8%；其他退税物品，仍维持11%的退税率。自2019年4月1日起，退税物品的退税率由原11%一档调整为11%和8%两档，适用税率为13%的退税物品，退税率为11%；适用税率为9%的退税物品，退税率为8%。具体离境退税物品退税率的执行时间，以境外旅客购买退税物品取得的增值税普通发票开具日期为准。

6. 出口货物退税的计算

1）生产企业“免、抵、退”税的计算方法

生产企业自营或委托外贸企业代理出口的自产货物和视同自产货物，除另有规定者外，增值税一律实行免、抵、退税管理办法。生产企业是指独立核算，经主管国税机关认定为增值税一般纳税人，并且具有实际生产能力的企业和企业集团。增值税小规模纳税人出口自产货物实行免征增值税的办法。

免、抵、退税的“免”税，是指对生产企业出口的自产货物和视同自产货物，免征本企业生产销售环节增值税；“抵”税，是指生产企业出口自产货物和视同自产货物所耗用的原材料、零部件、燃料、动力等所含应予退还的进项税额，抵顶内销货物的应纳税额；“退”税是指生产企业出口的自产货物和视同自产货物，在当月内应抵顶的进项税额大于应纳税额时，对未抵顶完的部分按规定予以退税。

免、抵、退税计算公式如下。

(1) 当期应纳税额的计算。

当期应纳税额＝当期内销货物的销项税额－(当期进项税额－当期免抵退税不得免征和抵扣税额)－上期留抵税额

其中：

当期免抵退税不得免征和抵扣税额＝出口货物离岸价×外汇人民币牌价×(出口货物征税率－出口货物退税率)－免抵退税不得免征和抵扣税额抵减额

免抵退税不得免征和抵扣税额抵减额＝免税购进原材料价格×(出口货物征税率－出口货物退税率)

出口货物离岸价（FOB）以出口发票计算的离岸价为准。免税购进原材料包括从国内购进免税原材料和进料加工免税进口料件，其中进料加工免税进口料件的价格为组成计税价格。

进料加工免税进口料件的组成计税价格＝货物到岸价＋海关实征关税和消费税

如果当期没有免税购进原材料价格，前述公式中的免抵退税不得免征和抵扣税额抵减额，以及后面公式中的免抵退税额抵减额，就不必计算。

(2) 免、抵、退税额的计算。

免、抵、退税额＝出口货物离岸价×外汇人民币牌价×出口货物退税率－免抵退税额抵减额

其中： 免抵退税额抵减额＝免税购进原材料价格×出口货物退税率

(3) 当期应退税额和当期免抵税额的计算。

比较上述（1）和（2），以当期末应纳税额与当期免抵退税额中的较小者，确定应退税额。

① 如当期末留抵税额≤当期免抵退税额，则：

当期应退税额＝当期期末留抵税额

当期免抵税额＝当期免抵退税额－当期应退税额

② 如当期末留抵税额＞当期免抵退税额，则：

当期应退税额＝当期免抵退税额

当期免抵税额＝0

当期末留抵税额根据当期“增值税纳税申报表”中的“期末留抵税额”确定。

【案例2-2】 某自营出口生产企业是增值税一般纳税人，出口货物的征税税率为13%，退税率为9%。2019年5月购进原材料一批，取得的增值税专用发票注明的价款261万元，外购货物准予抵扣进项税款34万元，货已入库。上期期末留抵税额10万元。当月内销货物销售额150万元，销项税额19.5万元。本月出口货物销售折合人民币400万元。试计算该企业本期“免、抵、退税额”、应退税额、免抵税额。

解析 当期免抵退税不得免征和抵扣税额＝400×(13%－9%)＝16(万元)

应纳增值税税额＝150×13%－(34－16)－10＝－8.5(万元)

出口货物免、抵、退税额＝400×9%＝36(万元)

本例中，当期期末留抵税额8.5万元小于当期免抵退税额36万元，故当期应退税额等于当期期末留抵税额8.5万元。

当期免抵税额＝36－8.5＝27.5(万元)

2）外贸企业先征后退的计算方法

(1) 外贸企业及实行外贸企业财务制度的工贸企业收购货物出口，其出口销售环节的增值税免征；其收购货物的成本部分，因外贸企业在支付收购货款的同时也支付了生产经营该类商品的企业已纳的增值税款，因此，在货物出口后按收购成本与退税税率计算退税退还给外贸企业，征、退税之差计入企业成本。

外贸企业出口货物增值税的计算应依据购进出口货物的增值税专用发票上所注明的进项金额和出口货物对应的退税率计算。

应退税额＝外贸收购不含增值税购进金额×退税税率

(2) 外贸企业收购小规模纳税人出口货物增值税的退税规定如下。

① 凡从小规模纳税人购进持普通发票特准退税的抽纱、工艺品等12类出口货物，同样实行销售出口货物的收入免税，并退还出口货物进项税额的办法。由于小规模纳税人使用的是普通发票，必须将合并定价的销售额先换算成不含税价格，然后据以计算出口货物应退税额。其计算公式为：

应退税额＝[普通发票所列销售金额/(1＋征收率)]×退税率

② 凡从小规模纳税人购进税务机关代开的增值税专用发票的出口货物，按以下公式计算退税：

应退税额＝增值税专用发票注明的金额×退税率

【案例2-3】 某进出口公司2018年6月购进一批布料委托加工成服装出口，取得布料增值税发票一张，注明计税金额10 000元（退税税率13%）；取得服装加工费计税金额2 000元（退税税率17%），该企业的应退税额＝10 000×13%＋2 000×17%＝1 640(元)。

7. 出口货物退（免）税管理

1）出口货物退（免）税的期限

根据现行规定，企业出口货物后，须在自报关出口之日（以出口货物报关单上注明的出口日期为准）起90日内向税务机关申报办理出口货物退（免）税。未在规定申报期内申报的，除另有规定者外，一律视同内销征税，不再退税。

2）出口货物退（免）税申报及受理

出口商应在规定期限内，收齐出口货物退（免）税所需的有关单证，使用国家税务总局认可的出口货物退（免）税电子申报系统生成电子申报数据，如实填写出口货物退（免）税申报表，向税务机关申报办理出口货物退（免）税手续。逾期申报的，除另有规定外，税务机关不再受理该笔出口货物的退（免）税申报，该补税的应按有关规定补征税款。

3）出口货物退（免）税审核、审批

（1）税务机关应当使用国家税务总局认可的出口货物退（免）税电子化管理系统及总局下发的出口退税税率文库，按照有关规定进行出口货物退（免）税审核、审批。

（2）税务机关受理出口商出口货物退（免）税申报后，应在规定的时间内，对申报凭证、资料的合法性、准确性进行审查，并核实申报数据之间的逻辑对应关系。

（3）在审核中，发现的不符合规定的申报凭证、资料，税务机关应通知出口商进行调整或重新申报；对在计算机审核中发现的疑点，应当严格按照有关规定处理。

（4）出口货物退（免）税应当由设区的市、自治州以上（含本级）税务机关根据审核结果按照有关规定进行审批。税务机关在审批后应当按照有关规定办理退库或调库手续。

2.2.9 增值税税收优惠

1. 法定免税项目

法定项目包括：①农业生产者销售的自产农产品；②避孕药品和用具；③古旧图书；④直接用于科学研究、科学试验和教学的进口仪器和设备（必须是“直接”）；⑤外国政府、国际组织无偿援助的进口物资和设备（没有外国公司和外国个人）；⑥由残疾人的组织直接进口供残疾人专用的物品（必须是“组织”）；⑦销售自己使用过的物品（仅指自然人，不包括单位）。

2. 财政部、国家税务总局规定的其他免征项目

具体包括：①资源综合利用鼓励节能减排的优惠；②蔬菜流通环节的增值税；③饲料（豆粕类除外）、制种；④有机肥产品；⑤债转股；⑥小微企业；⑦供热企业采暖费收入；⑧国产抗艾滋病病毒药品；⑨研发机构采购设备抵扣增值税。

3. “营改增”项目下的免税优惠

（1）托儿所、幼儿园提供的保育和教育服务。

（2）养老机构提供的养老服务。

（3）残疾人福利机构提供的育养服务。

（4）婚姻介绍服务。

（5）殡葬服务。

（6）残疾人个人提供应税服务。

（7）医疗机构提供的医疗服务。

（8）个人转让著作权。

（9）个人销售自建自用住房。

（10）下列金融商品转让收入：①合格境外投资者（QFII）委托境内公司在我国从事证券买卖业务；②香港市场投资者（包括单位和个人）通过沪港通买卖上海证券交易所上市A股；③对香港市场投资者（包括单位和个人）通过基金互认买卖内地基金份额；④证券投资基金管理人运用基金买卖股票、债券；⑤个人从事金融商品转让业务。

（11）以下利息收入：①2016年12月31日前，金融机构农户小额贷款；②国家助学贷

款；③国债、地方政府债；④人民银行对金融机构的贷款；⑤住房公积金管理中心用住房公积金在制定的委托银行发放的个人住房贷款；⑥外汇管理部门在从事国家外汇储备经营过程中，委托金融机构发放的外汇贷款；⑦统借统还业务中，企业集团或企业集团中的核心企业以及集团所属财务公司按不高于支付给金融机构的借款利率水平或者支付的债券票面利率水平，向企业集团或者集团内下属单位收取的利息。统借方向资金使用单位收取的利息，高于支付给金融机构借款利率水平或者支付的债券票面利率水平的，应全额缴纳增值税。

（12）金融同业往来利息收入。

（13）涉及家庭财产分割的个人无偿转让不动产、土地使用权。家庭财产分割，包括下列情形：离婚财产分割；无偿赠予配偶、父母、子女、祖父母、外祖父母、孙子女、外孙子女、兄弟姐妹；无偿赠予对其承担直接抚养或者赡养义务的抚养人或者赡养人；房屋产权所有人死亡，法定继承人、遗嘱继承人或者受遗赠人依法取得房屋产权。

（14）纳税人提供技术转让、技术开发和与之相关的技术咨询、技术服务。

（15）将土地使用权转让给农业生产者用于农业生产。

（16）土地所有者出让土地使用权和土地使用者将土地使用权归还给土地所有者。

（17）从事学历教育的学校提供的教育服务。

（18）学生勤工俭学提供的服务。

（19）农业机耕、排灌、病虫害防治、植物保护、农牧保险以及相关技术培训业务，家禽、牲畜、水生动物的配种和疾病防治。

（20）纪念馆、博物馆、文化馆、文物保护单位管理机构、美术馆、展览馆、书画院、图书馆在自己的场所提供文化体育服务取得的第一道门票收入。

（21）寺院、宫观、清真寺和教堂举办文化、宗教活动的门票收入。

（22）2018年12月31日前，公共租赁住房经营管理单位出租公共租赁住房。

（23）台湾航运公司从事海峡两岸直航业务在大陆取得的运输收入。

（24）纳税人提供的直接或者间接国际货物运输代理服务。

（25）被撤销金融机构以货物、不动产、无形资产、有价证券、票据等财产清偿债务。

（26）保险公司开办的一年期以上人身保险产品取得的保费收入。

（27）国家商品储备管理单位及其直属企业承担商品储备任务，从中央或者地方财政取得的利息补贴收入和价差补贴收入。

（28）家政服务企业由员工制家政服务员提供家政服务取得的收入。

（29）福利彩票、体育彩票的发行收入。

（30）军队空余房产租赁收入。

（31）为了配合国家住房制度改革，企业、行政事业单位按房改成本价、标准价出售住房取得的收入。

（32）县级以上地方人民政府或自然资源行政主管部门出让、转让或收回自然资源使用权（不含土地使用权）取得的收入。

2.2.10 增值税的征收管理

1. 纳税义务发生时间

增值税纳税义务发生时间，是指增值税纳税义务人、扣缴义务人发生应税、扣缴税款行为应承担纳税义务、扣缴义务的起始时间。这一规定在增值税管理中非常重要，纳税义务发生时间一经确定，必须按此时间计算应缴税款。目前实行的增值税纳税义务发生时间基本上是按照财务制度规定，根据权责发生制的原则，以销售实现时间来确定的。

销售货物或者应税劳务的纳税义务发生时间，为收讫销售款或取得索取销售款项凭据的当天；先开具发票的，为开具发票的当天。按销售结算方式的不同，具体确定如下。

(1) 采取直接收款方式销售货物，不论货物是否发出，均为收到销售款或取得索取销售款凭据的当天。

(2) 采取托收承付和委托银行收款方式销售货物，为发出货物并办妥托收手续的当天。

(3) 采取赊销和分期收款方式销售货物，为书面合同约定的收款日期的当天，无书面合同的或者书面合同没有约定收款日期的，为货物发出的当天。

(4) 采取预收货款方式销售货物，为货物发出的当天，但生产销售生产工期超过 12 个月的大型机械设备、船舶、飞机等货物，为收到预收款或者书面合同约定的收款日期的当天。

(5) 委托其他纳税人代销货物，为收到代销单位的代销清单或者收到全部或者部分货款的当天。未收到代销清单及货款的，为发出代销货物满 180 天的当天。

(6) 销售应税劳务，为提供劳务同时收讫销售款或者取得索取销售款的凭据的当天。

(7) 纳税人发生视同销售货物行为，为货物移送的当天。

(8) 进口货物，为报关进口的当天。

增值税扣缴义务发生时间为纳税人增值税纳税义务发生的当天。

上述销售货物或应税劳务纳税义务发生时间的确定，明确了企业在计算应纳税额时，对“当期销项税额”时间的限定，是增值税计税和征收管理中重要的规定。企业必须按上述规定的时限及时、准确地记录销售额和计算当期销项税额。

2. 纳税期限

在明确了增值税纳税义务发生时间后，还需要掌握具体纳税期限，以保证按期缴纳税款。根据现行规定，增值税的纳税期限分别为 1 日、3 日、5 日、10 日、15 日、1 个月或者 1 个季度。纳税人的具体纳税期限，由主管税务机关根据纳税人应纳税额的大小分别核定；不能按照固定期限纳税的，可以按次纳税。

纳税人以 1 个月或者 1 个季度为一期纳税的，自期满之日起 15 日内申报纳税；以 1 日、3 日、5 日、10 日或 15 日为一期纳税的，自期满之日起 5 日内预缴税款，于次月 1 日起 15 日内申报纳税并结清上月应纳税款。

纳税人进口货物，应当自海关填发海关进口增值税专用缴款书之日起 15 日内缴纳税款。

纳税人出口货物，可以按月向税务机关申报办理该项出口货物的退税。

3. 纳税地点

为了保证纳税人按期申报纳税，根据企业跨地区经营和搞活商品流通的特点及不同情况，税法还具体规定了增值税的纳税地点。

(1) 固定业户应当向其机构所在地主管税务机关申报纳税。总机构和分支机构不在同一县（市）的，应当分别向各自所在地主管税务机关申报纳税；经国务院财政、税务主管部门或者其授权的财政、税务机关批准，可以由总机构汇总向总机构所在地的主管税务机关申报纳税。

(2) 固定业户到外县（市）销售货物的，应当向其机构所在地主管税务机关申请开具外出经营活动税收管理证明，向其机构所在地主管税务机关申报纳税。未开具证明的，应当向销售地或者劳务发生地的主管税务机关申报纳税；未向销售地或者劳务发生地的主管税务机关申报纳税的，由其机构所在地的主管税务机关补征税款。

(3) 非固定业户销售货物或者应税劳务，应当向销售地或者劳务发生地的主管税务机关申报纳税。未向销售地或者劳务发生地的主管税务机关申报纳税的，由其机构所在地或者居住地的主管税务机关补征税款。

(4) 进口货物，应当由进口人或其代理人向报关地海关申报纳税。

(5) 扣缴义务人应当向其机构所在地或者居住地的主管税务机关申报缴纳其扣缴的税款。

4. 增值税的起征点

增值税起征点的适用范围限于个人。对个人销售额未达到财政部规定起征点的免征增值税。自2011年11月1日起，起征点的幅度规定如下：销售货物的起征点为月销售额5 000～20 000元；销售应税劳务的起征点为月销售额5 000～20 000元；按次纳税的起征点为每次（日）销售额300～500元。

纳税人兼营减税、免税项目的，应当单独核算减税、免税项目的销售额；未单独核算销售额的，不得减税、免税。

2.2.11 增值税专用发票的使用和管理

增值税专用发票不仅是纳税人经济活动中的重要经济凭证，而且是兼记销货方纳税义务和购货方进项税额进行税款抵扣的法定扣税凭证。专用发票使得扣税具有了法律的权威性，而且对购销双方形成了一种税收上的连锁关系，既有利于促进纳税人正确使用发票，也有利于征收机关交叉稽核审计。

1. 专用发票概述

专用发票由基本联次或者基本联次附加其他联次构成。基本联次为三联：发票联、抵扣联和记账联。发票联，作为购买方核算采购成本和增值税进项税额的记账凭证；抵扣联，作为购买方报送主管税务机关认证和留存备查的凭证；记账联，作为销售方核算销售收入和增值税销项税额的记账凭证。其他联次用途，由一般纳税人自行确定。

一般纳税人应通过增值税防伪税控系统使用专用发票。所谓“使用”，包括领购、开具、缴销、认证纸质专用发票及其相应的数据电文。防伪税控系统，是指经国务院同意推行的，使用专用设备和通用设备、运用数据密码和电子存储技术管理专用发票的计算机管理系统。专用设备是指金税卡、IC卡、读卡器和其他设备；通用设备是指计算机、打印机、扫描器具和其他设备。

专用发票实行最高开票限额管理。最高开票限额，是指单份专用发票开具的销售额合计数不得达到的上限额度。最高开票限额由一般纳税人申请，税务机关依法审批。最高开票限额为十万元及以下的，由区县级税务机关审批；最高开票限额为一百万元的，由地市级税务机关审批；最高开票限额为一千万元及以上的，由省级税务机关审批。防伪税控系统的具体发行工作由区县级税务机关负责。

2. 专用发票的领购

增值税专用发票只限于增值税的一般纳税人领购使用。增值税的小规模纳税人和非增值税纳税人不得领购使用。

3. 专用发票的开具范围

一般纳税人销售货物（包括视同销售货物在内）或者应税劳务，应当向索取增值税专用发票的购买方开具增值税专用发票，并在增值税专用发票上分别注明销售额和销项税额。

下列情形不得开具专用发票：①向消费者个人销售货物或者应税劳务的；②销售货物或者应税劳务适用免税规定的；③小规模纳税人销售货物或者应税劳务的。

4. 专用发票开具要求

专用发票必须按下列要求开具：①字迹清楚，不得压线、错格；②项目填写齐全，与实际交易相符；③发票联和抵扣联加盖财务专用章或发票专用章；④按照增值税纳税义务的发生时间开具。

开具的专用发票有不符合上列要求者，不得作为扣税凭证，购买方有权拒收。一般纳税人销售货物或者提供应税劳务可汇总开具专用发票。汇总开具专用发票的，同时使用防伪税控系统开具“销售货物或者提供应税劳务清单”，并加盖财务专用章或者发票专用章。

5. 专用发票的认证管理

用于抵扣增值税进项税额的专用发票应经税务机关认证相符（国家税务总局另有规定的除外）。认证相符的专用发票应作为购买方的记账凭证，不得退还销售方。

经认证，有无法认证、纳税人识别号认证不符及专用发票代码、号码认证不符三种情形之一的，不得作为增值税进项税额的抵扣凭证，税务机关退还原件，购买方可要求销售方重新开具专用发票。

6. 销货退回或销售折让增值税专用发票管理

销售货物并向购买方开具专用发票后，如发生退货或销售折让，应视不同情况分别按以下规定处理：一般纳税人在开具专用发票当月，发生销货退回、开票有误等情形，收到退回的发票联、抵扣联符合作废条件的，按作废处理。

作废条件是指：收到退回的发票联、抵扣联时间未超过销售方开票当月；销售方未抄税并且未记账；购买方未认证或者认证结果为“纳税人识别号码认证不符”“专用发票代码，号码认证不符”。不符合作废条件的，或者因销货部分退回及发生销售折让的，购买方应向主管税务机关填报“开具红字增值税专用发票申请单”。

纳税人销售货物并向购买方开具增值税专用发票后，由于购货方在一定时期内累计购买货物达到一定数量，或者由于市场价格下降等原因，销货方给予购货方相应的价格优惠或补偿等折扣、折让行为，销货方可按有关规定开具红字增值税专用发票。

7. 增值税专用发票中若干问题的处理规定

1）关于被盗、丢失增值税专用发票的处理

（1）纳税人必须严格按《增值税专用发票使用规定》保管使用专用发票，对违反规定发生被盗、丢失专用发票的纳税人，按《中华人民共和国税收征收管理法》和《中华人民共和国发票管理办法》的规定，处以1万元以下的罚款，并可视具体情况，对丢失专用发票的纳税人，在一定期限内（最长不超过半年）停止领购专用发票；对纳税人申报遗失的专用发票，如发现非法代开、虚开问题的，该纳税人应承担偷税、骗税的连带责任。

（2）纳税人丢失专用发票后，必须按规定程序向当地主管税务机关、公安机关报失。各地税务机关对丢失专用发票的纳税人按规定进行处罚的同时，代收取“挂失登报费”，并将丢失专用发票的纳税人名称、发票份数、字轨号码、盖章与否等情况，统一传（寄）中国税务报社刊登“遗失声明”。传（寄）中国税务报社的“遗失声明”，必须经县（市）国家税务机关审核盖章、签署意见。

(3) 一般纳税人丢失已开具增值税专用发票的发票联和抵扣联，如果丢失前已认证相符的，经购买方主管税务机关审核同意后，可作为进项税额的抵扣凭证；如果丢失前未认证的，购买方凭专用发票复印件到主管税务机关认证，认证相符的，经购买方主管税务机关审核同意后，可作为进项税额的抵扣凭证。

2）关于对代开、虚开增值税专用发票的处理

代开发票是指为与自己没有发生直接购销关系的他人开具发票的行为；虚开发票是指在没有任何购销事实的前提下，为他人、为自己或让他人为自己或介绍他人开具发票的行为。代开、虚开发票的行为都是严重的违法行为。对代开、虚开专用发票的，一律按票面所列货物的适用税率全额征补税款，并按《税收征收管理法》的规定按偷税给予处罚。对纳税人取得代开、虚开的增值税专用发票，不得作为增值税合法抵扣凭证抵扣进项税额。代开、虚开发票构成犯罪的，按全国人大常委会发布的《关于惩治虚开、伪造和非法出售增值税专用发票犯罪的决定》处以刑罚。

2.2.12　增值税会计处理

增值税的会计处理正确与否，关系到企业能否正确核算增值税进项税额、销项税额和应纳税额，关系到企业成本的计算、收入的取得和利润多少，以及国家税款能否及时足额入库的问题，因此，增值税纳税人必须做到真实准确地核算税款情况。下面主要介绍增值税一般纳税人和小规模纳税人会计科目的设置及主要业务的账务处理（以工业企业为例）。

1. 一般纳税人会计科目设置

一般纳税人增值税的会计核算比较复杂，涉及进项税额、销项税额、出口退税、进项税额转出等项目的核算，因此其会计处理中涉及的科目也较复杂。

1）“应交税费——应交增值税”科目

为了完整、真实地反映企业的进项税额、销项税额、出口退税等情况，正确计算企业实际应纳的增值税，同时也为了便于税务部门的征收管理，“应交增值税”明细科目在账户设置上采用了多栏式账户的方式，在借方和贷方各设了若干个专栏加以反映。

(1) 设置在“应交增值税”明细账借方的专栏。

①“进项税额”专栏，记录企业购入货物或接受应税劳务而支付的准予从销项税额中抵扣的增值税额。企业购入货物或接受应税劳务支付的进项税额，用蓝字登记；退回所购货物应冲销的进项税额，用红字登记。

②“已交税金”专栏，核算企业当月缴纳本月增值税额，即分次预缴的本月增值税。

③“减免税款”专栏，反映企业按规定减免的增值税款。企业按规定直接减免的增值税额借记本科目，贷记“营业外收入”科目。

④“出口抵减内销产品应纳税额”专栏，反映出口企业销售出口货物后，向税务机关办理免抵退税申报，按规定计算的应免抵税额。借记本科目，贷记“应交税费——应交增值税（出口退税）”科目。

⑤“转出未交增值税”专栏，核算企业月终转出应缴未缴的增值税。月末企业“应交税

费——应交增值税”明细账出现贷方余额时，根据余额借记本科目，贷记“应交税费——未交增值税”科目。

(2) 设置在“应交增值税”明细账贷方的专栏。

①“销项税额”专栏，核算企业销售货物或提供应税劳务应收取的增值税额。企业销售货物或提供应税劳务应收取的销项税额，用蓝字登记；退回销售货物应冲销的销项税额，用红字登记。实行“免、抵、退”税的生产企业，出口货物销售收入不计征销项税额，对经审核确认不予退税的货物，应按规定征税率计征销项税额。

②“出口退税”专栏，记录企业出口适用零税率的货物，向海关办理报关出口手续后，凭出口报关单等有关凭证，向税务机关申报办理出口退税而收到退回的税款。出口货物退回的增值税额，用蓝字登记；出口货物办理退税后发生退货或者退关而补缴已退的税款，用红字登记。出口企业当期按规定计算应退税额，应免抵税额后，借记“其他应收款——应收出口退税款（增值税）”科目、“应交税费——应交增值税（出口抵减内销产品应纳税额）”科目，贷记本科目。

【案例 2-4】 某企业本期发生进项税额 34 000 元，内销和外销共用原材料。本月内销销项税为13 600元。外销产品离岸人民币价为 200 000 元，退税率为 13%。则应退税额为20 400元。

账务处理如下：

借：其他应收款——应收出口退税款（增值税） 20 400

　　应交税费——应交增值税（出口抵减内销产品应纳税额） 5 600

　　贷：应交税费——应交增值税（出口退税） 26 000

③“进项税额转出”专栏，记录企业的购进货物、在产品、产成品等发生非正常损失以及其他原因而不应从销项税额中抵扣，按规定转出的进项税额。

④“转出多交增值税”专栏，核算一般纳税人月终转出多缴的增值税。月末企业“应交税费——应交增值税”明细账出现借方余额时，根据余额借记“应交税费——未交增值税”科目，贷记本科目。

2)“应交税费——未交增值税”科目

为了反映企业欠交增值税税款和待抵扣增值税情况，企业应在“应交税费”科目下设置“未交增值税”明细科目，核算一般纳税企业月终时转入的应交未交的增值税税额，转入多交的增值税也在本明细科目核算。

月份终了，企业应将当月发生的应交增值税额从“应交税费——应交增值税”科目转入“未交增值税”明细科目。会计分录为：

借：应交税费——应交增值税（转出未交增值税）

　　贷：应交税费——未交增值税

月份终了，企业将本月多缴的增值税自“应交税费——应交增值税”科目转入“未交增值税”明细科目。会计分录为：

借：应交税费——未交增值税

　　贷：应交税费——应交增值税（转出多交增值税）

企业当月上缴上月应缴未缴的增值税时，借记“应交税费——未交增值税”科目，贷记“银行存款”科目。

月末，本科目的借方余额反映的是企业期末留抵税额和专用税票预缴等多缴的增值税额，贷方余额反映的是期末结转下期应缴的增值税。

3）“增值税检查调整”专门账户

根据国家税务总局《增值税日常稽查办法》的规定，增值税一般纳税人在税务机关对其增值税纳税情况进行检查后，凡涉及增值税涉税账务调整的，应设立“应交税费——增值税检查调整”专门账户。凡检查后应调减账面进项税额或调增销项税额和进项税额转出的数额，借记有关科目，贷记本科目；凡检查后应调增账面进项税额或调减销项税额和进项税额转出的数额，借记本科目，贷记有关科目；全部调账事项入账后，应结出本账户的余额，并对该余额进行处理。处理之后，本账户无余额。

2. 小规模纳税人会计科目设置

小规模纳税人销售货物或提供应税劳务，按规定应缴纳的增值税也要通过“应交税费——应交增值税”明细科目核算，但由于小规模纳税人不能扣除外购货物的进项税额，因此，不需在“应交税费——应交增值税”科目的借、贷方设置若干专栏。小规模纳税人“应交税费——应交增值税”科目的借方发生额，反映已经缴纳的增值税额，贷方发生额反映应缴增值税额；期末借方余额，反映多缴的增值税额；期末贷方余额，反映尚未缴纳的增值税额。

3. 一般纳税人的账务处理

1）“进项税额”的账务处理

（1）国内购进货物。企业从国内采购货物，按专用发票上注明的增值税额，借记“应交税费——应交增值税（进项税额）”科目，按照发票上注明价款及发生的外地运杂费等应计入采购成本的金额，借记“物资采购”“原材料”“低值易耗品”“包装物”“管理费用”等科目；按照应付或实际支付的金额，贷记“银行存款”“应付票据”“应付账款”等科目。购入货物发生退货时，做相反的会计分录。

（2）接受投资转入的货物。企业接受投资转入的货物，按照增值税专用发票上注明的增值税额，借记“应交税费——应交增值税（进项税额）”科目，按照确认的投资货物价值，借记“原材料”等科目，按照增值税额与货物价值的合计数，贷记“实收资本”“股本”等科目。

（3）接受捐赠转入的货物。企业接受捐赠转入的货物，按照专用发票上注明的增值税额，借记“应交税费——应交增值税（进项税额）”科目，按照确认的捐赠货物的价值，借记“原材料”等科目，将接受捐赠的非货币资产的含税价值扣除应交所得税后的金额转入“营业外收入”科目，将应交所得税金额转入“递延所得税负债”科目。

（4）接受应税劳务。企业接受应税劳务，应当按照增值税专用发票上注明的增值税额，借记“应交税费——应交增值税（进项税额）”科目，按照专用发票上记载的应计入加工、修理修配等货物成本的金额，借记“委托加工物资”等科目；按应付或实际支付的金额，贷记“应付账款”或“银行存款”等科目。

（5）进口货物。企业进口货物，按照海关提供的完税凭证上注明的增值税额，借记“应交税费——应交增值税（进项税额）”科目，按照进口货物应计入采购成本的金额，借记“物资采购”等科目，按照应付或实际支付的价款，贷记“应付账款”或“银行存款”等科目。

（6）购入免税农产品。企业购入免税农产品，应按购入农产品的买价和规定的扣除率（9%）计算的进项税额，借记“应交税费——应交增值税（进项税额）”科目，按扣除进项税额后的买价借记“物资采购”等科目，按实际支付的买价和税款，贷记“应付账款”“银行存款”等科目。

（7）购入货物及接受劳务用于其他。企业购入货物及接受应税劳务直接用于免税项目及集体福利和个人消费的，其相应负担的增值税应计入购入货物及接受劳务的成本。

（8）外购货物发生非正常损失。按税法规定，外购货物发生非正常损失的，其相应的进项税额不得作为当期进项税额抵减销项税额。因此，应按照损失货物价值与相应的进项税额合计数，借记“待处理财产损溢——待处理流动资产损溢”科目；按实际入库材料负担的增值税，借记“应交税费——应交增值税（进项税额）”科目，按实际入库材料的成本借记“原材料”等科目，按全部应付或实付价款贷记“应付账款”“银行存款”等科目。

2）“已交税金”的账务处理

企业上交增值税时，借记“应交税费——应交增值税（已交税金）”科目，贷记“银行存款”科目。收到退回多交的增值税时，做相反的会计分录。

3）“转出未交增值税”的账务处理

月终，企业计算出当月应交未交的增值税，借记“应交税费——应交增值税（转出未交增值税）”科目，贷记“应交税费——未交增值税”科目。

4）“销项税额”的账务处理

（1）销售货物或提供应税劳务。企业销售货物或提供应税劳务（包括将自产、委托加工或购买的货物分配给股东或投资者），按照实现的销售收入和按股东收取的增值税额，借记“应收账款”“应收票据”“银行存款”“应付利润”等科目，按照规定收取的增值税额，贷记“应交税费——应交增值税（销项税额）”科目，按实现的销售收入，贷记“主营业务收入”“其他业务收入”等科目。发生的销售退回，做相反的会计分录。

（2）视同销售行为的账务处理。

① 企业将自产、委托加工的货物用于非应税项目，应视同销售货物计算应纳增值税，借记“在建工程”等科目，贷记“应交税费——应交增值税（销项税额）”科目。

② 企业将自产、委托加工或购买的货物作为投资，提供给其他单位或个体经营者，应视同销售货物计算应纳增值税，借记“长期投资”科目，贷记“应交税费——应交增值税（销项税额）”科目。

③ 企业将自产、委托加工的货物用于集体福利、个人消费等，应视同销售货物计算应纳增值税，借记“应付职工薪酬”等科目，贷记“应交税费——应交增值税（销项税额）”科目。

④ 企业将自产、委托加工或购买的货物无偿赠送他人，应视同销售货物计算应纳增值税，借记“营业外支出”等科目，贷记“应交税费——应交增值税（销项税额）”科目。

（3）带包装销售货物的账务处理。随同产品出售但单独计价的包装物，按规定应缴纳的增值税，借记“应收账款”等科目，贷记“应交税费——应交增值税（销项税额）”科目。企业逾期未退还的包装物押金按规定应缴纳的增值税，借记“其他应付款”等科目，贷记“应交税费——应交增值税（销项税额）”科目。

5）“出口退税”的账务处理

企业出口适用零税率的货物，不计算销售收入的销项税额和应纳的增值税额。企业向海关办理报关出口手续后，凭出口报关单等有关凭证，向税务机关申报办理该项出口货物的进项税额的退税。企业在收到出口货物退回的税款后，借记“银行存款”等科目，贷记“应交税费——应交增值税（出口退税）”科目。出口货物办理退税后发生的退货或者退关补缴已退的税款，做相反的会计分录。

6）“进项税额转出”的账务处理

企业的在产品、产成品发生非正常损失，以及购进货物改变用途等原因，其相应负担的进项税额应从当期“进项税额”中转出。在账务处理上，应借记“待处理财产损溢”“在建工程”“应付福利费”等科目，贷记“应交税费——应交增值税（进项税额转出）”科目。

7）“转出多交增值税”的账务处理

月末，企业当月多交的增值税，借记“应交税费——未交增值税”科目，贷记“应交税费——应交增值税（转出多交增值税）”科目。

8）减免和返还增值税的账务处理

企业收到即征即退、先征后退、先征税后返还的增值税或直接减免的增值税，除国家规定有指定用途的项目外，都应并入企业利润，借记“银行存款”科目，贷记“营业外收入”科目。

4. 小规模纳税人的账务处理

1）购入货物及接受应税劳务

小规模纳税人实行简易办法计算应纳增值税额，不实行进项税额抵扣的扣税法，因此，即使小规模纳税人购进货物取得增值税专用发票，也不能进行税款扣除，应将购入货物或接受应税劳务的增值税额直接计入有关货物及劳务的成本。

2）销售货物或提供应税劳务

小规模纳税人销售货物或提供应税劳务，按实现的销售收入和按规定收取的增值税额，借记“应收账款”“应收票据”“银行存款”等科目；按实现的销售收入，贷记“主营业务收入”“其他业务收入”等科目，按规定收取的增值税额，贷记“应交税费——应交增值税”科目。

3）上缴税金

小规模纳税人上缴的增值税，借记“应交税费——应交增值税”科目，贷记“银行存款”科目。收到退回多缴的增值税，做相反的会计分录。

2.3 增值税适用案例

本节主要在前几节对增值税基本税制要素进行介绍的基础上，通过案例进一步说明增值税的计算及相关处理。

2.3.1 增值税一般纳税人应纳税额的计算

【案例2-5】 某工业企业为增值税一般纳税人，生产销售的产品适用13%的增值税税率。上月底有留抵税额2 000元。2019年5月发生下列业务。

（1）从农业生产者手中收购玉米40吨，每吨收购价3 000元，共计支付收购价款120 000元。企业将收购的玉米从收购地直接运往异地的某酒厂生产加工药酒，酒厂在加工过程中代垫辅助材料款15 000元。药酒加工完毕，企业收回药酒时取得酒厂开具的增值税专用发票，注明加工费30 000元、增值税额3 900元，加工的药酒当地无同类产品市场价格。本月内企业将收回的药酒批发售出，取得不含税销售额260 000元。

（2）购进原材料一批，取得增值税专用发票注明的价款为400 000元，增值税税款

52 000 元。材料已经验收入库。

(3) 从国外购进两台机器，取得的海关开具的增值税专用缴款书上注明的增值税税额为18 万元。同时进口一批应缴纳消费税的货物，到岸价格 150 万元。当月，公司依法在海关缴纳了关税 30 万元及进口消费税 18 万元。当月，公司将该批货物以含税价格 282.5 万元销售给国内某企业。

(4) 将产品对外投资入股，该企业同类产品不含税售价 500 000 元。

(5) 发货给外省分支机构一批产品，价款 500 000 元。

(6) 本月以折扣方式销售货物 80 000 元（不含税），折扣率 5%，并将折扣额与销售额在同一张发票上分别注明。

(7) 本月将 2017 年 9 月收取的包装物押金 2 260 元予以没收。

(8) 上月购进材料发生非正常损失，成本价为 10 000 元。

计算该企业本月应纳增值税额。（假设上述发票及海关专用缴款书均已通过认证及稽核。）

解析

(1) 从农民手中收购免税农产品，按照买价和 9%的扣除率计算进项税额抵扣；委托加工业务的增值税计税依据为加工费；

销项税额＝260 000×13%＝33 800(元)

应抵扣的进项税额＝120 000×9%＋3 900＝14 700(元)

(2) 增值税专用发票记载的进项税额认证通过，可以抵扣，因此有：

进项税额＝52 000(元)

(3) 进口货物应按照海关开具的增值税专用缴款书上注明的增值税税额进行抵扣。

进口机器应抵扣的进项税额＝180 000(元)

进口消费品应纳进口环节增值税＝[关税的完税价格(到岸价格)＋关税＋消费税]×13%
＝(150＋30＋18)×13%＝257 400(元)

国内销售的增值税销项税额＝[282.5/(1＋13%)]×13%＝325 000(元)

(4) 对外投资应视同销售计算缴纳增值税。

销项税额＝500 000×13%＝65 000(元)

(5) 发货给外省分支机构应视同销售。

销项税额＝500 000×13%＝65 000(元)

(6) 折扣销售并将折扣额与销售额在同一张发票分别注明的，可以将销售额扣除折扣额后计算销项税额。

销项税额＝80 000×(1－5%)×13%＝9 880(元)

(7) 没收的包装物押金要作为含税收入计算销项税额。

销项税额＝[2 260/(1＋13%)]×13%＝260(元)

(8) 非正常损失的购进货物应转出原抵扣的进项税。

进项税额转出＝10 000×13%＝1 300(元)

该企业本月发生的销项税额合计＝33 800＋325 000＋65 000＋65 000＋9 880＋260
＝498 940(元)

该企业本月发生的进项税额合计＝14 700＋52 000＋180 000＋257 400＝504 100(元)

该企业本月应纳增值税额＝498 940－504 100＋1 300－2 000＝－5 860(元)

【案例2-6】 某汽车制造企业为增值税一般纳税人，2019年5月有关生产经营业务如下。

(1) 以交款提货方式销售A型小汽车30辆给汽车销售公司，每辆不含税售价15万元，开具税控专用发票注明应收价款450万元，当月实际收回价款430万元，余款下月才能收回。

(2) 销售B型小汽车50辆给特约经销商，每辆不含税单价12万元，向特约经销商开具了税控增值税专用发票，注明价款600万元、增值税78万元，由于特约经销商当月支付了全部货款，汽车制造企业给予特约经销商原售价2%的销售折扣。

(3) 将新研制生产的C型小汽车5辆销售给本企业的中层干部，每辆按成本价10万元出售，共计取得收入50万元，C型小汽车尚无市场销售价格。(成本利润率、消费税税率为8%)。

(4) 销售已使用半年的进口小汽车3辆，开具普通发票取得收入65.52万元，3辆进口小汽车固定资产的原值为65万元，销售时账面余额为58万元。

(5) 当月购进原材料取得税控专用发票注明金额600万元、进项税额102万元，并经过税务机关认证。

(6) 从小规模纳税人处购进汽车零部件，取得由当地税务机关开具的增值税专用发票注明价款20万元、进项税额1.2万元。

(7) 当月发生意外事故损失库存原材料金额35万元，直接计入“营业外支出”账户损失为35万元。

计算该企业2019年5月应纳的增值税税额。

解析

(1) 交款提货方式销售货物的纳税义务发生时间，为收讫销售款或取得索取销售款项凭据的当天；先开具发票的，为开具发票的当天。

销项税额＝450×13%＝58.5(万元)

(2) 采取销售折扣方式销货的，销售额不得扣除折扣额。

销项税额＝78(万元)

(3) 销售的货物没有同类货物售价的，以组成计税价格计算纳税。属于应征消费税的消费品的，组价中应包括消费税。

销项税额＝[50×(1＋8%)/(1－8%)]×13%＝7.63(万元)

(4) 销售使用过的小汽车，按照适用税率征收增值税。

销项税额＝[65.52/(1＋3%)]×2%＝1.27(万元)

(5) 增值税专用发票记载的进项税额应在认证通过的当月抵扣。

进项税额＝102(万元)

(6) 从小规模纳税人那里购入货物，可以要求税务机关代开发票，抵扣税款。

进项税额＝1.2(万元)

(7) 发生非正常损失应按原实际抵扣的进项税额转出；或者按照损失材料的实际成本计算转出进项税。

进项税额转出＝35×13%＝4.55(万元)

该企业本月应纳税额=58.5+78+7.63+1.27-102-1.2+4.55=46.75(万元)

【案例2-7】 某商场为增值税一般纳税人，2019年5月发生以下购销业务。

(1) 购入服装两批，均取得增值税专用发票并已经认证通过。两张专用发票上注明的货款分别为25万元和30万元，进项税额分别为3.25万元和3.9万元，其中第一批货款25万元未付，第二批货款30万元当月已付清。

(2) 购进税控收款机取得增值税专用发票，支付价款0.3万元、增值税0.039万元，该税控收款机作为固定资产管理。

(3) 从废旧物资回收单位购进废旧物资，取得普通发票，支付价款10万元。

(4) 从农民手中购进免税农产品，收购凭证上注明支付收购货款30万元。入库后，将收购的农产品的40%作为职工福利消费。

(5) 用分批收款方式批发商品，合同规定不含税销售总金额为300万元，本月收回50%货款，其余货款于9月10日前收回。由于购货方资金紧张，本月实际收回不含税销售额100万元。

(6) 零售各种服装，取得含税销售额40万元，同时将零售价为2.12万元的服装作为礼品赠送给了顾客。

(7) 采取以旧换新方式销售家用电脑150台，每台零售价6 900元，另支付顾客每台旧电脑收购款500元。

计算该商场2019年5月应缴纳的增值税。

解析

(1) 专用发票已经认证通过，应在认证通过的当月按照票面记载的进项税额抵扣。

进项税额=3.25+3.9=7.15(万元)

(2) 购进税控收款机取得增值税专用发票，支付的进项税额0.039万元可以抵扣。

(3) 乙企业是商业企业，从废旧物资回收经营单位购入废旧物资不得抵扣进项税额。

(4) 购进免税农产品按照买价和9%计算抵扣进项税，其中40%作为职工福利的部分不得抵扣进项税。

购农产品进项税额=30×9%×60%=1.62(万元)

(5) 采用分期收款方式销售的，应按照合同约定的收款时间计算销项税额。

销项税额=150×13%=19.5(万元)

(6) 对外赠送应视同销售计算销项税额。

销项税额=[(40+2.12)/(1+13%)]×13%=4.68(万元)

(7) 采取以旧换新方式销售货物的，应按新货物的同期销售价格确定销售额，不得扣减旧货物的收购价格。

销项税额=[(150×0.69)/(1+13%)]×13%=11.91(万元)

当月应纳增值税额=19.5+4.68+11.91-7.15-0.039-1.62=27.281(万元)

【案例2-8】 某家电生产企业为增值税一般纳税人，2019年7月份发生如下业务：

(1) 采取“以旧换新”方式销售自产小家电，新产品的不含税销售额13万元，取得旧家电作价7万元，共取得差价款6万元。

(2) 向某大型商场销售一批家电，取得不含税销售收入120万元，收取包装物押金8万元并单独记账，约定三个月后归还，同时还收取优质服务费4.52万元。

(3) 向某食品公司销售自制的大型冷藏设备，开具增值税专用发票，注明销售额为20万元。同时企业取得价外收入2.26万元，开具了普通发票。

(4) 销售一批小家电，由于质量问题发生退货，取得对方交来的“进货退出和索取折让证明单”，已按规定开具了增值税专用发票，发票注明价款为3万元。

(5) 1日以折扣方式卖给乙企业一批家电，开具增值税专用发票上注明销售额18万元，合同约定的折扣规定是“3/10，2/20，1/30”。乙企业提货后于18日全部付清了货款，实际收到17.64万元。

(6) 销售使用过的一台旧设备（未抵扣过进项税额），取得收入10.3万元，并开具了增值税普通发票。

(7) 从国外进口一台检测设备，关税完税价格为30万元，进口关税税额为20%。

(8) 外购原材料一批，取得增值税专用发票，注明价款80万元，采购过程中发生不含税运费10万元，当月修理职工食堂，领用其中10%。

(9) 从小规模纳税人处购进零配件一批，取得税务机关代开的增值税专用发票，注明的价款为40万元。

(10) 月底接到供电公司通知单，显示本月份共耗用电20 000度，其中生产部分耗用19 000度，职工食堂1 000度，增值税专用发票注明的电费为4万元，增值税税款0.52万元，款项已通过银行支付。另外，上月留抵进项税额5万元，以上取得的有关票据均通过税务机关的认证。计算该公司7月份应纳增值税。

解析

业务1销项税额＝13×13%＝1.69(万元)

业务2的销项税额＝[120＋4.52/(1＋13%)]×13%＝16.12(万元)

业务3的销项税额＝[20＋2.26/(1＋13%)]×13%＝2.86(万元)

业务4中，按规定开具了红字专用发票，则应冲减的销项税额＝3×13%＝0.39(万元)

业务5，销项税额＝18×13%＝2.34(万元)

业务6，转让未抵扣过进项税额的旧固定资产，按照简易办法征税3%减按2%征税，

应纳增值税＝[10.3/(1＋3%)]×2%＝0.2(万元)

业务7，进口设备，进口环节增值税＝30×(1＋20%)×13%＝4.68(万元)

业务8，修理职工食堂原材料进项税额不得抵扣，

允许抵扣进项＝(80×13%＋10×9%)×(1－10%)＝10.17(万元)

业务9，允许扣除的进项税＝0.52×19 000/20 000＝0.494(万元)。

业务10，从小规模纳税人购进货物代开发票允许抵扣进项税额＝40×13%＝5.2(万元)

月初，留抵税额5万元。

销项税合计＝1.69＋16.12＋2.86－0.39＋2.34＋0.2＝22.82(万元)

进项税合计＝4.68＋10.17＋0.494＝15.344(万元)

应纳增值税＝当期销项税－当期进项税额－上期留抵税额＝

22.82－15.344－5＝2.476(万元)

2.3.2　小规模纳税人应纳税额的计算

【案例2-9】 某超市为增值税小规模纳税人。2019年2月，该超市取得货物零售收入

120 000元；向福利院捐赠部分外购商品，捐赠商品的买价为 4 200 元，售价为 5 000 元；向职工发放部分外购商品作为节日福利，发放商品的买价为 3 000 元，售价为 3 700 元；销售已使用 1 年的冰柜一台取得收入 1 400 元，该冰柜原购进价 2 200 元。计算该超市当月应纳增值税。

解析 小规模纳税人销售货物取得的零售收入为含税收入，应换算为不含税收入计算应纳税款；对外捐赠视同销售行为；发放福利属于不得抵扣进项税额；销售使用过的固定资产，售价未超过原值的，不交增值税。

应纳增值税＝[120 000/(1＋3%)]×3%＋[5 000/(1＋3%)]×3%＝3 640.78(元)

2.3.3 出口退税的计算

【案例 2-10】 某自营出口生产企业是增值税一般纳税人，出口货物的征税税率为 17%，退税率为 13%。2017 年 7 月从国内购进生产用的钢材，取得增值税专用发票上注明的价款为 568 000 元，已支付运费 5 800 元并取得符合规定的运输发票。上期期末留抵税额 3 万元。当月内销货物销售额 50 万元，销项税额 8.5 万元。本月出口货物离岸价格为24 000美元，进料加工贸易进口免税料件的组成计税价格为 13 200 元人民币。试计算该企业本期免、抵、退税额。(价格均为不含税价格，汇率为 1∶8.3)

解析

当期免抵退税不得免征和抵扣税额＝8.3×24 000×(17%－13%)－13 200×(17%－13%)
＝7 440(元)

应纳增值税额＝85 000－(568 000×17%＋5 800×7%－7 440)－30 000＝－34 526(元)

出口货物免、抵、退税额＝24 000×8.3×13%－13 200×13%＝24 180(元)

本例中，当期期末留抵税额 34 526 元大于当期免抵退税额 24 180 元，故当期应退税额等于当期免抵退税额 24 180 元。

当期免抵税额＝当期免抵退税额－当期应退税额＝24 180－24 180＝0(元)

本章小结

本章主要讲述了增值税制的主要内容。增值税是目前我国税制的主体税种之一，是以增值额为课税对象的一种税。一般有生产型、收入型和消费型 3 种。大多数国家实行间接扣税法计算应纳税额。增值税具有不同于其他流转税种的特点和优点。我国增值税纳税人包括一般纳税人和小规模纳税人两种，二者计税方法不同。征税范围包括销售货物、提供加工和修理修配劳务及进口货物。基本税率 13%，低税率 9%、6%，小规模纳税人实行 3%的征收率。一般纳税人应纳税额的计算采用购进扣税法，用当期销项税额减当期进项税额，这就需要分别确定销项税额与进项税额；小规模纳税人实行简易办法计算应纳税额。增值税纳税人出口货物实行退（免）税制度。我国税法对增值税专用发票的使用和管理作出了严格规定。

练习与思考题

一、单项选择题

1. 某汽车修理部（增值税小规模纳税人）2019 年 1 月汽车修理收入 300 000 元，当月转让一台使用过 3 年的设备，开具的普通发票上注明金额为 10 000 元，该修理部当月应纳增值税为（　　）元。

A. 8 932.04

B. 9 194.17

C. 9 200.00

D. 9 300.00

2. 某面粉加工厂为增值税一般纳税人，2019 年 6 月收购小麦生产面粉对外销售，收购小麦支付价款 88 万元，该面粉厂 6 月份收购小麦可抵扣的进项税额为（　　）万元。

A. 8.8

B. 17.15

C. 13.73

D. 11.44

3. 增值税一般纳税人的下列行为不属于增值税视同销售的是（　　）。

A. 某服装厂将自产的服装用于职工福利

B. 某家具厂将自产的家具用于对外投资

C. 某广告公司购进一批食品用于招待客户

D. 某企业将委托加工收回的产品用于生产

4. 小规模纳税人 A 公司 2019 年 1 月提供交通运输服务取得收入 35 万元，应纳增值税是（　　）万元。

A. 1.02

B. 1.20

C. 1.05

D. 0

5. 一般纳税人购进的下列服务中，不得抵扣进项税额的是（　　）。

A. 贷款服务

B. 住宿服务

C. 客运服务

D. 餐饮服务

二、判断题

1. 税收法律主义可以概括成课税要素法定、课税要素明确、依法稽征三个具体原则。（　　）

2. 供热企业向居民个人提供而取得的采暖费收入免征增值税。（　　）

3. 年应税销售额超过规定标准但不经常发生应税行为的个体工商户可选择按照小规模纳税人纳税。（　　）

4. 纳税人出口货物劳务、发生跨境应税行为适用免抵退税办法的，办理免抵退税后仍

然符合规定条件的，可以申请退还留抵税额。 （ ）

5. 因善意取得虚开专用发票而依法追缴其已抵扣税款的，仍需要加收滞纳金。 （ ）

三、思考题

1. 增值税的类型、优点、作用以及法定增值额的不同理解有哪些？

2. 增值税纳税人身份认定的标准是什么？

3. 增值税视同销售行为有哪些类型？

4. 增值税进项税额抵扣的具体要求有什么？

5. 增值税纳税义务发生时间的规定是什么？

第3章

消 费 税

学习目的

通过本章的学习，了解消费税的产生与发展、消费税的类型；理解消费税的特殊调节作用；掌握消费税的具体征收制度；把握消费税的会计核算及原理，并能够对消费税相关案例进行计算与分析。

开篇导言

消费税是对特定的消费品和消费行为征收的一种流转税。其征收目的，除满足财政收入的需要外，限制不可再生资源的过度利用、抑制不良消费行为、促进收入公平分配，也是其主要目的。

消费税是世界各国广泛实行的税种。19世纪以来，由于以所得税为主体的直接税的发展，消费税占各国税收收入的比重有所下降，但因其具有独特的调节作用，仍然受到各国的普遍重视。目前，美国、英国、日本、法国等100多个国家均对特定的消费品或消费行为征收消费税。特别是发展中国家，其税制大多以商品税为主体，而消费税又是商品税中的重要税种，地位尤其重要。

我国现行的消费税征收制度起始于1994年的分税制改革。当时，为了配合增值税的开征，体现国家对某些产品进行特殊调节而设立了消费税。近几年，为了配合资源节约型社会建设、调节产业结构等目的，国家对消费税政策的调整愈加频繁，受到社会各界的广泛关注。以汽车消费税为例，我国曾于2006年4月就调整过，排量在3.0～4.0 L的车型从8%上涨到15%，4.0 L以上的从8%上涨到20%。到2008年7月底，在环境污染、油价大幅上升、节能减排这些大背景下，国务院常务会议提出，对节能环保型汽车实行消费税优惠政策，提高大排量汽车消费税率，决定从2008年9月1日起调整汽车消费税政策，旨在抑制大排量汽车的生产和消费，鼓励小排量汽车的生产和消费，促进国家节能减排目标的实现。具体内容：一是提高大排量乘用车的消费税税率，排气量在3.0～4.0 L（含4.0 L）的乘用车，税率由15%上调至25%，排气量在4.0 L以上的乘用车，税率由20%上调至40%；二是降低小排量乘用车的消费税税率，排气量在1.0 L（含1.0 L）以下的乘用车，税率由3%下调至1%。

2016年10月1日起，国家对普通美容、修饰类化妆品免征此前30%的消费税，高档化妆品消费税税率降至15%，同时将进口环节消费税税率下调为15%。降价后，大牌化妆品在海外市场与国内专柜的零售价差别缩小，进口化妆品集体降价会触发连锁效应，致整个行业价格下调；本土化妆品若不跟进降价，市场份额将受到一定挤压。

可见，消费税作为一种调节特殊消费行为的流转税，在社会经济生活中具有重要意义。本章对消费税的概念、类型、特点进行介绍，对消费税具体征收制度与会计处理进行详细分析。

3.1 消费税概述

3.1.1 消费税的产生与发展

在西方，对消费品课税的历史可以追溯到古罗马时期。在古罗马帝国时代，农业和手工业有了较大的发展，城市崛起、商业繁荣，对商品课征的税，如盐税、酒税、矿产品税等开始出现。这些税可以说是现代消费税的萌芽。在现代，由于消费税所特有的调节功能，使其在各国税制中仍然占有非常重要的地位。

在我国，对消费品课税的历史也非常久远。周代就开征了“山泽之赋”，春秋时开征了渔税、齿角税等。春秋时代的管仲首创盐铁专卖，东汉时期取消专卖，实行征税制。汉朝的时候开征了酒税；唐中叶至宋末对酒以专卖为主，征税为辅；元初行专卖，后改为征税；清初禁酒，禁令除后，亦未征酒税，清末各省征收烟酒税捐。茶税始于唐朝；宋、元、明、清都开征过茶税。北洋政府财政部曾经订立过《国家地方税法草案》，其中规定了烟税、酒税、茶税和糖税等消费税性质的税种。抗日战争开始后，为了弥补庞大的财政赤字，国民政府将统税（民国时期征收的一种消费税，统征一次，通行全国，不再重征，1921 年北洋政府试办）、烟酒税和矿产税合并为货物税。此外，还开征了“战时消费税”。

新中国成立后，我国也曾开征和废止过消费税。1950 年 1 月颁布的《全国税政实施要则》规定开征特种消费行为税，征税范围包括电影戏剧及娱乐、舞厅、筵席、冷食、旅馆等 5 个税目，政务院于 1951 年颁布《特种消费行为税暂行条例》并实施。1953 年 1 月，该税被取消，其中的电影、戏剧及娱乐部分的税目改征文化娱乐税，其余的税目并入营业税征收。

1989 年国家为了“治理整顿”的需要，开征了彩电特别消费税和小轿车特别消费税。1994 年分税制改革时，为了配合增值税的开征，国家决定开征消费税，同时废止彩色电视机特别消费税和小轿车特别消费税。1993 年 12 月 31 日，国务院发布了《中华人民共和国消费税暂行条例》，自 1994 年 1 月 1 日起实施。之后，财政部又发布了《中华人民共和国消费税暂行条例实施细则》，国家税务总局发布了《中华人民共和国消费税若干具体问题的规定》《中华人民共和国消费税征收范围注释》等规范性文件，从而初步建立了我国的消费税收法律制度。

2006 年 4 月 1 日，我国对消费税进行了一次较大的调整，消费税税目由原来的 11 个调整为 14 个，新增了木制一次性筷子、实木地板、游艇、高尔夫球及球具、高档手表、成品油等 6 个税目，取消了护肤护发品税目，将汽油和柴油税目合并为成品油税目，对小汽车、酒、摩托车、汽车轮胎、化妆品等部分税目税率也进行了一定程度的调整。

2008 年 7 月底，国务院常务会议上提出了对节能环保型汽车实行消费税优惠政策，提高大排量汽车消费税率。财政部决定从 2008 年 9 月 1 日起调整汽车消费税政策，旨在抑制大排量、鼓励小排量汽车的生产和消费，促进国家节能减排目标的实现。

2008 年 11 月 5 日国务院第 34 次常务会议通过了修订后的《中华人民共和国消费税暂行条例》；12 月 15 日，财政部、国家税务总局以财政部和国家税务总局令第 51 号公布了《中华人民共和国消费税暂行条例实施细则》。

2008 年 12 月 22 日国务院印发了《国务院关于实施成品油价格和税费改革的通知》。国务院决定自 2009 年 1 月 1 日起实施成品油税费改革，取消原在成品油价外征收的公路养路费、航道养护费、公路运输管理费、公路客货运附加费、水路运输管理费、水运客货运附加费等6项收费，逐步有序取消政府还贷二级公路收费；同时，将价内征收的汽油消费税单位税额每升提高0.8元；柴油消费税单位税额每升提高0.7元；其他成品油消费税单位税额相应提高。

专题 3-1

“后增值税”时代的消费税

消费税的改革方向被定义为“调整消费税征收范围、环节、税率，将高耗能、高污染产品及部分高档消费品纳入征收范围”，本轮消费税改革以扩大征收范围、调节税率结构和征收环节为主体内容。其中，一次性餐具等资源产品，以及高档皮毛、红木家具、私人飞机、高尔夫等奢侈性产品和消费行为或将纳入课税扩围范围。在消费税中增设奢侈性产品和消费税目，同时建立课税范围动态调整机制。从2015年，电池和涂料被纳入消费税征收范围；到2016年，对普通化妆品免征消费税，130万元以上豪华小汽车加征消费税，消费税逐步扩围、部分推动，但一直没有整体推进。“营改增”完善之后，下一步改革的目标就是消费税。

消费税扩围包括扩大对高耗能、高污染和资源性产品的征收范围，以及扩大对高档消费品和消费行为的征收范围。在消费税中设置专门的资源产品税目、高耗能产品和高污染产品税目。将一次性餐具等资源产品纳入，并由相关部门制订消费税的高耗能、高污染产品目录，作为征税依据。对以下消费品可纳入高档消费品的选择：高档服装、高级皮毛及皮革制品等；海参、鲍鱼、鱼翅、燕窝、冬虫夏草等食品和保健品；红木等高档木材家具；房车、私人飞机等高档交通工具。

将部分高档服务也纳入消费税征收范围，也是改革的一个方向。当前消费税的征收范围还是限于一些有形产品；而在“营改增”之后，增值税扩大到所有行业，服务业也包含其中，消费税的征收范围也就应该相应地扩大到无形的服务产品。增值税要求中性、税基要宽，消费税的功能定位就要求它在增值税的基础上对消费进一步调节，两者的改革步伐是相适应的。

对消费者在歌厅、舞厅、高尔夫球、保龄球场等娱乐场所进行的高档消费行为，以及狩猎、飞机租赁等其他消费行为也纳入征收范围。在消费税中设置奢侈性产品和娱乐消费行为的税目，分别将相关产品和消费行为纳入上述两个税目中，并实行相对统一的征税办法。

在征收环节方面，根据不同消费品的情况，合理确定征收环节，而不能简单一刀切地改在零售环节。对目前已经具备条件的消费品，如贵重首饰及珠宝玉石、鞭炮和焰火、摩托车、小汽车、游艇和成品油等，可改为在零售环节征收；尚不具备条件的消费品，可在未来条件具备后再适时后移到零售环节；对于完全不适合在零售环节征收或征管成本过大的商品，仍应坚持在生产环节征收。

2010—2018年以来我国消费税收入概况见表3-1。

表 3-1 2010—2018 年以来我国消费税收入概况

年份	国内消费税收入/亿元	税收收入合计/亿元	消费税收入占税收总收入比重/%
2010	6 071.55	73 210.79	8.29
2011	6 936.21	89 738.39	7.73
2012	7 875.58	100 614.28	7.83
2013	8 231.32	110 530.70	7.45
2014	8 907.12	119 175.31	7.47
2015	10 542.16	124 922.20	8.44
2016	10 217.23	130 360.73	7.84
2017	10 225	144 360	7.08
2018	10 632	156 401	6.80

说明：消费税收入指国内消费税收入，不包括进口货物消费税。比如 2018 年进口货物增值税、消费税合计为 16 879 亿元。

资料来源：中国统计年鉴（2017）及财政部官网数据整理计算而得。

3.1.2 消费税的概念与类型

1. 概念

消费税是对特定的消费品和消费行为征收的一种流转税。其目的主要有以下 3 个方面。

（1）限制不可再生资源的过度利用。资源，尤其是不可再生资源的过度开发与利用，已经成为当前各国经济发展面临的主要问题。成品油、小汽车、摩托车等税目都是反映了国家对于不可再生资源的保护。

（2）抑制不良消费行为。消费习惯一旦形成，短时间内难以改变，而烟酒等消费品的过度消费往往对人的身体健康不利，因此，通过征收消费税来限制人们对此类产品的过度消费。

（3）促进收入公平分配。税收是调节居民收入分配差距的重要杠杆，其中以所得税为主要工具。然而在现实中，对于大量高档消费品的消费往往是富人们的经常性行为，对于此类消费品征收特别消费税，实行较高的税率，税负最终落在这些消费者身上，可以配合个人所得税适当缩小居民间的收入差距。

2. 类型

（1）一般消费税。对所有消费品和行为都征税。征税范围包括更多的消费品和生产资料，比如对电器设备、收音机、电视机、音响、摄影器材征高额货物税，对钢材、铝制品、塑料、树脂、橡胶制品、木材制品及机器设备等生产资料广泛课征消费税。

（2）特别消费税。只对特别的消费品征税。征税范围主要限于传统的货物品目，如烟草制品、酒精饮料、石油制品，以及机动车辆和各种形式的娱乐活动，有些国家还包括糖、盐、软饮料等食物制品和钟表等产品。

（3）其他类型。分类消费税，对不同的税目制定不同的税法，如烟税、酒税、赌博税等；直接消费税，在消费者消费时由消费者自己缴纳，采取价外税的形式。间接消费税，在生产销售时由生产者缴纳，消费者负担，采取价内税或价外税的形式。

3.1.3 消费税的特点

我国现行的消费税是对特定消费品和消费行为在特定环节征收的一种间接税。其特点有以下 5 个方面。

(1) 征收范围具有选择性。一般是选择部分消费品和消费行为征收。

(2) 征收环节具有单一性。通常是在消费品生产、流通或消费的某一环节一次征收。

(3) 征收方法具有灵活性。既可以采取对消费品的数量实行从量定额的征收方法，也可以实行从价定率的征收方法，还可以采取从量与从价相结合的复合征收方法。

(4) 税率税额具有差别性。即采取差别税率，可以根据消费品的价格水平，国家的产业政策和消费政策等情况，对不同消费品制定不同的税率、税额。

(5) 税负具有转嫁性。由于消费税是流转税的一种，是对商品流转额的一种征收，属于间接税，税款的缴纳者并不是税款的负担者，最终都由消费者来承担，税负具有转嫁性。另外，由于采取价内税的形式，消费者承担税款而毫不知情，税收负担具有隐蔽性。从这一点来说，价内税的形式不利于消费税调节目的的实现。

3.2　我国消费税的具体征收制度

消费税法是指国家制定的用以调整消费税征收与缴纳之间权利与义务关系的法律规范。现行消费税的基本规范是 1993 年 12 月 13 日国务院令第 135 号发布、并于 2008 年 11 月 5 日国务院第 34 次常务会议修订通过的《中华人民共和国消费税暂行条例》(以下简称《消费税暂行条例》)。2008 年 12 月 15 日，财政部、国家税务总局发布《中华人民共和国消费税暂行条例实施细则》(以下简称《消费税暂行条例实施细则》)，与《消费税暂行条例》同时自 2009 年 1 月 1 日起施行。我国消费税属于中央税，由国家税务局负责征收管理。消费税的具体征收制度如下所述。

3.2.1　纳税人

在中华人民共和国境内生产、委托加工和进口应税消费品的单位和个人，以及国务院确定的销售本条例规定的消费品的其他单位和个人，为消费税的纳税义务人。单位是指企业、行政单位、事业单位、社会团体及其他单位。个人是指个体工商户及其他个人。在中华人民共和国境内生产是指生产、委托加工和进口属于应当征收消费税的消费品的起运地或所在地在境内。

3.2.2　征税范围、税目

按照《消费税暂行条例》规定，消费税的征收范围为：在中华人民共和国境内生产、委托加工和进口条例规定的消费品。列入消费税征税范围的消费品大体可以归为 4 类：一是过度消费会对人类健康、社会秩序、生态环境等方面造成危害的特殊消费品，如烟、酒、鞭炮、焰火、木制一次性筷子、实木地板等；二是奢侈品、非生活必需品，如贵重首饰及珠宝玉石、高档化妆品；三是高能耗及高档消费品，如小汽车、摩托车、游艇、高尔夫球及球具、高档手表；四是不可再生和替代的石油类消费品，如成品油。现行消费税税目共 15 个，具体如下所述。

1. 烟

凡是以烟叶为原料加工生产的产品，不论使用何种辅料，均属于本税目的征收范围，包括卷烟（进口卷烟、白包卷烟、手工卷烟和未经国务院批准纳入计划的企业及个人生产的卷烟）、雪茄烟和烟丝。

2. 酒

酒是酒精度在1°以上的各种酒类饮料。酒类包括粮食白酒、薯类白酒、黄酒、啤酒和其他酒。其他酒是指除白酒、黄酒、啤酒以外，酒度在1°以上的各种酒，包括糠麸白酒、其他原料白酒、土甜酒、复制酒、果木酒、汽酒、药酒等。调味料酒不征收消费税。

对饮食业、商业、娱乐业举办的啤酒屋（啤酒坊）利用啤酒生产设备生产的啤酒，征收消费税。

3. 高档化妆品

本税目征收范围包括高档美容、修饰类化妆品、高档护肤类化妆品和成套化妆品。高档美容、修饰类化妆品和高档护肤类化妆品是指生产（进口）环节销售（完税）价格（不含增值税）在10元/mL（g）或15元/片（张）及以上的美容、修饰类化妆品和护肤类化妆品。美容、修饰类化妆品是指香水、香水精、香粉、口红、指甲油、胭脂、眉笔、唇笔、蓝眼油、眼睫毛以及成套化妆品。

4. 贵重首饰及珠宝玉石

包括以金、银、铂金、宝石、珍珠、钻石、翡翠、珊瑚、玛瑙等高贵稀有物质以及其他金属、人造宝石等制作的各种纯金银首饰及镶嵌首饰和经采掘、打磨、加工的各种珠宝玉石，对出国人员免税商店销售的金银首饰征收消费税。

5. 鞭炮、焰火

包括各种鞭炮、焰火。体育上用的发令纸、鞭炮药引线，不按本税目征收。

6. 成品油

本税目包括汽油、柴油、石脑油、溶剂油、航空煤油、润滑油、燃料油7个子目。

专题 3-2

成品油税目或将新增3税目，这将苦了谁?

成品油消费税是对成品油征收的消费税，包括汽油、柴油、石脑油、溶剂油、航空煤油、润滑油和燃料油7个子目。

2018年以后，关于向成品油征收消费税的风声又起。市场上盛传中国考虑向更多成品油征收消费税，主要来自进口的混合芳烃、轻循环油和稀释沥青成为重点纳入对象。

2018年原油非国有贸易进口配额同比增加63%，首批成品油一般贸易出口配额已达2017全年水平。随着原油进口、成品油出口放开，成品油消费税市场规范化是必然趋势。

2014年年底到2015年年初，财政部曾连续三次大幅上调成品油的消费税税额，累计上调比例超过50%。混合芳烃及轻循环油参与调和市场出现巨大的套利空间，一些调油贸易商以“动力煤油”“沥青稀浆”或“轻循环油”的名义进口成品油产品进行避税，部分大型调油贸易商将混合芳烃在汽油中的调入比例高达30%～40%。

早在2017年两会期间，人大代表在全国人大会议上提议，对所有液态石油产品征收消费税，以防止逃税行为。但这一提议最终不了了之；进入2018年，相关传闻再度升温。一旦成品油消费税征收的传闻成真，混合芳烃和轻循环油市场价格将出现大幅上涨，导致进口贸易在短时间内大量萎缩。尤其是轻循环油，由于其价格及产品优势，一度成为调柴原料界的翘楚。

成品油消费税改革，会给在成品油批发市场夹缝中生存的调油商以及地方炼厂带来冲击，增加其生产成本；部分规模小、设备落后、缺乏油源的小炼油厂甚至可能因此被淘汰。混合芳烃属于调汽原料，将执行1.52元/L（2 054元/t）的汽油消费税；轻循环油属于调柴原料，将执行1.2元/L（1 411元/t）的柴油消费税。计入增值税（13%）后，两者的税负成本分别高达近2 321元/t和1 594元/t。

7. 小汽车

小汽车是指由动力装置驱动，具有4个和4个以上车轮的非轨道无架线的、主要用于载送人员及其随身物品的车辆。本税目征收范围包括以下3个方面。

（1）小轿车。是指用于载送人员及其随身物品且座位布置在两轴之间的四轮汽车。小轿车的征收范围包括微型轿车、普通轿车（1 000 mL≤气缸容量<2 200 mL）、高级轿车（气缸容量≥2 200 mL）及赛车。

2）越野车。是指四轮驱动、具有高通过性的车辆。越野车的征收范围包括轻型越野车（气缸容量<2 400 mL）、高级越野车（气缸容量≥2 400 mL）及赛车。

3）小客车。又称旅行车，是指具有长方箱形车厢、车身长度小于或等于3.5 m的“微型客车”和大于3.5 m小于7 m的乘客座位（不含驾驶员座位）在22座以下的“中型客车”。小客车的征收范围包括微型客车（气缸容量<2 000 mL）、中型客车（气缸容量≥2 000 mL）。用上述应税车辆的底盘组装、改装、改制的各种货车、特种用车（如急救车、抢修车）等不属于本税目征收范围。

为了引导合理消费，促进节能减排，自2016年12月1日起，经国务院批准，对超豪华小汽车加征消费税。小汽车税目下增设“超豪华小汽车”子税目。征收范围为每辆零售价格130万元（不含增值税）及以上的乘用车和中轻型商用客车，即乘用车和中轻型商用客车子税目中的超豪华小汽车。对超豪华小汽车，在生产（进口）环节按现行税率征收消费税基础上，在零售环节加征消费税，税率为10%。将超豪华小汽车销售给消费者的单位和个人为超豪华小汽车零售环节纳税人。国内汽车生产企业直接销售给消费者的超豪华小汽车，消费税税率按照生产环节税率和零售环节税率加总计算。

消费税应纳税额计算公式：

应纳税额＝销售额×(生产环节税率＋零售环节税率)

8. 摩托车

包括轻便摩托车和摩托车两种。对最大设计车速不超过50 km/h，发动机气缸总工作容量不超过50 mL的三轮摩托车不征收消费税。气缸容量250 mL以下（不含）的小排量摩托车，不征消费税。

9. 高尔夫球及球具

高尔夫球及球具是指从事高尔夫球运动所需的各种专用装备，包括高尔夫球、高尔夫球杆及高尔夫球包（袋）等。高尔夫球杆的杆头、杆身和握把也属于本税目征税范围。

10. 高档手表

高档手表是指销售价格（不含增值税）每只在10 000元（含）以上的各类手表。本税目征税范围包括符合以上标准的各类手表。

11. 游艇

游艇是指长度大于 8 m 小于 90 m，船体由玻璃钢、钢、铝合金、塑料等多种材料制作，可以在水上移动的水上浮载体。按照动力划分，游艇分为无动力艇、帆艇和机动艇。本税目征税范围包括艇身长度大于 8 m（含）小于 90 m（含），内置发动机，可以在水上移动，一般为私人或团体购置，主要用于水上运动和休闲娱乐等非营利活动的各类机动艇。

12. 木制一次性筷子

木制一次性筷子，又称卫生筷子，是指以木材为原料经过锯段、浸泡、旋切、刨切、烘干、筛选、打磨、倒角、包装等环节加工而成的各类一次性使用的筷子。本税目征收范围包括各种规格的木制一次性筷子。未经打磨、倒角的木制一次性筷子属于本税目征税范围。

13. 实木地板

实木地板是指以木材为原料，经锯割、干燥、刨光、截断、开榫、涂漆等工序加工而成的块状或条状的地面装饰材料。本税目征收范围包括各类规格的实木地板、实木指接地板、实木复合地板及用于装饰墙壁、天棚的侧端面为榫、槽的实木装饰板。未经涂饰的素板属于本税目征税范围。

14. 电池

电池是将化学能、光能等直接转换为电能的装置。征税范围包括原电池、蓄电池、燃料电池、太阳能电池和其他电池。自 2015 年 2 月 1 日起，对电池（铅蓄电池除外）征收消费税；对无汞原电池、金属氢化物镍蓄电池、锂原电池、锂离子蓄电池、太阳能电池、燃料电池和全钒液流电池免征消费税。自 2016 年 1 月 1 日起，对铅蓄电池按 4%税率征收消费税。

15. 涂料

涂料是指涂于物体表面能形成具有保护、装饰或特殊性能的固态涂膜的液体或固定材料总称。自 2015 年 2 月 1 日起，对施工状态下挥发性有机物含量低于 420 g/L（含）的涂料免征消费税。

3.2.3 税率结构

（1）定额税率。黄酒、啤酒、成品油采用定额税率。

（2）比例税率。除以上税目的其他税目的应税消费品采用比例税率。

（3）复合税率。卷烟和白酒采用复合税率。自 2001 年 5 月 1 日起，白酒消费税税率调整为定额税率和比例税率；自 2001 年 6 月 1 日起，卷烟消费税税率调整为定额税率和比例税率。截至 2018 年 1 月 1 日，消费税税目、税率见表 3-2。

表 3-2 消费税税目税率表

税目	子目		税率
1. 烟	1）卷烟	（1）甲类卷烟：每标准条（200 支）调拨价 70 元以上的（含 70 元，不含增值税）	56%加 0.003 元/支（生产环节）（说明：0.6 元/标准条或 150 元/标准箱）
		（2）乙类卷烟：每标准条（200 支）调拨价 70 元以下的（不含增值税）	36%加 0.003 元/支（生产环节）
		（3）批发环节	11%加 0.005 元/支（批发环节加征）
	2）雪茄烟		36%
	3）烟丝		30%

续表

税　目	子　目		税　率
2. 酒	1）啤酒	（1）甲类啤酒：每吨出厂价格（含包装物及包装物押金，不含增值税）3 000 元（含）以上的	250 元/t
		（2）乙类啤酒：每吨出厂价格（含包装物及包装物押金，不含增值税）3 000 元以下的	220 元/t
		（3）娱乐业和饮食业自制的	250 元/t
	2）白酒		比率税率：20%； 定额税率：0.5 元/500 g 或 0.5 元/500 mL
	3）黄酒		240 元/t
	4）其他酒		10%
3. 高档化妆品	—		15%
4. 贵重首饰及珠宝玉石	1）除镀金（银）、包金（银）首饰以及镀金（银）、包金（银）的镶嵌首饰以外的金银首饰；铂金首饰；钻石及钻石饰品		5%，零售环节征收
	2）其他金银珠宝首饰；珠宝玉石		10%，生产环节征收
5. 鞭炮、焰火	—		15%
6. 成品油	1）汽油	（1）含铅汽油	1.52 元/L
		（2）无铅汽油	1.52 元/L
	2）柴油		1.20 元/L
	3）航空煤油		1.20 元/L
	4）石脑油		1.52 元/L
	5）溶剂油		1.52 元/L
	6）润滑油		1.52 元/L
	7）燃料油		1.20 元/L
7. 小汽车	1）乘用车		
	（1）汽缸容量（排气量）在 1.0 L（含）以下		1%
	（2）汽缸容量在 1.0 L 至 1.5 L（含）		3%
	（3）汽缸容量在 1.5 L 至 2.0 L（含）		5%
	（4）汽缸容量在 2.0 L 至 2.5 L（含）		9%
	（5）汽缸容量在 2.5 L 至 3.0 L（含）		12%
	（6）汽缸容量在 3.0 L 至 4.0 L（含）		25%
	（7）汽缸容量在 4.0 L 以上		40%
	2）中轻型商用客车		5%
	3）超豪华小汽车（130 万元以上的）		10%（零售环节加征）

续表

税目	子目	税率
8. 摩托车	1）汽缸容量 250 mL 以下（含）	3%
	2）汽缸容量 250 mL 以上	10%
9. 高尔夫球及球具	—	10%
10. 高档手表	—	20%
11. 游艇	—	10%
12. 木制一次性筷子	—	5%
13. 实木地板	—	5%
14. 电池	—	4%
15. 涂料	—	4%

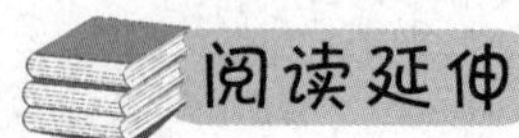

“专家提议：烟草税从每包 6 分提至 1 元”可通过加阅平台阅读。

3.2.4 纳税环节

我国消费税征收环节具有单一性，一般在应税消费品的生产、委托加工和进口环节缴纳。在以后的批发、零售环节中，由于价款中已包含消费税，不必再缴纳消费税。这和增值税在生产和销售过程中多环节课税有所不同，因此，如何确定其纳税环节就显得十分重要。从税收征管和源泉控税来考虑，我国把消费税的纳税环节定在生产和进口环节。

具体来说，生产销售的应税消费品为销售环节；自产自用的应税消费品为移送使用环节；委托加工的应税消费品为受托方交付消费品环节；进口应税消费品于报关进口环节。

从 1995 年 1 月 1 日起，金银首饰由生产销售环节征税改为零售环节征税；从 2002 年 1 月 1 日起，钻石及钻石饰品由生产、进口环节改为零售环节征税。2016 年起，超豪华小汽车加征零售环节消费税。

3.2.5 应纳税额的计算

1. 生产销售应税消费品应纳税额的计算

1）从价定率计税

从价定率计税是以应税消费品的销售额为计税依据，按规定的适用税率计算应纳税额。

（1）销售额是纳税人销售应税消费品向购买方收取的全部价款和价外费用，但不包括应向购货方收取的增值税税款。销售额的规定与增值税相同。

实行从价定率办法计算应纳税额的应税消费品连同包装物销售的，无论包装物是否单独计价，也不论在会计上如何核算，均应并入应税消费品的销售额中征收消费税。如果包装物不作价随同产品销售，而是收取押金（收取酒类产品的包装物押金除外），且单独核算又未过期的，此项押金则不应并入应税消费品的销售额中征税。但对因逾期未收回的包装物不再退还的和已收取 1 年以上的押金，应并入应税消费品的销售额，按照应税消费品的适用税率征收消费税。对既作价随同应税消费品销售，又另外收取的包装物押金，凡纳税人在规定的期限内不予退还的，均应并入应税消费品的销售额，按照应税消费品的适用税率征收消费税。

对酒类产品生产企业销售酒类产品（黄酒、啤酒除外）而收取的包装物押金，无论押金是否返还与会计上如何核算，均需并入酒类产品销售额中，依酒类产品的适用税率征收消费税。

(2) 计算。其计税公式为：

应纳税额＝销售额(不含增值税)×比例税率

(3) 含增值税销售额的换算。如果纳税人应税消费品的销售额中未扣除增值税税款或者因不得开具增值税专用发票而发生价款和增值税税款合并收取的，在计算消费税时，应当换算为不含增值税税款的销售额，并根据纳税人的具体情况分别使用增值税率或征收率(3%)。其换算公式为：

应税消费品的销售额＝含增值税的销售额/(1＋增值税税率或征收率)

2) 从量定额计税

从量定额计税是以应税消费品的销售数量为计税依据，按定额税率计算应纳税额。

(1) 销售数量是指应税消费品的数量。销售应税消费品的，为应税消费品的销售量；自产自用应税消费品的，为应税消费品的移送使用量；委托加工应税消费品的，为纳税人收回的应税销售量；进口的应税消费品，为海关核定的应税消费品进口征税量。

(2) 计算。其计税公式为：

应纳税额＝销售数量×定额税率

(3) 计量单位的换算标准。《消费税暂行条例》规定，黄酒、啤酒是以吨为税额单位；汽油、柴油是以升为税额单位的。但是，考虑到在实际销售过程中，一些纳税人会把吨或升这两个计量单位混用，规定了以下换算标准，见表3-3。

表3-3 吨与升的换算标准

啤酒	1 t=988 L	石脑油	1 t=1 385 L
汽油	1 t=1 388 L	润滑油	1 t=1 126 L
航空煤油	1 t=1 246 L	黄酒	1 t=962 L
柴油	1 t=1 176 L	溶剂油	1 t=1 282 L
燃料油	1 t=1 015 L		

3) 从价定率和从量定额复合计税

在消费税税目中，卷烟、粮食白酒、薯类白酒采用复合计税方法。计算公式为：

应纳税额＝应税销售数量×定额税额＋应税销售额×比例税率

4) 计税依据的特殊规定

卷烟从价定率计税办法的计税依据为调拨价格或核定价格。调拨价格是指卷烟生产企业通过卷烟交易市场与购货方签订的卷烟交易价格。计税调拨价格由国家税务总局按照中国烟草交易中心和各省烟草交易（订货）会2000年各牌号、规格卷烟的调拨价格确定。核定价格是指由税务机关按其零售价倒算一定比例的办法核定计税价格。核定价格的计算公式为：

某牌号规格卷烟核定价格＝该牌号规格卷烟市场零售价格/(1＋35%)

实际销售价格高于计税价格和核定价格的卷烟，按实际销售价格征收消费税；实际销售价格低于计税价格和核定价格的卷烟，按计税价格或核定价格征收消费税。

非标准条包装卷烟应当折算成标准条包装卷烟的数量，依其实际销售收入计算确定其折算成标准条包装后的实际销售价格，并确定适用的比例税率。

(1) 纳税人通过自设非独立核算门市部销售的自产应税消费品，应当按照门市部对外销售额或者销售数量征收消费税。

(2) 纳税人用于换取生产资料和消费资料，投资入股和抵偿债务等方面的应税消费品，应当以纳税人同类应税消费品的最高销售价格作为计税依据计算消费税。

5) 税额减征的规定

为保护生态环境，促进替代污染排放汽车的生产和消费，推进汽车工业技术进步，对生产销售达到低污染排放值的小轿车、越野车和小客车减征30%的消费税。

其计算公式为：

减征税额＝按法定税率计算的消费税税额×30%

应征税额＝按法定税率计算的消费税税额－减征税额

2. 外购应税消费品已纳税款的扣除

由于某些应税消费品是用外购已缴纳消费税的应税消费品连续生产出来的，在对这些连续生产出来的应税消费品计算征税时，税法规定应按当期生产领用数量计算准予扣除外购的应税消费品已纳的消费税税款。按照国家税务总局的规定，下列连续生产的应税消费品准予从应纳消费税税额中按当期生产领用数量计算扣除外购应税消费品已纳消费税税款：①外购已税烟丝生产的卷烟；②外购已税化妆品生产的化妆品；③外购已税珠宝玉石生产的贵重首饰及珠宝玉石；④外购已税鞭炮、焰火生产的鞭炮、焰火；⑤外购已税摩托车生产的摩托车；⑥外购已税杆头、杆身和握把生产的高尔夫球杆；⑦外购已税木制一次性筷子生产的木制一次性筷子；⑧外购已税实木地板生产的实木地板；⑨外购已税汽油、柴油、石脑油、燃料油、润滑油生产的应税成品油。

当期准予扣除的外购应税消费品已纳消费税税款的计算公式为：

当期准予扣除的外购应税消费品已纳税款＝当期准予扣除的外购应税消费品的买价×外购应税消费品适用税率

当期准予扣除的外购应税消费品的买价＝期初库存的外购应税消费品买价＋当期购进的应税消费品的买价－期末库存的外购应税消费品的买价

3. 自产自用应税消费品应纳税额的计算

自产自用是指纳税人生产应税消费品后，不是用于直接对外销售，而是用于自己连续生产应税消费品或其他方面，如企业把自己生产的应税消费品以福利形式发给本厂职工等。

1) 用于连续生产应税消费品——不纳税

用于连续生产应税消费品是指作为生产最终应税消费品的直接材料、并构成最终产品实体的应税消费品。例如，卷烟厂生产出烟丝，烟丝已是应税消费品，卷烟厂再用生产出的烟丝连续生产卷烟，用于连续生产卷烟的烟丝就不缴纳消费税，只对生产的卷烟征收消费税。如果生产出的烟丝是直接销售，则烟丝要缴纳消费税。

2) 用于其他方面——于移送使用时纳税

用于其他方面是指纳税人用于生产非应税消费品和在建工程、管理部门、非生产机构提供劳务，以及用于馈赠、赞助、集资、广告、样品、职工福利、奖励等方面的应税消费品。企业自产的应税消费品虽然没有用于销售或连续生产应税消费品，但只要是用于税法所规定的范围的都要作视同销售处理，依法缴纳消费税。

3）组成计税价格的确定与计算

纳税人自产自用的应税消费品，凡用于其他方面应当纳税的，按照纳税人生产的同类消费品的销售价格计算纳税。同类消费品的销售价格是指纳税人当月销售的同类消费品的销售价格，如果当月同类消费品各期销售价格高低不同，应按销售数量加权平均计算。但销售的应税消费品有下列情况之一的，不得列入加权平均计算：①销售价格明显偏低又无正当理由的；②无销售价格的，如果当月无销售或未完结，应按照同类消费品上月或最近月份的销售价格计算纳税。没有同类消费品销售价格的，按照组成计税价格计算纳税。

实行从价定率办法计税的，其计算公式为：

组成计税价格＝(成本＋利润)/(1－比例税率)

实行复合计税办法计税的，其计算公式为：

组成计税价格＝(成本＋利润＋自产自用数量×定额税率)/(1－比例税率)

应纳税额＝组成计税价格×比例税率＋自产自用数量×定额税率

公式中的“成本”是指应税消费品的生产成本，“利润”是指根据应税消费品的全国平均成本利润率计算的利润。应税消费品全国平均成本利润率由国家税务总局确定。

4. 委托加工的应税消费品应纳税额的计算

1）委托加工的应税消费品

委托加工是指由委托方提供原料或主要材料，受托方只收取加工费和代垫部分辅助材料加工。企业、单位或个人由于设备、技术、人力等方面的局限，常常要委托其他单位代为加工应税消费品，然后将加工好的应税消费品收回，或直接销售或自己使用。

委托加工的应税消费品是指由委托方提供原料和主要材料，受托方只收取加工费和代垫部分辅助材料加工的应税消费品。对于由受托方提供原材料生产的应税消费品，或者受托方先将原材料卖给委托方，然后再接受加工的应税消费品，以及由受托方以委托方名义购进原材料生产的应税消费品，不论纳税人在财务上是否作销售处理，都不得作为委托加工应税消费品，而应当按照销售自制应税消费品缴纳消费税。

2）受托方代收代缴消费税的义务

对于委托加工行为，税法规定，除受托方为个人外，由受托方在向委托方交货时代收代缴消费税，受托方就是法定的代收代缴消费税义务人。委托加工行为的受托方必须严格履行代收代缴消费税的义务，正确计算和按时代缴税款。如果受托方对委托加工的应税消费品未代收代缴或少代收代缴消费税，要按照《税收征收管理法》的规定，处以应代收代缴税款50%以上3倍以下的罚款。此时的委托方要补缴税款，其计税依据的确定要分情况分别处理：如果收回的应税消费品已经直接销售的，按销售额计税；如果收回的应税消费品尚未销售或不能直接销售的（如收回后用于连续生产等），按组成计税价格计税。

若受托方为个人，一律于委托方收回后，在委托方所在地缴纳消费税。

3）委托加工应税消费品收回后的税务处理

由于委托加工的应税消费品在受托方交货时已代收代缴消费税，所以委托方收回后，如果直接出售的，不再征收消费税；如果用于继续生产应税消费品的，在应税消费品销售时纳税，并且准予按公式计算已纳消费税款的扣除。

(1) 按组成计税价格征税。委托加工的应税消费品，按照受托方的同类消费品的销售价格计算纳税。同类消费品的销售价格是指受托方当月销售的同类消费品的销售价格。如果当月同类消费品各期销售价格高低不同，应按销售数量加权平均计算。但销售的应税消费品有下列情况之一的，不得列入加权平均计算：①销售价格明显偏低又无正当理由的；②无销售价格的。如果当月无销售或者当月未完结，应按照同类消费品上月或最近月份的销售价格计算纳税。没有同类消费品销售价格的按照组成计税价格计算纳税。

实行从价定率办法计税的，其计算公式为：

组成计税价格＝(材料成本＋加工费)/(1－比例税率)

实行复合计税办法计税的，其计算公式为：

组成计税价格＝(材料成本＋加工费＋委托加工数量×定额税率)/(1－比例税率)

公式中“材料成本”是指委托方所提供加工材料的实际成本。委托加工应税消费品的纳税人，必须在委托加工合同上如实注明（或以其他方式提供）材料成本，凡未提供材料成本的，受托方所在地主管税务机关有权核定其材料成本。“加工费”是指受托方加工应税消费品向委托方所收取的全部费用（包括代垫辅助材料的实际成本，不包括增值税税金）。这是税法对受托方的要求。受托方必须如实提供向委托方收取的全部费用，这样才能既保证组成计税价格及代收代缴消费税准确地计算出来，也使受托方按加工费正确计算其应纳的增值税。

(2) 委托加工收回的应税消费品已纳税款的扣除。委托加工的应税消费品因为已由受托方代收代缴消费税，委托方收回货物后用于连续生产应税消费品的，其已纳税款准予按照规定从连续生产的应税消费品应纳消费税税额中抵扣。1995 年 6 月 1 日起，下列连续生产的应税消费品准予从应纳消费税税额中按当期生产领用数量计算扣除委托加工收回的应税消费品已纳消费税款：①以委托加工收回的已税烟丝为原料生产的卷烟；②以委托加工收回的已税化妆品为原料生产的化妆品；③以委托加工收回的已税珠宝玉石生产的贵重首饰及珠宝玉石；④以委托加工收回已税鞭炮、焰火为原料生产的鞭炮、焰火；⑤以委托加工收回的已税摩托车生产的摩托车；⑥以委托加工收回的已税杆头、杆身和握把为原料生产的高尔夫球杆；⑦以委托加工收回的已税木制一次性筷子为原料生产的木制一次性筷子；⑧以委托加工收回的已税实木地板为原料生产的实木地板；⑨以委托加工收回的已税汽油、柴油、石脑油、燃料油、润滑油用于连续生产应税成品油。

计算公式为：

当期准予扣除的委托加工的应税消费品已纳税款＝期初库存的委托加工应税消费品已纳税款＋当期收回的委托加工应税消费品已纳税款－期末库存的委托加工应税消费品已纳税款

需要说明的是，纳税人用委托加工收回的已税珠宝玉石生产的改在零售环节征收消费税的金银首饰，在计税时一律不得扣除委托加工收回的珠宝玉石的已纳消费税税款。

5. 进口应纳税额计算

进口的应税消费品于报关进口时缴纳消费税；进口的应税消费品的消费税由海关代征；进口的应税消费品，由进口人或者其代理人向报关地海关申报纳税；纳税人进口应税消费品，按照关税征收管理的相关规定，应当自海关填发税款缴款书之日起 15 日内缴纳消费税税款。进口应税消费品消费税的税目、税率（税额），依照《消费税暂行条例》所附的《消费税税目税率表》执行。纳税人进口应税消费品，按照组成计税价格和规定的税率计算应纳税额。

(1) 实行从价定率办法应纳税额的计算：

组成计税价格＝(关税完税价格＋关税)/(1－消费税比例税率)

应纳税额＝组成计税价格×消费税税率

公式中所称“关税完税价格”，是指海关核定的关税计税价格。

（2）实行从量定额办法应纳税额的计算：

应纳税额＝应税消费品数量×消费税单位税额

（3）实行复合计税办法应纳税额的计算：

组成计税价格＝（关税完税价格＋关税＋进口数量×消费税定额税率）/（1－消费税比例税率）

应纳税额＝组成计税价格×消费税税率＋应税消费品进口数量×消费税单位税额

进口环节消费税除国务院另有规定者外，一律不得给予减税、免税。

6. 出口退（免）税规定

纳税人出口应税消费品与已纳增值税出口货物一样，国家都是给予退（免）税优惠的。出口应税消费品同时涉及退（免）增值税和消费税，且退（免）消费税与出口货物退（免）增值税在退（免）税范围的限定、退（免）税办理程序、退（免）税审核及管理上都有许多一致的地方，这里仅就出口应税消费品退（免）消费税不同于出口货物退（免）增值税的某些特殊规定作介绍。

1）出口退税率

计算出口应税消费品应退消费税的税率或单位税额，依据《消费税暂行条例》所附《消费税税目税率表》执行。这是退（免）消费税与退（免）增值税的一个重要区别。当出口的货物是应税消费品时，其退还增值税要按规定的退税率计算；其退还消费税则按该应税消费品所适用的消费税税率计算。企业应将不同消费税税率的出口应税消费品分开核算和申报，凡划分不清适用税率的，一律从低适用税率计算应退消费税税额。

2）出口应税消费品退（免）税政策

（1）出口免税并退税。适用于有出口经营权的外贸企业购进应税消费品直接出口，以及外贸企业受其他外贸企业委托代理出口应税消费品。这里需要重申的是，外贸企业只有受其他外贸企业委托，代理出口应税消费品才可办理退税，外贸企业受其他企业（主要是非生产性的商贸企业）委托，代理出口应税消费品是不予退（免）税的。

（2）出口免税但不退税。适用于有出口经营权的生产性企业自营出口或生产企业委托外贸企业代理出口自产的应税消费品，依据其实际出口数量免征消费税，不予办理退还消费税。免征消费税是指对生产性企业按其实际出口数量免征生产环节的消费税。不予办理退还消费税是指因已免征生产环节的消费税，该应税消费品出口时，已不含有消费税，无须退税。

（3）出口不免税也不退税。适用于除生产企业、外贸企业外的其他企业，具体是指一般商贸企业，这类企业委托外贸企业代理出口应税消费品一律不予退（免）税。

3）出口应税消费品退税额的计算

外贸企业从生产企业购进货物直接出口或受其他外贸企业委托代理出口应税消费品的应退消费税税款，分两种情况处理。

（1）属于从价定率计征消费税的应税消费品，应依照外贸企业从工厂购进货物时征收消费税的价格计算应退消费税税款，“出口货物的工厂销售额”不包含增值税。对含增值税的价格应换算为不含增值税的销售额。其计算公式为：

应退消费税税款＝出口货物的工厂销售额×税率

（2）属于从量定额计征消费税的应税消费品，应依货物购进和报关出口的数量计算应退消费税税款。其计算公式为：

应退消费税税款＝出口数量×单位税额

4）出口应税消费品办理退（免）税后的管理

出口的应税消费品办理退税后，发生退关或国外退货，进口时予以免税的，报关出口者必须及时向其所在地主管税务机关申报补缴已退的消费税税款。纳税人直接出口的应税消费品办理免税后发生退关或国外退货，进口时已予以免税的，经所在地主管税务机关批准，可暂不办理补税，待其转为国内销售时，再向其主管税务机关申报补缴消费税。

7. 兼营不同税率应税消费品的处理

纳税人生产销售应税消费品，如果不是单一经营某一税率的产品，而是经营多种不同税率的产品，属于兼营行为。纳税人兼营不同税率的应税消费品，是指纳税人生产销售两种税率以上的应税消费品。纳税人兼营不同税率的应税消费品，应当分别核算不同税率应税消费品的销售额、销售数量。未分别核算销售额、销售数量，或者将不同税率的应税消费品组成成套消费品销售的，从高适用税率。

3.2.6 消费税的征收管理

1. 纳税义务发生时间

纳税人生产的应税消费品于销售时纳税，进口消费品应当于应税消费品报关进口环节纳税，但金银首饰、钻石及钻石饰品在零售环节纳税。消费税纳税义务发生的时间，以货款结算方式或行为发生时间分别确定。

（1）纳税人销售的应税消费品，其纳税义务的发生时间为：纳税人采取赊销和分期收款结算方式的，为书面合同约定的收款日期的当天，书面合同没有约定收款日期或者无书面合同的，为发出应税消费品的当天；纳税人采取预收货款结算方式的，为发出应税消费品的当天；纳税人采取托收承付和委托银行收款方式销售的应税消费品，为发出应税消费品并办妥托收手续的当天；纳税人采取其他结算方式的，为收讫销售款或者取得索取销售款的凭据的当天。

（2）纳税人自产自用的应税消费品，为移送使用的当天。

（3）纳税人委托加工的应税消费品，为纳税人提货的当天。

（4）纳税人进口的应税消费品，为报关进口的当天。

2. 纳税期限

按照《消费税暂行条例》规定，消费税的纳税期限分别为 1 日、3 日、5 日、10 日、15 日、1 个月或者 1 个季度。纳税人的具体纳税期限，由主管税务机关根据纳税人应纳税额的大小分别核定；不能按照固定期限纳税的，可以按次纳税。纳税人以 1 个月或者 1 个季度为 1 个纳税期的，自期满之日起 15 日内申报纳税；以 1 日、3 日、5 日、10 日或者 15 日为 1 个纳税期的，自期满之日起 5 日内预缴税款，于次月 1 日起 15 日内申报纳税并结清上月应纳税款。

纳税人进口应税消费品，应当自海关填发海关进口消费税专用缴款书之日起 15 日内缴纳税款。如纳税人不能按照规定的纳税期限依法纳税，将按《税收征收管理法》的有关规定处理。

3. 纳税地点

（1）纳税人销售的应税消费品，以及自产自用的应税消费品，除国家另有规定外，应当向纳税人机构所在地或者居住地主管税务机关申报纳税。

（2）委托加工的应税消费品，除受托方为个人外，由受托方向机构所在地或者居住地主管税务机关解缴消费税税款。

（3）进口的应税消费品，由进口人或者其代理人向报关地海关申报纳税。

（4）纳税人到外县（市）销售或委托外县（市）代销自产应税消费品的，于应税消费品销售后，向机构所在地或者居住地主管税务机关申报纳税。

（5）纳税人的总机构与分支机构不在同一县（市）的，应当分别向各自机构所在地的主管税务机关申报纳税；经财政部、国家税务总局或者其授权的财政、税务机关批准，可以由总机构汇总向总机构所在地的主管税务机关申报纳税。

（6）纳税人销售的应税消费品，如因质量等原因由购买者退回时，经机构所在地或者居住地主管税务机关审核批准后，可退还已缴纳的消费税税款，但不能自行直接抵减应纳税款。

3.2.7　消费税的会计核算

1. 科目设置

消费税的会计核算通过“应交税费”科目来核算。企业按规定应交的消费税，在“应交税费”科目下设置“应交消费税”明细科目核算。“应交消费税”明细科目的借方发生额，反映实际交纳的消费税和代扣的消费税；贷方发生额反映按规定应交纳的消费税；期末贷方余额，反映尚未缴纳的消费税；期末借方余额，反映多交或代扣的消费税。

消费税的会计核算通过“税金及附加”科目来核算。为适应全面实行“营改增”，2016年12月将原来的“营业税金及附加”科目修改为“税金及附加”科目，企业利润表中的相应科目也调整为“税金及附加”。该科目为成本类科目，借方用以反映企业计提的当期的税收成本，贷方反映企业结转的当期可以计入本期利润表核算的税收成本，期末余额为零。

“税金及附加”科目，用以核算消费税、城市维护建设税、资源税、教育费附加及房产税、土地使用税、车船税、印花税等，以及2018年1月1日开征的环境保护税；将以前计入“管理费用”的小税种全部计入“税金及附加”中核算。

2. 会计处理

1）应税消费品销售的会计处理

（1）企业将生产的消费品直接对外销售的，对外销售产品应交纳的消费税，通过“税金及附加”科目核算。企业按规定计算出应交的消费税，借记“税金及附加”科目，贷记“应交税费——应交消费税”科目。会计分录如下：

借：税金及附加

　　贷：应交税费——应交消费税

（2）企业用应税消费品对外投资，或用于在建工程、非生产机构等其他方面，按规定应缴纳的消费税，应计入有关的成本。例如，企业以应税消费品对外投资，应交的消费税计入投资的初始投资成本；企业以应税消费品用于在建工程，应交的消费税计入在建工程成本。

2）委托加工应税消费品的会计处理

需要缴纳消费税的委托加工应税消费品，于委托方提货时，由受托方代扣代缴税款。受托方按应扣税款金额，借记“应收账款”“银行存款”等科目，贷记“应交税费——应交消费税”科目。委托加工应税消费品收回后，直接用于销售的，委托方应将代扣代缴的消费税计入委托加工的应税消费品成本，借记“委托加工物资”“生产成本”等科目，贷记“应付账款”“银行存款”等科目，待委托加工应税消费品销售时，不需要再缴纳消费税。

委托加工的应税消费品收回后用于连续生产应税消费品，按规定准予抵扣的，委托方应按代扣代缴的消费税款，借记“应交税费——应交消费税”科目，贷记“应付账款”“银行存款”等科目，待用委托加工的应税消费品生产出应纳消费税的产品销售时，再缴纳消费税。

受托加工或翻新改制金银首饰按规定由受托方缴纳消费税。企业应于向委托方交货时，按规定交纳消费税，借记“税金及附加”科目，贷记“应交税费——应交消费税”科目。

3）进出口产品的会计处理

需要缴纳消费税的进口消费品，其缴纳的消费税应计入该进口消费品的成本，借记“固定资产”“物资采购”等科目，贷记“银行存款”等科目。

免征消费税的出口应税消费品应分不同情况进行账务处理：属于生产企业直接出口应税消费品或通过外贸企业出口应税消费品，按规定直接予以免税的，可以不计算应交消费税；属于委托外贸企业代理出口应税消费品的生产企业，应在计算消费税时，按应交消费税额，借记“应收账款”科目，贷记“应交税费——应交消费税”科目。应税消费品出口收购外贸企业退回的税金时，借记“银行存款”科目，贷记“应收账款”科目。发生退关、退货而补交已退的消费税，做相反的会计分录。

3. 消费税会计核算案例

1）汽车制造厂消费税核算案例

（1）企业向外销售汽车 4 辆，出厂价不含税每辆 150 000 元，价外收取有关含税手续费 10 000 元，增值税税额为每辆 20 650 元，消费税税率为 8%。

应纳消费税额＝[150 000＋10 000/(1＋13%)]×8%×4＝50 832(元)

借：银行存款　718 000
　贷：主营业务收入　635 400
　　应交税费——应交增值税（销项税额）　82 600
借：税金及附加　50 832
　贷：应交税费——应交消费税　50 832

（2）企业以小汽车 10 辆向某汽车出租公司进行投资。按双方协议每辆汽车价款为 160 000元，每辆应缴纳消费税为 12 800 元，应缴纳增值税 20 800 元。每辆生产成本为 80 000元。

借：长期投资　1 936 000
　贷：产成品　800 000
　　资本公积　800 000
　　应交税费——应交消费税　128 000
　　　　——应交增值税（销项税额）　208 000

（3）企业用自产小汽车 4 辆换取 640 000 元的原材料一批。

应纳消费税＝160 000×4×8%＝51 200(元)

借：物资采购　640 000
　应交税费——应交增值税（进项税额）　83 200
　贷：主营业务收入　640 000
　　应交税费——应交增值税（销项税额）　83 200

借：税金及附加　51 200

　　贷：应交税费——应交消费税　51 200

(4) 企业将自产小汽车一辆，转作企业自用固定资产。该汽车企业向外销售的价格为160 000元，生产成本为80 000元，消费税为12 800元。

借：固定资产　120 000

　　贷：应交税费——应交消费税　12 800

　　　　　　　　——应交增值税（销项税额）　27 200

　　产成品　80 000

2) 卷烟厂消费税核算案例

(1) 某企业销售用外购烟叶生产的乙类卷烟一批，价款为10万元，增值税税款为13 000元，消费税率为40%，货款已收。假设忽略卷烟的定额税，仅考虑比例税。

借：银行存款　113 000

　　贷：主营业务收入　100 000

　　　　应交税费——应交增值税（销项税额）　13 000

借：税金及附加　40 000

　　贷：应交税费——应交消费税　40 000

(2) 企业对外销售用外购烟丝生产的卷烟一批，共获得价款为200 000元，增值税税额为26 000元，消费税税率为45%，款项未收。（烟丝采购成本为70 000元）

应纳消费税额＝(200 000－70 000)×45%＝58 500(元)

借：应收账款　226 000

　　贷：主营业务收入　200 000

　　　　应交税费——应交增值税（销项税额）　226 000

借：税金及附加　58 500

　　贷：应交税费——应交消费税　58 500

(3) 企业收回委托某单位加工的特制烟丝一批，合同上注明材料成本40 000元，支付加工费25 000元，代扣代缴消费税税率30%，加工费和消费税、增值税已付。

组成计税价格＝(40 000＋25 000)/(1－30%)＝92 857(元)

应纳消费税额＝92 857×30%＝27 857(元)

借：委托加工材料　25 000

　　应交税费——应交增值税（进项税额）　3 250

　　　　　　——应交消费税　27 857

　　贷：银行存款　56 107

3.3　消费税适用案例

3.3.1　消费税纳税环节举例

【案例3-1】 某卷烟专卖店，2018年10月从卷烟厂购进卷烟200件，共计20万元。

该店当月销售出其中的100件，取得含税收入15万元。月度终了，该店申报纳税时，只申报缴纳了增值税，没有申报缴纳消费税。那么纳税人的做法是否正确？

分析　纳税人不申报缴纳消费税是正确的。因为《中华人民共和国消费税暂行条例》规定：凡在我国境内生产、委托加工、进口应税消费品的单位和个人是消费税的纳税义务人。卷烟专卖店从事的是卷烟批发、零售业务，因此不缴纳消费税。消费税实行的是一次课征制，只能在消费品生产环节或商业批发、零售环节选择某一个环节征税，而不是在消费品生产、流通和消费的所有环节征收消费税。我国现行的消费税选择在生产环节征税，以后环节不再征税。进口消费品在进口环节征税。后经国务院批准，自1995年1月1日起，金银首饰消费税由生产销售环节征税改为零售环节征税。当然，不论在哪个环节征税，税款最终都落在了消费者身上。

3.3.2　生产销售应税消费品应纳税额的计算

【案例3-2】　某化妆品生产企业为增值税一般纳税人，2019年6月1日向某大型商场销售化妆品一批，开具增值税专用发票，取得不含增值税销售额30万元，增值税额3.9万元；6月5日向某单位销售化妆品一批，开具普通发票，取得含增值税销售额4.52万元，化妆品适用消费税税率15%。

解析　该化妆品生产企业2018年2月份应缴纳的消费税额为：

（1）化妆品的应税销售额＝30＋4.52/(1＋13%)＝34(万元)

（2）应缴纳的消费税额＝34×15%＝5.1(万元)

【案例3-3】　某卷烟厂为增值税一般纳税人，2019年6月份有关生产经营情况如下。

（1）从某烟丝厂购进已税烟丝开具的增值税专用发票注明货款400万元、增值税52万元，烟丝已经验收入库。

（2）向农业生产者收购烟叶30 t，收购凭证上注明支付收购货款42万元，烟叶验收入库后，又将其运往烟丝厂加工成烟丝，取得烟丝厂开具的增值税专用发票，注明支付加工费8万元、增值税1.04万元，卷烟厂收回烟丝时烟丝厂未代收代缴消费税，尚未销售。

（3）卷烟厂生产领用外购已税烟丝150 t，每吨买价2万元；生产卷烟20 000标准箱(每条调拨价格在70元以上)，当月销售给卷烟专卖商18 000箱，取得不含税销售额36 000万元。(烟丝消费税税率30%，卷烟比例税率56%，定额税率0.003元/支，即150元/标准箱)。

要求：计算2019年6月份应纳增值税与消费税。

解析

（1）增值税：

① 外购、加工烟丝进项税额＝52＋1.04＝53.04(万元)

② 外购烟叶进项税额＝42×(1＋10%)×(1＋20%)×9%＝4.99(万元)

③ 销售卷烟销项税额＝36 000×13%＝4 680(万元)

④ 应缴纳增值税＝4 680－4.99－53.04＝4 621.97(万元)

（2）消费税：

① 收回加工烟丝应纳消费税＝{[42×(1＋10%)×(1＋20%)×(1－9%)＋8]/(1－30%)}×30%＝25.05(万元)

② 销售卷烟消费税额＝36 000×56％＋18 000×150/10 000＝20 160＋270＝20 430(万元)

③ 生产领用外购已税烟丝应抵扣消费税＝150×2×30％＝90(万元)

④ 应缴纳消费税＝25.05＋20 430－90＝20 365.05(万元)

注释 增值税一般纳税人购进农业生产者销售的农业产品，从2019年4月1日起，准予按照买价和9％的扣除率计算进项税额，从当期销项税额中扣除。对烟叶税纳税人按规定缴纳的烟叶税，准予按照烟叶产品买价计算增值税的进项税额，并在计算交纳增值税时予以抵扣。

烟叶收购金额＝烟叶收购价款×(1＋10％)

烟叶税应纳税额＝烟叶收购价款×税率20％

准予抵扣的进项税额＝(烟叶收购价款＋烟叶税应纳税额)×扣除率

3.3.3 自产自用应税消费品应纳税额的计算

【案例3-4】 某化妆品公司将一批自产的高档化妆品用作职工福利，化妆品的成本8 000元，该化妆品无同类产品市场销售价格，但已知其成本利润率为5％，消费税税率为15％。要求：计算该批化妆品应缴纳的消费税税额。

解析

(1) 组成计税价格＝(成本＋利润)/(1－消费税税率)＝[8 000＋(8 000×5％)]/(1－15％)＝8 400/0.85＝9 882.35(元)

(2) 应纳消费税额＝9 882.35×15％＝1 482.35(元)

【案例3-5】 某酒业股份公司为增值税一般纳税人，主要生产瓶装粮食白酒、散装粮食白酒、薯类白酒。2019年6月份发生以下经济业务。

(1) 销售瓶装粮食白酒1 500箱，不含税价格500元/箱，另收取品牌使用费20 000元。

(2) 销售散装粮食白酒13 t，不含税单价每吨6 680元，收取包装物押金16 000元，双方协议15个月后退还押金。

(3) 销售自产薯类白酒16 t，含税单价每吨3 340元，货款存入银行。

(4) 用自产散装粮食白酒15 t，等价换取酿酒原材料含税价款117 234元，双方不再支付价款。

(5) 用本厂生产的瓶装白酒赠送客户85箱，奖励本厂职工25箱。(粮食白酒每箱为500 mL×12瓶)。

要求：计算每笔业务应纳消费税。

分析 2019年6月份消费税计算如下。

(1) 税法规定白酒生产企业向商业销售单位收取的“品牌使用费”属于应税白酒销售价款的组成部分，应并入白酒的销售额中缴纳消费税。

应纳消费税＝0.5×1 500×12×1＋[500×1 500＋20 000/(1＋13％)]×20％＝162 539.8(元)

(2) 从1995年6月起，对酒类产品生产企业销售酒类产品而收取的包装物押金，无论押金是否返换与会计上如何核算，均需并入酒类产品销售额中，征收消费税。

应纳消费税＝0.5×13×2 000＋[6 680×13＋16 000/(1＋13%)]×20%＝33 199.8(元)

(3) 应纳消费税＝0.5×16×2 000＋[3 340×16/(1＋13%)]×20%＝25 458(元)

(4) 等价交换，则换回的材料的价格就是销售价税合计金额。

应纳消费税＝0.5×15×2 000＋[117 234/(1＋13%)]×20%＝35 749(元)

(5) 纳税人自产自用的应税消费品，用于连续生产应税消费品的，不纳税；用于其他方面（生产非应税消费品和在建工程，管理部门，非生产机构，提供劳务，以及用于馈赠、赞助、集资、广告、样品、职工福利、奖励等方面）的，于移送使用时纳税。

应纳消费税＝0.5×12×(85＋25)×1＋500×(85＋25)×20%＝11 660(元)

3.3.4 委托加工应税消费品应纳税额的计算

【案例 3-6】 大地酿酒公司为增值税一般纳税人。2017 年 11 月，委托天意酿酒厂加工其他酒，原材料 260 万元，加工费为 140 万元。加工成 300 t 其他酒运回本公司以后，再由大地酿酒公司加工成 500 t 某品牌的粮食白酒全部对外销售，不含税价总额 1 000 万元。计算大地酿酒公司的消费税。

解析 大地公司 2017 年 11 月消费税计算如下。

① 天意酿造厂代收代缴消费税＝[(260＋140)/(1－10%)]×10%＝44.44(万元)

② 大地酿酒公司销售白酒应纳消费税＝1 000×20%＋0.5×500×2 000×0.000 1＝205(万元)

③ 由于委托加工收回的酒类制品用于连续生产的，酒类应税消费品不能够从应纳消费税税额中扣除委托加工收回的酒类制品已纳消费税税款，故大地酿酒公司共应缴纳的消费税＝44.44＋205＝249.44(万元)

3.3.5 委托加工收回的应税消费品已纳税款的扣除

【案例 3-7】 某化妆品公司为增值税一般纳税人，2018 年 10 月委托另一企业加工一批高档化妆品，收回后又以其为原料继续生产化妆品用以销售。受托方按同类化妆品 80 元/kg 的销售价格代收代缴消费税。本月公司收回加工好的化妆品 3 000 千克，当月销售连续生产的化妆品 800 箱，每箱销售价格 1 000 元。月底结算时，账面上月初库存的委托加工化妆品 2 000 kg，价款 160 000 元，月底库存委托加工化妆品 1 000 kg，价款 80 000 元。计算当月该公司销售化妆品应纳的消费税税额。(化妆品消费税税率为 15%，题中销售价格均为不含增值税价格。)

解析 该公司 2018 年 10 月份消费税计算如下。

① 当月销售连续生产的化妆品 800 箱，应纳消费税税额＝
1 000×800×15%＝120 000(元)

② 税法规定应按当期生产领用数量计算准予扣除委托加工收回的应税消费品已纳消费税，而当期生产领用数量＝期初库存的数量＋当期收回的数量－期末库存的数量，当期准予抵扣的委托加工护发品已纳税款＝2 000×80×15%＋3 000×80×15%－1 000×80×15%＝48 000(元)

③ 当月实际缴纳的消费税税额＝120 000－48 000＝72 000(元)

3.3.6 兼营不同税目应税消费品的处理

【案例3-8】 某酒厂既生产税率为20%的粮食白酒，又生产税率为10%的其他酒，如汽酒、药酒等。关于消费税的征收如何确定？

解析 对于这种情况，税法规定该厂应分别核算白酒与其他酒的销售额，然后按各自适用的税率计税，如不分别核算各自的销售额，其他酒也按白酒的税率计算纳税。如果该酒厂还生产白酒与其他小瓶装礼品套酒，就是税法所指的成套消费品，应按全部销售额就白酒的税率20%计算应纳消费税税额，而不能以其他酒10%的税率计算其中任何一部分的应纳税额了。对未分别核算的销售额按高税率计税，意在督促企业对不同税率应税消费品的销售额分别核算，准确计算纳税。

3.3.7 进口应税消费品的计算

【案例3-9】 某外贸公司2018年3月从国外进口一批应税消费品，已知该批应税消费品的关税完税价格为100万元，按规定应缴纳关税20万元，假定进口的应税消费品的消费税税率为20%。

解析 进口环节应缴纳的消费税为：

(1) 组成计税价格＝(100＋20)/(1－20%)＝150(万元)

(2) 应纳消费税税额＝150×20%＝30(万元)

3.3.8 出口应税消费品的计算

【案例3-10】 某外贸企业有出口经营权，2018年5月购进一批应税消费品直接出口，不含税价格600万元，消费税税率为30%。

解析 其出口环节应退还消费税＝600×30%＝180(万元)

3.3.9 消费税的征收管理

【案例3-11】 A市的某化妆品厂，2018年10月在本市销售价值100万元的高档化妆品，在B市销售了价值10万元的化妆品。月度终了，该厂申报计算的消费税为：

(100＋10)×15%＝16.5(万元)

解析 《消费税暂行条例》规定纳税人到外县（市）销售或委托外县市代销自产应税消费品的，于应税消费品销售后，向机构所在地或者居住地主管税务机关申报纳税。

本章小结

本章主要讲述了消费税的原理及征收制度。消费税是以特定消费品的销售额为课税对象的一种税，是在增值税普遍征收基础上的一种特殊调节。消费税属于单一环节纳税，并且是价内税的形式。现行消费税采取从价、从量及复合计税的办法，以比例税率和定额税率计征。消费税应纳税额的计算是重点。生产销售、外购和委托加工收回、自产自用、委托加工、进口、兼营不同税率的应税消费品等，以及出口应税消费品免（退）税等，需要加以区分，分别处理。消费税的征收管理内容与增值税的征管基本相同。消费税的会计处理通过

“税金及附加”“应交税费——应交消费税”等科目来反映。

练习与思考题

一、单项选择题

1. 纳税人销售应税消费品收取的款项应计入消费税计税依据的是（ ）。

A. 集资款

B. 符合条件的代为收取的行政事业性收费

C. 增值税销项税额

D. 未逾期的黄酒包装物押金

2. 某娱乐公司2019年5月销售利用啤酒生产设备自制的80 t啤酒，取得收入160 000元，当月消费税额（ ）元。

A. 17 600

B. 18 800

C. 20 000

D. 27 200

3. 下列消费品应缴纳消费税的是（ ）。

A. 零售的高档化妆品

B. 零售的白酒

C. 进口的服装

D. 进口的卷烟

4. 某烟厂为增值税一般纳税人，2019年5月外购烟丝取得增值税专用发票注明税款6.5万元，本月生产领用80%，期初库存的外购烟丝2万元，期末库存烟丝12万元，该烟厂本月应纳消费税中可扣除的消费税额是（ ）万元。

A. 6.8

B. 9.6

C. 12

D. 40

5. 以下应税消费品中应由国家税务总局核定其计税依据的是（ ）。

A. 卷烟

B. 实木地板

C. 摩托车

D. 高档化妆品

二、判断题

1. 纳税人委托个体经营者加工应税消费品，于委托加工收回后在委托方所在地缴纳消费税。（ ）

2. 金银首饰连同包装物销售的，无论包装物是否单独计价也不论会计上如何处理均应计入金银首饰的销售额计征消费税。（ ）

3. 超豪华小汽车在生产环节和零售环节都要缴纳消费税。（ ）

4. 卷烟实际销售价格高于核定计税价格的，按核定计税价格计税。（ ）

5. 消费税的税目包括汽车轮胎。　　　　（　　）

三、思考题

1. 消费税的类型、特点、目的是什么？
2. 消费税的课税范围的确定原则是什么？
3. 论述委托加工应税消费品的消费税以及增值税处理的异同。
4. 论述消费税出口退税与增值税出口退税的异同。

第 4 章

环境保护税

学习目的

本章主要介绍环境保护税的产生过程及现行内容，通过学习，要求学生了解开征环境保护税的目的、掌握环境保税的计税依据、税制内容、应纳税额的计算及会计处理；熟悉我国税费改革进程中环境保护税制的立法过程及未来发展趋势。

开篇导言

环境保护税属于资源税类。在世界范围内，荷兰是较早开征环境保护税的国家。发达国家环境税制包括：对排放污染所征收的税，包括对工业企业在生产过程中排放的废水、废气、废渣及汽车排放的尾气等行为课税，如二氧化碳税、水污染税、化学品税等；对高耗能、高耗材行为征收的税，也可以称为对固体废物处理征税，如润滑油税、旧轮胎税、饮料容器税、电池税等；为减少自然资源开采、保护自然资源与生态资源而征收的税，如开采税、地下水税、森林税、土壤保护税；对城市环境和居住环境造成污染的行为征税，如噪声税、拥挤税、垃圾税等；对农村或农业污染所征收的税，如超额粪便税、化肥税、农药税等；为防止核污染而开征的税，主要有铀税。

这些环境税收手段加强了环保工作的力度，取得了显著的社会效益和经济效益。芬兰全国二氧化碳的排放量已从 20 世纪 80 年代初的每年 60 万 t 减少到几万 t；美国多年来坚持利用环保税收政策，促进生态环境的良性发展，取得了显著成效，其中最明显的例子是虽然汽车数量不断增加，但二氧化碳的排放量却比 20 世纪 70 年代减少了 80%，空气质量得到很大的改善。

与发达国家相比，中国在环境与资源保护方面虽然也采取了一些税收措施，但比较零散且在整个税收体系中所占比重较小，无法充分起到调节作用，也无法满足环境保护所需资金。甚至一些税收优惠政策在扶持或保护一些产业或部门利益的同时，却对生态环境造成了污染和破坏。如对农膜、农药尤其是剧毒农药免征增值税，虽然有利于降低农业生产资料的价格，保护农民的利益，促进农业的发展，但农药和农膜的大量使用却直接造成对生态和环境的严重污染和破坏。现行消费税虽然对某些污染产品、高能耗消费品及不能再生和替代的资源性消费品进行征收，但主要政策目标仍是控制和调节奢侈消费行为，强调财政作用，其环保意义不大。清理环境排污收费制度、开征环境保护税是治理我国环境的必然选择。

2018 年 1 月 1 日起，《中华人民共和国环境保护税法》（以下简称《环境保护税法》）的颁布，标志着中国有了首个以环境保护为目标的税种。在全国范围对大气污染物、水污染物、固体废物和噪声等四大类污染物共计 117 种主要污染因子进行征税。

本章主要介绍环境保护税的立法过程和意义、主要税收制度、税收管理以及会计核算等，重点掌握环境保护税的纳税人、课税范围、税率以及应纳税额的计算。

4.1　环境保护税概述

4.1.1　环境保护税的定义

环境保护税是指对在我国领域内以及其他管辖海域范围内，直接向环境排放应税污染物的企事业单位及其他生产经营者征收的一种流转税。

《环境保护税法》是国家制定的用于调整环境保护税征收与缴纳相关权利与义务关系的法律规范，自 2018 年 1 月 1 日起实施，同时停征排污费。

环境保护税的立法目的是保护和改善环境，减少污染物的排放，推进生态文明建设，环境保护税也是我国现行税制体系中第一个以保护环境为其根本目的的税种，这有利于我国环境保护事业的推广及发展，也配合了国家税费制度改革的潮流，强化了纳税人的环保意识，降低了污染物的排放，有利于推进我国生态文明建设。直接向环境排放污染物的经营单位，除了依法缴纳环境税，还要对由此而形成的对环境的破坏、毁损等承担赔偿责任。

4.1.2　环境保护税的立法过程

随着现代生活生产方式的蔓延，雾霾、水污染、土壤污染等日益严重等，各类环境保护问题加剧，倒逼环境保护税改革步伐加快。作为一种惩罚性质的税种，环境保护税的征收目的是让污染者付出更多代价，而改革选择的路径也逐渐走向立法先行。

“十二五”规划提出，选择防治任务繁重、技术标准成熟的税目开征环境保护税，逐步扩大征收范围。十八届三中全会要求推动环境保护费改税。2014 年的政府工作报告也提出，做好环境保护税立法相关工作。2013 年，财政部、税务总局、环保部向国务院报送了环境保护税立法的请示，国务院法制办根据征求意见对送审稿进行了修改；修改后提请国务院审议，审议通过提请全国人大常委会审议。2014 年“两会”上，环境保护税法草案由国务院有关部门起草，由国务院依法向全国人大常委会提请审议。开征环境税，一是如何与其他税种的税制改革相互协调，如资源税、增值税；二是与现在环境方面的收费如何协调，如排污费、矿产开发保护费等。环境税的立法是按照“税负平移”的原则，将现行排污费制度向环保税制度转移。我国自 1979 年已经确立了排污费制度，2015 年征收排污费 173 亿元，缴费户数 28 万户。制定环境保护税法、推进环境保护费改税，有利于从根本上解决现行排污费制度存在的执法刚性不足、行政干预较多、强制性和规范性较为缺乏等问题，有利于促进形成治污减排的内在约束机制，有利于推进生态文明建设，加快经济发展方式转变。

尽管在中国现行税制中一些税种涉及环境保护内容，如消费税、资源税和车船税，但一直以来，中国缺少针对污染、破坏环境的行为或产品课征的专门性税种，即真正意义上的环境保护税，而这在西方很多国家已经实行相当长的时间。国际上环境税大致包括碳税、硫税、水污染税、噪声税、固体废物税等 5 种。

《中华人民共和国环境保护税法》规定征收环境保护税，不再征收排污费。应税污染物为大气污染物、水污染物、固体废物和噪声。将现行排污费收费标准作为环保税的税额下限，与现行排污费制度的征收对象相衔接，征税对象是大气污染物、水污染物、固体废物和噪声等 4 类应税污染物。这将有效破解“企业污染、群众受害、政府买单”的困局，积极促进生态环境损害鉴定评估、生态环境修复等相关产业发展，有力保护生态环境和人居环境权益。

4.2 环境保护税的具体征收制度

4.2.1 纳税人

在中华人民共和国领域和管辖的其他海域，直接向环境排放应税污染物的企业事业单位和其他生产经营者，为环境保护税的纳税人，应当依法缴纳环境保护税。

4.2.2 课税对象

应税污染物，是指《环境保护税税目税额表》《应税污染物和当量值表》规定的大气污染物、水污染物、固体废物和噪声。

有下列情形之一的，不属于直接向环境排放污染物，不缴纳相应污染物的环境保护税：①企业事业单位和其他生产经营者向依法设立的污水集中处理、生活垃圾集中处理场所排放应税污染物的；②企业事业单位和其他生产经营者在符合国家和地方环境保护标准的设施、场所贮存或者处置固体废物的。

但是，依法设立的城乡污水集中处理、生活垃圾集中处理场所超过国家和地方规定的排放标准向环境排放应税污染物的，应当缴纳环境保护税。企业事业单位和其他生产经营者贮存或者处置固体废物不符合国家和地方环境保护标准的，应当缴纳环境保护税。

4.2.3 计税依据

（1）应税污染物的计税依据，按照下列方法确定：①应税大气污染物按照污染物排放量折合的污染当量数确定；②应税水污染物按照污染物排放量折合的污染当量数确定；③应税固体废物按照固体废物的排放量确定；④应税噪声按照超过国家规定标准的分贝数确定。

污染当量，是指根据污染物或者污染排放活动对环境的有害程度以及处理的技术经济性，衡量不同污染物对环境污染的综合性指标或者计量单位。同一介质相同污染当量的不同污染物，其污染程度基本相当。

（2）应税大气污染物、水污染物的污染当量数，以该污染物的排放量除以该污染物的污染当量值计算。每种应税大气污染物、水污染物的具体污染当量值，见表4-1～表4-4。

每一排放口或者没有排放口的应税大气污染物，按照污染当量数从大到小排序，对前3项污染物征收环境保护税。

每一排放口的应税水污染物，按照表4-2～表4-4区分第一类水污染物和其他类水污染物，按照污染当量数从大到小排序。对第一类水污染物按照前5项征收环境保护税，对其他类水污染物按照前3项征收环境保护税。

省、自治区、直辖市人民政府根据本地区污染物减排的特殊需要，可以增加同一排放口征收环境保护税的应税污染物项目数，报同级人民代表大会常务委员会决定，并报全国人民代表大会常务委员会和国务院备案。

（3）应税大气污染物、水污染物、固体废物的排放量和噪声的分贝数，按照下列方法和顺序计算：①纳税人安装使用符合国家规定和监测规范的污染物自动监测设备的，按照污染物自动监测数据计算；②纳税人未安装使用污染物自动监测设备的，按照监测机构出具的符合国家有关规定和监测规范的监测数据计算；③因排放污染物种类多等原因不具备监测条件的，按照国务院生态环境主管部门规定的排污系数、物料衡算方法计算；④不能按照以上规定的方法计算的，按照省、自治区、直辖市人民政府生态环境主管部门规定的抽样测算的方法核定计算。

表4-1　环境保护税大气污染物和当量值

污染物	污染当量值/kg	污染物	污染当量值/kg
1. 二氧化硫	0.95	23. 二甲苯	0.27
2. 氮氧化物	0.95	24. 苯并（α）芘	0.000 002
3. 一氧化碳	16.7	25. 甲醛	0.09
4. 氯气	0.34	26. 乙醛	0.45
5. 氯化氢	10.75	27. 丙烯醛	0.06
6. 氟化物	0.87	28. 甲醇	0.67
7. 氰化氢	0.005	29. 酚类	0.35
8. 硫酸雾	0.6	30. 沥青烟	0.19
9. 铬酸雾	0.000 7	31. 苯胺类	0.21
10. 汞及其化合物	0.000 1	32. 氯苯类	0.72
11. 一般性粉尘	4	33. 硝基苯	0.17
12. 石棉尘	0.53	34. 丙烯腈	0.22
13. 玻璃棉尘	2.13	35. 氯乙烯	0.55
14. 炭黑尘	0.59	36. 光气	0.04
15. 铅及其化合物	0.02	37. 硫化氢	0.29
16. 镉及其化合物	0.03	38. 氨	9.09
17. 铍及其化合物	0.000 4	39. 三甲胺	0.32
18. 镍及其化合物	0.13	40. 甲硫醇	0.04
19. 锡及其化合物	0.27	41. 甲硫醚	0.28
20. 烟尘	2.18	42. 二甲二硫	0.28
21. 苯	0.05	43. 苯乙烯	25
22. 甲苯	0.18	44. 二硫化碳	20

表4-2　第一类水污染物污染当量值

污染物	污染当量值/kg	污染物	污染当量值/kg
1. 总汞	0.000 5	6. 总铅	0.025
2. 总镉	0.005	7. 总镍	0.025
3. 总铬	0.04	8. 苯并（α）芘	0.000 000 3
4. 六价铬	0.02	9. 总铍	0.01
5. 总砷	0.02	10. 总银	0.02

表 4-3 第二类水污染物当量值（部分）

污染物	污染当量值/kg	污染物	污染当量值/kg
11. 悬浮物（SS）	4	29. 彩色显影剂（CD-2）	0.2
12. 生化需氧量（BOD5）	0.5	30. 总磷	0.25
13. 化学需氧量（COD）	1	31. 元素磷（以P计）	0.05
14. 总有机碳（TOC）	0.49	32. 有机磷农药（以P计）	0.05
15. 石油类	0.1	33. 乐果	0.05
16. 动植物油	0.16	34. 甲基对硫磷	0.05
17. 挥发酚	0.08	35. 马拉硫磷	0.05
18. 总氢化物	0.05	36. 对硫磷	0.05
19. 硫化物	0.125	37. 五氯酚及五氯酚钠	0.25
20. 氨氮	0.5	38. 三氯甲烷	0.04
21. 氟化物	0.5	39. 可吸附有机氯化物（以Cl计）	0.25
22. 甲醛	0.125	40. 四氯化碳	0.04
23. 苯胺类	0.2	41. 三氯乙烯	0.04
24. 硝基苯类	0.2	42. 四氯乙烯	0.04
25. 阴离子表面活性剂（LAS）	0.2	43. 苯	0.02
26. 总铜	0.1	44. 甲苯	0.02
27. 总锌	0.2	45. 乙苯	0.02
28. 总锰	0.2	46. 邻-二甲苯	0.02

说明：(1) 第一、第二类污染物的分类依据为《污水综合排放标准》(GB 8978—1996)；(2) 同一排放口中的化学需氧量、生化需氧量和总有机碳，只征收一项。

表 4-4 pH、色度、大肠菌群数、余氯量污染当量值

污染物		污染当量值
1. pH	1. 0～1，13～14	0.06 t污水
	2. 1～2，12～13	0.125 t污水
	3. 2～3，11～12	0.25 t污水
	4. 3～4，10～11	0.5 t污水
	5. 4～5，9～10	1 t污水
	6. 5～6	5 t污水
2. 色度		5 t水·倍
3. 大肠菌群数（超标）		3.3 t污水
4. 余氯量（用氯消毒的医院废水）		3.3 t污水

说明：(1) 大肠菌群数和总余氯只征收一项；pH5～6 指大于等于 5，小于 6；(2) pH9～10 指大于 9，小于等于 10，其余类推。

4.2.4 税率

环境保护税实行的是税额式税率（见表 4-5），大气污染物的税额幅度标准为 1.2 元/污染当量至 12 元/污染当量；水污染物的税额幅度标准为 1.4 元/污染当量至 14 元/污染当量；固体废物下设煤矸石等 4 个小类的子目，税额标准从 5 元/t 至 25 元/t；噪声污染根据超标程度分为 6 个等级，税额标准从 350 元/月至 11 200 元/月。具体适用税额的确定和调整，由省、自治区、直辖市人民政府统筹考虑本地区环境承载能力、污染物排放现状和经济社会生态发展目标要求，在《环境保护税税目税额表》规定的税额幅度内提出，报同级人民代表大会常务委员会决定，并报全国人民代表大会常务委员会和国务院备案。

表 4－5　环境保护税税目税额表

税目		计税单位	税额
大气污染物		每污染当量	1.2～12 元
水污染物		每污染当量	1.4～14 元
固体废物	煤矸石	每吨	5 元
	尾矿	每吨	15 元
	危险废物	每吨	1 000 元
	冶炼渣、粉炭灰、炉渣、其他固体废物（含半固态、液态废物）	每吨	25 元
噪声	工业噪声	超标 1～3 分贝	每月 350 元
		超标 4～6 分贝	每月 700 元
		超标 7～9 分贝	每月 1 400 元
		超标 10～12 分贝	每月 2 800 元
		超标 13～15 分贝	每月 5 600 元
		超标 16 分贝以上	每月 11 200 元

对于工业噪声税额选择的附注说明：①一个单位边界上有多处噪声超标，根据最高一处超标声级计算应纳税额，当沿边界长度超过 100 m 有两处以上噪声超标，按照两个单位计算应纳税额；②一个单位有不同地点作业场所的，应当分别计算应纳税额，合并计征；③昼、夜均超标的环境噪声，昼、夜分别计算应纳税额，累计计征；④声源一个月内超标不足 15 天的，减半计算应纳税额；⑤夜间频繁突发和夜间偶然突发厂界超标噪声，按等效声级和峰值噪声两种指标中超标分贝值高的一项计算应纳税额。

自 2018 年实施环境保护税以来，各个地区根据实际情况选择的税率情况各不相同，这也反映了地方政府对于环境保护的迫切心态和积极态度。辽宁、吉林、安徽、福建、江西、陕西、甘肃、青海、宁夏和新疆等省、自治区应税大气污染物和水污染物适用税额根据环保税法确定的最低限额征收，即每污染当量分别为 1.2 元和 1.4 元；广东省规定大气污染物每污染当量 1.8 元，水污染物每污染当量 2.8 元；云南省规定大气污染物每污染当量 2.8 元，水污染物每污染当量 3.5 元；江苏规定大气污染物和水污染物征收税额分别是每污染当量 4.8 元和 5.6 元。

京津冀和周边省份则普遍对大气污染物和水污染物确定了较高的具体适用税额。北京市应税大气污染物适用税额为每污染当量 12 元，应税水污染物适用税额为每污染当量 14 元，均按环保税法规定的税额幅度上限执行。河北省将环保税大气主要污染物和水主要污染物税额分为 3 级，分别按照环保税法规定的最低标准的 8 倍、5 倍和 4 倍执行；最高一级税额为应税大气污染物每污染当量 9.6 元，应税水污染物每污染当量 11.2 元；其他污染物实行全省统一标准，按环保税法规定的最低税额的 4 倍执行。

4.2.5　应纳税额的计算

应税大气污染物的应纳税额＝污染当量数×具体适用税额

$$应税水污染物的应纳税额=污染当量数\times具体适用税额$$

其中，污染当量数=污染物的排放量/该污染物的污染当量值

$$应税固体废物的应纳税额=固体废物排放量\times具体适用税额$$

应税噪声的应纳税额是超过国家规定标准的分贝数对应的具体税额，即应税噪声的应纳税额是不用计算的，直接定额税率。假定一个企业某月噪声超标3分贝，每月定额税率300元，那么当月企业的环保税为300元/月。

4.2.6 税收优惠

（1）下列情形，暂予免征环境保护税：①农业生产（不包括规模化养殖）排放应税污染物的；②机动车、铁路机车、非道路移动机械、船舶和航空器等流动污染源排放应税污染物的；③依法设立的城乡污水集中处理、生活垃圾集中处理场所排放相应应税污染物，不超过国家和地方规定的排放标准的；④纳税人综合利用的固体废物，符合国家和地方环境保护标准的；⑤国务院批准免税的其他情形，由国务院报全国人民代表大会常务委员会备案。

（2）纳税人排放应税大气污染物或者水污染物的浓度值低于国家和地方规定的污染物排放标准30%的，减按75%征收环境保护税；纳税人排放应税大气污染物或者水污染物的浓度值低于国家和地方规定的污染物排放标准50%的，减按50%征收环境保护税。

纳税人当月排放应税大气污染物的浓度小时平均值或者应税水污染物的浓度日平均值，不得超过国家和地方规定的排放标准；持有排污许可证的纳税人，其当月排放的应税大气污染物、水污染物还不得超过排污许可证规定的排放限值。

4.2.7 税收征管

1. 主管部门的职责

生态环境主管部门依法负责应税污染物的监测管理。县级以上地方人民政府应当建立税务机关、生态环境主管部门和其他相关单位分工协作工作机制，加强环境保护税征收管理，保障税款及时足额入库。生态环境主管部门和税务机关应当建立涉税信息共享平台和工作配合机制。生态环境主管部门应当将排污单位的排污许可、污染物排放数据、环境违法和受行政处罚情况等环境保护相关信息，定期交送税务机关。税务机关应当将纳税人的纳税申报、税款入库、减免税额、欠缴税款以及风险疑点等环境保护税涉税信息，定期交送生态环境主管部门。

2. 纳税义务发生时间

纳税义务发生时间为纳税人排放应税污染物的当日。

3. 纳税义务发生地点

纳税义务发生地点为应税污染物排放地，纳税人应向污染物排放地的税务机关申报缴纳环境保护税。

4. 纳税申报期限

环境保护税按月计算，按季申报缴纳。不能按固定期限计算缴纳的，可以按次申报缴纳。纳税人申报缴纳时，应当向税务机关报送所排放应税污染物的种类、数量，大气污染物、水污染物的浓度值，以及税务机关根据实际需要要求纳税人报送的其他纳税资料。

纳税人按季申报缴纳的，应当自季度终了之日起15日内，向税务机关办理纳税申报并

缴纳税款。纳税人按次申报缴纳的，应当自纳税义务发生之日起 15 日内，向税务机关办理纳税申报并缴纳税款。

纳税人应当依法如实办理纳税申报，对申报的真实性和完整性承担责任。

税务机关应当将纳税人的纳税申报数据资料与生态环境主管部门交送的相关数据资料进行比对。税务机关发现纳税人的纳税申报数据资料异常或者纳税人未按照规定期限办理纳税申报的，可以提请生态环境主管部门进行复核，生态环境主管部门应当自收到税务机关的数据资料之日起 15 日内向税务机关出具复核意见。税务机关应当按照生态环境主管部门复核的数据资料调整纳税人的应纳税额。

5. 核定计算污染物排放种类、数量和应纳税额

核定计算污染物排放量的，由税务机关会同生态环境主管部门核定污染物排放种类、数量和应纳税额。

1）核定申报要求

核定征收环保税的纳税人应填写《环境保护税基础信息采集表》和《环境保护税纳税申报表（B类）》，向主管税务机关如实办理纳税申报。首次申报或基础信息发生变化时，纳税人需要先填写《环境保护税基础信息采集表》表头信息；非首次申报或基础信息未发生变化的，可直接填写《环境保护税纳税申报表（B 类）》。纳税人对纳税申报的真实性、完整性负责，并按照《中华人民共和国税收征收管理法》等法律法规规定，妥善保管相关证明材料留存备查。

2）核定申报流程

纳税人根据自身情况判定是否符合核定征收办法中的核定情形。符合的，自行核定计算并通过税务部门电子办税服务厅或办税服务厅进行纳税申报。当纳税人选择网上办税渠道时，可通过“某省税务局—申报缴税—申报清册—其他申报”或“某省电子办税服务厅客户端—申报缴纳—纳税申报”路径进行相关信息采集后再进行纳税申报。

6. 其他纳税事项说明

纳税人从事海洋工程向中华人民共和国管辖海域排放应税大气污染物、水污染物或者固体废物，申报缴纳环境保护税的具体办法，由国务院税务主管部门会同国务院生态环境主管部门规定。

纳税人和税务机关、环境保护主管部门及其工作人员违反规定的，依照《中华人民共和国税收征收管理法》《中华人民共和国环境保护法》和有关法律法规的规定追究法律责任。

各级人民政府应当鼓励纳税人加大环境保护建设投入，对纳税人用于污染物自动监测设备的投资予以资金和政策支持。

4.3　环境保护税的会计处理

4.3.1　会计处理

新开征的环境保护税从税种性质上归为资源税类，即企业生产经营过程中的流转税，同样也计入“税金及附加”科目。在会计处理方式上，环境保护税实行按月计算、按季申报缴纳，不能按固定期限计算缴纳的，按次申报缴纳。所以，根据是否能按固定期限缴

会计处理的方式分为定期和不定期两类。

1. 定期申报缴纳税款

在“应交税费”科目下设“应交环境保护税”二级科目，用来反映企业环境保护税的计提及缴纳情况。计提环境保护税时，借记“税金及附加”，贷记“应交税费——应交环境保护税”；实际缴纳税款时，借记“应交税费——应交环境保护税”，贷记“银行存款”。

会计分录：

借：税金及附加

　　贷：应交税费——应交环境保护税

借：应交税费——应交环境保护税

　　贷：银行存款

2. 不定期申报缴纳税款

环境保护税按次申报缴纳时直接借记“税金及附加”，贷记“银行存款”。

会计分录：

借：税金及附加

　　贷：银行存款

4.3.2 案例计算及分析

【案例 4-1】 甲企业 2019 年 5 月产生冶炼渣 500 t，粉煤灰 200 t，其他废物中的半固态废物 300 t，其中综合利用的冶炼渣和粉煤灰共 200 t（符合国家和地方环境保护标准），在符合国家和地方环境保护标准的设施贮存其他废物中的半固态废物 50 t，同时处置粉煤灰 20 t，适用税额为 25 元/t。请问甲企业当月固体废物应缴纳环境保护税是多少？

解析

甲企业当月的环保税＝[(500＋200＋300)－(200＋50＋20)]×25＝18 250(元)

应税固体废物的排放量为当期应税固体废物的产生量减去当期应税固体废物贮存量、处置量、综合利用量的余额。

【案例 4-2】 乙企业 2019 年 5 月向大气直接排放二氧化硫、氟化物各 20 kg，一氧化碳、氯化氢各 50 kg，假设大气污染物每污染当量税额为 3.6 元，乙企业只有一个排放口。请问乙企业当月大气污染物应缴纳的环境保护税是多少？

解析

(1) 污染物的污染当量值计算（换算标准参考表 4-1）：

二氧化硫：20/0.95＝21.06

氟化物：20/0.87＝22.98

一氧化碳：50/16.7＝3.00

氯化氢：50/10.75＝4.65

(2) 按污染物的污染当量数排序（每一排放口或者没有排放口的应税大气污染物，对前三项污染物征收环境保护税）：

氟化物（22.98）＞二氧化硫（21.06）＞氯化氢（4.65）＞一氧化碳（3.00），选取前三项污染物。

(3) 计算应纳环境保护税：

氟化物：22.98×3.6＝82.73（元）

二氧化硫：21.06×3.6＝75.82（元）

氯化氢：4.65×3.6＝16.74（元）

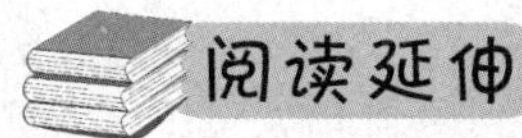

“环境保护税面临的几个问题”可通过加阅平台阅读。

本 章 小 结

环境保护税是新开征的用于保护生态环境的资源税类，采用定额幅度税率，对排放单位和企业征收，用于减轻对自然环境破坏的一种流转税。对于其税制要素、应纳税额及计算、会计核算及处理是重点，在税制改革中也要明确其与原排污收费制度之间的衔接问题。

练习与思考题

一、单项选择题

1. 以下项目不属于环境保护税课税范围的是（　　）。

A. 大气污染物

B. 固体废物

C. 水污染物

D. 企业向依法设立的生活垃圾集中处理场所排放的应税污染物

2. 应税大气污染物和水污染物的具体适用税额的确定和调整，由（　　）统筹考虑本地区环境承载能力、污染物排放现状和经济社会生态发展目标要求，在规定内提出。

A. 省、自治区、直辖市人民政府

B. 省、自治区、直辖市税务机关

C. 生态环境主管部门

D. 省人民代表大会常务委员会

3. 某企业 2019 年 5 月向大气排放汞及其化合物 250 kg，汞及化合物的污染当量为 0.000 1 kg。当地适用税额为每污染当量 8 元，该企业当月应缴纳环境保护税（　　）万元。

A. 8 000　　B. 400　　C. 4 000　　D. 2 000

二、判断题

1. 与发达国家相比中国在环境保护方面的措施主要是排污费的征收。（　　）

2. 环境保护税的税目为四种重点污染物。（　　）

3. 环境保护税的纳税义务发生时间为纳税人排放应税污染物的当天。（　　）

三、练习题

1. 试述我国环境保护税的产生过程。

2. 我国环境保护税的税目和税率是什么？

3. 我国环境保护税在未来还有哪些需要继续完善的方面？

第5章

关　　税

学习目的

通过本章的学习，了解关税的概念，理解关税的基本政策和关税要素的基本内容，掌握关税应纳税额的计算和会计核算。

开篇导言

关税是专以进出国境或关境的货物、物品为征税对象，由海关征收的一种国家税收。

关税是一个古老的税种。在西班牙南部的直布罗陀海峡附近，有个著名的港口旅游城市叫"塔利法"(Tariffa)。相传在中世纪，这里海盗盘踞、设卡收费，强迫过往船只交纳"买路钱"。由于这段历史，人们就用"塔利法"这个地名，称呼那种受敲诈勒索支付的款项；同时，也用它来表示一般意义上的"关税"，久而久之 tariff 就成了"关税"的英文习惯用语。

我国历史上，在内地关卡和边境关卡征收的税曾都被称为关税。鸦片战争以后，由于外国侵略者强迫中国接受了一系列不平等的条约，中国的关税性质发生了根本的变化，从独立自主的封建性质的关税，变为半殖民地半封建性质的"协定关税"①，从完全为本国封建统治服务的关税变为主要为外国侵略者服务的关税。中华民国以后，我国逐步收回了关税的管理权。中华民族对关税的认识，特别是对其象征主权、尊严和国家利益内涵的认识，尤其深刻。

随着贸易战的加剧，美国政府宣布自 2019 年 5 月 10 日起，对从中国进口的 2 000 亿美元清单商品加征的关税税率由 10%提高到 25%，导致中美经贸摩擦升级，违背中美双方通过磋商解决贸易分歧的共识。为捍卫多边贸易体制，捍卫自身合法权益，中国不得不对原产于美国的部分进口商品调整加征关税措施。

根据《中华人民共和国对外贸易法》《中华人民共和国进出口关税条例》等法律法规和国际法基本原则，经党中央、国务院批准，国务院关税税则委员会决定，自 2019 年 6 月 1 日 0 时起，对已实施加征关税的 600 亿美元清单美国商品中的部分，提高加征关税税率：对附件 1 所列 2 493 个税目商品，实施加征 25%的关税；对附件 2 所列 1 078 个税目商品，实施加征 20%的关税；对附件 3 所列 974 个税目商品，实施加征 10%的关税；对附件 4 所列 595 个税目商品，仍实施加征 5%的关税。

中国调整加征关税措施，是对美方单边主义、贸易保护主义的回应。中美贸易摩擦，将关税再次推向贸易壁垒的首要手段。

本章主要介绍关税的发展过程、关税具体征收制度、关税会计核算等，重点掌握关税计

---

① 《南京条约》规定由中英两国"议定则例"；《望厦条约》规定，"倘中国日后欲将税则变更，须与合众国领事等官议允"。

税依据的确定以及应纳税额的计算。

5.1 关税概述

5.1.1 关税的产生与发展

随着社会生产力的发展，人类社会很早就出现了商品的生产和商品的交换。关税是随着商品交换和商品流通领域的不断扩大，以及国际贸易的不断发展而产生和逐步发展的。在古代，统治者在其领地内对流通中的商品征税，是取得财政收入的一种最方便的手段和财源。近代国家出现后，关税成为国家税收中的一个单独税种，形成了近代关税。其后，又发展成为现代各国所通行的现代关税。

1. 关税在国外长时期作为主要税种

早在公元前 5 世纪左右，古希腊就已开始征收关税。当时，地中海、爱琴海、黑海一带经济发展迅速，雅典成为当时欧洲的贸易中心①。外国商人为了取得在该地区的贸易权利和受到保护，便向领主奉送贡礼。随后，雅典以使用港口的报酬为由，正式对输出、输入的货物征收 2%～5%的使用费。

后来，罗马帝国征服了欧、非、亚的大片领地，欧洲经济也有了进一步的发展，海上和陆地贸易昌盛，各地区之间和各省之间的商业往来发达。实际上，在罗马王政时代就已对通过海港、道路、桥梁等的商品课征 2.5%的关税，其后关税就作为一种正式的间接税征收，对进出境的一切贸易货物（帝国的信使除外）均须缴纳进出口税，正常税率是 12.5%，有的地区还按商品分类征收，对不同地区的进口货物税率也有差别。例如，公元 202 年，在努米底亚和摩里得尼亚边境实行 4 种不同的关税率：第一类关税率适用于奴隶、马、骡、牛、驴；第二类适用于农产品；第三类适用于皮革；第四类适用于其他货物。再如，针对来自印度、阿拉伯的货物，在红海口岸征收高达 25%的关税。

在封建社会后期（公元 11 世纪左右），兴起了十字军时代的欧洲关税。当时的德意志皇帝制定了一部重要的关税通则，并依据该通则在莱茵河沿岸各处设关征税。由于这些关卡征收的关税很低，因而也乐于被贸易商所接受。在耶路撒冷王国，每一种进口货物几乎都有一种关税率，缴纳关税的商品种类已超过 114 项。该国还把关税区分为运输关税（过境税、桥梁税、货运车税、通行税）与货物关税（货物通行税）两大类。

资本主义生产方式出现以后，新兴资产阶级为了发展资本主义生产和促进商品交换，争取国内的自由贸易和商品的自由流通，废除了因封建割据而形成的关卡林立的内地关税，实行了统一的国境关税，进出国境的货物统一在边境口岸缴纳一次关税，之后在同一国境内不再重征关税。例如，英国资产阶级于 1640 年取得政权后，立即开始实行过境关税，废除了内地关税。法国于 1660 年开始废除内地关税，至 1791 年初才完全实行了国境关税。比利时、荷兰等受到法国影响相继使用统一的国境关税，统一的国境关税在西方逐步形成②。

---

① 谷成. 关税的效应分析与中国关税政策选择. 大连：东北财经大学，2004.

② 统一的国境关税是针对封建割据的内地关税而言的。它是在封建社会解体和近代资本主义国家出现后产生的，因此也称为近代关税。其主要特征是仅对进出国境的货物在进出国境时征收，进口后不再重复征收。

1787年，美国成立联邦共和国，通过了新宪法。新宪法规定，联邦政府拥有独立的课税权，各州将进口关税让渡给联邦政府，作为联邦政府的主要收入来源。美国关税制度几经更改，税率不断提高，到1861年平均税率已达24%左右，其关税收入约是其他财政收入的5～10倍，关税成为这一时期美国税收制度中最重要的税种。但从1861年起，联邦政府扩大了国内消费税的课征范围并提高了税率，使关税收入历史性地退居次要地位。近代国家一般不再将取得财政收入作为征收关税的主要目的，而是把关税作为执行国家经济政策的一个重要手段。

进入20世纪以后，随着世界经济一体化和国际贸易全球化进程的不断深入，国与国之间的相互依存度不断提高，在处理复杂的国际政治、经济、外贸等关系中，关税作为国际通行的唯一合法的保护本国经济发展的经济手段，其职能显得尤其重要。同时，自由港、自由贸易区等大量出现，几个国家地区性的经济一体化、关税同盟的成立，成为国际新趋势。目前，国际上国境关税和关境关税同时并存。

2. 我国不同时期的关税

1）封建社会时期的关税

我国历史上，在内地关卡和边境关卡征收的税曾都被称为关税。春秋时期的“关市之征”就是国家规定货物通过边境的“关”和国内的“市”，要进行检查和征收赋税。《周礼·天官》载：“关市之赋以待王之膳服”。当时周代中央征收赋税，关市税是其中的一种，直接归王室使用。

秦汉以前，设关的主要目的是检查行旅货物，以纠察违法行为。到东汉时期，关税日显重要，征收也较烦琐。东汉末年，关税税率已超过10%。隋唐时期对外贸易十分发达，封建政府对外采取开放政策，许多外国商人来中国做买卖，广州等城市成为主要的通商口岸，国家在这里设有市舶使，专门负责检查出入船舶，征收关税。元和年间（公元806—820年），外国商船进入港口，市舶使负责检查船内装运的货物，并向他们征收“舶脚”，也称为“下碇税”，即相当于现代的吨税，属于过境关税的性质。明朝实行贡舶制度，即海外诸国来华贸易，必须向明朝廷进贡，进贡后则准其贸易，如不进贡则不准贸易。

清朝前期，海关主权完整，海关征税，分货税和船钞两部分。货税征收无一定税则，除正税之外，另征各项规银及附加，一般来说，正税较轻，但外加部分有时竟倍于正额。但当时外商以公开行贿的手段，进行大规模走私，使国家关税损失严重。鸦片战争以后，清政府被迫实行“门户开放”政策，关税收入也随之增加。当时的关税有进口税、出口税、子口税、复进口税、吨税和洋药厘金等多种类型。由于外国侵略者强迫中国接受了一系列不平等的条约，中国的关税性质发生了根本的变化。从独立自主的封建性质的关税，变为半殖民地半封建性质的“协定关税”，从完全为本国封建统治服务的关税变为主要为外国侵略者服务的关税。

2）国民政府统治时期的关税

国民政府统治的二十多年中，关税起伏较大。抗日战争之前，关税收入在整个税收收入中占有重要地位。1930年关税自主权“收回”后，修订关税税率，使关税收入逐年增加，居各项税收的第一位，关税收入一般占全部税收一半以上，有些年度甚至高到60%以上。1933—1934年，由于发生贸易衰退，走私猖獗，以及日本侵入华北等非常情况，关税锐减。抗战开始后，沿海、沿江原设海关地区，相继被日本帝国主义侵占，关税收入绝大部分落入敌伪之手，致使国民政府关税收入锐减。抗战结束，失地收复后，关税收入又逐年上升，一跃而成为诸税中的第二位。

3）新中国时期的关税

(1) 关税制度的建立。新中国成立后，废除了旧的关税制度，成立了统一领导全国海关机构和海关业务的海关总署，代表国家负责执行海关业务的监督管理、征收关税、查禁走私，保护国家主权和经济利益。国家为了行使主权并从根本上改革旧的海关制度，于1950年1月颁布了《关于关税政策和海关工作的决定》，随后在1951年5月又颁布了《中华人民共和国暂行海关法》和《中华人民共和国海关进出口税则》，使中国关税制度逐步统一，走上正常轨道。

(2) 1985年关税制度的全面改革。1951年制定的税则一直执行到1985年3月，在这30多年中，只有局部的调整，没有很大的变动。随着中国经济体制的改革和贯彻执行对外开放政策，原有的税则已不能适应新形势的需要。为此，于1985年3月对关税制度进行了全面改革，制定了新的《中华人民共和国进出口关税条例》《中华人民共和国海关进出口税则》(以下分别简称为《关税条例》《海关进出口税则》)。此《关税条例》和《海关进出口税则》，完善了税制，系统地规定了关税的一些重大政策、基本制度和纳税人的权利、义务等，改变了税则结构，以《海关合作理事会商品分类目录》为基础进行编排，较大范围地调整了税率。

(3) 1987年对《关税条例》的修订。根据1985年制定的《关税条例》两年多的实践，并根据1987年1月颁发的新的《中华人民共和国海关法》对海关征税原则所作的修改，于1987年9月对1985年颁布的《关税条例》进行了修订，规定于1987年10月15日起执行。修订后的《关税条例》仍保持了1985年《关税条例》的结构和基本内容，只是修订了国务院成立关税税则委员会、完税价格和纳税人的申诉程序等几个问题。

(4) 对《海关进出口税则》的进一步修订。为适应改革开放和发展经济要求，国务院关税税则委员会决定进一步修订中国《海关进出口税则》，并决定自1992年1月1日起实行。新的《海关进出口税则》以目前国际上通用的《商品名称以及编码协调制度》目录为基础，由原《税则》转换而成，能广泛适应海关征税、进出口统计、国际贸易管理、国际商品运输等多方面的需要。

(5) 加入WTO，履行关税减让义务。GATT及WTO一直以减让关税、促进经济自由化发展为努力方向，中国积极谋求加入国际多边贸易一体化体系中，自然需要承担关税减让的义务。自从1986年中国正式提出恢复关贸总协定缔约国地位以来，中国降低关税的步骤一直没有停顿。尤其是1996年和1997年两次大幅度降低进口关税，我国实际关税税率水平有了较大幅度的降低，已接近世界发展中国家的水平①。

2001年12月11日，我国加入世界贸易组织，正式成为该组织成员。我国政府从2002年1月1日起履行关税减让义务，采用最惠国税率、协定税率、特惠税率和普通税率，当年就有5 300多个税目的税率不同程度地降低，降幅面达73%。根据中国入世的承诺，到2005年第一个降税的高峰基本结束，80%的商品在2005年税率降低到减让义务承诺的最终

① 从1996年4月1日起，我国进口关税非加权平均税率水平由35%降为23%，下降幅度达1/3，同时取消了外商投资企业进口自用设备关税和国内商品税的免税优惠。从1997年10月1日起，我国关税非加权平均税率进一步由23%降为17%。

税率。我国关税总水平由 1992 年的 42.7%降至 2004 年的 10.6%，2005 年进一步降至 10.1%，2008 年降至 9.8%，2018 年 11 月降至 7.5%，降税幅度大大超过了各国在乌拉圭回合中关税减让的水平，得到了国际社会的广泛好评。

2010 年以来我国关税收入概况见表 5-1。

表 5-1 2010 年以来我国关税收入概况

年份	关税收入/亿元	税收收入合计/亿元	关税收入占税收总收入比重/%
2010	2 027.83	73 210.79	2.77
2011	2 559.12	89 738.39	2.85
2012	2 783.93	100 614.28	2.77
2013	2 630.61	110 530.70	2.38
2014	2 843.41	119 175.31	2.39
2015	2 560.85	124 922.20	2.05
2016	2 603.75	130 360.73	2.00
2017	2 998.00	144 360.00	2.08
2018	2 848.00	156 401.00	1.82

资料来源：中国统计局官网整理计算。

5.1.2 关税的概念

关税是海关依法对进出国境或关境的货物、物品征收的一种税。

国境是指一个国家以边界为界限，全面行使主权的境域，包括领土、领海、领空。关境，又称“海关境域”或“关税领域”，是国家海关法令及有关规定全面实施的领域。一般而言，国境和关境是一致的，货物进出国境也就是进出关境。但是两者的大小也有不一致的情况。在一些设有自由港、自由贸易区、保税仓库或出口加工区的国家，关境就小于国境。比如，我国的香港和澳门是自由港，因而我国的国境大于关境。当几个国家结成关税同盟，组成一个共同的关境，实施统一的关境法令和统一的对外税则，这些国家彼此之间货物进出国境不征收关税，这时关境就大于其各个成员国的各自国境，如欧盟成员国。

5.1.3 关税立法原则与作用

1. 关税立法原则

我国关税政策是根据促进和保护国内生产，调节对外经济往来和为国家建设积累资金等项基本政策制定的。根据这些基本政策，制定关税政策时遵循了以下各项原则。

（1）对进口国家建设和人民生活必需而国内不能生产或供应不足的动植物良种、肥料、饲料、药剂、精密仪器、仪表、关键机械设备和粮食等，制定低税率或免税。

（2）原材料的进口税率，一般比半成品、成品为低，特别是受自然条件制约、国内生产短期内不能迅速发展的原材料，其税率较低或更低。

（3）国内不能生产的或质量未过关的机械设备和仪器、仪表的零件、部件，其进口税率比整机为低，以利于国内产品质量和生产技术水平的提高。

（4）国内已能生产和非国计民生必需的物品制定较高的税率以限制进口。

（5）国内需要保护的产品和国内外差价大的商品，制定较高的税率以保护国内产品与外国商品的竞争。

(6) 为鼓励出口，对于一般出口商品不征收出口税。但对国内外差价大、在国际市场上容量有限而又竞争性强的商品，以及需要限制出口的极少数原料和半制品，征收适当的出口关税。

2. 关税的作用

通过对进出口的货物征收关税和关税政策的调整，可以起到以下作用。

(1) 维护国家主权和经济利益。对进出口货物征收关税，表面上看似乎只是一个与对外贸易相联系的税收问题，其实一国采取什么样的关税政策直接关系到国与国之间的主权和经济利益。历史发展到今天，关税已成为各国政府维护本国政治、经济权益，乃至进行国际经济斗争的一个重要武器。我国根据平等互利和对等原则，通过关税复式税则的运用等方式，争取国际间的关税互惠并反对他国对我国进行关税歧视，促进对外经济技术交往，扩大对外经济合作。

(2) 保护和促进本国工农业生产的发展。一个国家采取什么样的关税政策，是实行自由贸易，还是采用保护关税政策，是由该国的经济发展水平、产业结构状况、国际贸易收支状况以及参与国际经济竞争的能力等多种因素决定的。国际上许多发展经济学家认为，自由贸易政策不适合发展中国家的情况。相反，这些国家为了顺利地发展民族经济，实现工业化，必须实行保护关税政策。我国作为发展中国家，一直十分重视利用关税保护本国的“幼稚工业”，促进进口替代工业发展，关税在保护和促进本国工农业生产的发展方面发挥了重要作用。

(3) 调节国民经济和对外贸易。关税是国家的重要经济杠杆，通过税率的高低和关税的减免，可以影响进出口规模，调节国民经济活动。如调节出口产品和出口产品生产企业的利润水平，有意识地引导各类产品的生产，调节进出口商品数量和结构，可促进国内市场商品的供需平衡，保护国内市场的物价稳定等。

(4) 筹集国家财政收入。从世界大多数国家尤其是发达国家的税制结构分析，关税收入在整个财政收入中的比重不大，并呈下降趋势。但是，一些发展中国家，其中主要是那些国内工业不发达、工商税源有限、国民经济主要依赖于某种或某几种初级资源产品出口，以及国内许多消费品主要依赖于进口的国家，征收进出口关税仍然是取得财政收入的重要渠道之一。我国关税收入是财政收入的重要组成部分，新中国成立以来，关税为经济建设提供了可观的财政资金。目前，发挥关税在筹集建设资金方面的作用，仍然是我国关税政策的一项重要内容。

5.1.4 关税的分类

1. 进口关税、出口关税和过境关税

按通过关境的货物和物品的不同流向分为进口关税、出口关税和过境关税。

进口关税是指海关对进口货物或物品征收的关税。通常是在货物或物品进入关境或国境或从保税仓库提出投入国内市场时征收。当今世界各国的关税均以进口关税为主体，目前，许多国家已经不征收出口关税和过境关税，因此人们在日常生活中经常提到的关税，一般都指进口关税。征收进口关税的目的在于保护本国市场和增加财政收入。

出口关税是指海关对出口货物或物品征收的关税。出口关税盛行于16世纪至18世纪。19世纪后，随着国际市场竞争日趋激烈，为了增强本国商品的竞争能力，资本主义国家已很少征收出口关税，有的甚至不征收出口关税。但在一些发展中国家和经济落后的国家，为保证本国生产和市场供应，增加财政收入，特别是为防止本国自然资源的大量外流，对部分商品仍征收出口关税。

过境关税亦称“通过税”，指当他国货物通过本国领域时，由本国海关征收的过境税。由于过境货物对本国工农业生产和市场不产生影响，而且还可以从交通运输、港口使用、仓储保管等方面获得收入，因而目前绝大多数国家都不征收过境关税，仍在征收过境关税的国家只有伊朗、委内瑞拉等少数国家。

2. 从价关税、从量关税、复合关税、选择性关税和滑准关税

按计税标准不同分为从价关税、从量关税、复合关税、滑准关税和选择性关税。

从价关税（简称从价税）是指以进出口货物的完税价格为计税标准计征的关税。我国的关税一般都采用从价关税的形式。从价关税的优点是税负较为合理，关税收入随货物价格的升降而增减；税负明确，从价税的税率以百分数表示，便于国际间的关税比较。其缺点是完税价格必须严格审定，计税手续比较复杂。我国对进口商品基本上都实行从价税，即以进口货物的完税价格作为计税依据。从 1997 年 7 月 1 日起，我国对部分产品实行从量关税、复合关税和滑准关税。

从量关税（简称从量税）是指以进出口货物的数量、重量、容量等计量单位为计税标准计征的关税。从量关税的优点是无须审定货物的价格、品质、规格，计税简便，对廉价进口商品有较好的保护作用。其缺点是对同一税目的商品，在规格、质量、价格相差较大的情况下，按同一税额计征，税负不够合理，且在物价变动的情况下，税收的收入不能随之增减，缺乏弹性。目前我国对原油、部分鸡产品、啤酒、胶卷进口分别以重量、容量、面积计征从量税。

复合关税又称混合关税，是指对同一进出口货物同时采用从价和从量两种标准计征的关税。课征时，或以从价税为主，加征从量税；或以从量税为主，加征从价税。复合关税结合了从价关税和从量关税的优点，在物价波动时可以减少对财政收入的影响，又能起到一定的保护作用。

滑准关税，也叫滑动关税，是指关税税率随进口商品价格的变动而反方向变动的一种税率形式，即价格越高，税率越低。当进口价格上涨时，降低税率；价格下跌时，提高税率。其目的是平衡物价，保护国内市场免受国外物价波动的影响，保持国内有关货物价格的稳定。目前我国对新闻纸实行滑准税。

选择性关税，对同一种货物在税则中规定从价、从量两种税率。在征税时选择其中征收税额较多的一种，以免因物价波动影响财政收入，也可以选择税额较少的一种标准计算关税。

3. 加重关税和优惠关税

按对进口货物输出国实行区别对待的原则分为加重关税和优惠关税。

加重关税，也称歧视关税，是指国家为了加强关税对国内经济的保护作用，在征收一般关税之外又加征的一种临时性进口附加税，主要包括反倾销关税、反补贴关税和报复关税。

优惠关税是指对从某些国家进口的货物使用低于普通税率的优惠税率所征收的关税，包括互惠税、特惠税、最惠国待遇、普惠制和世界贸易组织成员国间的关税减让。

4. 财政关税和保护关税

按征收关税的目的可分为财政关税和保护关税。

财政关税是以增加财政收入为主要目的而课征的关税，其税率一般比保护关税低。

保护关税是以保护本国经济发展为主要目的而课征的关税。保护关税主要是进口税，税率较高，是实现一个国家对外贸易政策的重要措施之一。

5.1.5 关税的特点

1. 纳税上的统一性和一次性

按照全国统一的进出口关税条例和税则征收关税，在征收一次性关税后，货物就可在整个关境内流通，不再另行征收关税。这与其他税种如增值税是不同的。

2. 征收上的过“关”性

是否征收关税，是以货物是否通过关境为标准的。凡是进出关境的货物才征收关税；凡未进出关境的货物则不属于关税的征税对象。

3. 税率上的复式性

同一进口货物设置优惠税率和普通税率的复式税则制。优惠税率是一般的、正常的税率，适用于同我国订有贸易互利条约或协定的国家；普通税率适用于同我国没有签订贸易条约或协定的国家。这种复式税则充分反映了关税具有维护国家主权、平等互利发展国际贸易往来和经济技术合作的特点。

4. 征管上的权威性

关税是通过海关执行的。海关是设在关境上的国家行政管理机构，是贯彻执行本国有关进出口政策、法令和规章的重要工具。其任务是根据有关政策、法令和规章，对进出口货物、货币、金银、行李、邮件、运输工具等实行监督管理。征收关税、查禁走私货物、临时保管通关货物和统计进出口商品等。

5. 对进出口贸易的调节性

许多国家通过制定和调整关税税率来调节进出口贸易。在出口方面，通过低税、免税和退税来鼓励商品出口；在进口方面，通过税率的高低、减免来调节商品的进口。

5.2 我国关税的具体征收制度

5.2.1 关税的征税对象

关税的征税对象是准许进出境的货物和物品。货物是指贸易性商品；物品包括入境旅客随身携带的行李和物品、各种运输工具上服务人员携带进口的自用物品、个人邮递物品、馈赠物品及以其他方式进境的个人物品。

5.2.2 关税的纳税人

贸易性进出口货物的纳税人是指进口货物的收货人、出口货物的发货人，以及接受委托办理有关进出口手续的代理人。进出口货物的收、发货人是指依法取得对外贸易经营权，并进口或者出口货物的法人或者其他社会团体。

非贸易性的进出境物品的纳税人是指应税行李物品、邮递物品和其他物品的所有人。进出境物品的所有人包括该物品的所有人和推定为所有人的人。一般情况下，对于携带进境的物品，推定其携带人为所有人；对分离运输的行李，推定相应的进出境旅客为所有人；对以邮递方式进境的物品，推定其收件人为所有人；以邮递或其他运输方式出境的物品，推定其寄件人或托运人为所有人。

5.2.3 关税的税率

1. 进口关税税率

1）税率设置与适用

我国加入 WTO之后，为履行我国在加入 WTO关税减让谈判中承诺的有关义务，享有WTO成员应有的权利，自 2002 年 1 月 1 日起，我国进口税则设有最惠国税率、协定税率、特惠税率、普通税率、关税配额税率等税率形式，对进口货物在一定期限内可以实行暂定税率。

最惠国税率适用原产于与我国共同适用最惠国待遇条款的世贸组织成员国或地区的进口货物，或原产于与我国签订有相互给予最惠国待遇条款的双边贸易协定的国家或地区的进口货物，以及原产于我国境内的进口货物；协定税率适用原产于我国参加的含有关税优惠条款的区域性贸易协定有关缔约方的进口货物。目前对原产于韩国、斯里兰卡和孟加拉国 3 个曼谷协定成员的 739 个税目进口商品实行协定税率（即曼谷协定税率）；特惠税率适用原产于与我国签订有特殊优惠关税协定的国家或地区的进口货物，目前对原产于孟加拉国的 18 个税目进口商品实行特惠税率（即曼谷协定特惠税率）；普通税率适用于原产于上述国家或地区以外的其他国家或地区的进口货物。按照普通税率征税的进口货物，经国务院关税税则委员会特别批准，可以适用最惠国税率。适用最惠国税率、协定税率、特惠税率的国家或者地区名单，由国务院关税税则委员会决定。

2）暂定税率与关税配额税率

根据经济发展需要，国家对部分进口原材料、零部件、农药原药和中间体、乐器及生产设备实行暂定税率。暂定税率优先适用于优惠税率或最惠国税率，按普通税率征税的进口货物不适用暂定税率。同时，对部分进口农产品和化肥产品实行关税配额，即一定数量内的上述进口商品适用税率较低的配额内税率，超出该数量的进口商品适用税率较高的配额外税率。现行税则对 200 多个税目进口商品实行了暂定税率，对小麦、豆油等 10 种农产品和尿素等 3 种化肥产品实行关税配额管理。

3）特别关税税率

国家可以根据政策需要对进口货物征收特别关税，包括报复性关税、反倾销税与反补贴税、保障性关税。相应地设置报复性关税税率、关税配额税率、反倾销税率、反补贴税率、保障税率等。特别关税的货物、适用国别、税率、期限和征收办法，由国务院关税税则委员会决定，海关总署负责实施。

为完善进境物品进口税收政策，经国务院批准，自 2016 年 4 月 8 日起，对进境物品进口税税目税率进行调整。《国务院关税税则委员会关于调整进境物品税税目税率的通知》自 2016 年 4 月 8 日起废止。调整后的《中华人民共和国进境物品进口税率表》如表 5-2 所示。

表 5-2 中华人民共和国进境物品进口税率表

税目	物品名称	税率/%
1	书报、刊物、教育用影视资料；计算机、视频摄录一体机、数字照相机等信息技术产品；食品、饮料；金银；家具；玩具，游戏品、节日及其他娱乐用品；药品	13

续表

税目	物品名称	税率/%
2	运动用品（不含高尔夫球及球具）、钓鱼用品；纺织品及其制成品；电视摄像机及其他电器用具；自行车；税目1、3中未包含的其他商品	20
3	烟、酒；贵重首饰及珠宝玉石；高尔夫球及球具；高档手表；化妆品	50

注：税目1中药品：对国家规定减按3%征收进口环节增值税的进口药品按照货物税率征收。税目3所列商品的具体范围与消费税征收范围一致。

专题5-1

原产地规则

原产地规则是指一国根据国家法令或国际协定确定的原则制定并实施的，以确定生产或制造货物的国家或地区的具体规定。为了实施关税的优惠或差别待遇、数量限制或与贸易有关的其他措施，海关必须根据原产地规则的标准来确定进口货物的原产国，给予相应的海关待遇。原产地规则的主要内容包括原产地标准、直接运输原则和证明文件等，其中最重要的是原产地标准。原产地标准多由各国自行规定，很不统一，海关合作理事会具体规定了原产地标准，供签订《京都公约》的各国采用。其标准如下。

(1) 整件生产标准。即产品完全是受惠国生产和制造，不含有进口的和产地不明的原材料及部件。完全在一国生产的产品包括：在该国领土、领水或其海底开采的矿产品；在该国生长、收获的植物产品、动物产品及其制品；在其国内渔猎所获的产品；该国船舶在公海上捕获的海产品和用这些捕获物在该国海上加工、船上加工制造的产品；国内收集的生产和加工后的剩料和废料及废旧物品；完全用以上物品在该国内生产的商品。

(2) 实质性改变标准。是适用于确定有两个或两个以上国家参与生产的产品的原产国的标准。其基本含义是：货物必须在出口国经过最后一道的实质性加工生产，使货物得到其特有的性质，该出口国才认为是该货物的原产国。实质性改变标准在实践中可以应用以下方法。①改变税则及例外情况表办法。常用的实施方法是制定一条总规定，按照这一规定，在税则商品分类目录中，经过出口国加工或制造的产品应归入的税则号必须不同于所使用的进口原材料或部件的税号。这一总规定，常附有例外情况，按欧洲经济共同体和日本的做法，它们用清单A和清单B分别列出不能单纯改变税则号来确定原产国的商品。清单A是指经过出口国制造加工的货物，其税号虽然改变了，还不能算实质性改变，而必须同时符合表列的指定加工条件，才能确定该出口国为原产国。清单B规定某些商品经过出口国加工或制造后，其所应归的税则号虽然没有改变，但已符合了清单B指定的加工条件，该出口国可被定为是该货物的原产国。②制造或加工作业表法。通常制定若干总表，列出每种产品必须经过有足够重要性的技术制作或加工作业(改进品质的加工）程序。符合要求才算达到实质性改变的标准。这种方法不宜单独使用，通常是与改变税号法结合使用的。③从价百分比标准（又称增值百分比标准或增值标准)。即出口产品，在出口国生产中所使用的生产国的本国原材料或部件费用和生产费用的总和，在该产品价格中所占的比例必须达到或超过一定的百分比；或者出口产品在出口国生产中所使用的外国进口原材料或部件的价值，在该产品的出厂价格所占的比例不得超过规定的百分比。

原产地规则中的直接运输规定要求受惠国的出口产品直接运输到给惠国，运输途中不得进入其他国家市场。原产地证明文件可以由制造商、生产者、供货人、出口商或其他当事人在商业发票或其他单证上作简单的声明。但有些情况，这种声明还必须由有资格作证的机关或团体具体证明，予以确认。也可以规定格式如“原产地证”由有权核发该证书的机关或团体核发以确定货物的原产地。普遍优惠制给惠国一般规定使用优惠制原产地证明书格式A由出口商填写，经出口国有权核发单位如海关或商会等签发作证。

2. 出口关税税率

我国出口税则为一栏税率，即出口税率。国际仅对少数资源性产品及易于竞相杀价、盲目出口、需要规范出口秩序的半制成品征收出口关税。根据《2018 年关税调整方案》，对铬铁等 202 项出口商品征收出口关税或实行出口暂定税率。

3. 税率的运用

我国《进出口关税条例》规定，进出口货物，应当依照税则规定的归类原则归入合适的税号，并按照适用的税率征税。

(1) 进出口货物，应当按照纳税义务人申报进口或者出口之日实施的税率征税。

(2) 进口货物到达前，经海关核准先行申报的，应当按照装载此货物的运输工具申报进境之日实施的税率征税。

(3) 进出口货物的补税和退税，适用该进出口货物原申报进口或者出口之日所实施的税率，但下列情况除外。

① 按照特定减免税办法批准予以减免税的进口货物，后因情况改变经海关批准转让或出售或移作他用需予补税的，适用海关接受纳税人再次填写报关单申报办理纳税及有关手续之日实施的税率征税。

② 加工贸易进口料、件等属于保税性质的进口货物，如经批准转为内销，应按向海关申报转为内销之日实施的税率征税；如未经批准擅自转为内销的，则按海关查获日期所施行的税率征税。

③ 暂时进口货物转为正式进口需予补税时，应按其申报正式进口之日实施的税率征税。

④ 分期支付租金的租赁进口货物，分期付税时，适用海关接受纳税人再次填写报关单申报办理纳税及有关手续之日实施的税率征税。

⑤ 溢卸、误卸货物事后确定需征税时，应按其原运输工具申报进口日期所实施的税率征税。如原进口日期无法查明的，可按确定补税当天实施的税率征税。

⑥ 对由于税则归类的改变、完税价格的审定或其他工作差错而需补税的，应按原征税日期实施的税率征税。

⑦ 对经批准缓税进口的货物以后交税时，不论是分期或一次交清税款，都应按货物原进口之日实施的税率征税。

⑧ 查获的走私进口货物需补税时，应按查获日期实施的税率征税。

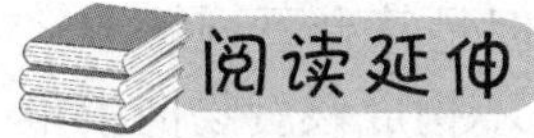

"《曼谷协定》项下关税优惠的基本情况"可通过加阅平台阅读。

5.2.4 一般进口货物的完税价格

尽管关税具体征收方式较多，但总是以课税对象的价格及数量作为计税依据，其中最主要的和比较复杂的是依据价格征收关税。计征关税时，依据的价格称为关税完税价格。《海关法》规定，进出口货物的完税价格，由海关以该货物的成交价格为基础审查确定。成交价格不能确定时，完税价格由海关依法估定。自我国加入世界贸易组织后。我国海关已全面实施《世界贸易组织估价协定》，遵循客观、公平、统一的估价原则，并依据2014年2月1日起实施的《中华人民共和国海关审定进出口货物完税价格办法》（以下简称《完税价格办法》），审定进出口货物的完税价格。

1. 以成交价格为基础的完税价格

根据《完税价格办法》的规定，进口货物的完税价格，由海关以该货物的成交价格为基础审查确定，并应当包括货物运抵中华人民共和国境内输入地点起卸前的运输及其相关费用、保险费。我国境内输入地为入境海关地，包括内陆河、江口岸，一般为第一口岸。货物的货价以成交价格为基础。进口货物的成交价格是指买方为购买该货物，并按《完税价格办法》有关规定调整后的实付或应付价格。

1）对进口货物成交价格的要求

（1）买方对进口货物的处置或使用不受限制，但国内法律、行政法规规定的限制和对货物转售地域的限制，以及对货物价格无实质影响的限制除外。

（2）进口货物的价格不得受到使该货物成交价格无法确定的条件或因素的影响。

（3）卖方不得直接或间接获得因买方转售、处置或使用进口货物而产生的任何收益，除非能够按照《完税价格办法》的有关规定做出调整。

（4）买卖双方之间没有特殊关系，或者虽然有特殊关系，但未对成交价格产生影响，符合《完税价格办法》的有关规定。

2）对实付或应付价格进行调整的有关规定

"实付或应付价格"指买方为购买进口货物直接或间接支付的总额，即作为卖方销售进口货物的条件，由买方向卖方或为履行卖方义务向第三方已经支付或将要支付的全部款项。

（1）如下列费用或者价值未包括在进口货物的实付或者应付价格中，应当计入完税价格。

① 由买方负担的除购货佣金以外的佣金和经纪费。"购货佣金"指买方为购买进口货物向自己的采购代理人支付的劳务费用。"经纪费"指买方为购买进口货物向代表买卖双方利益的经纪人支付的劳务费用。

② 由买方负担的与该货物视为一体的容器费用。

③ 由买方负担的包装材料和包装劳务费用。

④ 与该货物的生产和向中华人民共和国境内销售有关的，由买方以免费或者以低于成本的方式提供并可以按适当比例分摊的料件、工具、模具、消耗材料及类似货物的价款，以及在境外开发、设计等相关服务的费用。

⑤ 买方需向卖方或者有关方直接或者间接支付的特许权使用费，但是符合下列情形之一的除外：一是特许权使用费与该货物无关；二是特许权使用费的支付不构成该货物向中华人民共和国境内销售的条件。

⑥ 卖方直接或间接从买方对该货物进口后转售、处置或使用所得中获得的收益。

上列所述的费用或价值，应当由进口货物的收货人向海关提供客观量化的数据资料。如果没有客观量化的数据资料，完税价格由海关按《完税价格办法》规定的方法进行估定。

(2) 进口货物的价款中单独列明的下列税收、费用，不计入该货物的完税价格：①厂房、机械或者设备等货物进口后发生的建设、安装、装配、维修或者技术援助费用，但是保修费用除外；②进口货物运抵中华人民共和国境内输入地点起卸后发生的运输及其相关费用、保险费；③进口关税、进口环节海关代征税及其他国内税收。

2. 进口货物海关估价方法

进口货物的价格不符合成交价格条件或者成交价格不能确定的，海关应当依次以相同货物成交价格方法、类似货物成交价格方法、倒扣价格方法、计算价格方法及其他合理方法确定的价格为基础，估定完税价格。如果进口货物的收货人提出要求，并提供相关资料，经海关同意，可以选择倒扣价格方法和计算价格方法的适用次序。

1) 相同或类似货物成交价格估价方法

相同或类似货物成交价格估价方法，是指海关以与进口货物同时或者大约同时（在海关接受申报进口之日的前后各 45 天以内）向中华人民共和国境内销售的相同或类似货物的成交价格为基础，审查确定进口货物的完税价格的估价方法。

使用上述价格时，应当以客观量化的数据资料，对该货物与相同或者类似货物之间由于运输距离、运输方式不同而在成本和其他费用方面产生的差异及其因商业水平、进口数量、运输距离和运输方式不同而在价格、成本和其他费用方面产生的差异进行调整。

在确定进口货物的完税价格时，应当首先使用同一生产商生产的相同或者类似货物的成交价格。没有同一生产商生产的相同或者类似货物的成交价格的，可以使用同一生产国或者地区其他生产商生产的相同或者类似货物的成交价格。如果有多个相同或者类似货物的成交价格，应当以最低的成交价格为基础审查确定进口货物的完税价格。

2) 倒扣价格估价方法

倒扣价格估价方法，是指海关以被估的进口货物、相同或者类似进口货物在境内的销售价格为基础，扣除境内发生的有关费用后，审查确定进口货物完税价格的估价方法。该销售价格应当同时符合 5 个条件：在被估货物进口时或大约同时销售；按照进口时的状态销售；在境内第一环节销售；合计的货物销售总量最大；向境内无特殊关系方的销售。

按照该估价方法审查确定进口货物完税价格时，下列各项应当扣除：①同等级或者同种类货物在境内第一销售环节销售时，通常的利润和一般费用（包括直接费用和间接费用）以及通常支付的佣金；②货物运抵境内输入地点起卸后的运输及其相关费用、保险费；③进口关税、进口环节海关代征税及其他国内税。

3) 计算价格估价方法

计算价格估价方法，是指海关以下列各项的总和为基础，审查确定进口货物完税价格的估价方法：①生产该货物所使用的料件成本和加工费用；②向境内销售同等级或者同种类货物通常的利润和一般费用（包括直接费用和间接费用）；③该货物运抵境内输入地点起卸前的运输及相关费用、保险费。

4）其他合理方法

合理方法，是指当海关不能根据成交价格估价方法、相同或类似货物成交价格估价方法、倒扣价格估价方法和计算价格估价方法确定完税价格时，海关根据客观、公平、统一的原则，以客观量化的数据资料为基础审查确定进口货物完税价格的估价方法。在采用合理方法确定进口货物的完税价格时，不得使用以下价格：①境内生产的货物在境内的销售价格；②可供选择的价格中较高的价格；③货物在出口地市场的销售价格；④以上述3）中规定之外的价值或者费用计算的相同或者类似货物的价格；⑤出口到第三国或者地区的货物的销售价格；⑥最低限价或者武断、虚构的价格。

5.2.5 特殊进口货物的完税价格

1．加工贸易进口料件及其制成品

加工贸易进口料件或者其制成品应当征税的，海关按照以下规定审查确定完税价格。

（1）进口时应当征税的进料加工进口料件，以该料件申报进口时的成交价格为基础审查确定完税价格。

（2）进料加工进口料件或者其制成品（包括残次品）内销时，海关以料件原进口成交价格为基础审查确定完税价格。料件原进口成交价格不能确定的，海关以接受内销申报的同时或者大约同时进口的与料件相同或者类似的货物的进口成交价格为基础审查确定完税价格。

（3）来料加工进口料件或者其制成品（包括残次品）内销时，海关以接受内销申报的同时或者大约同时进口的与料件相同或者类似的货物的进口成交价格为基础审查确定完税价格。

（4）加工企业内销加工过程中产生的边角料或者副产品，以海关审查确定的内销价格作为完税价格。

加工贸易内销货物的完税价格按照前款规定仍然不能确定的，由海关按照合理的方法审查确定。

2．保税区、出口加工区货物

从保税区或出口加工区销往区外、从保税仓库出库内销的进口货物（加工贸易进口料件及其制成品除外）。以海关审定的价格估定完税价格。对经审核销售价格不能确定的，海关应当按照一般进口货物估价办法的规定，估定完税价格。如销售价格中未包括在保税区、出口加工区或保税仓库中发生的仓储、运输及其他相关费用的，应当按照客观量化的数据资料予以计入。

3．运往境外修理的货物

运往境外修理的机械器具、运输工具或者其他货物，出境时已向海关报明，并在海关规定的期限内复运进境的，应当以境外修理费和料件费为基础审查确定完税价格。

4．运往境外加工的货物

运往境外加工的货物，出境时已向海关报明，并在海关规定期限内复运进境的，应当以境外加工费和料件费以及该货物复运进境的运输及其相关费用、保险费为基础审查确定完税价格。

5．暂时进境货物

对于经海关批准的暂时进境的货物，应当按照一般进口货物估价办法的规定，估定完税价格。经海关批准留购的暂时进境货物，以海关审查确定的留购价格作为完税价格。

6. 租赁方式进口货物

租赁方式进口的货物，按照下列方法审查确定完税价格：以租金方式对外支付的租赁货物，在租赁期间以海关审查确定的租金作为完税价格，利息应当予以计入；留购的租赁货物以海关审查确定的留购价格作为完税价格；纳税义务人申请一次性缴纳税款的，可以选择申请按照有关规定确定完税价格，或者按照海关审查确定的租金总额作为完税价格。

7. 留购的进口货样等

对于境内的进口货样、展览品和广告陈列品，以海关审定的留购价格作为完税价格。

8. 予以补税的减免税货物

减税或者免税进口的货物应当补税时，应当以海关审查确定的该货物原进口时的价格，扣除折旧部分价值作为完税价格，其计算公式如下：

完税价格＝海关审查确定的该货物原进口时的价格×[1－补税时实际已进口的时间(月)/(监管年限×12)]

上述计算公式中“补税时实际已进口的时间”按月计算，不足1个月但是超过15日的，按照1个月计算；不超过15日的，不予计算。

9. 以其他方式进口的货物

以易货贸易、寄售、捐赠、赠送等其他方式进口的货物，应当按照一般进口货物估价办法的规定估定完税价格。

5.2.6 出口货物的完税价格

1. 以成交价格为基础的完税价格

出口货物的完税价格由海关以该货物的成交价格为基础审查确定，并应当包括货物运至中华人民共和国境内输出地点装载前的运输及其相关费用、保险费。出口货物的成交价格是指该货物出口销售时，卖方为出口该货物应当向买方直接收取和间接收取的价款总额。但下列税收、费用不计入出口货物的完税价格：①出口关税；②在货物价款中单独列明的货物运至中华人民共和国境内输出地点装载后的运输及其相关费用、保险费；③在货物价款中单独列明由卖方承担的佣金。

2. 出口货物海关估价方法

出口货物的成交价格不能确定的，海关经了解有关情况，并与纳税义务人进行价格磋商后，依次以下列价格审查确定该货物的完税价格：①同时或者大约同时向同一国家或者地区出口的相同货物的成交价格；②同时或者大约同时向同一国家或者地区出口的类似货物的成交价格；③根据境内生产相同或者类似货物的成本、利润和一般费用（包括直接费用和间接费用）、境内发生的运输及其相关费用、保险费计算所得的价格；④按照合理方法估定的价格。

5.2.7 进出口货物完税价格中的运输及相关费用、保险费的计算

1. 以一般陆运、空运、海运方式进口的货物

在进口货物的运输及相关费用、保险费计算中，海运进口货物，计算至该货物运抵境内的卸货口岸；如果该货物的卸货口岸是内河（江）口岸，则应当计算至内河（江）口岸。

陆运、空运和海运进口货物的运费和保险费，应当按照实际支付的费用计算。如果进口货物的运费无法确定或未实际发生，海关应当按照该货物进口同期运输行业公布的运费率

（额）计算运费；按照“货价加运费”两者总额的 3‰计算保险费。其计算公式如下：

$$保险费=(货价+运费)\times 3‰$$

2. 以其他方式进口的货物

邮运的进口货物，应当以邮费作为运输及其相关费用、保险费；以境外边境口岸价格条件成交的铁路或公路运输进口货物，海关应当按照货价的 1%计算运输及其相关费用、保险费；作为进口货物的自驾进口的运输工具，海关在审定完税价格时，可以不另行计入运费。

3. 出口货物

出口货物的销售价格如果包括离境口岸至境外口岸之间的运输、保险费的，该运费、保险费应当扣除。

5.2.8 关税应纳税额的计算

1. 进出口货物从价税应纳关税税额的计算

$$关税税额=应税进(出)口货物数量\times 单位完税价格\times 税率$$

2. 进出口货物从量税应纳关税税额的计算

$$关税税额=应税进(出)口货物数量\times 单位货物税额$$

3. 进出口货物复合税应纳关税税额的计算

$$关税税额=应税进(出)口货物数量\times 单位货物税额+应税进(出)口货物数量\times 单位完税价格\times 税率$$

4. 进出口货物滑准税应纳税额的计算

$$关税税额=应税进(出)口货物数量\times 单位完税价格\times 滑准税税率$$

5.2.9 关税减免

关税减免分为法定减免税、特定减免税和临时减免税。根据《海关法》的规定，除法定减免税外的其他减免税均由国务院决定。减征关税在我国加入世界贸易组织之前以税则规定税率为基准，在我国加入世界贸易组织之后以最惠国税率或者普通税率为基准。

1. 法定减免税

符合税法规定可予减免税的进出口货物，纳税义务人无须提出申请，海关可按规定直接予以减免税。海关对法定减免税货物一般不进行后续管理。我国《海关法》和《进出口条例》明确规定，下列货物、物品予以减免关税。

(1) 关税税额在人民币 50 元以下的一票货物，可免征关税。

(2) 无商业价值的广告品和货样，可免征关税。

(3) 外国政府、国际组织无偿赠送的物资，可免征关税。

(4) 进出境运输工具装载的途中必需的燃料、物料和饮食用品，可予免税。

(5) 经海关核准暂时进境或者暂时出境，并在 6 个月内复运出境或者复运进境的货样、展览品、施工机械、工程车辆、工程船舶、供安装设备时使用的仪器和工具、电视或者电影摄制器械、盛装货物的容器以及剧团服装道具，在货物收发货人向海关缴纳相当于税款的保证金或者提供担保后，可予暂时免税。

(6) 为境外厂商加工、装配成品和为制造外销产品而进口的原材料、辅料、零件、部件、配套件和包装物料，海关按照实际加工出口的成品数量免征进口关税；或者对进口料、件先征进口关税，再按照实际加工出口的成品数量予以退税。

(7) 因故退还的中国出口货物，经海关审查属实，可予免征进口关税，但已征收的出口关税不予退还。

(8) 因故退还的境外进口货物，经海关审查属实，可予免征出口关税，但已征收的进口关税不予退还。

(9) 进口货物如有以下情形，经海关查明属实，可酌情减免进口关税：①在境外运输途中或者在起卸时，遭受损坏或者损失的；②起卸后海关放行前，因不可抗力遭受损坏或者损失的；③海关查验时已经破漏、损坏或者腐烂，经证明不是保管不慎造成的。

(10) 无代价抵偿货物，即进口货物在征税放行后，发现货物残损、短少或品质不良，而由国外承运人、发货人或保险公司免费补偿或更换的同类货物，可以免税。但有残损或质量问题的原进口货物如未退运国外，其进口的无代价抵偿货物应照章征税。

(11) 我国缔结或者参加的国际条约规定减征、免征关税的货物、物品，按照规定予以减免关税。

(12) 法律规定减征、免征的其他货物。

2. 特定减免税

特定减免税也称政策性减免税。在法定减免税之外，国家按照国际通行规则和我国实际情况，制定发布的有关进出口货物减免关税的政策，称为特定或政策性减免税。特定减免税货物一般有地区、企业和用途的限制，海关需要进行后续管理，也需要进行减免税统计。

3. 临时减免税

临时减免税是指以上法定和特定减免税以外的其他减免税，即由国务院根据《海关法》的规定对某个单位、某类商品、某个项目或某批进出口货物的特殊情况，给予特别照顾，一案一批，专文下达的减免税。一般有单位、品种、期限、金额或数量等限制，不能比照执行。

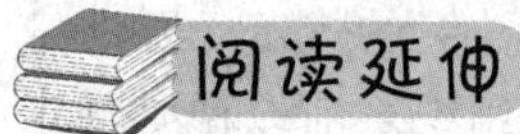

“跨境电子商务零售进口税收政策”（财关税〔2016〕18号）可通过加阅平台进行了解。

5.2.10 关税的征收管理

1. 关税缴纳

进口货物自运输工具申报进境之日起14日内，出口货物在货物运抵海关监管区后装货的24小时以前，应由进出口货物的纳税人向货物进（出）境地海关申报，海关根据税则归类和完税价格计算应缴纳的关税和进口环节代征税，并填发税款缴款书。纳税人应当自海关填发税款缴款书之日起15日内，向指定银行缴纳税款。如关税缴纳期限的最后1日是周末或法定节假日，则关税缴纳期限顺延至周末或法定节假日过后的第1个工作日。为方便纳税人，经申请且海关同意，进（出）口货物的纳税人可以在设有海关的指运地（启运地）办理海关申报、纳税手续。

关税纳税人因不可抗力或者在国家税收政策调整的情形下，不能按期缴纳税款的，经海关总署批准，可以延期缴纳税款，但最长不得超过6个月。

2. 关税的强制执行

纳税人未在关税缴纳期限内缴纳税款，即构成关税滞纳。为保证海关征收关税的有效执行和国家财政收入的及时入库，《海关法》赋予海关对滞纳关税的纳税人强制执行的权力。强制措施主要有两类。一是征收关税滞纳金。滞纳金自关税缴纳期限届满滞纳之日起，至纳税人缴纳关税之日止，按滞纳税款万分之五的比例按日征收，周末或法定节假日不予扣除。二是强制征收。如纳税人自海关填发缴款书之日起3个月仍未缴纳税款，经海关关长批准，海关可以采取强制扣缴、变价抵缴等强制措施。强制扣缴即海关从纳税人在开户银行或者其他金融机构的存款中直接扣缴税款。变价抵缴即海关将应税货物依法变卖，以变卖所得抵缴税款。

3. 关税退还

关税退还是关税纳税人按海关核定的税额缴纳关税后，因某种原因的出现，海关将实际征收多于应当征收的税额（称为溢征关税）退还给原纳税人的一种行政行为。根据《海关法》的规定，海关多征的税款，海关发现后应当立即退还。

按规定，有下列情形之一的，进出口货物的纳税人可以自缴纳税款之日起1年内，书面声明理由，连同原纳税收据向海关申请退税并加算银行同期活期存款利息，逾期不予受理：①因海关误征，多纳税款的；②海关核准免验进口的货物，在完税后发现有短卸情形，经海关审查认可的；③已征出口关税的货物，因故未将其出口，申报退关，经海关查验属实的。

对已征出口关税的出口货物和已征进口关税的进口货物，因货物品种或规格原因（非其他原因）原状复运进境或出境的，经海关查验属实的，也应退还已征关税。海关应当自受理退税申请之日起30日内，作出书面答复并通知退税申请人。

4. 关税补征和追征

补征和追征是海关在关税纳税人按海关核定的税额缴纳关税后，发现实际征收税额少于应当征收的税额（称为短征关税）时，责令纳税人补缴所差税款的一种行政行为。《海关法》根据短征关税的原因，将海关征收原短征关税的行为分为补征和追征两种。由于纳税人违反海关规定造成短征关税的，称为追征；非因纳税人违反海关规定造成短征关税的，称为补征。区分关税追征和补征的目的是区别不同情况适用不同的征收时效。超过时效规定的期限，海关就丧失了追补关税的权力。根据《海关法》规定，进出境货物和物品放行后，海关发现少征或者漏征税款，应当自缴纳税款或者货物、物品放行之日起1年内，向纳税义务人补征；因纳税人违反规定而造成的少征或者漏征的税款，自纳税人应缴纳税款之日起3年以内可以追征，并从缴纳税款之日起按日加收少征或者漏征税款万分之五的滞纳金。

5.2.11 关税的会计处理

1. 会计科目的设置

企业缴纳及出口关税，应设置“应交税费——应交关税”科目进行核算。企业按规定计算应纳税额时，借记有关科目，贷记“应交税费——应交关税”；实际缴纳时，借记“应交税费——应交关税”，贷记“银行存款”。实际工作中，由于企业经营进出口业务的形式和内容不同，具体会计核算方式也有所区别。

2. 自营进出口关税的核算

自营进出口是指由有进出口自营权的企业办理对外洽谈和签订进出口合同，执行合同并办理运输、开证、付汇全过程，并自负进出口盈亏。

根据现行会计制度的规定，企业自营进口商品计算应纳关税税额时，借记“物资采购”等科目，贷记“应交税费——应交关税”；企业自营出口商品计算应纳关税税额时，借记

“税金及附加”等科目，贷记“应交税费——应交关税”。按规定时间缴纳税款时，借记“应交税费——应交关税”，贷记“银行存款”。

3. 代理进出口关税的核算

代理进出口是外贸企业接受国内委托方的委托，办理对外洽谈和签订进出口合同，执行合同并办理运输、开证、付汇全过程的进出口业务。委托企业不负担进出口盈亏，只按规定收取一定比例的手续费。因此，受托企业进出口商品计算应纳关税时，借记“应收账款”等有关科目，贷记“应交税费——应交关税”科目；代缴进口关税时，借记“应交税费——应交关税”科目，贷记“银行存款”科目；收到委托单位税款时，借记“银行存款”，贷记“应收账款”科目。

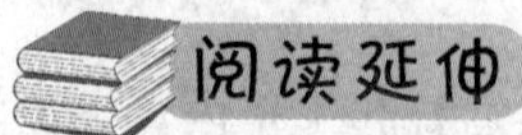

“中美贸易战 2 000 亿关税对美国能源行业影响几何”见加阅平台。

5.3 关税法适用案例

5.3.1 进口关税的计算

【案例 5-1】 某商贸公司 2019 年 5 月从境外进口小轿车 30 辆，每辆小轿车货价 15 万元，运抵我国海关前发生的运输费用、保险费用无法确定，经海关查实其他运输公司相同业务的运输费用占货价的比例为 2%。关税税率 60%，消费税税率 9%。分别计算进口环节缴纳的各项税金。

解析 小轿车在进口环节应缴纳的关税、消费税、增值税：

① 进口小轿车的货价＝15×30＝450(万元)

② 进口小轿车的运输费＝450×2%＝9(万元)

③ 进口小轿车的保险费＝(450＋9)×3‰＝1.38(万元)

④ 进口小轿车应缴纳的关税：

关税的完税价格＝450＋9＋1.38＝460.38(万元)

应缴纳关税 460.38×60%＝276.23(万元)

⑤ 进口环节小轿车应缴纳的消费税：

消费税组成计税价格＝(460.38＋276.23)/(1－9%)＝809.46(万元)

应缴纳消费税＝809.46×9%＝72.85(万元)

⑥ 进口环节小轿车应缴纳增值税：

应缴纳增值税＝809.46×13%＝116.30(万元)

【案例 5-2】 某轿车生产企业为增值税一般纳税人，2019 年 5 月份的生产经营情况如下。(1) 进口原材料一批，支付给国外的买价 120 万元，包装材料 8 万元，到达我国海关以前的运输装卸费 3 万元、保险费 13 万元，从海关运往企业所在地支付运输费 7 万元。(2) 进口两台机械设备，支付给国外的买价 60 万元，相关税金 3 万元，支付到达我国海关以前的装卸费、运输费 6 万元、保险费 2 万元，从海关运往企业所在地支付运输费 4 万元。该企业进口原材料和机械设备的关税税率为 10%。

(1) 计算企业5月份进口原材料应缴纳的关税；
(2) 计算企业5月份进口原材料应缴纳的增值税；
(3) 计算企业5月份进口机械设备应缴纳的关税；
(4) 计算企业5月份进口机械设备应缴纳的增值税。

解析

(1) 进口原材料应缴纳的关税＝(120＋8＋3＋13)×10%＝14.40(万元)
(2) 进口原材料应缴纳的增值税＝(120＋8＋3＋13＋14.4)×13%＝20.59(万元)
(3) 进口机械应缴纳的关税＝(60＋3＋6＋2)×10%＝7.10(万元)
(4) 进口机械应缴纳的增值税＝(60＋3＋6＋2＋7.1)×13%＝10.15(万元)

5.3.2　关税的会计核算

【案例5-3】 自营进口关税的会计核算

飞天公司为外贸进出口公司，2019年5月从国外自营进口一批商品，该商品的到岸价格为人民币500 000元，进口商品的关税税率为50%。计算该公司应纳的关税并做出会计处理。

解析

(1) 计算应纳关税税额和商品采购成本：

应纳关税税额＝500 000×50%＝250 000(元)

商品采购成本＝500 000＋250 000＝750 000(元)

(2) 购进商品并计算应纳的关税时：

借：物资采购　750 000
　　贷：银行存款　500 000
　　　　应交税费——应交关税　250 000

(3) 实际缴纳关税时：

借：应交税费——应交关税　250 000
　　贷：银行存款　250 000

(4) 商品验收入库时：

借：库存商品　750 000
　　贷：物资采购　750 000

【案例5-4】 代理进口关税的会计核算

理想公司2019年5月委托某外贸公司进口钢材一批，国外离岸价格为10 500美元，另支付运费500美元，包装费200美元，保险费300美元，代理手续费500美元，假定美元对人民币的外汇牌价为1∶7，该钢材的进口关税税率为15%，以上款项均以银行存款支付，钢材已验收入库。计算应纳的关税，并分别做出理想公司和外贸公司的会计处理。

解析

(1) 关税税额的计算：

关税完税价格＝(10 500＋500＋200＋300＋500)×7＝84 000(元)

应纳关税税额＝84 000×15%＝12 600(元)

钢材采购成本＝84 000＋12 600＝96 600(元)

(2) 理想公司有关会计处理如下：

借：物资采购 96 600

贷：银行存款 96 600

借：原材料 96 600

贷：物资采购 96 600

(3) 外贸公司有关会计处理如下：

借：应收账款 12 600

贷：应交税费——应交关税 12 600

借：应交税费——应交关税 12 600

贷：银行存款 12 600

借：银行存款 12 600

贷：应收账款 12 600

本章小结

本章主要讲述了我国关税的主要内容。关税不仅是国家取得财政收入、保护本国经济发展、体现对外经济政策的重要手段，而且是一个国家主权的象征，是各国发展正常贸易关系的重要经济机制。我国关税由中国海关征收，是以进口货物的收货人、出口货物的发货人、进境物品的所有人为纳税人，征税对象是海关税则列举的应当征税的进出口的各种货物或物品。我国关税分进口关税和出口关税，以进口关税为主体，只对国家限制或调控的出口商品征税，大多数出口商品免税。关税计算有多种类型，但以从价计税为主，其关键在于关税完税价格的确定，我国关税法对于完税价格的确定做出了严格规定。

练习与思考题

一、单项选择题

1. 2019 年 5 月某贸易公司进口一批货物，合同中约定成交价格为人民币 600 万元，支付境内特许销售权费用人民币 10 万元，卖方佣金人民币 5 万元，货物运抵境内输入地点起卸前发生的运费和保险费 8 万元，该货物关税完税价格为（ ）万元。

A. 615 B. 613 C. 623 D. 610

2. 2019 年 5 月某企业进口一台生产设备，成交价格为人民币 55 万元，发生境外运费和保险费 5 万元。2019 年 8 月因出现故障运往日本进行修理，出境时已经向海关报明将在三个月后复运进境，进境时同类生产设备的进口成交价格为 45 万元。该设备的境外修理费和料件费共 10 万元，境外运费和保险费 3 万元。进口关税税率 20%，该设备复运进境应缴关税（ ）万元。

A. 2.6 B. 9 C. 12 D. 2

3. 不属于差别关税的是（ ）。

A. 反倾销关税 B. 优惠关税 C. 反补贴关税 D. 报复关税

4. 如果纳税义务人自缴款期限届满之日起（ ）内仍未缴税款，经海关关长批准，海关可以采取强制措施。

A. 15 日　　B. 3 个月　　C. 6 个月　　D. 30 日

5. 具有进出口经营权的某外贸公司 2019 年 5 月进口自小轿车 30 辆，单价 15 万元，运抵我国海关前发生的运输费用、保险费用无法确定，经海关查实其他运输公司相同业务的运输费占货价比例 2%，小轿车进口环节的关税是（关税率 30%）（　　）万元。

A. 135.00　　B. 137　　C. 137.70　　D. 138.11

二、判断题

1. 进口环节缴纳的增值税准予从销项税额中抵扣。（　　）

2. 进出口货物应当适用海关接受该货物申报进口或者出口之日实施的税率。（　　）

3. 跨境电子商务零售进口商品，购买跨境电子商务零售进口商品的个人为纳税义务人。（　　）

4. 出口加工区进出口货物关税免税。（　　）

5. 特惠税率适用原产于与我国签订有特殊优惠关税协定的国家或地区的进出口货物。（　　）

三、思考题

1. 关税类型、特点、作用各是什么？

2. 关税完税价格如何确定？

3. 论述关税与进口环节的增值税、消费税之间的关联性。

第 6 章

企业所得税

学习目的

通过本章的学习，了解企业所得税的产生和发展；理解企业所得税的概念、特点；掌握我国企业所得税征收制度的基本内容；熟悉企业所得税的基本会计处理。

开篇导言

企业所得税是就企业的利润包括生产经营所得和其他所得征收的一种税。企业所得税是当今世界最流行的税种之一。但在发达的市场经济国家中，该税种普遍被称为公司所得税，它是指以公司、企业法人取得的生产经营所得和其他所得为征税对象而征收的一种所得税。公司是依公司法规设立的，全部资本由股东出资，并以股份形式构成的，以营利为目的的法人实体。而企业包括非法人企业（独资、合伙企业）和法人企业（公司）。我国实行的是企业所得税，纳税人范围比公司所得税大。

我国的企业所得税制度，是随着对外开放和经济体制改革不断深入而逐步建立、完善起来的。现行企业所得税法的基本规范，是 2007 年 3 月 16 日第十届全国人民代表大会第五次全体会议通过的《中华人民共和国企业所得税法》和 2007 年 11 月 28 日国务院第 197 次常务会议通过的《中华人民共和国企业所得税法实施条例》。在我国现行税制中，企业所得税是仅次于增值税的第二大税种，在整个税收收入中占的比重逐年递增，到 2018 年年底已达 22.58%。

本章首先介绍企业所得税的发展演变，然后重点介绍我国现行企业所得税的具体征收制度，最后介绍企业所得税的基本会计处理。

6.1 企业所得税概述

6.1.1 企业所得税的产生与发展

企业所得税在国外被称为“公司税”“公司所得税”“法人税”“法人所得税”。对于公司所得课征税收，起源于英国早期商业活动时期。当时公司组织的创设，需经英王特许。对于公司所征收的特别税收，可以说是所得税的雏形。英国自 1909 年起即开始征收公司所得税，是较早实行公司税制的国家，此后其他国家也相继开征。目前，世界上有 160 多个国家和地区开征了企业所得税。

我国所得税制度的创建受欧美和日本等国影响，始议于 20 世纪初。清末宣统年间（约

1910 年），政府有关部门曾草拟出《所得税章程》，包括对企业所得和个人所得征税的内容，但因社会动荡等原因未能公布施行。1912 年中华民国成立后，以前述章程为基础制定了《所得税条例》，并于 1914 年初公布，但出于一些原因未能真正施行。1936 年，国民政府公布《所得税暂行条例》，自同年 10 月 1 日起施行。这是中国历史上第一次实质性的开征所得税。1943 年，国民政府公布了《所得税法》，进一步提高了所得税的法律地位，并成为政府组织财政收入的重要方式之一。

新中国成立后，废除了旧的所得税制度，在 1950 年公布的《工商业税暂行条例》中，把所得税并入工商业税。所得税适用于资本主义经济、国家资本主义经济、合作社经济、个体经济性质的工商企业，实行 21 级全额累进税率，税率为 3%～30%。而国营企业实行利润上缴，不征企业所得税。这种制度的设计适应了当时中国高度集中的计划经济管理体制的需要。

1958 年和 1973 年我国进行了两次重大的税制改革，其核心是简化税制，其中的工商业税（所得税部分）主要还是对集体企业征收，国营企业只征一道工商税，不征所得税，但国营企业上缴的利润是国家财政收入主要来源之一。在税收收入中，国内销售环节征收的货物税和劳务税是主体收入，占税收总额的比例在 70%以上，工商企业上缴的所得税收入占税收总额的比重较小。

改革开放以后，为适应引进国外资金、技术和人才，开展对外经济技术合作的需要，1980 年 9 月，第五届全国人民代表大会第三次会议通过了《中华人民共和国中外合资经营企业所得税法》并公布施行。企业所得税税率确定为 30%，另按应纳所得税额附征 10%的地方所得税。1981 年 12 月，第五届全国人民代表大会第四次会议通过了《中华人民共和国外国企业所得税法》，实行 20%至 40%的 5 级超额累进税率，另按应纳税所得额附征 10%的地方所得税。上述改革标志着与中国社会主义有计划的市场经济体制相适应的所得税制度改革开始起步。

作为企业改革和城市改革的一项重大措施，1983 年国务院决定在全国试行国营企业“利改税”，即将国营企业向国家上缴利润的制度改为缴纳企业所得税的制度。1984 年 9 月，国务院发布了《中华人民共和国国营企业所得税条例（草案）》和《国营企业调节税征收办法》。国营企业所得税的纳税人为实行独立经济核算的国营企业，大中型企业实行 55%的比例税率，小型企业等适用 10%至 55%的 8 级超额累进税率。国营企业调节税的纳税人为大中型国营企业，税率由财税部门会同企业主管部门核定。这标志着国家与国营企业的分配关系以法律的形式初步规范。1985 年 4 月，国务院发布了《中华人民共和国集体企业所得税暂行条例》，对实行独立核算的城乡集体所有制企业的生产经营所得和其他所得，实行 10%至 55%的 8 级超额累进税率。1986 年 1 月，国务院发布了《城乡个体工商业户所得税暂行条例》，实行 10 级超额累进税率，税率为 7%～60%，并允许地方政府最高可加征四成。1988 年 6 月，国务院发布了《中华人民共和国私营企业所得税暂行条例》，对私营企业的生产所得和其他所得征收，税率为 35%。国营企业“利改税”和集体企业、私营企业所得税制度的出台，重新确定了国家与企业的分配关系，使我国的企业所得税制建设进入健康发展的新阶段，并形成了多种企业所得税并存的税制结构。

20 世纪 90 年代，为适应中国建立社会主义市场经济体制的新形势，进一步扩大改革开放，努力把国有企业推向市场，按照统一税法、简化税制、公平税负、促进竞争的原则，国家先后完成了外资企业所得税的统一和内资企业所得税的统一。1991 年 4 月，第七届全国人民代表大会将《中华人民共和国中外合资经营企业所得税法》与《中华人民共和国外国企业所得税法》合并，制定了《中华人民共和国外商投资企业和外国企业所得税法》，并于同年7月1日起施行。1993年12月13日，国务院将《中华人民共和国国营企业所得税条例（草案）》《国营企业调节税征收办法》《中华人民共和国集体企业所得税暂行条例》《中华人民共和国私营企业所得税暂行条例》，进行整合制定了《中华人民共和国企业所得税暂行条例》，实现了内资企业所得税的合并和统一，并于1994年1月1日起施行。本条例对内资企业统一实行33%的比例税率；统一了税基，取消了税前还贷和税后征收的国家能源交通重点建设基金和国家预算调节基金；统一了税前列支范围和标准；限制了税收减免优惠的权限。1994年2月4日，财政部发布《企业所得税暂行条例实施细则》。2000年5月16日，国家税务总局发布《企业所得税税前扣除办法》等，形成了内资企业所得税体系。这次改革标志着中国的所得税制度改革向着法制化、科学化和规范化的方向迈出了重要的步伐。

随着我国社会主义市场经济体制的建立和完善，特别是我国加入世界贸易组织后，内、外资企业两套所得税制并存的税制模式，无法适应社会主义市场经济发展的要求，矛盾日益突出。为此，全国人大在2007年3月对《中华人民共和国外商投资企业和外国企业所得税法》和《中华人民共和国企业所得税暂行条例》进行了合并，形成了新的《中华人民共和国企业所得税法》（以下简称《企业所得税法》），从2008年1月1日起对内外资企业统一施行，内资企业和外资企业税负不统一的格局得以打破，在税收待遇上，内外资企业将一视同仁，不再搞区别对待。

6.1.2 企业所得税的特点

企业所得税是对我国境内的企业和其他取得收入的组织的生产经营所得和其他所得所征收的一种税，是国家参与企业利润分配的重要手段。与商品劳务税相比，它具有自身的特点。

1. 将企业划分为居民企业和非居民企业，分别行使征税权

现行企业所得税根据国际惯例，同时行使居民管辖权和地域管辖权两种征税权力，将企业划分为居民企业和非居民企业两大类，分别确定征税范围：居民企业负无限纳税义务，即对其来源于我国境内和境外的所得都要进行课税；非居民企业负有限纳税义务，即仅对其来源于我国境内的所得课税，对来源于境外的所得不纳税。

2. 计税依据为应纳税所得额

企业所得税的计税依据，是纳税人的收入总额扣除各项成本、费用、税金、损失等支出后的净所得额，它不是依据会计制度的规定计算出来的利润总额，也不是企业的增值额及销售额或营业额。应纳税所得额的计算涉及一定时期的成本、费用的归集与分摊，还要扣除税法规定的不予计税的项目如国债利息等免税所得，因此，计算过程相对复杂。

3. 以量能负担作为一项重要立法原则

企业所得税以纳税人的生产、经营所得和其他所得为计税依据，贯彻了量能负担的原则，即所得多的多征，所得少的少征，无所得的不征，充分体现税收的公平原则，而不是像流转税那样只要取得收入就征税，不能充分考虑纳税人的负担能力。

4. 具有税收负担的直接性

所得税对所得进行课税，税收负担由取得所得的企业承担，不容易转嫁到消费者身上，所以体现为直接税。而流转税通过产品的销售过程可以使得税收负担转嫁到消费者身上，所以是间接税。

5. 实行按年计征、分期预缴的征收管理办法

企业所得税以全年的应纳税所得额作为计税依据，分月或分季预缴、年终汇算清缴，多退少补，与会计年度及核算期限一致，有利于税收的征收管理和企业核算期限的一致性。

6.1.3 企业所得税的立法原则

企业所得税是处理国家和企业关系的重要手段。税收制度设计是否合理，不仅影响企业负担和国家财政收入，还关系到企业的竞争条件和企业经营机制的转换，以及以法制形式规范国家和企业之间的分配关系。因此，企业所得税在立法过程中，遵循了以下几项原则。

1. 统一税法、公平税负、促进竞争的原则

税收的公平原则要求纳税人的税收负担与其经济状况相适应，并使纳税人之间的税负水平保持均衡。公平原则是设计税收制度的基本原则。企业所得税是处理政府与企业分配关系的主要税种之一，如何分配企业创造的新价值，税负公平就显得十分重要。从宏观而言，既要保证政府财政收入的需要，又要满足政府利用税收杠杆调节经济的需要；从微观而言，企业之间、行业之间要公平，除特殊规定外，所有的企业税负都应相等。因此，世界各国制定的企业（公司）所得税法都统一适用于所有的公司、企业和其他经济组织，既不存在所有制的区别，也不存在地区、行业和经营形式的差别。我国的新企业所得税法也遵循国际惯例，统一了税率、税前扣除标准和税收优惠政策，以利于各种所有制、经营形式的企业开展平等竞争，优胜劣汰。

2. 科学发展观原则

科学发展观关系到人类生存的大计，征收企业所得税不仅要理顺政府与企业的分配关系，更重要的是要有利于国家整体经济长时期地持续发展。因此，企业所得税法的制定要有利于资源的合理运用，有利于生态平衡，有利于环境保护。

3. 发挥调控作用原则

税收是调节经济的重要杠杆。由于我国地域广阔，经济发展很不平衡，地区间、行业间经济发展水平差距大，经济结构不合理，技术进步迟缓等，都需要通过企业所得税法规进行调节。因此，如何利用企业所得税的规定来调节经济是税制设计必须要考虑的问题。

4. 有利于征管原则

企业所得税的计税依据是应纳税所得额，它的确定涉及企业一个纳税年度内的所有收入、成本和费用的归集，以及相关税金的扣除，对税法规定与会计制度不一致的地方还要进行纳税调整，计算起来非常复杂，稍有不慎就会发生错误。因此，在制定企业所得税法规时，要尽量做到简单、易懂，利于操作和执行，以提高征管效率。

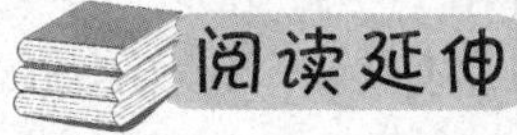

“企业所得税制的国际比较”见加阅平台。

2010 年以来我国企业所得税收入概况见表 6－1。

表 6－1　2010 年以来我国企业所得税收入概况

年度	税收收入总额/亿元	企业所得税收入/亿元	企业所得税占税收总额的比重/%
2010	73 210.79	12 843.54	17.54
2011	89 738.39	16 769.64	18.67

续表

年度	税收收入总额/亿元	企业所得税收入/亿元	企业所得税占税收总额的比重/%
2012	100 614.28	19 654.53	19.53
2013	110 530.70	22 427.20	20.29
2014	119 175.31	24 642.19	20.68
2015	124 922.20	27 133.87	21.72
2016	130 360.73	28 851.36	22.13
2017	144 360.00	32 111.00	22.24
2018	1 564.0.00	35 323	22.58

资料来源：中国统计局官网数据整理计算而得。

6.2 我国企业所得税的具体征收制度

6.2.1 纳税义务人

企业所得税的纳税人是指在中华人民共和国境内，企业和其他取得收入的组织（以下统称企业）。依照《中华人民共和国独资企业法》《合伙企业法》等法律、行政法规成立的个人独资企业、合伙企业不适用本法。

企业所得税的纳税人分为居民企业和非居民企业。这是根据企业纳税义务范围的宽窄进行的分类，是为了更好地保障我国税收管辖权的有效行使。

1. 居民企业

所谓居民企业，是指依法在中国境内成立，或者依照外国（地区）法律成立但实际管理机构在中国境内的企业。这里的企业包括国有企业、集体企业、私营企业、联营企业、股份制企业、外商投资企业、外国企业，以及有生产、经营所得和其他所得的其他组织。其中，有生产经营所得和其他所得的其他组织，是指经国家有关部门批准，依法注册、登记的事业单位、社会团体等组织。

2. 非居民企业

所谓非居民企业，是指依照外国（地区）法律成立且实际管理机构不在中国境内，但在中国境内设立机构、场所的，或者在中国境内未设立机构、场所，但有来源于中国境内所得的企业。

上述所称“实际管理机构”，是指对企业的生产经营、人员、账务、财产等实施实质性全面管理和控制的机构。非居民企业所设立的“机构、场所”，是指在中国境内从事生产经营活动的机构、场所，包括：①管理机构、营业机构、办事机构；②工厂、农场、开采自然资源的场所；③提供劳务的场所；④从事建筑、安装、装配、修理、勘探等工程作业的场所；⑤其他从事生产经营活动的机构、场所。

非居民企业委托营业代理人在中国境内从事生产经营活动的，包括委托单位或者个人经常代其签订合同，或者储存、交付货物等，该营业代理人视为非居民企业在中国境内设立的机构、场所。

6.2.2　征税对象

企业所得税的征税对象是指企业的生产经营所得、其他所得和清算所得。

1. 居民企业的征税对象

居民企业应当就其来源于中国境内、境外的所得缴纳企业所得税。所得，包括销售货物所得、提供劳务所得、转让财产所得、股息红利等权益性投资所得、利息所得、租金所得、特许权使用费所得、接受捐赠所得和其他所得。

2. 非居民企业的征税对象

非居民企业在中国境内设立机构、场所的，应当就其所设机构、场所取得的来源于中国境内的所得，以及发生在中国境外但与其所设机构、场所有实际联系的所得，缴纳企业所得税。非居民企业在中国境内未设立机构、场所的，或者虽设立机构、场所但取得的所得与其所设机构、场所没有实际联系的，应当就其来源于中国境内的所得缴纳企业所得税。其中，所谓实际联系，是指非居民企业在中国境内设立的机构、场所拥有据以取得所得的股权、债权，以及拥有、管理、控制据以取得所得的财产等。

3. 所得来源的确定

企业所得税法所称来源于中国境内、境外的所得，按照以下原则确定：①销售货物所得，按照交易活动发生地确定；②提供劳务所得，按照劳务发生地确定；③转让财产所得，不动产转让所得按照不动产所在地确定，动产转让所得按照转让动产的企业或者机构、场所所在地确定，权益性投资资产转让所得按照被投资企业所在地确定；④股息、红利等权益性投资所得，按照分配所得的企业所在地确定；⑤利息所得、租金所得、特许权使用费所得，按照负担、支付所得的企业或者机构、场所所在地确定，或者按照负担、支付所得的个人的住所地确定；⑥其他所得，由国务院财政、税务主管部门确定。

6.2.3　税率

我国企业所得税实行比例税率。基本税率为 25%，适用于居民企业和在中国境内设有机构、场所且所得与机构、场所有关联的非居民企业。低税率为 20%，实际征收时税率为 10%，适用于在中国境内未设立机构、场所的，或者虽设立机构、场所但取得的所得与其所设机构、场所没有实际联系的非居民企业。

阅读延伸

“低税率、宽税基是国际所得税税制改革的趋势”可通过加阅平台阅读。

6.2.4　应纳税所得额的确定

企业所得税的计税依据是应纳税所得额。企业每一纳税年度的收入总额，减除一些必要项目后的余额，即为应纳税所得额。计算公式为：

应纳税所得额＝收入总额－不征税收入－免税收入－各项扣除－弥补的亏损

企业应纳税所得额的计算，以权责发生制为原则，属于当期的收入和费用，不论款项是否收付，均作为当期的收入和费用；不属于当期的收入和费用，即使款项已经在当期收付，均不作为当期的收入和费用。《企业所得税法》和国务院财政、税务主管部门另有规定的除外。

1. 收入总额

企业的收入总额包括以货币形式和非货币形式从各种来源取得的收入。企业取得收入的货币形式，包括现金、存款、应收账款、应收票据、准备持有至到期的债券投资及债务的豁免等。企业取得收入的非货币形式，包括固定资产、生物资产、无形资产、股权投资、存货、不准备持有至到期的债券投资、劳务及有关权益等。企业以非货币形式取得的收入，应当按照公允价值即市场价格确定收入总额。收入总额具体包括以下 9 个部分。

（1）销售货物收入，即企业销售商品、产品、原材料、包装物、低值易耗品及其他存货取得的收入。

（2）提供劳务收入，即企业从事建筑安装、修理修配、交通运输、仓储租赁、金融保险、邮电通信、咨询经纪、文化体育、科学研究、技术服务、教育培训、餐饮住宿、中介代理、卫生保健、社区服务、旅游、娱乐、加工及其他劳务服务活动取得的收入。

（3）转让财产收入，即企业转让固定资产、生物资产、无形资产、股权、债权等财产取得的收入。

（4）股息、红利等权益性投资收益，即企业因权益性投资从被投资方取得的收入。除国务院财政、税务主管部门另有规定外，按照被投资方做出利润分配决定的日期确认收入的实现。

（5）利息收入，即企业将资金提供他人使用但不构成权益性投资，或者因他人占用本企业资金取得的收入，包括存款利息、贷款利息、债券利息、欠款利息等收入，按照合同约定的债务人应付利息的日期确认收入的实现。

（6）租金收入，即企业提供固定资产、包装物或者其他有形资产的使用权取得的收入，按照合同约定的承租人应付租金的日期确认收入的实现。

（7）特许权使用费收入，即企业提供专利权、非专利技术、商标权、著作权以及其他特许权的使用权取得的收入，按照合同约定的特许权使用人应付特许权使用费的日期确认收入的实现。

（8）接受捐赠收入，即企业接受的来自其他企业、组织或者个人无偿给予的货币性资产、非货币性资产，按照实际收到捐赠资产的日期确认收入的实现。

（9）其他收入，包括企业资产溢余收入、逾期未退包装物押金收入、确实无法偿付的应付款项、已作坏账损失处理后又收回的应收款项、债务重组收入、补贴收入、违约金收入、汇兑收益等。

企业的下列生产经营业务可以分期确认收入的实现：①以分期收款方式销售货物的，按照合同约定的收款日期确认收入的实现；②企业受托加工制造大型机械设备、船舶、飞机，以及从事建筑、安装、装配工程业务或者提供其他劳务等，持续时间超过 12 个月的，按照纳税年度内完工进度或者完成的工作量确认收入的实现。

采取产品分成方式取得收入的，按照企业分得产品的日期确认收入的实现，其收入额按照产品的公允价值确定。

企业发生非货币性资产交换，以及将货物、财产、劳务用于捐赠、偿债、赞助、集资、广告、样品、职工福利或者利润分配等用途的，应当视同销售货物、转让财产或者提供劳务，国务院财政、税务主管部门另有规定的除外。

2. 不征税收入

国家为了扶持和鼓励某些特殊的纳税人和特定的项目，或者避免因征税影响企业的正常经营，对企业取得的某些收入不予征税，以减轻企业的负担，促进经济发展。收入总额中的下列收入为不征税收入。

(1) 财政拨款，即各级人民政府对纳入预算管理的事业单位、社会团体等组织拨付的财政资金，国家另有规定的除外。

(2) 依法收取并纳入财政管理的行政事业性收费、政府性基金。行政事业性收费，是指依照法律法规等有关规定，按照国务院规定程序批准，在实施社会公共管理，以及在向公民、法人或者其他组织提供特定公共服务过程中，向特定对象收取并纳入财政管理的费用。政府性基金，是指企业依照法律、行政法规等有关规定，代政府收取的具有专项用途的财政资金。

(3) 国务院规定的其他不征税收入，是指企业取得的，由国务院财政、税务主管部门规定专项用途并经国务院批准的财政性资金。

自 2011 年 1 月 1 日起，企业取得的专项用途财政性资金企业所得税处理按照以下规定执行。

第一，企业从县级以上各级人民政府财政部门及其他部门取得的应计收入总额的财政性资金，凡同时符合以下条件的，可以作为不征税收入，在计算应税所得时从收入总额中减除：①企业能够提供该规定资金专项用途的资金拨款文件；②财政部门或其他拨付资金的政府部门对该资金有专门的资金管理办法或具体管理要求；③企业对该资金以及该资金发生的支出单独进行核算。

第二，上述不征税收入用于支出形成的费用，不得在计算应税所得时扣除；用于支出所形成的资产，其计算的折旧、摊销不得在计算应税所得时扣除。

第三，企业将上述财政资金按照不征收收入处理后，在 5 年内未发生支出且未缴回财政部门或其他拨付资金的政府部门的部分，应计入取得该资金第 6 年的应税收入总额；计入应税收入总额的财政性资金发生的支出，允许在计算应税所得时扣除。

3. 免税收入

企业的下列收入为免税收入。

(1) 国债利息收入，是指企业持有国务院财政部门发行的国债取得的利息收入。

(2) 符合条件的居民企业之间的股息、红利等权益性投资收益，是指居民企业直接投资于其他居民企业取得的投资收益。

(3) 在中国境内设立机构、场所的非居民企业从居民企业取得与该机构、场所有实际联系的股息、红利等权益性投资收益。

上述第 (2) 项和第 (3) 项所称股息、红利等权益性投资收益，不包括连续持有居民企业公开发行并上市流通的股票不足 12 个月取得的投资收益。

(4) 符合条件的非营利组织的收入，但不包括非营利组织从事营利性活动取得的收入。符合条件的非营利组织是指：①依法履行非营利组织登记手续；②从事公益性或者非营利性活动；③取得的收入除用于与该组织有关的、合理的支出外，全部用于登记核定或者章程规定的公益性或者非营利性事业；④财产及其滋生利息不用于分配；⑤按照登记核定或者章程规定，该组织注销后的剩余财产用于公益性或者非营利性目的，或者由登记管理机关转赠给与该组织性质、宗旨相同的组织，并向社会公告；⑥投入人对投入该组织的财产不保留或者享有任何财产权利；⑦工作人员工资福利开支控制在规定的比例内，不变相分配该组织的财产；⑧国务院财政、税务主管部门规定的其他条件。

4. 税前准予扣除项目

企业实际发生的与取得收入有关的、合理的支出，包括成本、费用、税金、损失和其他支出，准予在计算应纳税所得额时扣除。

企业发生的支出应当区分收益性支出和资本性支出。收益性支出在发生当期直接扣除；资本性支出应当分期扣除或者计入有关资产成本，不得在发生当期直接扣除。除企业所得税法和实施条例另有规定外，企业实际发生的成本、费用、税金、损失和其他支出，不得重复扣除。

企业申报的扣除项目和金额要真实、合法，除税法规定以外，税前扣除一般应遵循权责发生制原则、配比原则、合理性原则、相关性原则及确定性原则。

(1) 成本。是指企业在生产经营活动中发生的销售成本、销货成本、业务支出以及其他耗费，即企业销售商品（产品、材料、下脚料、废料、废旧物资等）、提供劳务、转让固定资产、无形资产（包括技术转让）的成本。

(2) 费用。是指企业在生产经营活动中发生的销售费用、管理费用和财务费用，已经计入成本的有关费用除外。

销售费用是指应由企业负担的为销售商品而发生的费用，包括广告费、运输费、装卸费、包装费、展览费、保险费、销售佣金（能直接认定的进口佣金调整商品进价成本）、代销手续费、经营性租赁费及销售部门发生的差旅费、工资、福利费等费用。

管理费用是指企业的行政管理部门为管理组织经营活动提供各项支援性服务而发生的费用。

财务费用是指企业筹集经营性资金而发生的费用，包括利息净支出、汇兑净损失、金融机构手续费以及其他非资本化支出。

(3) 税金。是指企业发生的除企业所得税和允许抵扣的增值税以外的各项税金及附加，即企业按规定缴纳的消费税、城市维护建设税、关税、资源税、土地增值税、房产税、车船税、土地使用税、印花税、教育费附加等产品销售税金及附加。

(4) 损失。是指企业在生产经营活动中发生的固定资产和存货的盘亏、毁损、报废损失，转让财产损失，呆账损失，坏账损失，自然灾害等不可抗力因素造成的损失以及其他损失。企业发生的损失，减除责任人赔偿和保险赔款后的余额，依照国务院财政、税务主管部门的规定扣除。企业已经作为损失处理的资产，在以后纳税年度又全部收回或者部分收回时，应当计入当期收入。

(5) 其他支出。是指除成本、费用、税金、损失外，企业在生产经营活动中发生的与生产经营活动有关的、合理的支出。

5. 部分扣除项目的具体范围和标准

(1) 工资薪金支出。企业发生的合理的工资薪金支出，准予据实扣除。工资薪金，是指企业每一纳税年度支付给在本企业任职或者受雇的员工的所有现金形式或者非现金形式的劳动报酬，包括基本工资、奖金、津贴、补贴、年终加薪、加班工资，以及与员工任职或者受雇有关的其他支出。

(2) 职工福利费、工会经费、职工教育经费。企业发生的职工福利费、工会经费、职工教育经费（简称为“三项经费”）按标准扣除。未超过标准的按实际发生数扣除；超过标准的只能按标准扣除，超过部分不得扣除（职工教育经费除外）。

① 企业发生的职工福利费支出，不超过工资薪金总额的14%以内的部分准予扣除。企业职工福利费是企业为职工生活、福利及其他而发生的支出。在尚未实行分离办理社会职能的企业，其内设的福利部门所发生的设备、设施和人员费用为职工福利支出，如职工食堂、职工浴室、医务所、托儿所、疗养院等集体福利部门的支出等。在实行分离办理社会职能的企业，其为职工卫生保健、生活、住房、交通等所发放的各项补贴和非货币性福利，如企业向职工发送的因公外地就医费用、供暖费补贴、职工防暑降温费、职工困难补助、救济费、职工食堂经费补贴、职工交通补贴等，以及企业按照其他规定发生的其他职工福利费，如丧葬补助费、抚恤费、安家费、探亲假路费等。

企业发生的职工福利费，应该单独设置账册，进行准确核算。没有单独设置账册的，税务机关应责令其在规定期限内进行改正。逾期仍未改正的，税务机关可对企业发生的职工福利费进行合理的核定。

② 企业拨缴的工会经费，不超过工资薪金总额的2%以内的部分准予扣除。

③ 企业发生的职工教育经费，不超过工资薪金总额的8%以内的部分准予扣除，超过部分准予结转以后年度扣除。

工资薪金总额，是指企业按照规定所称的工资薪金总额，不包括企业职工的“三项费用”和“四险一金”支出。国有企业发放的工资薪金不得超过政府有关部门给予的限定数额，超过部分不得计入企业工资薪金总额，也不得在计算企业应税所得时扣除。

④ 职工教育经费扣除的特殊情形。一是集成电路设计企业、符合条件的软件企业、经认定的动漫企业发生的职工教育经费中的职工培训费用，可以全额在企业所得税前扣除；二是核力发电企业为培养核电厂操纵员发生的培养费用，可作为企业的发电成本在税前扣除；三是航空企业实际发生的飞行员养成费、飞行训练费、乘务训练费和空中保卫员训练费等空勤训练费用，可作为航空企业运输成本在税前扣除。

（3）社会保险费。

① 企业依照国务院有关主管部门或者省级人民政府规定的范围和标准为职工缴纳的基本养老保险费、基本医疗保险费、失业保险费、工伤保险费等基本社会保险费和住房公积金，准予扣除。

② 企业为投资者或者职工支付的补充养老保险费、补充医疗保险费，在国务院财政、税务主管部门规定的范围和标准内，准予扣除。

③ 除企业依照国家有关规定为特殊工种职工支付的人身安全保险费和国务院财政、税务主管部门规定可以扣除的其他商业保险费外，企业为投资者或者职工支付的商业保险费，不得扣除。

（4）利息费用。

① 非金融企业向金融企业的利息支出、金融企业的各项存款利息支出和同业拆借利息支出、企业经批准发行债券的利息支出可以据实扣除。

② 非金融企业向金融企业借款的利息支出，不超过按照金融企业同期同类贷款利率计算的数额的部分可以据实扣除，超过部分不得扣除。

③ 关联企业之间的利息支出。企业从其关联方接收的借款发生的利息支出，其借款数额超过按照债权性投资与权益性投资的比例规定的标准而发生的利息费用，不得在计算应税

所得时扣除；超过的借款部分发生的利息支出，不得在发生当期和以后年度扣除。

关联企业之间债权性投资与其权益性投资比例，金融企业为5∶1，其他企业为2∶1。

另外，如果企业能按照税法及其实施条例的规定提供资料，并证明相关交易活动符合独立交易原则，企业实际税负不高于境内关联方的，实际支付给境内关联方的利息支出，在计算应纳税所得时准予扣除。

企业自关联方取得不符合规定的利息收入应按照有关规定缴纳企业所得税。

④ 企业向自然人借款发生的利息支出。企业向股东或其他与企业有关联关系的自然人借款的利息支出，扣除标准遵循以上规则。企业向其他没有关联关系的自然人借款发生的利息支出，只要证明借款真实、合法，具有借贷合同，利息不超过同期银行基准利率部分，可以扣除。超过部分，仍然不得扣除。

(5) 借款费用。企业在生产经营活动中发生的合理的不需要资本化的借款费用，准予扣除。企业为购置、建造固定资产、无形资产和经过12个月以上的建造才能达到预定可销售状态的存货发生借款的，在有关资产购置、建造期间发生的合理的借款费用，应当作为资本性支出计入有关资产的成本，并依照规定扣除。有关资产交付使用后发生的借款利息，可在发生当期扣除。

(6) 汇兑损失。企业在货币交易中，以及纳税年度终了时将人民币以外的货币性资产、负债按照期末即期人民币汇率中间价折算为人民币时产生的汇兑损失，除已经计入有关资产成本以及向所有者进行利润分配相关的部分外，准予扣除。

(7) 业务招待费。企业发生的与生产经营活动有关的业务招待费支出，按照发生额的60%扣除，但最高不得超过当年销售（营业）收入的5‰。

当年销售（营业）收入，是指企业当年全部经营业务收入，包括货币收入及非货币收入，不包括企业营业外收入。

对从事股权投资业务的企业（包括集团公司总部、创业投资企业等），其从被投资企业所分配的股息、红利及股权转让收入，可以按规定的比例计算业务招待费扣除限额。

企业在筹建期限发生的与筹办活动有关的业务招待费支出，可以按照实际发生额的60%计入企业筹办费，并按有关规定在税前扣除。

(8) 广告费和业务宣传费。企业发生的符合条件的广告费和业务宣传费支出，除国务院财政、税务主管部门另有规定外，不超过当年销售（营业）收入15%的部分，准予扣除；超过部分，准予在以后纳税年度结转扣除。

企业申报扣除的广告费支出应与赞助支出严格区分。企业申报扣除的广告费支出，必须符合下列条件：①广告是通过经工商部门批准的专门机构制作的；②已实际支付费用，并已取得相应发票；③通过一定的媒体传播。

对部分行业广告费和业务宣传费税前扣除的特殊规定如下。

① 自2016年1月1日起至2020年12月31日，对化妆品制造与销售、医药制造和饮料制造（不含酒类制造）企业发生的广告费和业务宣传费支出，不超过当年销售（营业）收入30%的部分，准予扣除；超过部分，准予在以后纳税年度结转扣除。

② 对签订广告费和业务宣传费分摊协议的关联企业，其中一方发生的不超过当年销售（营业）收入税前扣除限额比例内的广告费和业务宣传费支出可以在本企业扣除，也可以将其中的部分或全部按照分摊协议归集至另一方扣除。另一方在计算本企业广告费和业务

宣传费支出税前扣除限额时，不包括按照上述办法计算出的、归本企业的广告费和业务宣传费。

③ 烟草企业的烟草广告费和业务宣传费支出，一律不得在计算应税所得时扣除。

④ 企业在筹建期限发生的广告费和业务宣传费，可按实际发生额计入本企业筹办费，并按有关规定在税前扣除。

(9) 企业依照法律、行政法规有关规定提取的用于环境保护、生态恢复等方面的专项资金，准予扣除。上述专项资金提取后改变用途的，不得扣除。

(10) 手续费及佣金支出。企业发生的与生产经营有关的手续费及佣金支出，不超过规定计算限额以内的部分，准予扣除；超过部分，不得扣除。

① 保险企业：按当年全部保费收入扣除退保金等后的余额的15%（含本数）计算限额；人身保险企业按当年全部保费收入扣除退保金等后余额的10%（含本数）计算限额。

② 其他企业：按与具有合法经营资格中介服务机构或个人（不含交易双方及其雇员、代理人和代表人等）所签订服务协议或合同确认的收入金额的5%计算限额。

(11) 企业根据生产经营活动的需要租入固定资产支付的租赁费，按照以下方法扣除：①以经营租赁方式租入固定资产发生的租赁费支出，按照租赁期限均匀扣除；②以融资租赁方式租入固定资产发生的租赁费支出，按照规定构成融资租入固定资产价值的部分应当提取折旧费用，分期扣除。

(12) 企业发生的合理的劳动保护支出，准予扣除。自 2011 年 7 月 1 日起，企业根据其工作性质和特点，由企业统一制作并要求员工工作时统一着装所发生的工作服服饰费用，可作为企业合理的支出税前扣除。

(13) 非居民企业在中国境内设立的机构、场所，就其中国境外总机构发生的与该机构、场所生产经营有关的费用，能够提供总机构出具的费用汇集范围、定额、分配依据和方法等证明文件，并合理分摊的，准予扣除。

(14) 公益性捐赠支出。公益性捐赠，是指企业通过公益性社会团体或者县级以上人民政府及其部门，用于《中华人民共和国公益事业捐赠法》规定的公益事业的捐赠。

企业发生的公益性捐赠支出，不超过年度会计利润总额 12%以内的部分，准予扣除；超过部分，准予在以后 3 年内在计算应税所得时结转扣除。企业在计算扣除时，应先扣除以前年度结转的捐赠支出，再扣除当年发生的捐赠支出。

用于公益事业的捐赠支出，包括：救助灾害、救济贫困、辅助残疾人等困难的社会群体和个人的活动；教育、科学、文化、卫生、体育事业；环境保护、社会公共设施建设等。企业事业单位、社会团体及其他组织捐赠住房作为公共租赁住房的，视同公益性捐赠。

(15) 企业转让各类固定资产发生的费用，允许扣除。企业按规定计算的固定资产折旧费、无形资产和递延资产的摊销费，准予扣除。

(16) 企业当期发生的固定资产和流动资产盘亏、毁损净损失，由其提供清查盘存资料经主管税务机关审核后，准予扣除；企业因存货盘亏、毁损、报废等原因不得从销项税金中抵扣的进项税金，应视同企业财产损失，准予与存货损失一起在所得税前按规定扣除。

(17) 企业责任保险支出。企业参加雇主责任险、公众责任险等责任保险，按照规定缴纳的保险费，准予在企业所得税税前全额扣除。

（18）党组织工作经费支出。党组织工作经费纳入企业管理费列支，不超过职工年度工资薪金总额的1%的部分，可以据实在企业所得税前扣除。

（19）依照有关法律、行政法规和国家有关税法规定准予扣除的其他项目。如会员费、合理的会议费、差旅费、违约金、诉讼费用等。

6. 不得扣除的项目

按照企业所得税法及有关规定，在计算应纳税所得额时，下列项目不得扣除。

（1）向投资者支付的股息、红利等权益性投资收益款项。

（2）企业所得税税款。

（3）税收滞纳金。是指纳税人违反税收法规，被税务机关处以的滞纳金。

（4）罚金、罚款和被没收财物的损失。是指纳税人违反国家有关法律、法规，被有关部门处以的罚款，以及被司法机关处以的罚金和被没收财物。

（5）超过规定标准的捐赠支出。

（6）赞助支出。是指企业发生的与生产经营活动无关的各种非广告性质支出。

（7）未经核定的准备金支出。是指不符合国务院财政、税务主管部门规定的各项资产减值准备、风险准备等准备金支出。

（8）企业之间支付的管理费、企业内营业机构之间支付的租金和特许权使用费，以及非银行企业内营业机构之间支付的利息，不得扣除。

（9）与取得收入无关的其他支出。

7. 亏损弥补

《中华人民共和国企业所得税法》规定，纳税人发生年度亏损的，可以用下一纳税年度的所得弥补；下一纳税年度的所得不足弥补的，可以逐年延续弥补，但是延续弥补期最长不得超过5年。5年内不论是盈利或亏损，都作为实际弥补期限计算。这里所说的亏损，不是企业财务报表中反映的亏损额，而是企业财务报表中的亏损额经主管税务机关按税法规定核实调整后的金额。企业在汇总计算缴纳企业所得税时，其境外营业机构的亏损不得抵减境内营业机构的盈利。

8. 差异处理

税法规定与会计规定的处理，是指企业在会计核算中与税法规定不一致的，应当依照税法规定予以调整。即企业平时在会计核算时，可以按照会计制度的有关规定进行会计处理；但在申报纳税时，对税法规定与会计规定有差异的，要按税法规定进行纳税调整。

对企业依据财务会计制度规定，并实际在财务会计处理上已确认的支出，凡没有超过《中华人民共和国企业所得税法》和有关税收法规规定的税前扣除范围和标准的，可按企业实际会计处理确认的支出，在企业所得税前扣除，计算其应纳税所得额。

（1）企业不能提供完整、准确的收入及成本、费用凭证，不能正确计算应纳税所得额的，由税务机关核定其应纳税所得额。

（2）企业依法清算时，以其清算终了后的清算所得为应纳税所得额，按规定缴纳企业所得税。所谓清算所得，是指企业的全部资产可变现净值或者交易价格减除资产净值、清算费用及相关税费等后的余额。投资方企业从被清算企业分得的剩余财产，其中相当于从被清算累计未分配、累计盈余公积中应当分得的部分，应当确认为股息所得；剩余资产减除上述股息所得后的余额，超过或者低于投资成本的部分，应当确认为投资资产转让所得或者损失。

(3) 企业应纳税所得额是根据税收法规计算出来的，它在数额上与依据财务会计制度计算的利润总额往往不一致。因此，税法规定，对企业按照有关财务会计制度规定计算的利润总额，要按照税法的规定进行必要调整后，才能作为应纳税所得额计算缴纳所得税。

(4) 自2011年1月1日起，企业当年实际发生的相关成本、费用，由于各种原因未能及时取得该成本、费用的有效凭证，企业在预缴季度所得税时，可暂按账面发生额进行核算；但在汇算清缴时，应补充提供该成本、费用的有效凭证。

6.2.5　资产的税务处理

资产是由于资本投资而形成的财产。企业的各项资产，包括固定资产、生物资产、无形资产、长期待摊费用、投资资产、存货等，以历史成本为计税基础。所谓历史成本，是指企业取得该项资产时实际发生的支出。企业持有各项资产期间资产增值或者减值，除国务院财政、税务主管部门规定可以确认损益外，不得调整该资产的计税基础。

1. 固定资产的税务处理

固定资产是指企业为生产产品、提供劳务、出租或者经营管理而持有的、使用时间超过12个月的非货币性资产，包括房屋、建筑物、机器、机械、运输工具以及其他与生产经营活动有关的设备、器具、工具等。

1) 固定资产的计税基础

固定资产按照以下方法确定计税基础。

(1) 外购的固定资产，以购买价款和支付的相关税费以及直接归属于使该资产达到预定用途发生的其他支出为计税基础。

(2) 自行建造的固定资产，以竣工结算前发生的支出为计税基础。

(3) 融资租入的固定资产，以租赁合同约定的付款总额和承租人在签订租赁合同过程中发生的相关费用为计税基础，租赁合同未约定付款总额的，以该资产的公允价值和承租人在签订租赁合同过程中发生的相关费用为计税基础。

(4) 盘盈的固定资产，以同类固定资产的重置完全价值为计税基础。

(5) 通过捐赠、投资、非货币性资产交换、债务重组等方式取得的固定资产，以该资产的公允价值和支付的相关税费为计税基础。

(6) 改建的固定资产，除已提足折旧的固定资产和租入的固定资产以外的其他固定资产，以改建过程中发生的改建支出增加计税基础。

2) 固定资产折旧的范围

在计算应纳税所得额时，企业按照规定计算的固定资产折旧，准予扣除。但下列固定资产不得计算折旧扣除：①房屋、建筑物以外未投入使用的固定资产；②以经营租赁方式租入的固定资产；③以融资租赁方式租出的固定资产；④已足额提取折旧仍继续使用的固定资产；⑤与经营活动无关的固定资产；⑥单独估价作为固定资产入账的土地；⑦其他不得计算折旧扣除的固定资产。

3) 固定资产计提折旧的方法

(1) 固定资产按照直线法计算的折旧，准予扣除。

(2) 企业应当自固定资产投入使用月份的次月起计算折旧；停止使用的固定资产，应当自停止使用月份的次月起停止计算折旧。

(3) 企业应当根据固定资产的性质和使用情况，合理确定固定资产的预计净残值。固定资产的预计净残值一经确定，不得变更。

4) 固定资产计提折旧的年限

除国务院财政、税务主管部门另有规定外，固定资产计算折旧的最低年限如下：①房屋、建筑物，为20年；②飞机、火车、轮船、机器、机械和其他生产设备，为10年；③与生产经营活动有关的器具、工具、家具等，为5年；④飞机、火车、轮船以外的运输工具，为4年；⑤电子设备，为3年。

从事开采石油、天然气等矿产资源的企业，在开始商业性生产前发生的费用和有关固定资产的折耗、折旧方法，由国务院财政、税务主管部门另行规定。

专题 6-1

固定资产加速折旧政策汇总

《中华人民共和国企业所得税法》对企业固定资产折旧方法规定采用直线法，而并不能完全照顾到所有性质的企业，尤其是对于固定资产由于技术进步带来的确实需要加速折旧的问题。《中华人民共和国企业所得税实施条例》进一步明确了企业可以采用加速折旧方法，来尽量减少企业由于技术进步等因素带来的损失。税法也明确规定了可以采用加速折旧的情形：必须是由于技术进步、产品更新换代较快而导致的固定资产需要加速折旧的；常年处于强震动、高腐蚀状态下的固定资产需要加速折旧的。

如果企业采用了加速折旧方法，最低折旧年限不得低于规定折旧年限的60%；最低折旧年限一经确定，一般不得变更。采取加速折旧方法的，可以采取双倍余额递减法或者年数总和法来实施。加速折旧方法一经确定，一般不得变更。双倍余额递减法或者年数总和法，按照《国家税务总局关于企业固定资产加速折旧所得税处理有关问题的通知》(国税发〔2009〕81号）第四条的规定执行。

国家为了促进企业技术革新、加强产业转型升级、推动新旧动能转换，先后出台了一些文件，扩大固定资产加速折旧优惠范围。2014年10月，国务院常务会议决定，对生物药品制造业、专业设备制造业等6个行业的企业实行固定资产加速折旧政策。2015年9月，国务院常务会议决定，将固定资产加速折旧优惠扩大到轻工、纺织、机械、汽车4个领域重点行业，即这4个领域的重点企业在2015年1月1日以后新购进的固定资产，允许缩短折旧年限或采取加速折旧方法；其中的小型微利企业这之后购进的研发和生产经营共用的仪器、设备，单位价值不超过100万元的，允许一次性计入当期成本费用，在计算应税所得时扣除，不再分年度折旧。

2. 无形资产的税务处理

无形资产，是指企业为生产产品、提供劳务、出租或者经营管理而持有的、没有实物形态的非货币性长期资产，包括专利权、商标权、著作权、土地使用权、非专利技术、商誉等。

1) 无形资产的计税基础

无形资产按照以下方法确定计税基础：①外购的无形资产，以购买价款和支付的相关税费以及直接归属于使该资产达到预定用途发生的其他支出为计税基础；②自行开发的无形资产，以开发过程中该资产符合资本化条件后至达到预定用途前发生的支出为计税基础；③通过捐赠、投资、非货币性资产交换、债务重组等方式取得的无形资产，以该资产的公允价值和支付的相关税费为计税基础。

2）无形资产摊销的范围

在计算应纳税所得额时，企业按照规定计算的无形资产摊销费用，准予扣除。但下列无形资产不得计算摊销费用扣除：①自行开发的支出已在计算应纳税所得额时扣除的无形资产；②自创商誉；③与经营活动无关的无形资产；④其他不得计算摊销费用扣除的无形资产。

3）无形资产摊销方法及年限

无形资产按照直线法计算的摊销费用，准予扣除。无形资产的摊销年限不得低于 10 年。作为投资或者受让的无形资产，有关法律规定或者合同约定了使用年限的，可以按照规定或者约定的使用年限分期摊销。外购商誉的支出，在企业整体转让或者清算时，准予扣除。

3. 存货的税务处理

存货，是指企业持有以备出售的产品或者商品、处在生产过程中的在产品、在生产或者提供劳务过程中耗用的材料和物料等。企业使用或者销售存货，按照规定计算的存货成本，准予在计算应纳税所得额时扣除。

1）存货的计税基础

存货按照以下方法确定成本：①通过支付现金方式取得的存货，以购买价款和支付的相关税费为成本；②通过支付现金以外的方式取得的存货，以该存货的公允价值和支付的相关税费为成本；③生产性生物资产收获的农产品，以产出或者采收过程中发生的材料费、人工费和分摊的间接费用等必要支出为成本。

2）存货的成本计算方法

企业使用或者销售的存货的成本计算方法，可以在先进先出法、加权平均法、个别计价法中选用一种。计价方法一经选用，不得随意变更。

企业转让资产，该项资产的净值，准予在计算应纳税所得额时扣除。资产的净值是指有关资产、财产的计税基础减除已经按照规定扣除的折旧、折耗、摊销、准备金等后的余额。

除国务院财政、税务主管部门另有规定外，企业在重组过程中，应当在交易发生时确认有关资产的转让所得或者损失，相关资产应当按照交易价格重新确定计税基础。

4. 生物资产的税务处理

生物资产，是指有生命的动物和植物，包括消耗性生物资产、生产性生物资产和公益性生物资产。消耗性生物资产是指为出售而持有的，或在将来收获为农产品的生物资产；生产性生物资产是指为产出农产品、提供劳务或出租等目的而持有的生物资产，包括经济林、薪炭林、产畜和役畜等；公益性生物资产是指以防护保护环境为主要目的的生物资产。

（1）生物资产的计税基数：①外购的生产性生物资产，以购买价款和支付的相关税费为计税基础；②通过捐赠、投资、非货币性资产交换、债务重组等方式取得的生产性生物资产，以该资产的公允价值和支付的相关税费为计税基础。

（2）生物资产的折旧方法。生产性生物资产按照直线法计算的折旧，准予扣除。企业应当自生产性生物资产投入使用月份的次月起计算折旧；停止使用的生产性生物资产，应当自停止使用月份的次月起停止计算折旧。企业应当根据生产性生物资产的性质和使用情况，合理确定生产性生物资产的预计净残值。生产性生物资产的预计净残值一经确定，不得变更。

(3) 生产性生物资产计算折旧的最低年限：①林木类生产性生物资产，为10年；②畜类生产性生物资产，为3年。

5. 投资资产的税务处理

投资资产是指企业对外进行权益性投资和债权性投资形成的资产。企业在转让或者处置投资资产时，投资资产的成本准予扣除。

(1) 投资资产成本：通过支付现金方式取得的投资资产，以购买价款为成本；通过支付现金以外的方式取得的投资资产，以该资产的公允价值和支付的相关税费为成本。

(2) 投资资产成本的扣除方法：企业对外投资期间，投资资产的成本在计算应税所得时不得扣除，企业在转让或者处置投资资产时，投资资产的成本才准予扣除。

(3) 非货币性资产投资涉及的企业所得税税务处理。

① 自2014年1月1日起，居民企业以非货币性资产对外投资确认的非货币性资产转让所得，可在不超过5年期限内分期均匀计入相应年度的应税所得，按规定计算缴纳企业所得税。

② 居民企业以非货币性资产对外投资，应对非货币性资产进行评估并按评估后的公允价值扣除计税基础后的余额，计算确认非货币性资产转让所得；企业应于投资协议生效并办理股权登记手续时，确认非货币性资产转让收入的实现。

③ 企业以非货币性资产对外投资而取得被投资企业的股权，应以非货币性资产的原计税成本为计税基础，加上每年确认的非货币性资产转让所得，逐年进行调整。

④ 企业在对外投资5年内转让上述股权或投资收回的，应停止执行递延纳税政策，并就递延期内尚未确认的非货币性资产转让所得，在转让股权或投资收回当年的企业所得税年度汇算清缴时，一次性计算缴纳企业所得税。

6. 长期待摊费用的税务处理

(1) 定义：长期待摊费用是指企业发生的应在一个年度以上进行摊销的费用。

(2) 内容：已足额提取折旧的固定资产的改建支出；租入的固定资产改建支出；固定资产的大修理支出；其他应作为长期待摊费用的支出。

(3) 税务处理。

① 固定资产的改建支出，是指改变房屋或者建筑物结构、延长使用年限等发生的支出。按照固定资产预计尚可使用年限分期摊销。改建的固定资产延长使用年限的，应当适当延长折旧年限。

② 租入的固定资产，按照合同约定的剩余租赁期限分期摊销。

③ 固定资产的大修理支出，是指同时符合下列条件的支出：修理支出达到取得固定资产时的计税基础50%以上；修理后固定资产的使用年限延长2年以上。按照固定资产尚可使用年限分期摊销。

其他应当作为长期待摊费用的支出，自支出发生月份的次月起分期摊销，摊销年限不得低于3年。

6.2.6　应纳税额的计算

1. 应纳税额的一般计算

企业的应纳税所得额乘以适用税率，减除依照企业所得税法关于税收优惠的规定减免和抵免的税额后的余额，为应纳税额。计算公式为：

应纳税额＝应纳税所得额×适用税率－减免税额－抵免税额

式中的减免税额和抵免税额，是指依照企业所得税法和国务院的税收优惠规定减征、免征和抵免的应纳税额。

应纳税额的计算可以采用以下两种方法。

一是按照会计核算的顺序，依据企业所得税法的规定，用应税收入减去准予扣除项目及可以弥补的亏损数额后得到应纳税所得额，然后乘以适用税率来计算。

二是在会计利润的基础上，依照税法规定进行纳税调整后得到应纳税所得额。其计算公式为：

应纳税所得额＝会计利润总额±纳税调整项目金额

纳税调整项目金额是指财务会计处理规定与税法规定不一致应予调整的金额，如由于折旧方法和年限的规定不同而导致可扣除的折旧数额不一致；或者税法规定有扣除标准的金额，如业务招待费、广告费支出等；或税法规定准予扣除的税收金额，如税收减免优惠。

2. 境外所得抵扣税额的计算

1）境外所得的确认

企业取得的下列所得已在境外缴纳的所得税税额，可以从其当期应纳税额中抵免，抵免限额为该项所得依照企业所得税法规定计算的应纳税额；超过抵免限额的部分，可以在以后5个年度内，用每年度抵免限额抵免当年应抵税额后的余额进行抵补：①居民企业来源于中国境外的应税所得；②非居民企业在中国境内设立机构、场所，取得发生在境外但与该机构、场所有实际联系的应税所得。

“已在境外缴纳的所得税税额”，是指企业来源于中国境外的所得依照中国境外税收法律以及相关规定应当缴纳并已经实际缴纳的企业所得税性质的税款。

2）境外已纳税款抵免限额的计算

抵免限额是指企业来源于中国境外的所得，依照企业所得税法和条例的规定计算的应纳税额。除国务院财政、税务主管部门另有规定外，该抵免限额应当分国（地区）不分项计算，计算公式为：

抵免限额＝中国境内、境外所得依照企业所得税法和条例的规定计算的应纳税总额×来源于某国(地区)的应纳税所得额/中国境内、境外应纳税所得总额
＝来源于某国(地区)的应纳税所得额×企业所得税税率

公式运用中需要注意以下 3 个方面的问题。

第一，“境内、境外所得按税法计算的应纳税总额”，是指按 25％的法定税率计算的应纳税总额。

第二，“来源于某外国的所得”是指来源于同一国家的不同应税所得之和，而且是税前利润；如果是税后利润，需还原成税前利润再运用公式。还原方法有两种：①境外税前所得＝境外分回税后利润/(1－来源国公司所得税税率)；②或用“境外分回利润＋境外已纳所

得税”即可得出境外企业税前利润。

第三，分国不分项抵扣的具体办法有以下两种。

(1) 如果纳税人来源于境外的所得在境外实际缴纳的税款低于扣除限额，可从应纳税额中据实扣除。

(2) 如果超过扣除限额，应按限额扣除，其超过部分不得从本年度应纳税额中扣除，也不得列为本年度费用支出，但可以用以后年度税额扣除的余额补扣，补扣期限最长不能超过5个年度。5个年度，是指从企业取得的来源于中国境外的所得，已经在中国境外缴纳的企业所得税性质的税额超过抵免限额的当年的次年起连续5个纳税年度。

3. 资本性质所得的处理

居民企业从其直接或者间接控制的外国企业分得的来源于中国境外的股息、红利等权益性投资收益，外国企业在境外实际缴纳的所得税税额中属于该项所得负担的部分，可以作为该居民企业的可抵免境外所得税税额，在企业所得税法规定的抵免限额内抵免。

所谓直接控制，是指居民企业直接持有外国企业20%以上股份。

所谓间接控制，是指居民企业以间接持股方式持有外国企业20%以上股份，具体认定办法由国务院财政、税务主管部门另行制定。

企业按照企业所得税法规定抵免企业所得税税额时，应当提供中国境外税务机关出具的税款所属年度的有关纳税凭证。

4. 非居民企业应纳税额的计算

对于非居民企业在中国境内未设立机构、场所的，或者虽设立机构、场所但取得的所得与其所设机构、场所没有实际联系的，按照下列方法计算应纳税所得额：①股息、红利等权益性投资收益和利息、租金、特许权使用费所得，以收入全额为应纳税所得额；②转让财产所得，以收入全额减除财产净值后的余额为应纳税所得额；③其他所得，参照前两项规定的方法计算应纳税所得额。

“收入全额”，是指非居民企业向支付人收取的全部价款和价外费用。

6.2.7 税收优惠

为了体现国家的经济政策，鼓励和扶持某些产业或企业的发展，企业所得税法对某一部分特定企业和课税对象规定了减免税优惠。

1. 免征与减征优惠

企业的下列所得，可以免征、减征企业所得税。

(1) 从事农、林、牧、渔业项目的所得。

免税所得：①蔬菜、谷物、薯类、油料、豆类、棉花、麻类、糖料、水果、坚果的种植；②农作物新品种的选育；③中药材的种植；④林木的培育和种植；⑤牲畜、家禽的饲养；⑥林产品的采集；⑦灌溉、农产品初加工、兽医、农技推广、农机作业和维修等农、林、牧、渔服务业项目；⑧远洋捕捞。

下列项目的所得，减半征收企业所得税：①花卉、茶以及其他饮料作物和香料作物的种植；②海水养殖、内陆养殖。

企业从事国家限制和禁止发展的项目，不得享受本条规定的企业所得税优惠。

(2) 从事国家重点扶持的公共基础设施项目投资经营的所得。

国家重点扶持的公共基础设施项目，是指《公共基础设施项目企业所得税优惠目录》规定的港口码头、机场、铁路、公路、城市公共交通、电力、水利等项目。

企业从事国家重点扶持的公共基础设施项目的投资经营的所得，自项目取得第一笔生产经营收入所属纳税年度起，第一年至第三年免征企业所得税，第四年至第六年减半征收企业所得税。

企业承包经营、承包建设和内部自建自用本条规定的项目，不得享受本条规定的企业所得税优惠。

(3) 从事符合条件的环境保护、节能节水项目的所得。

符合条件的环境保护、节能节水项目，包括公共污水处理、公共垃圾处理、沼气综合开发利用、节能减排技术改造、海水淡化等。项目的具体条件和范围由国务院财政、税务主管部门会同国务院有关部门制订，报国务院批准后公布实施。

企业从事环境保护、节能节水项目的所得，自项目取得第一笔生产经营收入所属纳税年度起，第一年至第三年免征企业所得税，第四年至第六年减半征收企业所得税。

依照以上规定享受减免税优惠的项目，在减免税期限内转让的，受让方自受让之日起，可以在剩余期限内享受规定的减免税优惠；减免税期限届满后转让的，受让方不得就该项目重复享受减免税优惠。

(4) 符合条件的技术转让所得。

居民企业转让专利技术、计算机软件著作权、集成电路布图设计权、植物新品种、生物医药新品种，以及财政部和国家税务总局确定的其他技术所得，在一个纳税年度内，转让技术所得不超过500万元的部分，免征企业所得税；超过500万元的部分，减半征收企业所得税。

从2015年10月1日起，居民企业转让5年以上非独占许可使用权取得的技术转让所得，也可享受上述所得税收优惠。

技术转让所得，是技术转让收入减去技术转让成本和相关税费的余额。

符合条件的5年以上非独占许可使用权技术转让所得，是技术转让所得减去无形资产摊销费用和相关税费，再减去应分摊期间费用后的余额。

居民企业从直接或间接持有股权之和达到100%关联方取得的技术转让所得，不享受技术转让减免企业所得税优惠政策。

(5) 非居民企业在中国境内未设立机构、场所的，或者虽设立机构、场所但取得的所得与其所设机构、场所没有实际联系的，就其来源于中国境内的所得减按10%的税率征收企业所得税。其中，下列所得可以免征企业所得税：①外国政府给中国政府贷款取得的利息所得；②国际金融组织给中国政府和居民企业贷款取得的利息所得；③经国务院批准的其他所得。

2. 高新技术企业优惠

国家需要重点扶持的高新技术企业减按15%的税率征收企业所得税。国家需要重点扶持的高新技术企业是指同时满足以下条件的企业。

(1) 企业申请认定时必须注册成立1年以上；企业通过自主研发、受让、受赠、并购等方式，获得对其主要产品（服务）在技术上发挥核心支持作用的知识产权的所有权；对企业主要产品（服务）发挥核心作用的技术属于《国家重点支持的高新技术领域》规定的范畴；企业从事研发和相关技术创新活动的科技人员占企业当年职工总数的比例不低于10%。

(2) 企业近 3 个会计年度的研究开发费用总额占同期销售收入总额的比例：在最近一年销售收入低于 5 000 万元的企业，比例不低于 5%；最近一年销售收入在 5 000 万元到 2 亿元的，比例不低于 4%；最近一年销售收入在 2 亿元以上的企业，比例不低于 3%。其中，在中国境内发生的研发费占同期境内外全部研发费总额的比例不低于 60%。

(3) 近一年高新技术产品收入占企业同期总收入比例不低于 60%。企业创新能力评价达到相应要求，企业申请认定前一年内未发生重大安全、重大质量事故或严重环境违法行为。

3. 小型微利企业优惠

自 2017 年 1 月 1 日至 2019 年 12 月 31 日，小型微利企业年应纳税所得额低于 50 万元（含 50 万元）的，其所得减按 50%计入应税所得，并减按 20%的税率缴纳企业所得税。

小型微利企业是指从事国家非限制和禁止行业，并符合下列条件的企业：工业企业，年应税所得不超过 50 万元，从业人数不超过 100 人，资产总额不超过 3 000 万元；其他企业，年应税所得不超过 50 万元，从业人数不超过 100 人，资产总额不超过 1 000 万元。

4. 民族自治地方的优惠

民族自治地方的自治机关对本民族自治地方的企业应缴纳的企业所得税中属于地方分享的部分，可以决定减征或者免征。自治州、自治县决定减征或者免征的，须报省、自治区、直辖市人民政府批准。

对民族自治地方内国家限制和禁止行业的企业，不得减征或者免征企业所得税。

5. 加计扣除优惠

企业的下列支出，可以在计算应纳税所得额时加计扣除。

1) 开发新技术、新产品、新工艺发生的研究开发费用

研究开发费用的加计扣除，是指企业为开发新技术、新产品、新工艺发生的研究开发费用，未形成无形资产计入当期损益的，在按照规定据实扣除的基础上，按照研究开发费用的 50%加计扣除；形成无形资产的，按照无形资产成本的 150%摊销。

科技型中小企业开展研发活动中实际发生的研发费用，未形成无形资产计入当期损益的，在按规定据实扣除的基础上，在 2017 年 1 月 1 日至 2019 年 12 月 31 日期间，再按照实际发生额的 75%在税前加计扣除；形成无形资产的，在上述期间按照无形资产成本的 175%在税前扣除。

2) 安置残疾人员及国家鼓励安置的其他就业人员所支付的工资

企业安置残疾人员所支付的工资的加计扣除，是指企业安置残疾人员的，在按照支付给残疾职工工资据实扣除的基础上，按照支付给残疾职工工资的 100%加计扣除。残疾人员的范围适用《中华人民共和国残疾人保障法》的有关规定。

企业安置国家鼓励安置的其他就业人员所支付的工资的加计扣除办法，由国务院另行规定。

6. 创业投资企业的优惠

创业投资企业从事国家需要重点扶持和鼓励的创业投资，可以按投资额的一定比例抵扣应纳税所得额。具体是指创业投资企业采取股权投资方式投资于未上市的中小高新技术企业两年以上的，可以按照其投资额的 70%在股权持有满两年的当年抵扣该创业投资企业的应纳税所得额；当年不足抵扣的，可以在以后纳税年度结转抵扣。自 2015 年 10 月 1 日起，全国范围内的有限合伙制创业投资企业采取股权投资方式投资于未上市的中小高新技术企业满

两年的，该合伙企业的法人合伙人可按照其对未上市中小高新技术企业投资额的70%抵扣该法人合伙人从该有限合伙制创业投资企业分得的应纳税所得额。当年不足抵扣的，可以在以后年度结转抵扣。

7. 加速折旧优惠

企业的固定资产由于技术进步等原因，确需加速折旧的，可以缩短折旧年限或者采取加速折旧的方法。可以采取缩短折旧年限或者采取加速折旧的方法的固定资产，包括：①由于技术进步，产品更新换代较快的固定资产；②常年处于强震动、高腐蚀状态的固定资产。

采取缩短折旧年限方法的，最低折旧年限不得低于规定折旧年限的60%；采取加速折旧方法的，可以采取双倍余额递减法或者年数总和法。

8. 减计收入优惠

企业综合利用资源，生产符合国家产业政策规定的产品所取得的收入，可以在计算应纳税所得额时减计收入。

减计收入是指企业以《资源综合利用企业所得税优惠目录》规定的资源作为主要原材料，生产国家非限制和禁止并符合国家和行业相关标准的产品取得的收入，减按90%计入收入总额。

上述所称原材料占生产产品材料的比例不得低于《资源综合利用企业所得税优惠目录》规定的标准。

9. 税额抵免优惠

税额抵免，是指企业购置并实际使用《环境保护专用设备企业所得税优惠目录》《节能节水专用设备企业所得税优惠目录》《安全生产专用设备企业所得税优惠目录》规定的环境保护、节能节水、安全生产等专用设备的，该专用设备的投资额的10%可以从企业当年的应纳税额中抵免；当年不足抵免的，可以在以后5个纳税年度结转抵免。

享受上述规定的企业所得税优惠的企业，应当实际购置并自身实际投入使用前款规定的专用设备；企业购置上述专用设备在5年内转让、出租的，应当停止享受企业所得税优惠，并补缴已经抵免的企业所得税税款。

企业所得税优惠目录，由国务院财政、税务主管部门会同国务院有关部门制定，报国务院批准后公布实施。

企业同时从事适用不同企业所得税待遇的项目的，其优惠项目应当单独计算所得，并合理分摊企业的期间费用；没有单独计算的，不得享受企业所得税优惠。

10. 技术先进型服务企业优惠

自2017年1月1日起，对经认定的技术先进型服务企业，减按15%的税率征收企业所得税。技术先进型服务企业是指在中国境内注册的法人企业，从事国家规定的技术先进认定范围业务，具有大专以上学历员工占总数比例50%以上且技术先进服务业务收入占总收入50%以上的企业；从事离岸外包服务业务取得的收入不低于企业当年总收入的35%。

6.2.8 源泉扣缴

1. 扣缴义务人

非居民企业在中国境内未设立机构、场所的，或者虽设立机构、场所但取得的所得与其所设机构、场所没有实际联系的，就其来源于中国境内的所得应纳的企业所得税，实行源泉扣缴，以支付人为扣缴义务人。税款由扣缴义务人在每次支付或者到期应支付时，从支付或者到期应支付的款项中扣缴。

对非居民企业在中国境内取得工程作业和劳务所得应缴纳的所得税，税务机关可以指定工程价款或者劳务费的支付人为扣缴义务人。

2. 扣缴方法

扣缴义务人每次代扣的税款，应当自代扣之日起7日内缴入国库，并向所在地的税务机关报送扣缴企业所得税报告表。

扣缴义务人未依法扣缴或者无法履行扣缴义务的，由纳税人在所得发生地缴纳。纳税人未依法缴纳的，税务机关可以从该纳税人在中国境内其他收入项目的支付人应付的款项中，追缴该纳税人的应纳税款。税务机关在追缴该纳税人应纳税款时，应当将追缴理由、追缴数额、缴纳期限和缴纳方式等告知该纳税人。

6.2.9 特别纳税调整

(1) 调整范围。企业与其关联方之间的业务往来，不符合独立交易原则而减少企业或者其关联方应纳税收入或者所得额的，税务机关有权按照合理方法调整。

企业与其关联方共同开发、受让无形资产，或者共同提供、接受劳务发生的成本，在计算应纳税所得额时应当按照独立交易原则进行分摊。

其中，独立交易原则，是指没有关联关系的交易各方，按照公平成交价格和营业常规进行业务往来遵循的原则。

(2) 关联方的确定。关联方，是指与企业有下列关联关系之一的企业、其他组织或者个人：①在资金、经营、购销等方面存在直接或者间接的控制关系；②直接或者间接地同为第三者控制；③在利益上具有相关联的其他关系。

(3) 调整方法。

① 可比非受控价格法，是指按照没有关联关系的交易各方进行相同或者类似业务往来的价格进行定价的方法。

② 再销售价格法，是指按照从关联方购进商品再销售给没有关联关系的交易方的价格，减除相同或者类似业务的销售毛利进行定价的方法。

③ 成本加成法，是指按照成本加合理的费用和利润进行定价的方法。

④ 交易净利润法，是指按照没有关联关系的交易各方进行相同或者类似业务往来取得的净利润水平确定利润的方法。

⑤ 利润分割法，是指将企业与其关联方的合并利润或者亏损在各方之间采用合理标准进行分配的方法。

⑥ 其他符合独立交易原则的方法。

(4) 企业与其关联方共同开发、受让无形资产，或者共同提供、接受劳务发生的成本，在计算应纳税所得额时应当按照独立交易原则进行分摊，达成成本分摊协议。

企业与其关联方分摊成本时，应当按照成本与预期收益相配比的原则进行分摊，并在税务机关规定的期限内，按照税务机关的要求报送有关资料。

企业与其关联方分摊成本时违反上述规定的，其自行分摊的成本不得在计算应纳税所得额时扣除。

(5) 企业向税务机关报送年度企业所得税纳税申报表时，应当就其与关联方之间的业务往来，附送年度关联业务往来报告表。

税务机关在进行关联业务调查时，企业及其关联方，以及与关联业务调查有关的其他企业，应当按照规定提供相关资料。

企业不提供与其关联方之间业务往来资料，或者提供虚假、不完整资料，未能真实反映其关联业务往来情况的，税务机关有权依法核定其应纳税所得额。可以采用下列核定方法：①参照同类或者类似企业的利润率水平核定；②按照企业成本加合理的费用和利润的方法核定；③按照关联企业集团整体利润的合理比例核定；④按照其他合理方法核定。

企业对税务机关按照前款规定的方法核定的应纳税所得额有异议的，应当提供相关证据，经税务机关认定后，调整核定的应纳税所得额。

(6) 由居民企业，或者由居民企业和中国居民控制的设立在实际税负明显低于25%的税率水平的国家（地区）的企业，并非由于合理的经营需要而对利润不作分配或者减少分配的，上述利润中应归属于该居民企业的部分，应当计入该居民企业的当期收入。

上述所称控制，包括：①居民企业或者中国居民直接或者间接单一持有外国企业 10%以上有表决权股份，且由其共同持有该外国企业 50%以上股份；②居民企业，或者居民企业和中国居民持股比例没有达到第①项规定的标准，但在股份、资金、经营、购销等方面对该外国企业构成实质控制；③上述所称实际税负明显偏低，是指低于企业所得税法规定的25%所得税率的 50%。

(7) 企业从其关联方接受的债权性投资与权益性投资的比例超过规定标准而发生的利息支出，不得在计算应纳税所得额时扣除。

债权性投资，是指企业直接或者间接从关联方获得的，需要偿还本金和支付利息或者需要以其他具有支付利息性质的方式予以补偿的融资。

企业间接从关联方获得的债权性投资，包括：①关联方通过无关联第三方提供的债权性投资；②无关联第三方提供的、由关联方担保且负有连带责任的债权性投资；③其他间接从关联方获得的具有负债实质的债权性投资。

“权益性投资”，是指企业接受的不需要偿还本金和支付利息，投资人对企业净资产拥有所有权的投资。

(8) 企业实施其他不具有合理商业目的的安排而减少其应纳税收入或者所得额的，税务机关有权按照合理方法调整。不具有合理商业目的，是指以减少、免除或者推迟缴纳税款为主要目的。

(9) 税务机关依照规定作出纳税调整，需要补征税款的，应当补征税款，并按照国务院规定，自税款所属纳税年度的次年 6 月 1 日起至补缴税款之日止的期间，按日加收利息。加收的利息，不得在计算应纳税所得额时扣除。

利息，应当按照税款所属纳税年度中国人民银行公布的与补税期间同期的人民币贷款基准利率加 5 个百分点计算。

企业依照企业所得税法规定在报送年度企业所得税纳税申报表时，附送了年度关联业务往来报告表的，可以只按规定的人民币贷款基准利率计算利息。

(10) 企业与其关联方之间的业务往来，不符合独立交易原则，或者企业实施其他不具有合理商业目的安排的，税务机关有权在该业务发生的纳税年度起 10 年内，进行纳税调整。

6.2.10 征收管理

1. 纳税地点

(1) 除税收法律、行政法规另有规定外，居民企业以企业登记注册地为纳税地点；但登记注册地在境外的，以实际管理机构所在地为纳税地点。

(2) 居民企业在中国境内设立不具有法人资格的营业机构的，应当汇总计算并缴纳企业所得税。企业汇总计算并缴纳企业所得税时，应当统一核算应纳税所得额，具体办法由国务院财政、税务主管部门另行制定。

(3) 非居民企业在中国境内设立机构、场所的，应当就其所设机构、场所取得的来源于中国境内的所得，以及发生在中国境外但与其所设机构、场所有实际联系的所得，以机构、场所所在地为纳税地点。非居民企业在中国境内设立两个或者两个以上机构、场所的，经税务机关审核批准，可以选择由其主要机构、场所汇总缴纳企业所得税。

(4) 非居民企业在中国境内未设立机构、场所的，或者虽设立机构、场所但取得的所得与其所设机构、场所没有实际联系的所得，以扣缴义务人所在地为纳税地点。

(5) 除国务院另有规定外，企业之间不得合并缴纳企业所得税。

2. 纳税期限

(1) 企业所得税按纳税年度计算，分月或者分季预缴。

(2) 纳税年度自公历 1 月 1 日起至 12 月 31 日止。企业在一个纳税年度中间开业，或者终止经营活动，使该纳税年度的实际经营期不足 12 个月的，应当以其实际经营期为一个纳税年度。企业依法清算时，应当以清算期间作为一个纳税年度。

(3) 企业应当自月份或者季度终了之日起 15 日内，向税务机关报送预缴企业所得税纳税申报表，预缴税款。企业应当自年度终了之日起 5 个月内，向税务机关报送年度企业所得税纳税申报表，并汇算清缴，结清应缴应退税款。

3. 纳税申报

企业根据规定分月或者分季预缴企业所得税时，应当按照月度或者季度的实际利润额预缴；按照月度或者季度的实际利润额预缴有困难的，可以按照上一纳税年度应纳税所得额的月度或者季度平均额预缴，或者按照经税务机关认可的其他方法预缴。预缴方法一经确定，该纳税年度内不得随意变更。

企业在纳税年度内无论盈利或者亏损，都应当依照规定的期限，向税务机关报送预缴企业所得税纳税申报表、年度企业所得税纳税申报表、财务会计报告和税务机关规定应当报送的其他有关资料。

企业在年度中间终止经营活动的，应当自实际经营终止之日起 60 日内，向税务机关办理当期企业所得税汇算清缴。企业应当在办理注销登记前，就其清算所得向税务机关申报并依法缴纳企业所得税。

缴纳的企业所得税，以人民币计算。所得以人民币以外的货币计算的，应当折合成人民币计算并缴纳税款。

4.《企业所得税税前扣除凭证管理办法》(以下简称《办法》)

《办法》规定：企业在境内发生的支出项目属于增值税应税项目（以下简称“应税项目”）的，对方为已办理税务登记的增值税纳税人，其支出以发票（包括按照规定由税务机关代开的发票）作为税前扣除凭证；对方为依法无须办理税务登记的单位或者从事小额零星经营业务的个人，其支出以税务机关代开的发票或者收款凭证及内部凭证作为税前扣除凭证，收款凭证应载明收款单位名称、个人姓名及身份证号、支出项目、收款金额等相关信息。小额零星经营业务的判断标准是个人从事应税项目经营业务的销售额不超过增值税相关政策规定的起征点。小额零星经营业务判定标准是：按月纳税的，月销售额不超过 10 万元；按次税的，每次（日）销售额不超过 300～500 元。以下这 6 项支出不需发票就可以税前扣除。

（1）支付个人 500 元以下零星支出。支付从事小额零星经营业务的个人支出不到 500 元的不需要发票，只需收据，但是需要注明收款单位名称、个人姓名及身份证号、支出项目、收款金额等相关信息，可以作为税前扣除的原始依据。

（2）工资薪金支出。企业平时支付职工的工资不需要发票。完成个税申报的工资表、工资分配方案、考勤记录、付款证明等证实合理性的工资支出凭证可以作为税前扣除的原始依据。

（3）现金性福利支出。企业过节发放职工的现金性福利不需要发票。企业逢年过节向职工发放过节费、福利费、职工生活困难补助等，也不需要取得员工开具的发票。过节费发放明细表、付款证明等福利支出凭证可以作为按照税法标准税前扣除的原始依据。

（4）支付差旅津贴。支付因公出差人员的差旅补助不需要发票。差旅费报销单，企业发生的与其经营活动有关的合理的差旅费凭真实、合法的凭据准予税前扣除。差旅费真实性的证明材料应包括：出差人员姓名、地点、时间、任务、支付凭证等。企业差旅费补助标准可以按照财政部门制定的标准执行或经企业董事会决议自定标准。

（5）支付员工误餐补助。支付员工因公在城区、郊区工作，不能在工作单位或返回就餐，确实需要在外就餐的，根据实际误餐顿数，按规定的标准领取的误餐费不需要发票。误餐补助发放明细表、付款证明、相应的签领单等作为税前扣除的合法有效凭证。

（6）支付的未履行合同的违约金支出。企业经常遇到由于各种原因导致合同未履行，需要支付对方违约金。这项支出不属于增值税应税行为，不需要取得发票。凭双方签订的提供应税货物或应税劳务的协议、双方签订的赔偿协议、收款方开具的收据或者有的需要法院判决书或调解书、仲裁机构的裁定书等就可以税前扣除。

6.2.11　企业所得税的会计核算

1. 所得税会计核算的基本内容

我国所得税会计采用了资产负债表债务法，要求企业从资产负债表出发，通过比较资产负债表上列示的资产、负债，按照会计准则规定确定的账面价值与按照税法规定确定的计税基础，对于两者之间的差异分别应纳税暂时性差异与可抵扣暂时性差异，确认相关的递延所得税负债与递延所得税资产，并在此基础上确定每一会计期间利润表中的所得税费用。资产的账面价值小于其计税基础的，应确认为递延所得税资产；反之，应确认为递延所得税负债。因此，如何确认并计量税前会计利润与纳税所得之间的差异，如何处理由此引起的税收和会计计算的应纳所得税之间的差异，构成了所得税会计核算的基本内容。

暂时性差异是指资产、负债的账面价值与其计税基础不同而产生的差额。因资产、负债的账面价值与其计税基础不同，产生了在未来收回资产或清偿负债的期间内，应纳所得额增加或减少并导致未来期间应交所得税增加或减少的情况，形成企业的资产和负债，在有关暂时性差异发生当期，符合确认条件的情况下，应当确认相关的递延所得税负债或递延所得税资产。

根据暂时性差异对未来期间应纳税所得额的影响，分为应纳税暂时性差异与可抵扣暂时性差异。

1）应纳税暂时性差异

应纳税暂时性差异，是指在确定未来收回资产或清偿负债期间的应纳税所得额时，将导致产生应税金额的暂时性差异，即在未来期间不考虑该事项影响的应纳税所得额的基础上，由于该暂时性差异的转回，会进一步增加转回期间的应纳税所得额和应缴所得税金额，在其产生当期应当确认相关的递延所得税负债。

应纳税暂时性差异通常产生于以下情况。

(1) 资产的账面价值大于其计税基础。资产的账面价值代表的是企业在持续使用或最终出售该项资产时将取得的经济利益的总额，而计税基础代表的是资产在未来期间可予税前扣除的总金额。资产的账面价值大于其计税基础，该项资产未来期间产生的经济利益不能全部税前抵扣，两者之间的差额需要缴税，产生应纳税暂时性差异。例如，一项无形资产账面价值为500万元，计税基础如为375万元，两者之间的差额会造成未来期间应纳税所得额和应交所得税的增加，在其产生当期，应确认相关的递延所得税负债。

(2) 负债的账面价值小于其计税基础。负债的账面价值为企业预计在未来期间清偿该项负债时的经济利益流出，而其计税基础代表的是账面价值在扣除税法规定未来期间允许税前扣除的金额之后的差额。负债的账面价值小于其计税基础，则意味着就该项负债在未来期间可以税前抵扣的金额为负数，即应在未来期间应纳税所得额的基础上调增，增加应纳税所得额和应缴所得税金额，产生应纳税暂时性差异，应确认相关的递延所得税负债。

2）可抵扣暂时性差异

可抵扣暂时性差异，是指在确定未来收回资产或清偿负债期间的应纳税所得额时，将导致产生可抵扣金额的暂时性差异。如计提固定资产减值准备、预计负债。该差异在未来期间转回时会减少转回期间的应纳税所得额，减少未来期间的应缴所得税。在可抵扣暂时性差异产生当期，符合确认条件时，应当确认相关的递延所得税资产。

可抵扣暂时性差异一般产生于以下情况。

(1) 资产的账面价值小于其计税基础。意味着资产在未来期间产生的经济利益少，按照税法规定允许税前扣除的金额多，两者之间的差额可以减少企业在未来期间的应纳税所得额并减少应缴所得税，符合有关条件时，应当确认相关的递延所得税资产。例如，一项资产的账面价值为500万元，计税基础为650万元，则企业在未来期间就该项资产可以在其自身取得经济利益的基础上多扣除150万元，未来期间应纳税所得额会减少，应缴所得税也会减少，形成可抵扣暂时性差异。

(2) 负债的账面价值大于其计税基础。负债产生的暂时性差异实质上是税法规定就该项负债可以在未来期间税前扣除的金额。负债的账面价值大于其计税基础，意味着未来期间按照税法规定与负债相关的全部或部分支出可以自未来应税经济利益中扣除，减少未来期间的应纳税所得额和应缴所得税。符合有关确认条件时，应确认相关的递延所得税资产。

3）特殊项目产生的暂时性差异

(1) 未作为资产、负债确认的项目产生的暂时性差异。某些交易或事项发生以后，因为不符合资产、负债确认条件而未体现为资产负债表中的资产或负债，但按照税法规定能够确定其计税基础的，其账面价值与计税基础之间的差异也构成暂时性差异。如企业发生的符合条件的广告费和业务宣传费支出，除另有规定外，不超过当年销售收入15%的部分，准予扣除；超过部分准予在以后纳税年度结转扣除。该类费用在发生时按照会计准则规定即计入当期损益，不形成资产负债表中的资产，但按照税法规定可以确定其计税基础，两者之间的差异也形成暂时性差异。

(2) 可抵扣亏损及税款抵减产生的暂时性差异。按照税法规定可以结转以后年度的未弥补亏损及税款抵减，虽不是因资产、负债的账面价值与计税基础不同产生的，但与可抵扣暂时性差异具有同样的作用，均能够减少未来期间的应纳税所得额，进而减少未来期间的应缴所得税，会计处理上视同可抵扣暂时性差异，符合条件的情况下，应确认与其相关的递延所得税资产。

企业在计算确定了应纳税暂时性差异与可抵扣暂时性差异后，应当按照所得税会计准则规定的原则确认相关的递延所得税负债以及递延所得税资产，从而确定当期应缴所得税以及利润表中的所得税费用。

所得税费用＝当期应缴所得税＋递延所得税费用(－递延所得税收益)

利润表中的所得税费用是当期应缴所得税与递延所得税费用（或收益）的总和。

2. 会计科目的设置及相关账务处理

企业所得税会计核算中涉及的主要科目有“应交税费”“所得税费用”“递延所得税资产”“递延所得税负债”等科目。

1)“应交税费——应交所得税”科目

本科目核算企业按照税法规定计算应缴纳的企业所得税。

(1) 企业按照税法规定计算应缴的所得税，借记“所得税费用”等科目，贷记本科目。

(2) 缴纳的所得税，借记本科目，贷记“银行存款”等科目。

2) 所得税费用

(1) 本科目核算企业根据所得税会计准则确认的应从当期利润总额中扣除的所得税费用，属损益类科目。

(2) 本科目应当按照“当期所得税费用”“递延所得税费用”进行明细核算。

(3) 期末，应将本科目的余额转入“本年利润”科目，结转后本科目应无余额。本科目结转后的本年利润为税后利润。

3) 递延所得税资产

(1) 本科目核算企业根据所得税会计准则确认的可抵扣暂时性差异产生的所得税资产。根据税法规定可用以后年度税前利润弥补的亏损产生的所得税资产，也在本科目核算。

(2) 本科目应当按照可抵扣暂时性差异等项目进行明细核算。

(3) 本科目期末借方余额，反映企业已确认的递延所得税资产的余额。

4) 递延所得税负债

(1) 本科目核算企业根据所得税会计准则确认的应纳税暂时性差异产生的所得税负债。

(2) 本科目应当按照应纳税暂时性差异项目进行明细核算。

(3) 本科目期末贷方余额，反映企业已确认的递延所得税负债的余额。

5) 以前年度损益调整

(1) 本科目核算企业本年度发生的调整以前年度损益的事项以及本年度发现的重要前期差错更正涉及调整以前年度损益的事项。

(2) 企业在资产负债表日至财务报告批准报出日之间发生的需要调整报告年度损益的事

项，也在本科目核算。

(3) 本科目结转后应无余额。

3. 基本账务处理

1) 递延所得税资产的主要账务处理

(1) 企业在确认相关资产、负债时，根据所得税会计准则应予确认的递延所得税资产，借记本科目，贷记“所得税费用——递延所得税费用”“资本公积——其他资本公积”等科目。

(2) 资产负债表日，企业根据所得税会计准则应予确认的递延所得税资产大于本科目余额的，借记本科目，贷记“所得税费用——递延所得税费用”“资本公积——其他资本公积”等科目；应予确认的递延所得税资产小于本科目余额的，做相反的会计分录。

(3) 资产负债表日，预计未来期间很可能无法获得足够的应纳税所得额用以抵扣可抵扣暂时性差异的，按应减记的金额，借记“所得税费用——递延所得税费用”“资本公积——其他资本公积”科目，贷记本科目。

2) 递延所得税负债的主要账务处理

(1) 企业在确认相关资产、负债时，根据所得税会计准则应予确认的递延所得税负债，借记“所得税费用——递延所得税费用”“资本公积——其他资本公积”等科目，贷记本科目。

(2) 资产负债表日，企业根据所得税会计准则应予确认的递延所得税负债大于本科目余额的，借记“所得税费用——递延所得税费用”“资本公积——其他资本公积”等科目，贷记本科目；应予确认的递延所得税负债小于本科目余额的，做相反的会计分录。

3) 以前年度损益调整的主要账务处理

(1) 企业调整增加以前年度利润或减少以前年度亏损，借记有关科目，贷记本科目；调整减少以前年度利润或增加以前年度亏损，借记本科目，贷记有关科目。

(2) 由于以前年度损益调整增加的所得税，借记本科目，贷记“应交税费——应交所得税”科目；由于以前年度损益调整减少的所得税，借记“应交税费——应交所得税”科目，贷记本科目。

(3) 经上述调整后，应将本科目的余额转入“利润分配——未分配利润”科目。本科目如为贷方余额，借记本科目，贷记“利润分配——未分配利润”科目；如为借方余额，做相反的会计分录。

6.3 企业所得税法适用案例

6.3.1 企业所得税的一般计算

【案例 6-1】 假定某企业为居民企业，2018 年经营业务如下。(1) 取得销售收入 3 000 万元。(2) 销售成本 1 500 万元。(3) 发生销售费用 700 万元（其中广告费 400 万元，业务宣传费 80 万元）；管理费用 480 万元（其中业务招待费 20 万元）；财务费用 60 万元。(4) 销售税金 160 万元，其中增值税 120 万元。(5) 营业外收入 80 万元，营业外支出 60 万元（含通过公益性社会团体向贫困山区捐款 40 万元，支付税收滞纳金 6 万元）。(6) 计入成本、费用中的实发工资总额 180 万元、拨缴职工工会经费 5 万元、职工福利费和职工教育经费 32 万元。要求：计算该企业 2018 年度应纳企业所得税税额。

解析

方法一：根据会计利润进行纳税调整计算应纳税所得额及应纳税额。

(1) 会计利润＝收入总额－各项支出总额＝

3 000＋80－1 500－700－480－60－(160－120)－60＝240(万元)

(2) 各项纳税调整额：

① 允许扣除的广告费和业务宣传费＝3 000×15%＝450(万元)

应调增所得额＝400＋80－450＝30(万元)

② 业务招待费扣除限额＝3 000×5‰＝15 万元，大于 20×60%＝12 万元，可按发生额的 60%扣除，因此，业务招待费调增所得额＝20－20×60%＝20－12＝8(万元)

③ 公益性捐赠支出应调增所得额＝40－240×12%＝11.2(万元)

④ 税收滞纳金不得扣除，应调增应纳税所得额 6 万元。

⑤ 职工工会经费、职工福利费和职工教育经费的扣除标准为：180×2%＝3.6(万元)

180×(14%＋8%)＝39.6(万元)

工会费超标 1.4 万元，职业福利费和教育经费未超标。

应调增所得额＝5－3.6＝1.4(万元)

(3) 应纳税所得额＝240＋30＋8＋11.2＋6＋1.4＝296.6(万元)

(4) 企业全年应纳所得税额＝296.6×25%＝74.15(万元)

方法二：按照会计核算顺序计算应纳税额。

(1) 应纳税所得额＝收入总额－准予扣除项目＝

(3 000＋80)－[1 500＋(700－30)＋(480－8)＋60＋(160－120)＋(60－11.2－6)－1.4]＝3 080－2 783.4＝296.6(万元)

(2) 企业全年应纳所得税额＝290.6×25%＝74.15(万元)

【案例 6－2】 某工业企业为在我国注册的居民企业，假定 2018 年经营业务如下：产品销售收入 600 万元，产品销售成本 400 万元；其他业务收入 80 万元，其他业务成本 66 万元；固定资产出租收入 6 万元；缴纳非增值税销售税金及附加 36 万元；当期发生的管理费用 86 万元，其中新技术的研究开发费用为 30 万元；财务费用 30 万元，其中支付其他单位借款利息 15 万元（借款金额 100 万元，银行同期贷款年利率 7%）。取得直接投资于其他居民企业的权益性投资收益 35 万元（已在被投资企业缴纳了 15%的所得税）；营业外收入 12 万元，营业外支出 24 万元（其中含公益捐赠 18 万元）。要求：根据资料计算该企业 2018 年应纳的企业所得税。

解析

(1) 会计利润＝收入总额－各项支出总额＝

600＋80＋6＋35＋12－400－36－66－86－30－24＝91(万元)

(2) 各项纳税调整金额：

① 技术开发费除据实扣除外，可按照实际发生额的 75%实行加计扣除，因此应调减所得额＝30×75%＝22.5(万元)。

② 利息支出不超过按照金融企业同期同类贷款利率计算的数额的部分可以扣除，因此应调增所得额＝15－100×7%＝8(万元)。

③ 公益性捐赠扣除限额＝91×12%＝10.92(万元)，实际捐赠额18万元大于限额10.92万元，应按限额扣除。因此应调增所得额＝18－10.92＝7.08(万元)。

④ 符合条件的居民企业之间的权益性投资收益免税，因此应调减所得额35万元。

(3) 2018年企业应纳所得税额＝(91－22.5＋8＋7.08－35)×25%＝12.145(万元)。

【案例6-3】 某机械厂为居民企业，固定资产原值为600万元，其中，在用机器设备为450万元，生产用房为150万元（固定资产不考虑残值）。假定2018年度该企业有关资料如下：(1) 企业的产品销售收入为1 000万元；(2) 企业的利润总额为200万元，其中，销售利润190万元，国库券的利息收入10万元；(3) 成本费用中列支的工资总额为290万元，拨缴的职工工会经费和支出的职工福利费、职工教育经费共计65万元；(4) 发生业务招待费22万元；(5) 本期因排污处理不当，被环保部门罚款2.5万元；(6) 通过公益社会团体捐赠给希望工程基金会8万元、贫困山区希望小学6万元；(7) 企业对600万元固定资产按10%的综合折旧率计提了折旧。要求：计算2018年度应缴纳的企业所得税税额。

解析

(1) 国债利息为免税收入，应调减所得额10万元。

(2)“三费”扣除标准＝290×24%＝69.6(万元)。未超标，无须调整。

(3) 业务招待费扣除限额＝1 000×5‰＝5(万元)，而22×60%＝13.2(万元)，因此，应调增所得额＝22－5＝17(万元)。

(4) 排污罚款不得扣除，应调增所得额2.5万元。

(5) 公益性捐赠扣除标准＝200×12%＝24(万元)，实际捐赠14万元小于标准24万元，按实际捐赠数扣除。

(6) 固定资产折旧应根据规定折旧年限和方法扣除。税法规定，机器设备最低折旧年限为10年，房屋、建筑物最低折旧年限为20年。因此，应调增所得额＝600×10%－(450/10＋150/20)＝60－52.5＝7.5(万元)。

(7) 应缴纳企业所得税＝(200－10＋17＋2.5＋7.5)×25%＝54.25(万元)。

6.3.2 亏损弥补的计算

【案例6-4】 某生产企业2011—2018年应纳税所得额如表6-2所示，请计算各年度应纳所得税额。

表6-2 某生产企业2011—2018年应纳税所得额

万元

年度	2011	2012	2013	2014	2015	2016	2017	2018
应纳税所得额	－35	－10	5	10	－5	15	20	10

解析 按照税法规定，纳税人发生年度亏损的，可以用下一纳税年度的所得弥补；下一纳税年度的所得不足弥补的，可以逐年延续弥补，但是延续弥补期最长不得超过5年。

因此，2011年的亏损可以用2012—2016年的所得弥补，5年盈利共30万元，不足以弥补2011年的35万元亏损，未弥补完的5万元亏损不能再延续弥补。所以，2012—2016年都不用纳税。

2012年亏损10万元可以用2013—2017年的所得弥补，2017年盈利20万元，补亏后还余10万元所得，再弥补2015年亏损5万元，补亏后应纳税为：(20－10－5)×25％＝1.25(万元)。

2018年没有应弥补的以前年度亏损，所以应纳税为：10×25％＝2.5(万元)。

6.3.3　境外所得抵扣税款的计算

【案例6-5】 某企业2018年度境内所得为800万元，同期从境外某国分支机构取得税后收益160万元，在境外已按20％的税率缴纳了所得税。计算该企业本年度应缴纳入库的所得税额。

解析　(1) 境外收益应纳税所得额＝160/(1－20％)＝200(万元)。

(2) 境内外所得税应纳税总额＝(800＋200)×25％＝250(万元)。

(3) 境外所得税扣除限额＝200×25％＝50(万元)。

(4) 境外所得实际缴纳所得税额＝200×20％＝40(万元)，小于扣除限额50万元。

境外所得应抵扣的已纳所得税额为40万元。

(5) 本年度该企业应缴纳企业所得税额＝250－40＝210(万元)。

6.3.4　非居民企业应纳税额的计算

【案例6-6】 某外国公司在中国境内未设立机构、场所，2018年将一项商标使用权提供给中国某企业使用，获特许权使用费100万元。另外，该公司还从中国境内的内资企业取得利息20万元。计算公司应纳的预提所得税额。

解析　应纳预提所得税额＝(100＋20)×10％＝12(万元)

6.3.5　预缴及年终汇算清缴的计算

【案例6-7】 某企业2017年全年应纳税所得额240万元。2018年，企业经税务机关同意，每月按2017年应纳税所得额的1/12预缴企业所得税。2018年全年实现利润经调整后的应纳税所得额为300万元。计算该企业2018年每月应预缴的企业所得税，年终汇算清缴时应补缴的企业所得税。

解析　(1) 2018年1—12月每月应预缴所得税额为：

应预缴税额＝(240/12)×25％＝5(万元)

(2) 2018年1—12月实际预缴所得税额为：

实际预缴税额＝5×12＝60(万元)

(3) 2018年全年应纳所得税额为：

应纳所得税额＝300×25％＝75(万元)

(4) 年终汇算清缴时应补缴所得税额为：

应补缴所得税额＝75－60＝15(万元)

本章小结

本章主要讲述了企业所得税的主要内容。现行的企业所得税法将纳税人区分为居民企业和非居民企业，分别规定了不同的纳税义务和纳税方法。企业所得税的计税依据是应纳税所得额，具体涉及收入总额、不征税收入、免税收入、准予扣除项目、不得扣除项目、弥补亏损数额的确定。企业所得税的基本税率统一为25%。此外，还介绍了资产的税务处理、税收优惠、特别纳税调整等事项。目前会计准则要求企业采用资产负债表债务法核算所得税费用。

练习与思考题

一、单项选择题

1. 根据企业所得税规定下列事项中需要视同销售缴纳企业所得税的是（　　）。

A. 将产品用于市场推广

B. 将产品用于本企业的办公楼的改建

C. 将产品用于加工另一产品

D. 改变资产的结构

2. 某企业2018年自行计算的会计利润为300万元，通过非营利社会团体向当地希望小学捐赠自产产品一批，不含税公允价值120万元，成本100万元，企业只将成本计入营业外支出，增值税率16%，如果无其他纳税调整事项，2018年企业所得税为（　　）万元。

A. 101.1　　　B. 110.1

C. 91.58　　　D. 96.58

3. 某企业2018年自产产品销售收入500万元，当年发生广告费60万元，发生业务招待费5万元，企业上年有35万元广告费超标，广告费和业务招待费合计调整应纳税所得额（　　）万元。

A. 2.5　　　B. −12.5

C. −32.5　　　D. −35

4. 下列无形资产不得计算摊销在企业所得税前扣除的是（　　）。

A. 外购的无形资产

B. 自创商誉

C. 自行研发符合资本化的无形资产

D. 受赠获取的无形资产

5. 某居民企业2018年计入成本费用的实发工资总额300万元，拨缴职工工会经费5万元，已经取得工会拨缴收据，支出职工福利费45万元、职工教育经费15万元，该企业2018年计算应纳税所得额时准予税前扣除的工资和三项费用合计为（　　）万元。

A. 310　　　B. 349.84

C. 394.84　　　D. 362

二、判断题

1. 接受捐赠收入按照双方约定的交付财产的日期确定收入的实现。（　　）

2. 居民企业在中国境内设立不具有法人资格的营业机构的，应当汇总计算并缴纳企业

所得税。　　　　（　　）

3. 居民企业转让技术所有权所得不超过 500 万元的，免征企业所得税。　　（　　）

4. 采取产品分成方式取得收入的，按照企业分的产品的日期确认收入的实现。　（　　）

5. 融资租入的固定资产以最低租赁付款额为计税基础。　　（　　）

三、思考题

1. 企业所得税的课税范围以及应纳税所得额如何确定？

2. 论述所得税会计处理的原则及方法。

3. 论述企业所得税纳税调整事项以及税务处理。

第7章 个人所得税

学习目的

通过本章学习，了解个人所得税的产生与发展，深刻领会个人所得税在现代税制中发挥的核心作用；掌握我国个人所得税法的发展历程及当前的具体征收制度，并能够对个人所得税案例进行计算与分析。

开篇导言

个人所得税是对个人（即自然人）取得的应税所得征收的一种税。在世界范围内，英国于1799年最早开征了个人所得税。随后各资本主义国家纷纷效仿英国的做法，掀起了世界性税制改革的第一次浪潮，使个人所得税逐渐成为各国税制中的主体税种。作为一个优良的税种，从财政收入功能到调节收入分配差距功能，再到调控经济稳定功能，最后发展到各种功能相互协调的阶段，个人所得税的发展历程具有明显的阶段性。1986年源于美国政府的税改，以“宽税基、低税率、少优惠、严征管”为核心特点，形成了第四次全球性的税改浪潮，使得个人所得税再次成为历史的焦点。

我国个人所得税开征较晚。从1980年国家先后颁布《中华人民共和国个人所得税法》《中华人民共和国个人收入调节税暂行条例》《城市工商户所得税暂行条例》，到1994年颁布并实施新的《中华人民共和国个人所得税法》，后经数次修改：起征点不断提高，开征利息所得税，对高收入群体的特别征管等，个人所得税已进入中国的千家万户，而且在中国税制中发挥了越来越重要的作用。当然，个人所得税核心作用的发挥，仍然是个漫长的过程，还需要进行不断的调整与完善。

2019年1月1日起，颁布并实施新的《中华人民共和国个人所得税法》。

本章对个人所得税的概念、作用及发展做简单的介绍，重点分析个人所得税制度的具体内容，并简单介绍个人所得税的会计处理。

7.1 个人所得税概述

7.1.1 个人所得税的产生与发展

1. 国外个人所得税的产生与发展

所得税作为当今世界上大多数国家的主要税种，首创于英国。1798年，英法战争硝烟正浓，仅靠发行公债已不敷巨额战费之用，消费税又缓不济急，于是英国首相皮特创设一种新税，名为三部课征捐①，向富有阶级课征，新税种的开征为当时的英国提供了约20%的财

① 又称三级税，英国财政大臣解释说此税也可称之为战争税。

政收入。此为英国所得税的开端。此税实施不久，因办法欠周而于 1799 年废止，改行分类所得税，该税随 1802 年英法战争的结束而废止。1803 年英法又发生战火，为筹措战费，英国又修订开征所得税，此次征税，将所得分为 A、B、C、D、E 共 5 类，实行源泉课征，1815 年随战争结束又告废止。随着英国经济的飞速发展，国民收入迅速增长，客观上为所得税的课征提供了条件，又加上财政短缺等原因，英国财长皮尔于 1842 年提出立法，重新开征所得税，到 1874 年成为永久性税种，后经多次改革，税制渐臻完备。

从 19 世纪后期到 20 世纪初期，各主要资本主义国家如美国、法国、德国、日本等纷纷开征所得税，并掀起了世界性税制改革的第一次浪潮，使个人所得税逐渐成为各国税制中的主体税种。但是这个过程却是漫长的。英国从 1799 年的“三部课征捐”开始到 1874 年确认个人所得税为永久性的固定税种经历了 75 年，德国从 1808 年决定开征个人所得税到 1891 年颁布真正的所得税法经历了 83 年，法国从 1848 年提出实行所得税到 1914 年正式开征经历了 66 年，美国从 1861 年征收个人所得税到 1913 年最终确立个人所得税制度经历了 52 年。个人所得税在各国开设的相当长一段时间内，均受到来自各种力量的激烈抵制，几立几废，多次反复，最终是依靠法律甚至立宪才得以确立并发展。

个人所得税作为一个优良的税种，其发展历程具有明显的阶段性：从财政收入功能（税制的初始阶段）到调节收入分配差距功能（税制开始进入成熟阶段），再到调控经济稳定功能（税制已臻成熟），最后发展到各种功能相互协调的阶段。随着经济全球化的发展，个人所得税也呈现出全球趋同的特征。源于 1986 年美国政府的税改以“宽税基、低税率、少优惠、严征管”为核心特点，使得世界许多国家再次纷纷仿效，形成了第四次全球性的税改浪潮，个人所得税再次成为历史的焦点。目前世界上已有 140 多个国家开征了个人所得税。在西方主要发达国家，作为主体税种的个人所得税制已日臻完善。

阅读延伸

“部分国家个人所得税特点”可通过加阅平台进行阅读和了解。

2. 我国个人所得税的产生与发展过程

我国个人所得税开征较晚。1950 年政务院公布的《税政实施要则》中，曾列举要对个人所得课税的税种，当时定名为“薪给报酬所得税”。但由于我国生产力和人均收入水平低，实行低工资制，虽然立了税种，却一直没有开征。与目前个人所得税相关的，仅有两个方面：政务院于 1950 年 1 月和 12 月先后公布了《工商业税暂行条例》和《利息所得税暂行条例》，自公布之日起，分别对个体工商业户、临时商业及摊贩业户的所得征收工商业税，对在中国境内取得的利息征收利息所得税。1958 年国家对税制进行了重大改革，将工商业税中的营业税和其他税种合并为工商统一税，工商业税中的所得税独立为一个税种，形成工商所得税，继续对个体工商业户和集体企业的生产经营所得和其他所得征税，直到 20 世纪 80 年代中期。

实行改革开放以后，为了适应我国对内改革、对外开放的政策，我国在 1980 年 9 月 10 日第五届人大三次会议审议通过了《中华人民共和国个人所得税法》，并同时公布实施。1980 年 12 月 14 日，经国务院批准，财政部公布了《中华人民共和国个人所得税法实施细则》，纳税人为来华的外籍人员，起征点确定为 800 元。至此，才建立了我国的个人所得税制度。

随着人们收入水平的逐步提高，为适应形势发展的需要，1986 年 9 月，国务院分别发布了《中华人民共和国个人收入调节税暂行条例》和《中华人民共和国城乡个体工商业户所得税暂行条例》，规定对本国公民的个人收入统一征收个人收入调节税。

上述 3 个税收法律法规的发布实施，对于调节个人收入水平、增加国家财政收入、促进对外经济技术合作与交流起到了积极作用，但也暴露出一些问题，主要是按内外个人分设两套税制、税政不统一、税负不够合理。为了统一税政、公平税负、规范税制，第八届全国人民代表大会常务委员会第四次会议于 1993 年 10 月 31 日通过了《全国人大常委会关于修改〈中华人民共和国个人所得税法〉的决定》，同日发布了修改后的《中华人民共和国个人所得税法》，1994 年 1 月 28 日国务院配套发布了《中华人民共和国个人所得税法实施条例》，规定自 1994 年 1 月 1 日起施行。新的个人所得税实行超额累进税率和比例税率相结合的分类所得税制，定额与定率相结合的法定费用扣除办法，征税范围为税法列举的 11 项所得，实行源泉扣缴与个人申报相结合的征管办法。

1999 年 8 月 30 日第九届全国人民代表大会常务委员会第十一次会议对个人所得税法进行第二次修正，规定“对储蓄存款利息所得征收个人所得税的开征时间和征收办法由国务院规定”，恢复对储蓄存款利息所得征收个人所得税。

2002 年 1 月 1 日，个人所得税收入实行中央与地方按比例分享。

2005 年 10 月 27 日第十届全国人民代表大会常务委员会第十八次会议对个人所得税法进行第三次修正，主要修改内容：一是将工资、薪金所得减除费用标准由 800 元/月提高至 1 600 元/月；二是进一步扩大了纳税人自行申报范围。修改后的新税法自 2006 年 1 月 1 日起施行。但这仍然难以改变普通工薪阶层为个税纳税主体的境遇。

2006 年 1 月 1 日，年所得 12 万元以上的个人必须自行向税务机关进行纳税申报。

2007 年 6 月 29 日第十届全国人民代表大会常务委员会第二十八次会议对个人所得税法进行第四次修正，将原税法第十二条“对储蓄存款利息所得征收个人所得税的开征时间和征收办法由国务院规定”修改为“对储蓄存款利息所得开征、减征、停征个人所得税及其具体办法，由国务院规定”，国务院据此作出了减征利息税的决定。2007 年 8 月 15 日起，将储蓄存款利息所得个人所得税的税率由 20%调减为 5%。

2007 年 12 月 29 日第十届全国人民代表大会常务委员会第三十一次会议对个人纳税法进行第五次修正，将工资、薪金所得减除费用标准由 1 600 元/月提高至 2 000 元/月，自 2008 年 3 月 1 日起施行。

2011 年 6 月 30 日，中华人民共和国第十一届全国人民代表大会常务委员会第二十一次会议通过《全国人民代表大会常务委员会关于修改〈中华人民共和国个人所得税法〉的决定》，决定将工资、薪金所得减除费用标准由 2 000 元/月提高至 3 500 元/月，该决定自 2011 年 9 月 1 日起施行。

随着新一轮税制改革的深入推进，2018 年 8 月 31 日第十三届全国人民代表大会常务委员会第五次会议修订通过《中华人民共和国个人所得税法》（以下简称《个人所得税法》），自 2019 年 1 月 1 日起全面实施。此次修订的个人所得税法主要内容概况为 6 个方面。

（1）新税法建立了对综合所得税按年计税的制度，将工资薪金、劳务报酬、稿酬和特许权使用费 4 项劳务性所得纳入综合征税范围，在年计税的基础上，实行“代扣代缴、自行申报、汇算清缴、多退少补，优化服务、事后抽查”的征管模式。

（2）新税法适当提高基本减除费用标准，将综合所得的基本减除费用从原来的 3 500 元/月提高至 5 000 元/月（每年 60 000 元）。

(3) 新税法首次设立专项附加扣除，在提高基本减除费用的基础上增加子女教育、继续教育、大病医疗、住房贷款利息或住房租金、赡养老人等支出，进一步增强税制的公平性。

(4) 新税法调整优化个人所得税税率结构，以改革前工薪所得 3%～45%七级超额累进税率为基础，扩大 3%、10%、20%三档低税率的级距，缩小 25%税率的级距，30%、35%、45%三档较高税率级距不变。

(5) 新税法增设反避税条款，对个人不按独立交易原则而减少本人或者其关联方应纳税额且无正当理由的、实施不具有合理商业目的的安排而获取不当税收利益等行为的，税务机关有权按合理方法进行纳税调整，营造公平、透明、有序的税收环境。

(6) 新税法健全个人所得税征管制度，创新征管制度，自行申报制度、纳税人识别号、反避税条款、部门信息共享、部门源头协同管理、纳税信用运用等一系列手段来保障个人所得税征管的顺利开展。

2010—2018 年我国个人所得税税收收入概况见表 7-1。

表 7-1　2010—2018 年我国个人所得税税收收入概况

年度	税收收入总额/亿元	个人所得税收入/亿元	个人所得税占税收总额比重/%
2010	73 210.79	4 837.27	6.61
2011	89 738.39	6 054.11	6.75
2012	10 0614.28	5 820.28	5.78
2013	110 530.70	6 531.53	5.91
2014	119 175.31	7 376.61	6.19
2015	124 922.20	8 617.27	6.90
2016	130 360.73	10 088.98	7.74
2017	144 360.00	11 966.00	8.29
2018	156 401.00	13 872.00	8.87

资源来源：中国统计年鉴及财政部官网数据计算整理。

7.1.2　个人所得税的概念

个人所得税是对个人取得的劳务与非劳务应税所得征收的一种税。个人所得还有狭义和广义之分。狭义的个人所得，仅限于每年经常、反复发生的所得。广义的个人所得，是指个人在一定期间内，通过各种来源所获得的一切利益，而不论这种利益是偶然的，还是临时的，是货币或有价证券的，还是实物的。目前，包括我国在内的大多数国家都以这种广义解释的个人所得概念为基础来制定个人所得税制度。

对个人所得税的概念还可从以下两个角度来理解。

第一，个人所得税的纳税人为取得各项应税所得的个人，即对取得各项应税所得的自然人课税。按照国际惯例，国家对个人所得税的纳税人行使居民管辖权和收入来源地管辖权。居民纳税人承担无限纳税义务，应就来源于境内外的全部所得缴纳个人所得税；而非居民纳税人承担有限纳税义务，仅就来源于境内所得纳税。

第二，个人所得税的课税对象是纳税人的应税所得。即纳税人的全部所得不一定全是应当课税的所得，课税对象只是以纳税人的全部所得为基数，按照税法规定的应税所得的范围、计算标准和计算方法计算出来作为计税依据的那部分所得额。

7.1.3 个人所得税的课征模式

目前世界各国个人所得税课征模式一般分为3类：分类课征模式、综合课征模式和分类综合课征模式（混合课征模式）。

1. 分类课征模式

分类课征是指将纳税人的各种所得分为若干类别，各种来源不同、性质各异的所得，分别以不同的税率计算纳税。可以将所得分为工资薪金所得、营业利润所得、股息利息所得、租金所得等，对工资薪金所得课以薪金报酬所得税，对股息利息所得课以利息所得税等。分类所得税制将不同性质的所得分别采用不同的税率，在税负上实行差别待遇，体现了税收横向公平的原则。这一课征模式可以广泛采取源泉扣税法课征，既可以控制税源，又可以减少汇算清缴的烦琐，降低了征收成本。但是，这一模式的征税范围有限，主要着眼于有连续稳定收入来源的单项所得，而且通常不采用累进税率，不能从制度上考虑到纳税人家庭负担状况等，难以体现税收的纵向公平原则。

2. 综合课征模式

综合课征是指将纳税人在一定期间内各种不同来源的所得综合起来，减去法定减免和扣除项目的数额，就其余额按累进税率计算纳税。这一课税模式能够体现纳税人的实际负担水平，符合支付能力原则或量能课税原则，并能够较好地发挥所得税作为调节社会经济周期的"自动稳定器"作用。但是，其课征手续比较繁杂，对征管水平的要求也较高。

3. 分类综合课征模式（混合课征模式）

分类综合课征是指将分类和综合两种所得税的优点兼收并蓄，实行分项课征和综合计税相结合的做法。日本的个人所得税就实行该模式，其税法将个人收入项目共分10类，其中不动产所得、经营利润、工薪收入、临时所得和其他收入等适用综合计征法；退休金和林业收入适用分类计征法；利息、股息和资本利得等适用综合或分类选择计征法。

分类综合课征模式是当今世界上广泛采用的一种所得课税类型，其优点是既坚持按纳税能力课税的原则，对纳税人不同来源的所得实行综合计算征收，又坚持了对不同性质的收入实行区别对待的原则，对所列举的特定收入项目按特定办法和税率课征，具有稽征方便，有利于减少偷、漏税的优点。

7.1.4 我国个人所得税特点

1. 分类综合课征模式

个人所得税模式有分类课征模式、综合课征模式、分类综合混合课征模式。我国自1994年至2018年的个人所得税为分类课征模式，将纳税人的所得划分为11类，分别计算应税所得，分别扣除费用，分别适用相应税率来计算税额。改革之后的新税法于2019年1月1日实施，将个人所得归纳为6类，将自然人的劳务所得进行了综合，体现了一定的综合课征，但是仍然将投资所得、经营所得分类计算，还没有做到完全的综合课征模式，所以是二者的结合，也是当前的最佳选择模式。

2. 累进税率和比例税率

累进税率能更多地考虑到纳税人的负担能力，也成为税收调节居民收入差距的重要手段。其中，综合所得与经营所得采用累进税率，投资所得、偶然所得等仍然采用比例税率，二者相结合来调节居民收入差距，保障财政收入的稳定和连续。

3. 基本扣除和专项扣除相结合

在免征额每月 5 000 元的基础上，根据纳税人的个人情况，扣除其“三险一金”及专项附加扣除，以及依法确定的商业健康保险、个人税收递延型商业养老保险、企业年金和职业年金等。这些扣除考虑到了纳税人的生计及家庭共养负担，更加公平地体现了个人所得税的量能负担原则。

4. 分类综合相适应的税收征管模式

对综合所得按年计征，实行“代扣代缴、自行申报，汇算清缴、多退少补、优化服务、事后抽查”的征管模式，打造 6 个方面的征管制度创新，使个人所得税更加适应以按劳分配为主、多种收入分配为辅的收入分配方式，加强了个人所得税调节收入分配的作用。

7.1.5　个人所得税的作用

1. 筹集财政收入

个人所得税从产生那天起就是为国家筹集财政收入的，并且把这个作用作为当时税制的唯一作用。这一作用强调税收的效率原则，即个人所得税应以发展经济和增加税收收入为主要目标，这也是个人所得税的主要作用。

2. 调节居民收入分配差距

当个人所得税发展到成熟阶段时，它的调节功能越来越被关注。这一功能强调社会公平原则，即通过调节个人收入实现再分配公平的目标，属于辅助性功能。税制中的扣除标准、累进税率、税收优惠等，都能发挥个人所得税的调节功能。

(1) 扣除标准。我国个人所得税按照每个类别都规定了一定的扣除标准，有基本扣除和专项扣除。个人所得税所规定的扣除额指的是基本扣除。扣除标准通过两种方式调节收入：一是扣除标准的大小决定了个人所得税征收覆盖面和适用税率的级次，从而决定了一个人要不要纳税和纳哪个级次的税；二是扣除标准是否全国统一，统一性与否决定了各地区间纳税人纳税额的异同，从而横向调节了各地区间收入的差异。

(2) 累进税率。累进税率可分为全额累进和超额累进，前者是以应纳税额总量为税基，后者以应纳税额增量为税基，在条件相同的情况下前者累进性高于后者。累进税率主要通过两种方式调节收入，即边际税率和级距（级次多少）的设置，边际税率设置与初始税率及最高税率高低有关，边际税率越低最高税率越高，越有累进性；级距涉及级数多少和每级的长短，级数越少，级距越大，累进性越强，则调节力度越大。

(3) 税收优惠。一种是规定了一些扣除项目，当个人所得额中包括这些项目时，在计算时可以扣除，也即前面所指的专项扣除；另一种是在税目中设置一些可以抵、减、免的项目，使得在项目内的纳税主体少交或不交税以达到调节收入或引导消费的目的，其设置具有选择性，是以直接减少纳税人的应纳税额为目的，而扣除标准主要是减少应纳税所得额，前者更直接更有效，但同时也更违背税收的中性原则。

3. 调控经济稳定作用

随着税制的成熟与完善和社会分配差距的不断扩大，个人所得税调控经济稳定发展的作用也越来越被重视，可以说是个人所得税的综合作用的体现。经济发展周期的呈现是社会经济运行的必然规律，宏观政策要对经济周期的运行进行适当的干预，以保证一国经济稳定运行。其中财政政策和货币政策是首要原则，而税收则是财政政策的重要工具，其中尤以所得税为重。所得税中的个人所得税的超额累进税率，可以发挥自动稳定的调节作用，指数化的应用也为经济稳定运行提供了保障。总之，调控经济稳定发展是个人所得税发展到今天的综合作用的体现。

7.2 我国个人所得税的具体征收制度

7.2.1 纳税义务人

个人所得税的纳税义务人，包括中国公民、个体工商业户以及在中国有所得的外籍人士（包括无国籍人士，下同）和中国的香港、澳门、台湾同胞。依据住所和居住时间两个标准，可分为居民纳税人和非居民纳税人，二者分别承担不同的纳税义务。

1. 判定标准

在国际社会中，一般同时采用以下两条标准来判定个人所得税的纳税义务人。

（1）住所标准。住所标准是指因户籍、家庭、经济利益关系而在中国境内习惯性居住的个人。习惯性居住是指个人因学习、工作、探亲、旅游等原因消除后，没有理由再在其他地方继续居留时所要回到的地方，它是在税收上判定居民和非居民的法律标准，而不是指实际居住或在某一特定时期内的具体居住地点。

（2）居住时间标准。居住时间标准是指纳税人在一个纳税年度（即公历1月1日起至12月31日止，下同）内，在中国境内居住满183天。在计算居住天数时，对临时离境应视同在华居住，不扣减其在华居住的天数。临时离境是指在一个纳税年度内，一次离境不超过30日或者多次离境累计不超过90日的。

2. 纳税义务人

根据以上标准，个人所得税纳税人可分为居民纳税人和非居民纳税人。

（1）居民纳税人。居民纳税人是指在中国境内有住所或无住所但在一个纳税年度累计居住183天的个人。居民纳税人就其来自境内、境外的全部所得向中国政府缴纳个人所得税，即承担无限纳税义务。

在中国境内有住所的个人，是指因户籍、家庭、经济利益关系而在中国境内习惯性居住的个人；从中国境内、境外取得的所得，分别是指来源于中国境内的所得和来源于中国境外的所得。

所谓习惯性居住，是判定纳税义务人是居民或非居民的一个法律意义上的标准，并不是指实际居住或在某一个特定时期内的居住地，如因学习、工作、探亲、旅游等而在中国境外居住的，在其原因消除之后，必须回到中国境内居住的个人，则中国即为该纳税人习惯性居住地。

个人独资企业和合伙企业投资者也是个人所得税的居民纳税人。

（2）非居民纳税人。非居民纳税人是指在中国境内无住所又不居住，或在一个纳税年度内在境内居住不满183天的个人。非居民纳税人仅就其在中国境内取得的经济利益部分，按月向中国政府缴纳个人所得税，即承担有限纳税义务。

非居民纳税人实际上只能是在一个纳税年度中，没有在中国境内居住，或者在中国境内居住不满 183 天的外籍人员、华侨或者香港、澳门、台湾同胞。

在中国境内无住所的个人，在一个纳税年度内在中国境内居住累计不超过 90 天的，其来源于中国境内的所得，由境外雇主支付并且不由该雇主在中国境内的机构、场所负担的部分，免于缴纳个人所得税，仅就其实际在华工作期间由我国境内企业或个人雇主支付或者由我国境内机构负担的工薪所得纳税。

在中国境内无住所的个人，在一个纳税年度内在中国境内居住累计满 183 天的，年度连续不满 6 年的，经向主管税务机关备案，其来源于中国境外且由境外单位或者个人支付的所得，免于缴纳个人所得税。

纳税年度为历年制，即自公历 1 月 1 日起至 12 月 31 日止。

183 天的计算起止点为：个人入境、离境、往返或多次往返境内外当日，均按一天计算其在华逗留天数。

无住所纳税人的纳税义务如表 7－2 所示。

表 7－2　无住所纳税人的纳税义务

居住时间	纳税人	境内所得		境外所得	
		境内支付	境外支付	境内支付	境外支付
90 天以内	非居民	征税	免税	无纳税义务	无纳税义务
90～183 天	非居民	征税	征税	无纳税义务	无纳税义务
183 天连续不满 6 年	居民	征税	征税	征税	免税
连续满 6 年	居民	征税	征税	征税	征税

最新《个人所得税法》将居民个人的时间判定标准由境内居住满一年调整为满 183 天，是为了吸引外资和鼓励外籍人员来华工作，促进对外交流。最新《中华人民共和国个人所得税法实施条例》继续保留了原条例对境外支付的境外所得免予征税优惠制度安排，并进一步放宽了免税条件：一是将免税条件由构成居民纳税人不满 5 年，放宽到连续不满六年；二是在任一年度中，只要有一次离境超过 30 天的，就重新计算连续居住年限；三是将管理方式由主管税务机关批准改为备案，简化了流程，方便了纳税人。

自 2019 年 1 月 1 日起，在中国境内无住所个人的居住时间规定如下。

(1) 无住所个人一个纳税年度在中国境内累计居住满 183 天的，如果此前六年在中国境内每年累计居住天数都满 183 天而且没有任何一年单次离境超过 30 天，该纳税年度来源于中国境内、境外所得应当缴纳个人所得税；如果此前六年的任一年在中国境内累计居住天数不满 183 天或者单次离境超过 30 天，该纳税年度来源于中国境外且由境外单位或者个人支付的所得，免予缴纳个人所得税。

所称此前 6 年，是指该纳税年度的前一年至前 6 年的连续 6 个年度，此前 6 年的起始年度自 2019 年（含）以后年度开始计算。

(2) 无住所个人一个纳税年度内在中国境内累计居住天数，按照个人在中国境内累计停留的天数计算。在中国境内停留的当天满 24 小时的，计入中国境内居住天数；在中国境内停留的当天不足 24 小时的，不计入中国境内居住天数。

如张先生为澳门居民，在广州工作，每周一早上到广州上班，周五晚上回澳门。周一和周五当天停留都不足 24 小时，因此不计入境内居住天数，再加上周六、周日两天也不计入，每周可计入的天数仅为 3 天，按全年 52 周计算，张先生全年在境内居住天数为 156 天，未超过 183 天，不构成居民个人，张先生取得的全部境外所得，免缴个人所得税。

(3) 在中国境内无住所的个人，在中国境内居住累计满 183 天的年度连续不满 6 年的，经向主管税务机关备案，其来源于中国境外且由境外单位或者个人支付的所得，免予缴纳个人所得税；在中国境内居住累计满 183 天的任一年度中有一次离境超过 30 天的，其在中国境内居住累计满 183 大的年度的连续年限重新起算。

(4) 无住所个人一个纳税年度在中国境内累计居住满 183 天的，如果此前 6 年在中国境内每年累计居住天数都满 183 天而且没有任何一年单次离境超过 30 天，该纳税年度来源于中国境内、境外所得应当缴纳个人所得税；如果此前 6 年的任一年在中国境内累计居住天数不满 183 天或者单次离境超过 30 天，该纳税年度来源于中国境外且由境外单位或者个人支付的所得，免予缴纳个人所得税。

(5) 在境内停留的当天不足 24 小时的，不计入境内居住天数；连续居住“满六年”的年限从 2019 年 1 月 1 日起计算，2019 年之前的年限不再纳入计算范围。境外人士（包括港澳台居民）在境内连续居住“满六年”，是自 2019 年（含）以后年度开始计算。按照财政部税务总局公告 2019 年第 34 号规定，在境内居住累计满 183 天的年度连续“满六年”的起点，是自 2019 年（含）以后年度开始计算，2018 年（含）之前已经居住的年度一律“清零”，不计算在内。按此规定，2024 年（含）之前，所有无住所个人在境内居住年限都不满六年，其取得境外支付的境外所得都能享受免税优惠。此外，自 2019 年起任一年度如果有单次离境超过 30 天的情形，此前连续年限“清零”，重新计算。

比如，张先生为澳门居民，2013 年 1 月 1 日来广州工作，若 2026 年 8 月 30 日回到澳门工作，在此期间，除 2025 年 2 月 1 日至 3 月 15 日临时回澳门处理公务外，其余时间一直停留在广州。张先生在境内居住累计满 183 天的年度，如果从 2013 年开始计算，实际上已经满六年，但是由于 2018 年之前的年限一律“清零”，自 2019 年开始计算，因此 2019 年至 2024 年期间，张先生在境内居住累计满 183 天的年度连续不满六年，其取得的境外支付的境外所得，就可免缴个人所得税。

2025 年，张先生在境内居住若满 183 天，且从 2019 年开始计算，他在境内居住累计满 183 天的年度已经连续满六年（2019 年至 2024 年），且没有单次离境超过 30 天的情形，2025 年，张先生应就在境内和境外取得的所得缴纳个人所得税。

2026 年，由于张先生 2025 年有单次离境超过 30 天的情形（2025 年 2 月 1 日至 3 月 15 日），其在内地居住累计满 183 天的连续年限清零，重新起算，2026 年当年张先生取得的境外支付的境外所得，可以免缴个人所得税。

3. 扣缴义务人

个人所得税实行从源扣税的方法，在实际中通过代扣代缴的方式来实现。我国税法规定，凡是支付应纳税所得的单位和个人，都是个人所得税的扣缴义务人。扣缴义务人在向纳税人支付各项应纳税所得时，应履行扣缴义务。

4. 所得来源地的判定

对于非居民纳税人而言，所得来源地的判定尤为重要，因为其有限纳税义务仅就来源于中国境内的所得纳税，这也是收入来源地管辖权的体现。所得来源地的确定具体如下：①工资、薪金所得的来源地是纳税人任职、受雇的公司、企业、事业单位、机关、团体、部队、学校等单位的所在地；②生产、经营所得的来源地是生产、经营活动的实现地；③劳务报酬所得的来源地是纳税人实际提供劳务的地点；④不动产转让所得的来源地是不动产的坐落地，动产转让所得的来源地是实现转让行为的地点；⑤财产租赁所得的来源地是被租赁财产的使用地；⑥特许权使用费的来源地为特许权的使用地；⑦利息、股息、红利所得的来源地是支付利息、股息和红利的企业、机构、组织的所在地。

7.2.2　应税收入

我国个人所得税采用分类综合课征模式，根据收入性质的不同，将个人所得税项目划分为 6 类，因为取得每项收入相应发生的费用也不同，对每类收入都规定了不同的扣除标准，并适用不同的税率及计算方法，最终计算应纳税所得额并计算应纳税额。应纳税所得额是纳税人各项收入总额减除相应的扣除标准及费用后的余额。收入的确定为各项所得确认的关键。

收入的形式包括现金、实物、有价证券和其他形式的经济利益。所得为实物的，应当按照取得的凭证上所注明的价格计算应纳税所得额；无凭证的实物或凭证上所注价格明显偏低的，参照市场价格核定应纳税所得额；所得为有价证券的，根据票面价格和市场价格核定应纳税所得额；所得为其他形式的经济利益的，参照市场价格核定应纳税额所得额。

居民纳税人取得工资、薪金所得、劳务报酬所得、稿酬所得、特许权使用费所得，合并为综合所得，按纳税年度合并计算个人所得税；非居民纳税人取得工资、薪金所得、劳务报酬所得、稿酬所得、特许权使用费所得，按月或者按次分别计算个人所得税；纳税人取得的其他形式的所得，包括经营所得、利息、股息、红利所得、财产租赁所得、财产转让所得额、偶然所得，分别按次计算个人所得税。

纳税人的应税收入分为以下 6 个方面。

1. 综合所得

综合所得是指纳税人的工资、薪金所得、劳务报酬所得、稿酬所得、特许权使用费所得这 4 项劳动性所得，这 4 项所得涵盖了绝大多纳税人及其主要所得，对其适用 3%～45%超额累进税率，可以更好地体现量能负担原则，也解决了在分类税制下个人收入不均衡、不同所得项目税负有差异的问题。

1）工资、薪金所得

工资、薪金所得，是指个人因任职或者受雇用而取得的工资、薪金、奖金、年终加薪、劳动分红、津贴、补贴以及任职或者受雇有关的其他所得，属于非独立劳务所得。

工薪所得免税项目有：独生子女补贴，执行公务员工资制度未纳入基本工资总额的补贴、津贴差额和家属成员的副食品补贴，托儿补助费，差旅费津贴、误餐补助。其中，误餐补助是指按照财政部规定，个人因公在城区、郊区工作，不能在工作单位或返回就餐的，根据实际误餐顿数，按规定的标准领取的误餐费。单位以误餐补助名义发给职工的补助、津贴不能包括在内。

2）劳务报酬所得

劳务报酬所得是指个人独立从事各种非雇佣劳务的所得。显然，劳务报酬所得属于独立个人劳务所得。判断一项所得是工薪所得还是劳务报酬所得，关键看纳税人与所得支付人之间是否存在雇佣关系。

独立劳务包括设计、装潢、安装、制图、化验、测试、医疗、法律、会计、咨询、讲学、新闻、广播、翻译、审稿、书画、雕刻、影视、录音、录像、演出、表演、广告、展览、技术服务、介绍服务、经纪服务、代办服务、其他服务等。通过以上劳务形式取得的报酬，属于个人独立劳务所得，按照劳务报酬所得进行个人所得税的缴纳。

3）稿酬所得

稿酬所得是指个人因其作品以图书、报刊形式发表而取得的所得。将稿酬所得独立划归一个征税项目，而对不以图书、报刊形式出版、发表的翻译、审稿、书画所得归为劳务报酬所得，主要是考虑出版、发表作品的特殊性，鼓励这种较高智力创作的精神产品；同时也是建设社会主义精神文明的需要，所以应对稿酬所得区别对待，给予适当优惠照顾。

4）特许权使用费所得

特许权使用费所得是指个人提供专利权、商标权、著作权、非专利技术以及其他特许权的使用权取得的所得。提供著作权的使用权取得的所得，不包括稿酬所得。

专利权是由国家专利主管机关依法授予专利申请人或其权利继承人在一定期间内实施其发明创造的专有权。在西方国家，对于专利提供使用的所得作为特许权使用费，而专利转让所得开征资本利得税。我国由于还没有开征资本利得税，所以专利许可使用与转让取得的所得，均为特许权使用费。

2. 经营所得

经营所得是指个体工商户的生产经营所得、对企事业单位的承包承租经营所得，其中对企事业单位的承包经营所得中的工资薪金所得并入综合所得。

1）个体工商户的生产、经营所得

(1) 个体工商户从事工业、手工业、建筑业、交通运输业、商业、饮食业、服务业、修理业及其他行为取得的所得。

(2) 个人经政府有关部门批准，取得执照，从事办学、医疗、咨询以及其他有偿服务活动取得的所得。

(3) 上述个体工商户和个人取得的与生产、经营有关的各项应税所得。

(4) 个人因从事彩票代销业务而取得的所得，应按照“个体工商户的生产、经营所得”项目计征个人所得税。

(5) 其他个人从事个体工商业生产、经营取得的所得。

2）对企事业单位的承包经营、承租经营的所得

对企事业单位的承包经营、承租经营所得，是指个人承包经营或承租经营以及转包、转租取得的所得，其中包括个人按月取得的工薪所得。承包项目包括生产经营、采购、销售、建筑安装等，转包包括全部转包和部分转包。

在承包项目中，如果承包之后企事业单位的工商登记更改为个体工商户的，属于个体工商户经营行为，按照个体工商户生产、经营所得征收个人所得税；如果承包之后企事业单位的工商登记性质没有改变，在缴纳了企业所得税之后，再按照对事业单位的承包经营所得缴纳个人所得税。

外商投资企业采取发包、出租经营且经营人为个人的，对经营人从外商投资企业分享的收益或取得的所得，也按照对企事业单位的承包、承租经营所得征税。

3. 利息、股息和红利所得

利息、股息和红利所得是指个人拥有债权、股权而取得的利息、股息、红利所得。利

息，是指个人拥有债权而取得的利息，包括存款利息、贷款利息和各种债券的利息。按税法规定，个人取得的利息所得，除国债和国家发行的金融债券利息外，应当依法缴纳个人所得税。按照一定的比率对每股发给的息金叫股息；公司、企业分配的超过息金部分的利润，按股份派发的叫红利。股息、红利所得，除另有规定外，都应当缴纳个人所得税。

除个人独资企业、合伙企业以外的其他企业的个人投资者，以企业资金为本人、家庭成员及相关人员支付与企业生产经营无关的消费性支出及购买汽车、住房等财产性支出，视为企业对个人投资者的红利分配，依照上述项目征收个人所得税。企业的上述支出不得在企业税前列支。

1999 年，为了拉动内需，刺激居民消费，国家税务总局决定自 11 月 1 日起，对储蓄存款利息所得恢复征收个人所得税；2007 年 8 月 15 日起，将储蓄存款利息所得个人所得税的适用税率由 20％调减为 5％；2008 年，为缓解国内较为严重的通胀压力，并顺应全球各主要央行降息的国际趋势，国务院决定自 10 月 9 日起，对储蓄存款利息所得暂免征收个人所得税。

4. 财产租赁所得

财产租赁所得是指个人出租建筑物、土地使用权、机器设备、车船以及其他财产取得的所得。个人取得的财产转租收入，属于“财产租赁所得”的征税范围，由财产转租人缴纳个人所得税。

5. 财产转让所得

财产转让所得是指个人转让有价证券、股权、建筑物、土地使用权、机器设备、车船以及其他财产取得的所得。

(1) 股票转让所得。根据《中华人民共和国个人所得税法实施条例》规定，对股票所得征收个人所得税的办法，由财政部另行制定，报国务院批准实施。鉴于我国证券市场发展的局限性，对于股票转让所得，暂不征收个人所得税。

(2) 量化资产股份转让所得。集体所有制企业在改制为股份合作制企业时，对职工个人以股份形式取得的拥有所有权的企业量化资产，暂缓征收个人所得税；待个人将股份转让时就其转让收入额，减除个人取得该股份时实际支付的费用支出和合理转让费用后的余额，按财产转让所得缴纳个人所得税。

(3) 个人出售自有住房。个人出售已购公有住房，以销售价减除住房面积标准的经济适用房价款、原支付超过住房面积标准的房价款、向政府或原产权单位缴纳的所得收益以及税法规定的合理费用后的余额作为应纳税所得额缴纳个人所得税。个人出售其他自有住房，其应纳税所得额按照个人所得税法的有关规定确定。为鼓励个人换购住房，对出售自有住房并拟在现住房出售后 1 年内按市场价重新购房的纳税人，其出售现住房所应缴纳的个人所得税，视其重新购房的价值可全部或部分予以免税。对个人转让自用 5 年以上并且是家庭唯一生活用房取得的所得，继续免征个人所得税。

6. 偶然所得

偶然所得是指个人得奖、中奖、中彩以及其他偶然性质的所得。得奖是指参加各种有奖竞赛活动，取得名次得到的奖金；中奖、中彩是指参加各种有奖活动，如有奖销售、有奖储蓄，或者购买彩票，经过规定程序，抽中、摇中号码而取得的奖金。偶然所得应缴纳的个人所得税税款，一律由发奖单位或机构代扣代缴。

7.2.3 税率

(1) 综合所得适用3%～45%的七级超额累进税率，见表7-3。

表7-3 七级超额累进税率

级数	全年应纳税所得额/元	税率/%	速算扣除数
1	不超过36 000的部分	3	0
2	超过36 000～144 000的部分	10	2 520
3	超过144 000～300 000的部分	20	16 920
4	超过300 000～420 000的部分	25	31 920
5	超过420 000～660 000的部分	30	52 920
6	超过660 000～960 000的部分	35	85 920
7	超过960 000的部分	45	181 920

注：本表所称的全年应纳税所得额是指依照税法规定，每年收入额减除60 000元免征额再减去专项附加扣除以后的余额。

(2) 经营所得适用5%～35%五级超额累进税率，见表7-4。

表7-4 五级超额累进税率

级数	全年应纳税所得额/元	税率/%	速算扣除数
1	不超过30 000的	5	0
2	超过30 000～90 000的部分	10	1 500
3	超过90 000～300 000的部分	20	10 500
4	超过300 000～500 000的部分	30	40 500
5	超过500 000的部分	35	65 500

注：本表所称的全年应纳税所得额是指依照税法规定，以每一纳税年度的收入总额减除成本、费用及损失后的余额。

(3) 利息、股息、红利所得，财产租赁所得，财产转让所得，偶然所得适用20%的比例税率。

速算扣除数是指采用超额累进税率计税时，简化计算应纳税额的一个数据。速算扣除数实际上是在级距和税率不变条件下，全额累进税率的应纳税额比超额累进税率的应纳税额多纳的一个常数。因此，在超额累进税率条件下，用全额累进的计税方法，只要减掉这个常数，就等于用超额累进方法计算的应纳税额，简称速算扣除数。速算扣除数的计算公式是：

本级速算扣除额＝上一级最高应纳税所得额×（本级税率－上一级税率）＋上一级速算扣除数

另外，为了鼓励个人创作文学艺术作品，对于稿酬所得，减征其收入额的30%，即按照稿酬收入的七成来征税，实际税率为14%；为了鼓励个人出租房屋繁荣市场，对于个人出租房屋所得暂减按10%的税率征收个人所得税；为了鼓励个人长期投资债券市场，对于个人持有一年以上的上市公司股票获得的股息、红利所得，免征个人所得税。

7.2.4 扣除标准

2019年1月1日其实施的个人所得税法，对其费用扣除项目进行了重新规范，在6类个人所得项目下分别规定了不同的扣除标准以及专项扣除、附加扣除、其他扣除等。

1. 综合所得扣除

(1) 免征额：居民纳税人的综合所得按年扣除60 000元，或者按月扣除5 000元，即纳税人的免征额为5 000元，全年为60 000元；非居民纳税人每月工资、薪金所得扣除5 000元的费用。

(2) 专项扣除：包括居民个人按照国家规定的范围和标准缴纳的基本养老保险、基本医疗保险、失业保险等社会保险费用和住房公积金，即“三险一金”社会保障制度缴费。

(3) 专项附加扣除：包括居民个人子女教育、继续教育、大病医疗、住房贷款利息或者住房租金、赡养老人等支出。当年发生的专项附加扣除，应在纳税人本年度综合所得应纳税所得额中扣除；本年度扣除不完的，不得结转以后年度扣除。

1) 子女教育

(1) 扣除标准：纳税人的子女接受学前教育和学历教育的相关支出，按照每个子女每年12 000元（每月1 000元）的标准定额扣除。学前教育是指年满3周岁至小学入学前教育；学历教育是指义务教育（小学和初中教育）、高中阶段教育（普通高中、中等职业教育）、高等教育（大学专科、大学本科、硕士研究生、博士研究生教育）。如果子女处于学前教育阶段，但是未接受学前教育的，仍然可以享受子女教育扣除。

(2) 扣除办法：受教育子女的父母分别按扣除标准的50%扣除；经父母约定，也可以选择由其中一方按扣除标准的100%扣除。具体扣除方式在一个纳税年度内不得变更。子女，是指婚生子女、非婚生子女、继子女、养子女。

(3) 首次享受子女教育专项附加扣除的起始时间：为子女接受学前教育或学历教育入学的当月，施教机构按规定组织实施的寒暑假连续计算。

(4) 需要提供的涉税资料或专项附加扣除项目支出凭证，有关部门和单位应当向税务部门提供或协助核实以下与专项附加扣除有关的信息：公安部门有关身份信息、户籍信息、出入境证件信息、出国留学人员信息、公民死亡标识等信息；卫生健康部门有关出生医学证明信息、独生子女信息；民政部门、外交部门、最高法院有关婚姻登记信息；教育部门有关学生学籍信息（包括学历继续教育学生学籍信息），或者在相关部门备案的境外教育机构资质信息；人力资源社会保障等部门有关学历继续教育（职业技能教育）学生学籍信息、职业资格继续教育、技术资格继续教育信息。

2) 继续教育

(1) 扣除标准：纳税人接受学历继续教育的支出，在学历教育期间按照每年4 800元（每月400元）定额扣除；纳税人接受技能人员职业资格继续教育、专业技术人员职业资格继续教育支出，在取得相关证书的年度，按照每年3 600元定额扣除。

(2) 扣除办法：个人接受同一学历教育事项，符合扣除条件的，该项教育支出可以由其父母按照子女教育支出扣除，也可以由本人按照继续教育支出扣除，但不得同时扣除。

(3) 首次享受继续教育专项附加扣除的起始时间：参加学历继续教育的，为录取通知书注明的入学时间的当月；参加职业资格教育的，为取得相关职业资格证书的当年。

(4) 需要提供的涉税资料或专项附加扣除项目支出凭证：“个人所得税专项附加扣除信息表”，包括纳税人本人、配偶、未成年子女、被赡养老人等个人身份信息；参加继续学历教育的直接费用支出凭证，为继续教育学历或职业资格证书。

（5）特别说明：学历教育的扣除在学历教育期间按月扣除，可以选择由本人按照继续教育支出扣除（每月 400 元），也可以选择由父母按照子女教育支出扣除（每月 1 000 元），但不得同时扣除；职业资格继续教育和专业技术人员职业资格继续教育，只能在取得相关证书的年度，按照每年 3 600 元定额扣除。

3）大病医疗

（1）界定：一个纳税年度内，扣除医保报销后个人负担（指医保目录范围内的自付部分）累计超过 15 000 元的医药费用支出部分，为大病医疗支出。

（2）扣除标准：一个纳税年度内大病医疗支出，可以按照每年 80 000 元标准限额据实扣除。

（3）扣除时间：大病医疗专项附加扣除由纳税人办理汇算清缴时扣除。享受大病医疗专项附加扣除的，为取得大病医疗服务收费票据年度的次年 3 月 1 日至 6 月 30 日。

（4）扣除办法：纳税人发生的大病医疗支出可以选择由本人或其配偶一方扣除；未成年子女发生的大病医疗支出可以选择由其父母一方扣除。纳税人及其配偶、未成年子女发生的大病医疗支出，可按规定分别计算扣除额。但是，目前未将纳税人父母纳入大病医疗扣除范围。

（5）需要提供的涉税资料或专项附加扣除项目支出凭证：《个人所得税专项附加扣除信息表》；纳税人应当留存的医疗服务收费相关票据原件（或复印件）。

（6）特别说明：个人负担的该支出未超过 15 000 元的，无法扣除；个人负担的该支出超过 15 000 元的，超过的部分据实列支（必须凭借发票扣除），但最多不超过 80 000 元；该项支出不能按月扣，只能由纳税人办理汇算清缴时由纳税人本人扣除，而不是由扣缴义务人履行该项义务。扣除该项支出需有充分的支出证明，应当留存医疗服务收费相关票据原件（或复印件）。

4）住房贷款利息

（1）扣除标准：纳税人本人或配偶使用商业银行或住房公积金个人住房贷款为本人或其配偶购买住房，发生的首套住房贷款利息支出，在偿还贷款期间可以按照每年 12 000 元（每月 1 000 元）标准定额扣除。非首套住房贷款利息支出，纳税人不得扣除。纳税人只能享受一套首套住房贷款利息扣除。

（2）扣除办法：经夫妻双方约定，可以选择由其中一方扣除，具体扣除方式在一个纳税年度内不得变更。

（3）首次享受住房贷款利息专项附加扣除的起始时间：为贷款合同约定开始还款的当月；扣除期限最长不得超过 240 个月，即 20 年。

（4）需要提供的涉税资料或专项附加扣除项目支出凭证："个人所得税专项附加扣除信息表"；纳税人应当留存住房贷款合同、贷款还款支出凭证。

（5）特别说明：纳税人为自己的父母、岳父母、公婆、爷爷奶奶、姥姥姥爷、兄弟姐妹等亲属购买住房，即便是首套住房，该住房贷款利息也不得扣除。

5）住房租金

（1）扣除条件：纳税人本人及配偶在纳税人的主要工作城市（主要工作城市是指纳税人任职受雇所在城市，无任职受雇单位的，为其经常居住城市。城市范围包括直辖市、计划单列市、副省级城市、地级市（地区、州、盟）全部行政区域范围）没有住房，而在主要工作城市租赁住房发生的租金支出，可以按照住房租金专项附加扣除标准定额扣除（不要发票）。

（2）扣除标准：承租的住房位于直辖市、省会城市、计划单列市以及国务院确定的其他城市，扣除标准为每年 18 000 元（每月 1 500 元）；承租的住房位于其他城市的，市辖区户籍人口超过 100 万的，扣除标准为每年 13 100 元（每月 1 100 元）；承租的住房位于其他城市的，市辖区户籍人口不超过 100 万（含）的，扣除标准为每年 9 600 元（每月 800 元）。

（3）扣除办法：夫妻双方主要工作城市相同的，只能由一方扣除住房租金支出；夫妻双方主要工作城市不相同的，且各自在其主要工作城市都没有住房的，可以分别扣除住房租金支出。住房租金支出由签订租赁住房合同的承租人扣除。纳税人及其配偶不得同时分别享受住房贷款利息专项附加扣除和住房租金专项附加扣除。

（4）首次享受住房租金专项附加扣除的起始时间：租赁合同约定起租的当月。

（5）需要提供的涉税资料或专项附加扣除项目支出凭证：《个人所得税专项附加扣除信息表》；纳税人应当留存住房租赁合同。

（6）特别说明：夫妻双方主要工作城市相同的，没有住房，而在主要工作城市租赁住房发生的租金支出只能由一方按规定标准扣除住房租金支出；夫妻双方主要工作城市不相同的，且各自在其主要工作城市都没有住房的，可以分别扣除住房租金支出。纳税人有首套房的购房贷款利息，同时也有租房支出，在专项附加扣除时，只能选择其一扣除。

6）赡养老人

（1）赡养老人的年龄标准：是指纳税人赡养 60 岁（含）以上父母以及其他法定赡养人（其他法定赡养人是指祖父母、外祖父母的子女已经去世，实际承担对祖父母、外祖父母赡养义务的孙子女、外孙子女）。赡养岳父母及公婆目前不在扣除范围之列。但如果夫妻双方各自都有父母需要赡养，各自申报专项扣除。

（2）扣除标准：纳税人为独生子女的，按照每年 24 000 元（每月 2 000 元）的标准定额扣除；纳税人为非独生子女的，应当与其兄弟姐妹分摊每年 24 000 元（每月 2 000 元）的扣除额度，分摊方式包括平均分摊、被赡养人指定分摊或者赡养人约定分摊，具体分摊方式在一个纳税年度内不得变更。

（3）扣除办法：采取指定分摊或约定分摊方式的，每一纳税人分摊的扣除额最高不得超过每年 12 000 元（每月 1 000 元），并签订书面分摊协议。指定分摊与约定分摊不一致的，以指定分摊为准。纳税人赡养 2 个及以上老人的，不按老人人数加倍扣除。

（4）首次享受赡养老人专项附加扣除的起始时间：被赡养人年满 60 周岁的当月。

（5）需要提供的涉税资料或专项附加扣除项目支出凭证：《个人所得税专项附加扣除信息表》；采取分摊方式的，被赡养人书面确认的分摊协议。

（6）特别说明：纳税人赡养一个老人和赡养多个老人，扣除标准一样；多个子女约定分摊标准或被赡养人指定分摊的，每个人分摊的金额每月不超 1 000 元。

2. 经营所得扣除

个体工商户业主、个人独资企业和合伙企业自然人投资者、企事业单位承包承租经营者的扣除项目为其生产经营中产生的成本、必要的费用以及损失，其中必要的费用是指每年 60 000 元的费用减除。

3. 其他

（1）财产租赁所得扣除：每次收入不足 4 000 元的，减除 800 元；超过 4 000 元的减除 20%。

(2) 财产转让所得扣除：以财产转让过程中发生的合理费用为扣除额。

(3) 利息、股息、红利所得：偶然所得，不扣除任何费用，以收入全额计税。

(4) 捐赠扣除：个人将其所得对教育事业和其他公益慈善事业捐赠的部分，按照国务院有关规定从应纳税所得中扣除，扣除比例为应纳税所得额 30%以内的部分；个人通过非营利的社会团体和国家机关向农村义务教育的捐赠，准予在缴纳个人所得税税权的所得额中全额扣除；个人所得用于资助非关联的科研机构和高校研究开发“三新”所发生的研究开发经费，经主管税务机关确定，可以全额在下期计征个人所得税时，从应纳税所得额中扣除；不足抵扣的，不得结转抵扣。

7.2.5 应纳税额的计算

1. 应纳税所得额的确认

(1) 综合所得。

① 居民个人的综合所得，以每一纳税年度的收入额减除费用 60 000 元以及专项扣除、专项附加扣除和依法确定的其他扣除后的余额，为应纳税所得额。

专项扣除包括居民个人按照国家规定的范围和标准缴纳的基本养老保险、基本医疗保险、失业保险等社会保险费和住房公积金等；专项附加扣除包括子女教育、继续教育、大病医疗、住房贷款利息和住房租金、赡养老人支出。

② 非居民个人的工资、薪金所得，以每月收入额减除费用 5 000 元后的余额为应纳税所得额；劳务报酬所得、稿酬所得、特许权使用费所得，以每次收入额为应纳税所得额。

(2) 经营所得。

个体工商户业主、个人独资企业投资者、合伙企业个人合伙人以及从事其他生产、经营活动的个人，以其每一纳税年度来源于个体工商户、个人独资企业、合伙企业以及其他生产、经营活动的所得，减除费用 60 000 元、专项扣除以及依法确定的其他扣除后的余额，为应纳税所得额；对企事业单位承包承租经营所得减除每年 60 000 元的费用。

(3) 财产租赁所得，每次收入不超过 4 000 元的，减除费用 800 元；4 000 元以上的，减除 20%的费用，其余额为应纳税所得额。

(4) 财产转让所得，以转让财产的收入额减除财产原值和合理费用后的余额，为应纳税所得额。

(5) 利息、股息、红利所得，偶然所得，以每次收入全额为应纳税所得额。

(6) 另外，有下列情形之一的，税务机关有权按照合理方法进行纳税调整确定应纳税所得额：①个人与其关联方之间的业务往来，不符合独立交易原则而减少本人或者其关联方应纳税额，且无正当理由；②居民个人控制的，或者居民个人和居民企业共同控制的设立在实际税负明显偏低的国家（地区）的企业，无合理经营需要，对应当归属于居民个人的利润不作分配或者减少分配；③个人实施其他不具有合理商业目的的安排而获取不当税收利益。

税务机关依照以上情形规定作出纳税调整，需要补征税款的，应当补征税款，并依法加收利息。

2. 应纳税额计算公式

针对以上 6 项所得，应该分别确定每项所得的收入、适用的费用扣除标准以及适用税率，根据公式分别计算其应纳税额。比例税率和超额累进税率的公式分别如下：

实行比例税率的：　　　应纳税额＝应纳税所得额×税率

实行超额累进税率的：应纳税额＝∑（每一级距应纳税所得额×该级距的适用税率）＝应纳税所得额×适用税率－速算扣除数

(1) 综合所得。

应纳税额＝应纳税所得额×适用税率－速算扣除数＝
（每年收入额－60 000－专项扣除－专项附加扣除－依法确定的其他扣除）×适用税率－年度速算扣除数

(2) 经营所得。

(1) 个体工商户、个人独资企业和合伙企业的生产经营所得：

应纳税额＝应纳税所得额×适用税率－速算扣除数＝
（全年收入额－成本、费用、损失以及税金）×适用税率—年度速算扣除数

(2) 对企事业单位承包承租经营所得：

应纳税额＝应纳税所得额×适用税率－速算扣除数＝
（年度承包承租经营收入－必要费用 60 000）×适用税率－年度速算扣除数

(3) 财产租赁所得。

每次收入不超过 4 000 元的：

应纳税额＝（每次收入额－准予扣除的项目－修缮费用(800 为限)－800）×20％

每次收入 4000 元及以上的：

应纳税额＝{每次收入额－准予扣除的项目－修缮费用(800 为限)}×(1－20％)×20％

(4) 财产转让所得。

应纳税额＝（每次转让收入额－财产原值－合理费用）×20％

(5) 利息、股息、红利所得，偶然所得。

应纳税额＝每次收入全额×20％

3. 综合所得应纳税额的计算

1) 居民个人的预扣预缴制度

扣缴义务人在向居民支付工资、薪金所得，劳务报酬所得，稿酬所得，特许权使用费所得时，按综合所得计征方式计算并预扣预缴个人所得税，同时向主管税务机关报送《个人所得税扣缴申报表》；年度预扣预缴税额与年度应纳税额不一致的，由居民个人于次年 3 月 1 日至 6 月 30 日向主管税务机关办理综合所得年度汇算清缴，多退少补。

(1) 工资、薪金所得累计预扣法。

扣缴义务人向居民个人支付工资、薪金所得时，应当按照累计预扣法计算预扣税款，并按月办理全员全额扣除申报。累计预扣法是指扣缴义务人在一个纳税年度内预扣预缴税款时，以纳税人在本单位截至当前月份工资、薪金所得累计收入减除累计免税收入、累计减除费用、累计专项扣除、累计专项附加扣除和累计依法确定的其他扣除后的余额为累计预扣预缴应纳税所得额，适用个人所得税预扣表税率（表 7－5），计算累计应预扣预缴税额，再减除累计减免税额和累计已经预扣预缴税额，其余额为本期应预扣预缴税额，余额为负数时，暂不退税。纳税年度终了后余额仍是负数的，由纳税人通过办理综合所得年度汇算清缴，多退少补税款。

表 7-5 个人所得税预扣率表一（居民个人工资、薪金所得预扣预缴适用）

级数	累计预扣预缴应纳税所得额/元	预扣率/%	速算扣除数
1	不超过 36 000 的部分	3	0
2	超过 36 000～144 000 的部分	10	2 520
3	超过 144 000～300 000 的部分	20	16 920
4	超过 300 000～420 000 的部分	25	31 920
5	超过 420 000～660 000 的部分	30	52 920
6	超过 660 000～960 000 的部分	35	85 920
7	超过 960 000 的部分	45	181 920

预扣预缴征管模式下综合所得应纳税额的计算公式为：

本期应预扣预缴税额＝（累计预扣预缴应纳税所得额×预扣率－速算扣除数）－累计减免税额－累计已预扣预缴税额

累计预扣预缴应纳税所得额＝累计收入－累计免税收入－累计减除费用－累计专项扣除－累计专项附加扣除－累计依法确定的其他扣除

累计预扣法仅适用于中国居民个人取得的工资薪金所得的日常预扣预缴，由该个人任职的单位履行扣缴义务，按月为其办理全员扣缴申报。向居民支付的劳务报酬所得、稿酬所得和特许权使用费所得，或者向非居民个人支付的以上综合所得，不采用累计预扣法计算应纳个人所得税额。

(2) 劳务报酬所得、稿酬所得、特许权使用费所得预扣预缴税款方法。

扣缴义务人向居民个人支付劳务报酬所得、稿酬所得、特许权使用费所得，按次或按月预扣预缴个人所得税；以收入减除费用后的余额为收入额。每次收入 4 000 元以下的，减除费用 800 元；每次收入 4 000 元及以上的，减除费用为收入的 20%。以每次收入额为预扣预缴税应纳税所得额。劳务报酬所得适用 20%～40%的超额累进预扣率（表 7-6)。稿酬所得减征 30%。劳务报酬所得、稿酬所得、特许权使用费所得，属于一次性收入的，以取得该项收入为一次；属于同一项目连续性收入的，以一个月取得的收入为一次。

表 7-6 个人所得税预扣率表二（居民个人劳务报酬所得预扣预缴适用）

级数	预扣预缴税应纳税所得额	预扣率/%	速算扣除数
1	不超过 20 000 元的部分	20	0
2	超过 20 000 元不足 50 000 元的部分	30	2 000
3	超过 50 000 元以上的部分	40	7 000

预扣预缴征管模式下综合所得应纳税额的计算公式为：

劳务报酬所得应预扣预缴税税额＝预扣预缴应纳税所得额×预扣率－速算扣除数

稿酬所得、特许权使用费所得应预扣预缴税额＝预扣预缴应纳税所得额×20%

2) 居民个人的汇算清缴制度

居民个人取得综合所得实行按年计征，平时由支付单位预扣预缴，年度汇算清缴，多退少补。汇算清缴的公式为：

综合所得年度应纳税额＝(综合所得－60 000－专项扣除－专项附加扣除－依法确定的其他扣除)×适用税率－年度速算扣除数

综合所得＝工资薪金所得＋(劳务报酬所得＋特许权使用费)×(1－20%)＋稿酬所得×(1－20%)×(1－30%)

当年要补缴或者退税额＝年度应纳税额－年中综合所得已申报预缴的税款

依法确定的其他扣除：企业年金、职业年金，个人购买符合国家规定的商业健康保险、税收递延型商业养老保险等支出。

另外，在一个纳税年度内不论个人实际工作是否为12个月，均应当按照6万元扣除基本减除费用。纳税人在按年计算综合所得的情况下，纳税人无论是否取得工资薪金所得，都需要维持基本的生计费用，因此不宜因为其某个月未任职未取得工资薪金所得而中断其扣除基本减除费用。

3）非居民个人应纳税额的计算

非居民个人的工资、薪金所得，以每次收入额减除5 000元费用后的余额为应纳税所得额；劳务报酬、稿酬所得、特许权使用费用所得，以每次收入额减除20%的费用后为应纳税所得额，其中稿酬所得再减征30%。非居民纳税人适用按月换算后的非居民个人月度税率表7-7计算应纳税额，税款由扣缴义务人在支付所得时按月或按次代扣代缴，非居民个人不再办理汇算清缴。

非居民综合所得应纳税额＝应纳税所得额×适用税率－速算扣除数

应纳税所得额＝(工资薪金－5 000)＋稿酬所得×(1－20%)×70%＋(劳务报酬所得＋特许权使用费所得)×(1－20%)

表7-7　综合所得月度税率表（适用于非居民个人综合所得、居民全年一次性奖金收入）

级数	应纳税所得额/元	税率/%	速算扣除数
1	3 000元以下的部分	3	0
2	3 000～12 000的部分	10	210
3	12 000～25 000的部分	20	1 410
4	25 000～35 000的部分	25	2 660
5	35 000～55 000的部分	30	4 410
6	55 000～80 000的部分	35	7 160
7	80 000以上的部分	45	15 160

4. 经营所得应纳税额的计算

1）经营所得的计量

经营所得以每以纳税年度的收入总额减除成本、费用以及损失后的余额，为应纳税所得额。收入总额是指纳税人从事生产经营以及与生产经营有关的活动取得的货币形式和非货币形式的各项收入总和。收入形式包括销售货物收入、提供劳务收入、转让财产收入、利息收入、接受捐赠收入、其他收入；成本、费用是指生产经营互动中发生的各项直接支出和分配计入成本的间接费用以及销售费用、管理费用、财务费用；损失是指生产经营活动中发生的固定资产和存货的盘亏、毁损、报废损失，转让财产损失，坏账损失，自然灾害等不可抗力因素造成的的损失以及其他损失。

2）经营所得的列支标准

经营所得各项扣除的列支标准，参照企业所得税应纳税所得额计算的列支标准。

(1) 工资、薪金支出：纳税人实际支付给职工的合理范围内的工资、薪金支出，据实扣除。但是，纳税人的工资薪金不得税前扣除。

(2) 三项经费支出：纳税人为职工拨缴的工会经费、实际发生的职工福利费支出、职工教育费支出分别在工资、薪金总额的2%、14%和8%以内的部分，准予据实扣除；超过标准部分，不得扣除。

(3) 各项保险支出：纳税人按照社会保障制度支付的“四险一金”支出，准予扣除；纳税人为职工缴纳的补充社会保险，分别在不超过职工工资、薪金总额5%以内的部分据实扣除；超过的部分，不得扣除。纳税人支付的不符合扣除标准的商业保险，不准扣除。

(4) 期间费用支出：销售费用、管理费用和财务费用的列支标准及要求，与企业所得税三项期间费用列支标准相同。

(5) 公益性捐赠支出：纳税人通过公益性社会团体或者县级以上人民政府及其部门，用于捐赠法规定的公益性事业的捐赠，捐赠额不超过应纳税所得额30%以内的部分准予扣除；超过部分不得列支，也不得结转以后年度列支。

(6) 不得在税前列支的项目：个人所得税款款、税收滞纳金、罚金罚款和被没收财物的损失、不符合扣除规定的捐赠支出、赞助支出、用于个人和家庭的支出（纳税人在生产经营活动中应当分别核算生产经营费用和个人家庭费用，难以区分的，费用的40%视为与生产经营有关，准予税前列支）、与取得生产经营收入无关的其他支出、国家税务总局规定不准扣除的支出共8项。

3）经营所得纳税办法

纳税人经营所得也采取按年计征、分期预缴、年终汇算清缴，多退少补的征管方式。纳税人取得经营所得，按年计征个人所得税。由纳税人在月度或者季度终了后15个工作日内向税务机关报送纳税人申报表，并预缴税款，于次年3月31日之前办理汇算清缴。计算公式为：

本月（季度）应预缴税额＝本月（季度）累计应纳税所得额×适用税率－速算扣除数－上月（季度）已累计预缴税额

全年应纳税额＝全年累计应纳税所得额×适用税率－速算扣除数

汇算清缴税额＝全年应纳税额－全年累计已预缴税额

4）特殊规定

对于一个年度内单纯取得“经营所得”的个人，比照取得“综合所得”进行扣除；而对于既取得“经营所得”又同时（同一年度）取得“综合所得”的个人，该年度仍然只能以扣除一次“专项扣除、专项附加扣除和依法确定的其他扣除后的余额”为应纳税所得额，即同一个人在同一年度取得“综合所得”与“经营所得”的，只应减除一次“费用60 000元”。

合伙企业的合伙人的个人所得税按照“先分后税”的方法处理，即合伙人先按照合伙协议约定的比例分配收益，再进行个人所得税的申报缴纳。

5. 财产租赁所得应纳税额的计算

在计算财产租赁所得时，允许扣除的项目是指纳税人在出租财产过程中缴纳的税金及教育费附加，以及实际发生的财产的修缮费用，每次扣除上限为800元；一次扣不完的可以结转下次继续扣除。对个人出租居民住房取得的租赁所得，暂减按10%的比例税率征税。

个人取得的不动产租赁所得，需要交纳增值税、城建税以及教育费附加。因此，应该从收取的租金收入中扣除需要缴纳城建税、教育费附加，再进行个人所得税的申报缴纳。

6. 财产转让所得应纳税额的计算

财产转让所得按照每次财产转让收入额减除财产原值和合理税费后的余额为应纳税所得额。财产原值为各项财产取得的成本以及按照规定计入成本的税费，纳税人无法如实提供财产原值相关票据的，由主管税务机关核定财产原值。

居民个人转让不动产的收入为不含税收入，而取得不动产时所支付的价款中包含了增值税，并且计入了不动产原值的，计算转让所得时可扣除的税费不包括本次转让缴纳的增值税。

居民个人转让股权的，以转让收入减除股权原值和合理费用后的余额为应纳税所得额，按照财产转让所得缴纳个人所得税。股权受让方为扣缴义务人。

7. 股息、利息、红利所得及偶然所得应纳税额的计算

股息、利息、红利所得、偶然所得以个人每次取得的收入全额为应纳税所得额，不得扣减任何费用，按次课征。个人从股份公司获得的以股票形式发放的股息红利以派发的股票的票面价值为收入额。个人持有上市公司的股票，持股期限在1个月（含1个月）以内的，股息、红利所得全额计税，持股期限在1个月以上不到1年（含1年）的，暂减按50%计税；持股期限超过1年的，股息、红利所得暂免征收个人所得税。

8. 企业年金、职业年金个人所得税的相关规定

1）定义

企业年金是指根据相关法律规定，企业及其职工在依法参加基本养老保险基础上，自愿建立的补充养老保险制度；职业年金是指根据相关规定事业单位及其工作人员在依法参加养老保险基础上，建立的补充养老保险制度。

2）所得税处理

企业和事业单位（以下统称单位）根据国家有关政策规定的办法和标准，为在本单位任职或者受雇的全体职工缴付的企业年金或职业年金（以下统称年金）单位缴费部分，在计入个人账户时，个人暂不缴纳个人所得税；个人根据国家有关政策规定缴付的年金个人缴费部分，在不超过本人缴费工资计税基数的4%标准内的部分，暂从个人当期的应纳税所得额中扣除；超过规定的标准缴付的年金单位缴费和个人缴费部分，应并入个人当期的工资、薪金所得，依法计征个人所得税。税款由建立年金的单位代扣代缴，并向主管税务机关申报解缴。

3）计提办法

企业年金个人缴费工资计税基数为本人上一年度月平均工资。月平均工资按国家统计局规定列入工资总额统计的项目计算。月平均工资超过职工工作地所在设区城市上一年度职工月平均工资300%以上的部分，不计入个人缴费工资计税基数。职业年金个人缴费工资计税基数为职工岗位工资和薪级工资之和。职工岗位工资和薪级工资之和超过职工工作地所在设区城市上一年度职工月平均工资300%以上的部分，不计入个人缴费工资计税基数。

4）年金基金投资运营收益的个人所得税处理

年金基金投资运营收益分配计入个人账户时，个人暂不缴纳个人所得税。

5）领取年金的个人所得税处

个人达到国家规定的退休年龄，领取的企业年金、职业年金，符合《财政部 国家税务总局 人力资源社会和保障部关于企业年金职业年金个人所得税有关问题的通知》（财税〔2013〕103 号）规定的，不并入综合所得，全额单独计算应纳税款。其中按月领取的，适用月度税率表计算纳税；按季领取的，平均分摊计入各月，按每月领取额适用月度税率表计算纳税；按年领取的，适用综合所得税率表计算纳税。

6）一次性领取年金的所得税处理

对个人因出境定居而一次性领取的年金个人账户资金，或个人死亡后，其指定的受益人或法定继承人一次性领取的年金个人账户余额，允许领取人将一次性领取的年金个人账户资金或余额按 12 个月分摊到各月，就其每月分摊额，按照上述规定计算缴纳个人所得税。对个人除上述特殊原因外一次性领取年金个人账户资金或余额的，则不允许采取分摊的方法，而是就其一次性领取的总额，单独作为一个月的综合所得，计算缴纳个人所得税。

7）代收代缴义务人

个人领取年金时，其应纳税款由受托人代表委托人委托托管人代扣代缴。年金账户管理人应及时向托管人提供个人年金缴费及对应的个人所得税纳税明细。托管人根据受托人指令及账户管理人提供的资料，按照规定计算扣缴个人当期领取年金待遇的应纳税款，并向托管人所在地主管税务机关申报解缴。建立年金计划的单位、年金托管人，应按照个人所得税法和税收征收管理法的有关规定，实行全员全额扣缴明细申报。受托人有责任协调相关管理人依法向税务机关办理扣缴申报、提供相关资料。

9. 递延型商业保险个人所得税的相关规定

依据《财政部 税务总局 人力资源社会保障部 中国银行保险监督管理委员会 证监会关于开展个人税收递延型商业养老保险试点的通知》（财税〔2018〕22 号）的规定，个人购买递延型商业养老保险税前扣除标准为：取得工资薪金、连续性劳务报酬所得的个人，其缴纳的保费准予在申报扣除当月计算应纳税所得额时予以限额据实扣除，扣除限额按照当月工资薪金、连续性劳务报酬收入的 6％和 1 000 元孰低办法确定。取得个体工商户生产经营所得、对企事业单位的承包承租经营所得的个体工商户业主、个人独资企业投资者、合伙企业自然人合伙人和承包承租经营者，其缴纳的保费准予在申报扣除当年计算应纳税所得额时予以限额据实扣除，扣除限额按照不超过当年应税收入的 6％和 12 000 元孰低办法确定。

递延商业保险账户资金收益暂不征税，计入个人商业养老资金账户的投资收益，在缴费期间暂不征收个人所得税。

个人领取商业养老金征税，个人达到国家规定的退休年龄时，可按月或按年领取商业养老金，领取期限原则上为终身或不少于 15 年。个人身故、发生保险合同约定的全残或罹患重大疾病的，可以一次性领取商业养老金。对个人达到规定条件时领取的商业养老金收入，其中 25％部分予以免税，其余 75％部分按照 10％的比例税率计算缴纳个人所得税。

10. 公益性捐赠所得税的相关规定

1）限额扣除

个人将其所得对教育、扶贫、济困等公益慈善事业进行捐赠，捐赠额未超过纳税人申报的应纳税所得额 30％以内的部分，可以从其应纳税所得额中扣除；超过部分，不得扣除。

捐赠扣除限额＝应纳税所得额×30％

如果实际捐赠额大于捐赠限额时，只能按捐赠扣除限额扣除；小于或者等于捐赠扣除限额，按照实际捐赠额扣除。

扣除捐赠额情形下，应纳税额的计算公式应为：

应纳税额＝（应纳税所得额－允许扣除的捐赠额）×适用税率－速算扣除数

2）全额扣除

个人通过非营利性的社会团体和政府部门，对一些机构和场所的捐赠准予在个人所得税税前全额扣除。

（1）对红十字事业的捐赠：个人通过非营利性的社会团体和国家机关（包括中国红十字会）向红十字事业的捐赠，在计算个人所得税时准予全额扣除。

（2）对福利性、非营利性老年服务机构捐赠：对个人通过非营利性的社会团体和政府部门向福利性、非营利性的老年服务机构的捐赠，在缴纳个人所得税前准予全额扣除。老年服务机构是指专门为老年人提供生活照料、文化、护理、健身等多方面服务的福利性、非营利性的机构，主要包括：老年社会福利院、敬老院（养老院）、老年服务中心、老年公寓（含老年护理院、康复中心、托老所）等。

（3）对公益性青少年活动场所捐赠：对个人通过非营利性的社会团体和政府部门对公益性青少年活动场所（其中包括新建）的捐赠，在缴纳个人所得税前准予全额扣除。公益性青少年活动场所是指专门为青少年学生提供科技、文化、德育、爱国主义教育、体育活动的青少年宫、青少年活动中心等校外活动的公益性场所。

（4）对农村义务教育捐赠：对个人通过非营利的社会团体和国家机关向农村义务教育的捐赠，准予在缴纳个人所得税前的所得额中全额扣除。农村义务教育范围是指政府和社会力量举办的农村乡镇（不含县和县级市政府所在地的镇）、村的小学和初中以及属于这一阶段的特殊教育学校。纳税人对农村义务教育与高中在一起的学校的捐赠，也享受所得税前全额扣除政策。

11. 个人境外所得税收抵免问题

居民纳税人在一个纳税年度内取得中国境外所得，负担无限纳税义务，需要向居住国政府申报纳税。居民个人从中国境内和境外取得的综合所得和经营所得，应当分别合并计算应纳税额；从中国境内和境外取得其他所得，应当分别单独计算应纳税额。

（1）境外所得税收抵免：居民个人从中国境外取得的所得，可以从其应纳税额中抵免已在境外缴纳的个人所得税税额，但抵免额不得超过该纳税人境外所得依照规定计算的应纳税额。个人所得税税额，是指居民个人来源于中国境外的所得，依照该所得来源国家（地区）的法律应当缴纳并且实际已经缴纳的所得税税额。纳税人境外所得依照规定计算的应纳税额，是居民个人抵免已在境外缴纳的综合所得、经营所得以及其他所得的所得税税额的限额（以下简称抵免限额）。除国务院财政、税务主管部门另有规定外，来源于中国境外一个国家（地区）的综合所得抵免限额、经营所得抵免限额以及其他所得抵免限额之和，为来源于该国家（地区）所得的抵免限额。

（2）补缴税款及补扣期限：居民个人在中国境外一个国家（地区）实际已经缴纳的个人所得税税额，低于依照个人所得税抵免限额计算条款规定计算出的来源于该国家（地区）所得的抵免限额的，应当在中国缴纳差额部分的税款；超过来源于该国家（地区）所得的抵免限额的，其超过部分不得在本纳税年度的应纳税额中抵免，但是可以在以后纳税年度来源于该国家（地区）所得的抵免限额的余额中补扣，补扣期限最长不得超过5年。

（3）纳税凭证：居民个人申请抵免已在境外缴纳的个人所得税税额，应当提供境外税务机关出具的税款所属年度的有关纳税凭证。

（4）抵免限额：抵免限额的计算方法有综合抵免限额法、分国抵免限额法、分项抵免限额法。综合抵免限额法是指纳税人来自境外多个国家的所得统一计算为一个抵免限额；分国抵免限额法是指纳税人来自境外多个国家的所得，分别计算每一个国家的抵免限额；分项抵免限额是指纳税人对于来自某个国家的所得分项计算其抵免限额。我国在个人所得税境外所得税收处理中，采用分国不分项抵免限额的方法，这与改革中的企业所得税境外所得抵免限额逐步采用综合限额法有所区别。抵免限额的计算公式为：

$$\text{来源于一国（地区）综合所得的抵免限额}=\text{中国境内、境外综合所得依照个人所得税法和本条例的规定计算的综合所得应纳税总额}\times\text{来源于该国（地区）的综合所得收入额}/\text{中国境内、境外综合所得收入总额}$$

$$\text{来源于一国（地区）经营所得抵免限额}=\text{中国境内、境外经营所得依照个人所得税法和本条例的规定计算的经营所得应纳税总额}\times\text{来源于该国（地区）的经营所得的应纳税所得额}/\text{中国境内、境外经营所得的应纳税所得额}$$

来源于一国（地区）的其他所得项目抵免限额，为来源于该国（地区）的其他所得项目依照个人所得税法规定计算的应纳税额。

来源于中国境外一个国家（地区）的综合所得抵免限额、经营所得抵免限额以及其他所得抵免限额之和，为来源于该国家（地区）所得的抵免限额，作为分国不分项抵免限额的计算范畴。

（5）纳税申报时间：居民个人从中国境外取得所得的，应当在取得所得的次年3月1日至6月30日内进行申报。

（6）纳税申报地点：向中国境内任职、受雇单位所在地主管税务机关办理纳税申报；在中国境内没有任职、受雇单位的，向户籍所在地或中国境内经常居住地主管税务机关办理纳税申报。户籍所在地与中国境内经常居住地不一致的，选择其中一地主管税务机关办理纳税申报；在中国境内没有户籍的，向中国境内经常居住地主管税务机关办理纳税申报。

7.2.6 税收优惠

（1）下列各项个人所得，免征个人所得税。

① 省级人民政府、国务院部委和中国人民解放军军以上单位，以及外国组织、国际组织颁发的科学、教育、技术、文化、卫生、体育、环境保护等方面的奖金。

② 国债和国家发行的金融债券利息。

③ 按照国家统一规定发给的补贴、津贴。按照国家统一规定发给的补贴、津贴，是指按照国务院规定发给的政府特殊津贴、院士津贴、资深院士津贴，以及国务院规定免纳个人所得税的其他补贴、津贴。

④ 福利费、抚恤金、救济金。福利费，是指根据国家有关规定，从企业、事业单位、

国家机关、社会团体提留的福利费或者工会经费中支付给个人的生活补助费；救济金，是指各级人民政府民政部门支付给个人的生活困难补助费。

⑤ 保险赔款。

⑥ 军人的转业费、复员费。

⑦ 按照国家统一规定发给干部、职工的安家费、退职费、退休工资、离休工资、离休生活补助费。

⑧ 依照我国有关法律规定应予免税的各国驻华使馆、领事馆的外交代表、领事官员和其他人员的所得。

⑨ 中国政府参加的国际公约、签订的协议中规定免税的所得。

⑩ 经国务院财政部门批准免税的所得。

(2) 有下列情形之一的，经批准可以减征个人所得税。

① 残疾、孤老人员和烈属的所得。

② 因严重自然灾害造成重大损失的。

③ 其他经国务院财政部门批准减税的。减征的幅度和期限由省、自治区、直辖市人民政府规定。

(3) 其他优惠项目。

① 奖励见义勇为者的奖金或奖品。

② 对工伤职工及其近亲属按规定取得的工伤保险待遇。

③ 外籍个人以非现金形式或实报实销形式取得的住房补贴、伙食补贴、搬迁费、洗衣费。

④ 外籍个人按合理标准取得的境内、境外出差补贴。

⑤ 个人举报、协查各种违法、犯罪行为而获得的奖金。

⑥ 个人办理代扣代缴税款手续，按规定取得的扣缴手续费。

⑦ 个人转让自用达 5 年以上并且是唯一的家庭居住用房取得的所得。

⑧ 自 2013 年 1 月 1 日起，个人从公开发行和转让市场取得的上市公司股票，持股期限在 1 个月以内（含 1 个月）的，其股息红利所得全额计入应纳税所得额；持股期限在 1 个月以上至 1 年（含 1 年）的，暂减按 50%计入应纳税所得额；持股期限超过 1 年的，暂减按 25%计入应纳税所得额。上述所得统一适用 20%的税率计征个人所得税。

另外，自 2019 年 1 月 1 日起，一些所得项目个人所得税适用以下过渡期优惠政策。

(1) 全年一次性奖金、中央企业负责人年度绩效薪金延期兑现收入和任期奖励。

① 居民个人取得全年一次性奖金，符合规定的，在 2021 年 12 月 31 日前，不并入当年综合所得，以全年一次性奖金收入除以 12 个月得到的数额，按照按月换算后的综合所得税率表 7－7，确定适用税率和速算扣除数，单独计算纳税。计算公式为：

应纳税额＝全年一次性奖金收入×适用税率－速算扣除数

居民个人取得全年一次性奖金，也可以选择并入当年综合所得计算纳税。自 2022 年 1 月 1 日起，居民个人取得全年一次性奖金，应并入当年综合所得计算缴纳个人所得税。

② 中央企业负责人取得年度绩效薪金延期兑现收入和任期奖励，符合规定的，在 2021 年 12 月 31 日前，参照上述规定项执行；2022 年 1 月 1 日之后的政策另行明确。

(2) 上市公司股权激励。

① 居民个人取得股票期权、股票增值权、限制性股票、股权奖励等股权激励，符合规

定的相关条件的，在 2021 年 12 月 31 日前，不并入当年综合所得，全额单独适用综合所得税率表，计算纳税。计算公式为：

应纳税额＝股权激励收入×适用税率－速算扣除数

② 居民个人一个纳税年度内取得两次以上（含两次）股权激励的，应合并按规定计算纳税。

③ 2022 年 1 月 1 日之后的股权激励政策另行明确。

(3) 保险营销员、证券经纪人佣金收入。保险营销员、证券经纪人取得的佣金收入，属于劳务报酬所得，以不含增值税的收入减除 20%的费用后的余额为收入额，收入额减去展业成本以及附加税费后，并入当年综合所得，计算缴纳个人所得税。保险营销员、证券经纪人展业成本按照收入额的 25%计算。

扣缴义务人向保险营销员、证券经纪人支付佣金收入时，应按照《个人所得税扣缴申报管理办法（试行）》（国家税务总局公告 2018 年第 61 号）规定的累计预扣法计算预扣税款。

(4) 关于解除劳动关系、提前退休、内部退养的一次性补偿收入的政策。

① 个人与用人单位解除劳动关系取得一次性补偿收入（包括用人单位发放的经济补偿金、生活补助费和其他补助费），在当地上年职工平均工资 3 倍数额以内的部分，免征个人所得税；超过 3 倍数额的部分，不并入当年综合所得，单独适用综合所得税率表，计算纳税。

② 个人办理提前退休手续而取得的一次性补贴收入，应按照办理提前退休手续至法定离退休年龄之间实际年度数平均分摊，确定适用税率和速算扣除数，单独适用综合所得税率表，计算纳税。计算公式：

应纳税额＝［（一次性补贴收入/办理提前退休手续至法定退休年龄的实际年度数－费用扣除标准）×适用税率－速算扣除数］×办理提前退休手续至法定退休年龄的实际年度数

③ 个人办理内部退养手续而取得的一次性补贴收入，按照《国家税务总局关于个人所得税有关政策问题的通知》（国税发〔1999〕58 号）规定计算纳税。

(5) 单位低价向职工售房。单位按低于购置或建造成本价格出售住房给职工，职工因此而少支出的差价部分，符合《财政部国家税务总局关于单位低价向职工售房有关个人所得税问题的通知》（财税〔2007〕13 号）第二条规定的，不并入当年综合所得，以差价收入除以 12 个月得到的数额，按照月度税率表确定适用税率和速算扣除数，单独计算纳税。计算公式为：

应纳税额＝职工实际支付的购房价款低于该房屋的购置或建造成本价格的差额×适用税率－速算扣除数

(6) 外籍个人有关津补贴。

① 2019 年 1 月 1 日至 2021 年 12 月 31 日期间，外籍个人符合居民个人条件的，可以享受住房补贴、语言训练费、子女教育费等津补贴免税优惠政策，但不得同时享受。外籍个人一经选择，在一个纳税年度内不得变更。

② 自 2022 年 1 月 1 日起，外籍个人不再享受住房补贴、语言训练费、子女教育费津补贴免税优惠政策，应按规定享受专项附加扣除。

专题 7－1

2019 年 1 月 1 日下列文件或文件条款同时废止

(1)《财政部 国家税务总局关于个人与用人单位解除劳动关系取得的一次性补偿收入征免个人所得税问题的通知》(财税〔2001〕157 号) 第一条；

(2)《财政部 国家税务总局关于个人股票期权所得征收个人所得税问题的通知》(财税〔2005〕35 号) 第四条第 (一) 项；

(3)《财政部国家税务总局关于单位低价向职工售房有关个人所得税问题的通知》(财税〔2007〕13 号) 第三条；

(4)《财政部 人力资源和社会保障部 国家税务总局关于企业年金职业年金个人所得税有关问题的通知》(财税〔2013〕103 号) 第三条第 1 项和第 3 项；

(5)《国家税务总局关于个人认购股票等有价证券而从雇主取得折扣或补贴收入有关征收个人所得税问题的通知》(国税发〔1998〕9 号)；

(6)《国家税务总局关于保险企业营销员 (非雇员) 取得的收入计征个人所得税问题的通知》(国税发〔1998〕13 号)；

(7)《国家税务总局关于个人因解除劳动合同取得经济补偿金征收个人所得税问题的通知》(国税发〔1999〕178 号)；

(8)《国家税务总局关于国有企业职工因解除劳动合同取得一次性补偿收入征免个人所得税问题的通知》(国税发〔2000〕77 号)；

(9)《国家税务总局关于调整个人取得全年一次性奖金等计算征收个人所得税方法问题的通知》(国税发〔2005〕9 号) 第二条；

(10)《国家税务总局关于保险营销员取得佣金收入征免个人所得税问题的通知》(国税函〔2006〕454 号)；

(11)《国家税务总局关于个人股票期权所得缴纳个人所得税有关问题的补充通知》(国税函〔2006〕902 号) 第七条、第八条；

(12)《国家税务总局关于中央企业负责人年度绩效薪金延期兑现收入和任期奖励征收个人所得税问题的通知》(国税发〔2007〕118 号) 第一条；

(13)《国家税务总局关于个人提前退休取得补贴收入个人所得税问题的公告》(国家税务总局公告 2011 年第 6 号) 第二条；

(14)《国家税务总局关于证券经纪人佣金收入征收个人所得税问题的公告》(国家税务总局公告 2012 年第 45 号)。

7.2.7　税收征管

对居民个人取得的综合所得实行按年计算，平时由支付单位预扣预缴，年度汇算清缴，多退少补。有扣缴义务人的，由扣缴义务人按月或者按次预扣预缴税款；需要办理汇算清缴的，应当在取得所得的次年 3 月 1 日至 6 月 30 日内办理汇算清缴。

非居民个人取得工资、薪金所得，劳务报酬所得，稿酬所得和特许权使用费所得，有扣缴义务人的，由扣缴义务人按月或按次代扣代缴税款，不办理汇算清缴。

1. 个人所得税年度汇算清缴的范围

(1) 从两处以上取得综合所得，且综合所得年收入额减除专项扣除后的余额超过60 000元。

(2) 取得劳务报酬所得、稿酬所得、特许权使用费所得中一项或者多项所得，且综合所得年收入额减除专项扣除后的余额超过 60 000 元。

(3) 纳税年度内预缴税额低于应纳税额。居民个人取得的工资薪金所得、劳务报酬所得、稿酬所得、特许权使用费所得，只要在平时预缴个人所得税低于年度应缴纳的个人所得税的，均应当办理年度汇算清缴。

(4) 纳税人申请退税。居民个人平时预缴个人所得税，如果多预缴了个人所得税，纳税人要求退税的，则应当办理年度汇算清缴。如个人发生大病医疗支出，因为该项专项附加扣除应当在汇算清缴时扣除，平时在发生工资、薪金时不能扣除，就必然导致纳税人多缴个人所得税。如果纳税人要求申请退税，则应当办理年度汇算清缴后，再办理退税。

2. 个人所得税汇算清缴主体

个人取得的综合所得汇算清缴应当以纳税人个人为申报主体，纳税人也可以委托扣缴义务人或者其他单位和个人办理汇算清缴。如果由扣缴义务人也就是单位的财务人员办理汇算清缴工作，会增加财务人员的工作量和压力，以及承担由此可能带来的纳税风险，所以中介机构承担汇算清缴的委托工作更合理。但不论是个人进行汇算清缴，还是委托其他单位、个人或扣缴单位代为汇算清缴，均须纳税人个人签字确认，以明确法律责任。

3. 个人所得税汇算清缴时间

居民个人取得综合所得，按年计算个人所得税；有扣缴义务人的，由扣缴义务人按月或者按次预扣预缴税款；需要办理汇算清缴的，应当在取得所得的次年 3 月 1 日至 6 月 30 日内办理汇算清缴。

4. 个人所得税汇算清缴地点

需要办理汇算清缴的纳税人，应当向任职、受雇单位所在地主管税务机关办理纳税申报，并报送“个人所得税年度自行纳税申报表”。纳税人有两处以上任职、受雇单位的，选择向其中一处任职、受雇单位所在地主管税务机关办理纳税申报；纳税人没有任职、受雇单位的，向户籍所在地或经常居住地主管税务机关办理纳税申报。纳税人申请退税，应当提供其在中国境内开设的银行账户，并在汇算清缴地就地办理税款退库。

5. 纳税人依法办理纳税申报的情形

有下列情形之一的，纳税人应当依法办理纳税申报：①取得综合所得需要办理汇算清缴；②取得应税所得没有扣缴义务人；③扣缴义务人未扣缴税款；④取得境外所得；⑤因移居境外注销中国户籍；⑥非居民个人在中国境内从两处以上取得工资、薪金所得；⑦国务院规定的其他情形。

6. 纳税期限

纳税人取得经营所得的，应当在月度或者季度终了后 15 日内向税务机关报送纳税申报表，并预缴税款；次年 3 月 31 日前办理汇算清缴。

纳税人取得应税所得没有扣缴义务人的，应当在取得所得的次月 15 日内向税务机关报送纳税申报表，并缴纳税款。

纳税人取得应税所得，扣缴义务人未扣缴税款的，纳税人应当在次年 6 月 30 日前，缴纳税款；税务机关通知限期缴纳的，纳税人应当按照期限缴纳税款。

纳税人从中国境外取得所得的，应当在取得所得的次年 3 月 1 日至 6 月 30 日内申报纳税。

纳税人因移居境外注销中国户籍的，应当在注销中国户籍前办理税款清算。

非居民个人在中国境内从两处以上取得工资、薪金所得的，应当在取得所得的次月 15 日内向税务机关申报纳税。

纳税人办理汇算清缴退税或者扣缴义务人为纳税人办理汇算清缴退税的，税务机关审核后，按照国库管理的有关规定办理退税。

7. 相关部门的协助与支持

公安、人民银行、金融监督管理等相关部门应当协助税务机关确认纳税人的身份、银行账户信息。教育、卫生、医疗保障、民政、人力资源和社会保障、住房城乡建设、人民银行、金融监督管理等相关部门应当向税务机关提供纳税人子女教育、继续教育、大病医疗、住房贷款利息、住房租金等专项附加扣除信息。

个人转让不动产的，税务机关应当依据不动产登记信息核验应缴的个人所得税，登记机构办理转移登记时，应当查验与该不动产转让相关的个人所得税的完税凭证；个人转让股权办理变更登记的，登记机关应当查验与该股权交易相关的个人所得税的完税凭证。有关部门依法将纳税人、扣缴义务人遵守本法的情况纳入信用信息系统，并实施联合激励或者惩戒。

8. 法律责任

纳税人有下列情形之一的，主管税务机关应当责令其改正；情形严重的，应当纳入有关信用信息系统，并按照国家有关规定实施联合惩戒；涉及违反税收征管法等法律法规的，税务机关依法进行处理：①报送虚假专项附加扣除信息；②重复享受专项附加扣除；③超范围或标准享受专项附加扣除；④拒不提供留存备查资料；⑤税务总局规定的其他情形。

纳税人、扣缴义务人和税务机关及其工作人员违反相关规定的，依照《中华人民共和国税收征收管理法》和有关法律法规的规定追究法律责任。扣缴义务人应扣未扣税款的，由税务机关向纳税人追缴税款，对扣缴义务人处应扣未扣税款 50%以上 3 倍以下的罚款；未按照规定办理纳税申报，造成少缴税款会被追缴税款、滞纳金，还可能被处以 0.5 倍至 5 倍税款的罚款。

税务机关可以对纳税人提供的专项附加扣除信息进行抽查，具体办法由国务院税务主管部门另行规定。税务机关发现纳税人提供虚假信息的，应当责令改正并通知扣缴义务人；情节严重的，有关部门应当依法予以处理，纳入信用信息系统并实施联合惩戒。

纳税人超过应纳税额缴纳的税款，税务机关发现后应当立即退还；纳税人自结算缴纳税款之日起 3 年内发现的，可以向税务机关要求退还多缴的税款并加算银行同期存款利息，税务机关查实后应当立即退还；涉及从国库中退库的，依照法律、行政法规有关国库管理的规定退还。加算银行同期存款利息的多缴税款退税，不包括依法预缴税款形成的结算退税、出口退税和各种减免退税。对纳税人依法多预缴的个人所得税，在向税务机关要求退还多缴的税款时不可加算银行同期存款利息。

7.2.8 个人所得税的会计处理

个人所得税是企业代扣代缴的款项，与其他税种的会计处理原则不大相同。一般通过“应交个人所得税”和“应付款项”科目来核算。

(1) 企业按规定计算的应代扣代缴的职工个人所得税，借记“应付职工薪酬”科目，贷记“应交个人所得税”科目。

(2) 缴纳的个人所得税，借记“应交个人所得税”，贷记“银行存款”等科目。

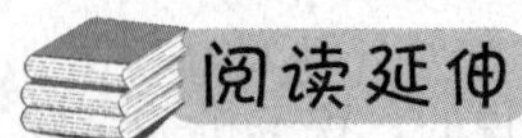

“新个人所得税法的几个问题解释”可通过加阅平台阅读。

7.3 个人所得税适用案例

7.3.1 个人所得税分项目计算案例

【案例 7-1】 两个独生子女组成的家庭，夫妻赡养四位老人，夫妻两人可以分别按照每月2 000元申报专项扣除。赡养老人只需要两个条件，首先老人已满60岁，其次是纳税人的父母或其他法定被赡养人，与老人的经济状况无关，没有经济来源的、离退休人员都包含在内。

【案例 7-2】 纳税人为非独生子女的，可以与兄弟姐妹分摊24 000元（每月2 000元）的扣除额度，如平均分摊、指定分摊、约定分摊等情况。但是，采取指定分摊或约定分摊方式的每一纳税人分摊的扣除额最高不得超过每年12 000元（每月1000元）。如被赡养人指定分摊或者赡养人约定分摊的，需要签订书面分摊协议。比如，一位老人有三个子女赡养，每个孩子可以平均分摊每年24 000元扣除额度，每人每年8 000元；也可以经老人指定或者子女约定，每个子女分别享受6 000元、6 000元、12 000元的扣除额，但每个子女的扣除额不能高于12 000元。

【案例 7-3】 在青岛工作的王女士，自身为独生女，父亲超过60岁，有两个上学的小孩，在青岛租房，丈夫在烟台工作并居住。王女士和丈夫在青岛和烟台都没有住房，根据《个人所得税专项附加扣除暂行办法》的规定，王女士2019年1月的专项附加扣除额为多少？

解析 子女教育2 000元（夫妻双方约定由王女士扣除）、住房租金1 200元、赡养老人2 000元，王女士2019年1月的专项附加扣除额为合计5 200元。

【案例 7-4】 在济南工作的王先生，自身为独生子，父亲超过60岁，有两个上学的小孩，在济南有一套贷款购买的房子。根据《个人所得税专项附加扣除暂行办法》的规定，王先生2019年1月的专项附加扣除额为：子女教育2 000元（夫妻双方约定由王先生扣除）、住房贷款利息1 000元（约定王先生扣除）、赡养老人2 000元，合计5 000元。

【案例 7-5】 中国居民张先生，2018年12月工资收入为8 500元，当月应纳个人所得税为多少？

解析 应纳税所得额＝（8 500－5 000）＝3 500(元)

应纳税额＝3 000×3%＋500×10%＝140(元)

【案例 7-6】 张先生在2019年1月将其自有的一套房屋出租给刘女士一家居住。租期为 1 年，全年租金 30 000 元。2019 年 10 月，因暖气管道维修，发生修理费用 700 元。在不考虑其他税费的情况下，求张先生的纳税情况。

解析 (1) 全年租金是 30 000 元，每个月平均是 2 500 元。没有超过 4 000 元，扣除费用 800 元。个人按市场价格出租居民住房，适用税率为 10%。

(2) 2019 年 10 月份应纳税额=(每月租金—准予扣除费用—修缮费用—800)×10%=(30 000/12—700—800)×10%=100(元)

(3) 其余 11 个月的应纳税额=(每月租金—准予扣除费用—800)×10%×11=(2 500—800)×10%×11=1 870(元)

(4) 张先生 2019 年合计纳税=100+1 870=1 970(元)

【案例 7-7】 刘先生自建房屋一套，成本 42 000 元，相关费用 3 000 元。刘先生由于特殊原因将房屋进行转让，售价 65 000 元，在卖房过程中按规定支付交易费等有关费用 3 000元，求其应纳个人所得税额。

解析 (1) 应纳税所得额=财产转让收入—财产原值—合理费用=65 000—(42 000+3 000)—3 000=17 000(元)

(2) 应纳税额=17 000×20%=3 400(元)

【案例 7-8】 刘某在参加某商场的有奖销售中获奖，中奖所得共计价值 30 000 元。刘某领奖时告知商场，从中奖收入中拿出 10 000 元通过教育部门向某希望小学捐赠。求刘某实际可得的奖金额。

解析 (1) 根据税法有关规定，刘某的捐赠额不得全部从应纳税所得额中扣除，因为最高扣除限额为 30 000 元×30%=9 000 元，小于捐赠额 10 000 元，只能扣除 9 000 元。

(2) 应纳税所得额=偶然所得—捐赠额=30 000—9 000=21 000(元)

(3) 商场代扣税款=应纳税所得额×适用税率=21 000×20%=4 200(元)

(4) 刘某实际可得奖金额=30 000—10 000—4 200=15 800(元)

7.3.2 个人所得税综合案例

【案例 7-9】 假定某居民于 2019 年取得如下所得：

(1) 每月应发工资均为 13 000 元，每月“三险一金”专项扣除为 1 200 元，子女教育专项附加扣除 1 000 元，赡养老人支出每月 1 000 元，个人首套房贷可抵扣支出每月 1 000 元。没有减免收入及减免税额等情况。

(2) 2 月份取得劳务报酬所得 26 000 元。

(3) 3 月份取得稿酬所得 8 000 元。

(4) 12 月份取得特许权使用费所得 10 000 元。

(5) 申报 2019 年大病医疗支出 15 000 元。

计算此居民个人应预扣预缴税额及汇算清缴应纳税额情况。

解析：

(1) 工资、薪金所得应预扣预缴个人所得税额：114×12=1 368 (元)

1 月份工资应预扣预缴个人所得税额=(13 000—5 000—1 200—1 000—1 000—1 000)×3%=114(元)

2 月份工资应预扣预缴个人所得税额=(13 000×2—5 000×2—1 200×2—1 000×2—

1 000×2－1 000×2)×3%－114＝114(元)

3 月份工资应预扣预缴个人所得税额＝(13 000×3－5 000×3－1 200×3－1 000×3－1 000×3－1 000×3)×3%－114×2＝114(元)

4 月份工资应预扣预缴个人所得税额＝(13 000×4－5 000×4－1 200×4－1 000×4－1 000×4－1 000×4)×3%－114×3＝114(元)

5 月份工资应预扣预缴个人所得税额＝(13 000×5－5 000×5－1 200×5－1 000×5－1 000×5－1 000×5)×3%－114×4＝114(元)

6 月份工资应预扣预缴个人所得税额＝(13 000×6－5 000×6－1 200×6－1 000×6－1 000×6－1 000×6)×3%－114×5＝114(元)

7 月份工资应预扣预缴个人所得税额＝(13 000×7－5 000×7－1 200×7－1 000×7－1 000×7－1 000×7)×3%－114×6＝114(元)

8 月份工资应预扣预缴个人所得税额＝(13 000×8－5 000×8－1 200×8－1 000×8－1 000×8－1 000×8)×3%－114×7＝114(元)

9 月份工资应预扣预缴个人所得税额＝(13 000×9－5 000×9－1 200×9－1 000×9－1 000×9－1 000×9)×3%－114×8＝114(元)

10 月份工资应预扣预缴个人所得税额＝(13 000×10－5 000×10－1 200×10－1 000×10－1 000×10－1 000×10)×3%－114×9＝114(元)

11 月份工资应预扣预缴个人所得税额＝(13 000×11－5 000×11－1 200×11－1 000×11－1 000×11－1 000×11)×3%－114×10＝114(元)

12 月份工资应预扣预缴个人所得税额＝(13 000×12－5 000×12－1 200×12－1 000×12－1 000×12－1 000×12)×3%－114×11＝114(元)

2019 年度预缴个人所得税＝114×12＝1 368(元)

(2) 劳务报酬应预扣预缴个人所得税＝26 000×(1－20%)×30%－2 000＝4 240(元)

(3) 稿酬所得应预扣预缴个人所得税＝8 000×(1－20%)×(1－30%)×20%＝896(元)

(4) 特许权使用费所得应预扣预缴个人所得税＝10 000×(1－20%)×20%＝1 600(元)

(5) 汇算清缴情况:退税 5 844 元

综合所得＝13 000×12＋26 000×(1－20%)＋8 000×(1－20%)×(1－30%)＋10 000×(1－20%)＝156 000＋208 00＋4 480＋8 000＝189 280(元)

专项扣除＝1 200×12＋1 000×12＋1 000×12＋1 000×12＝50 400 (元)

专项附加扣除＝15 000 元

综合所得年度应纳税额＝(综合所得－60 000 元－专项扣除－专项附加扣除－依法确定的其他扣除) ×适用税率－年度速算扣除数＝ (189 280－60 000－50 400－15 000) ×10%－2 520＝63 800×10%－2 520＝3 860 (元)

2019 年度预缴个人所得税额＝1 368＋4 240＋896＋1 600＝8 104 (元)

汇算清缴税额＝综合所得年度应纳税额－预缴税额＝3 860－8 104＝－4 244 (元)

退税4 244元。

【案例7-10】

中国境内居民张先生取得来源于中国境内的工资、薪金收入300 000元，取得来源于中国境外A国的工资薪金收入200 000元，无其他综合所得，需要合并计算境内境外的综合所得，可以扣除年度费用60 000元，可以扣除专项扣除80 000元，可以扣除专项附加扣除40 000元，可以扣除的其他扣除20 000元。假设张先生国内工资、薪金所得部分没有被预扣预缴税款，其在A国境外缴纳的个人所得税是60 000元。

解析

全部综合所得应纳税所得额＝(300 000＋200 000－60 000－80 000－40 000－20 000)＝300 000(元)

按照中国税法计算的全部税额＝300 000×20%－16 920＝43 080(元)

可以抵免的境外税款的抵免限额＝43 080×(200 000/(300 000＋200 000))＝43 080×0.4＝17 232(元)

实际缴纳境外税款60 000元。境外实际缴纳税款超过了可以抵免的最高限额，以抵免限额为最高抵免额；所以，最终可抵免税额为17 232元。

张先生在国内全部综合所得的实际应纳税额＝43 080－17 232＝25 848元

(2)如果再假定，张先生当年取得来源于中国境外A国的股息、红利收入100 000元，但依据A国国内税法被扣除了10%的预提所得税10 000元，张先生净得税后红利90 000元。这部分境外红利单独计算境外所得，其单独的抵免限额是100 000元×20%＝20 000元，单就股息红利来说，其在境外缴纳的股息红利个税10 000元可以全额抵免，实际上在境内需补税10 000元。

(3)如果将以上(1)(2)合并在一起，张先生来源于A国的综合所得抵免限额、经营所得抵免限额以及其他所得抵免限额之和，为来源于A国所得的抵免限额。

如前所计算：

其综合所得抵免限额＝43 080×(200 000/ 500 000)＝43 080×0.4＝17 232(元)

其利息股息红利所得抵免限额＝100 000×20%＝20 000(元)

A国抵免限额之和＝综合所得抵免限额＋利息股息红利所得抵免限额＝17 232＋20 000＝37 232元

由于其综合所得在境外实缴税款60 000元，股息红利实缴税款10 000元，均取得境外完税凭证，其实缴税款合计70 000元，超过了抵免限额，当年仅可抵免37 232元。

张先生当年实际在国内应缴纳的税额＝43 080＋20 000－37 232＝25 848(元)

本章小结

本章讲述了个人所得税的主要内容。个人所得税最早在英国产生，由于其具有筹集财政收入和调节居民收入分配差距两大核心功能，很快成为世界各国税制的主体税种。

个人所得税的模式有三类：分类课征模式、综合课征模式、分类与综合相结合的模式。三种模式各有优缺点。随着税制的不断完善，我国个人所得税模式向分类与综合相结合的混合模式发展，最终采取综合课征的模式，这不仅取决于征管水平的提高，更取决于我国个人收入形式的变化。

我国个人所得税具体规定了 6 项个人所得，每项所得规定了定额或定率的费用扣除标准，规定了 20%比例税率、七级和五级超额累进税率。对于每个自然人来讲，如果在某个时期内拥有不同项目的所得，需要分类确定收入、费用扣除标准和适用税率，计算每一项所得的应纳税所得额，分项计算应纳税额，然后再加总，即为该自然人的个人所得税总额。

我国个人所得税采取自行申报和代扣代缴两种征收方法。同时针对我国个人收入形式多样化的现实，提高对个人所得税的征管水平仍然是税收征管的重要内容。

练习与思考题

一、单项选择题

1. 中国公民张先生 2019 年取得特许权使用费收入两次，分别是 3 000、6 000 元。其中第二次技术转让收入，支付中介费 760 元，能够提供有效合法凭证。预缴个人所得税是(　)元。

A. 1 248　　B. 1 220.40　　C. 912.40　　D. 1 314.40

2. 某高校三位老师共同出版一本专业教材取得稿酬 50 000 元，其中王老师取得 5 000 元，其余稿酬三人平分，王老师稿酬所得预缴个人所得税为（　　）元。

A. 1 870　　B. 3 420　　C. 1 680　　D. 2 240

3. 张某自 2019 年 1 月起承包某服装厂，依据承包协议，服装厂工商登记更改为个体工商户。2019 年张某经营的服装厂共取得收入 500 000 元，发生成本、费用、税金等相关支出 430 000 元(其中包括个体工商户业务工资每月 5 000 元)，2019 年张某应缴纳个人所得税（　　）元。

A. 4 850　　B. 5 500　　C. 6 500　　D. 6 650

4. 2019 年 5 月张某作为人才被引入某公司，该公司将购置价 500 000 元的一套住房以 350 000 元出售给张某。张某取得该住房应缴纳个人所得税（　　）元。

A. 14 790　　B. 37 500　　C. 28 590　　D. 49 825

5. 某高校教师去企业授课，取得劳务报酬 35 000 元，不考虑其他税费，预缴个人所得税（　　）元。

A. 4 800　　B. 6 400　　C. 5 200　　D. 5 600

二、判断题

1. 对于个体工商户生产经营与个人家庭生活混用难以分清的费用，其 40%视为与生产经营有关的费用准予扣除。（　　）

2. 个人取得的教育储蓄存款利息免税。（　　）

3. 文字作品手稿原件公开拍卖取得的所得属于特许权使用费所得。（　　）

4. 个人达到国家规定的退休年龄，按年领取企业年金的，平均分摊计入各月，按每月领取额适用月度税率表计算纳税。（　　）

5. 个人所得税境外所得抵免采取分国又分项的限额计算方法。（　　）

三、思考题

1. 论述个人所得税改革的背景以及内容。

2. 个人所得税预扣预缴制度的适用范围以及具体流程各是什么？

3. 论述专项扣除以及专项附加扣除的具体内容。

4. 论述综合所得汇算清缴的情形以及方法。

第8章

其他各税

学习目的

本章内容包括我国现行税制中的城市维护建设税及教育费附加、资源税、房产税、契税、车船税、车辆购置税、印花税等12个税种，通过学习，明确各税种的基本课税制度，掌握其各自的应纳税额计算及征纳方法。

开篇导言

世界各国的税，可谓种类之多，计算之繁，其中有一些是我们熟悉的，如增值税、个人所得税等，还有一些税非常特别，也着实有趣。比如在美国加州小镇外尼密，近来创立了一个新税目“风景税”，规定凡是住在海滨，住宅面向海洋，每年须缴费66～184美元。无独有偶，古希腊也曾规定，凡是朝着大街和向外打开的窗户，户主均须缴纳“开窗税”。除此之外，像前苏联自1987年2月11日起对已婚未育的夫妇征收“无子女税”，税率为本人月工资的16%；英国伯明翰市规定死者使用棺材宽度为58厘米，超过其2.5厘米要付税7.5英镑的“棺材税”；土耳其总统塞泽尔2007年5月批准了税法修改条例，土耳其人在打开水龙头洗脸的时候同时要缴3种税：首先是“环境清洁税”，它在土耳其老百姓中一直被叫作“垃圾税”；第二种税叫“污水费”，由政府按自来水费50%的标准收取；第三种税是“增值税”，不论是家庭还是写字楼都要支付这个费用，按水费的18%收取。

我国古代也曾存在名目繁多的税种，早在战国时期，楚国就对牲畜的交易行为征税；唐代出现了“除陌钱”“间架税”，按房屋数量收税，规定“两架为间”。除了按间收税，还将应税房屋分为三等：上等每间税两千钱，中等一千钱，下等五百钱。

不论是国内还是国外，名目繁多，花样百出的税种在不同的历史阶段，发挥着各自的作用。税种的多样性使得税收的征收十分广泛，能从多方面筹集财政资金，保证和实现财政收入上缴政府，能够更好地维护国家政权，并且达到调节社会生产、交换、分配和消费，促进社会经济和谐发展的目的。

我国现行的18个税种，前面已经介绍了6种，本章主要围绕其余的12个税种，包括城市维护建设税及教育费附加、资源税、城镇土地使用税、房产税、土地增值税、耕地占用税、车船税、车辆购置税、船舶吨税、契税、印花税、烟叶税等展开论述。这些税种虽然在我国整个税收收入中所占的比重不算大，但它们都是我国整个税收体系的重要组成部分，各有各的作用，不可或缺。

8.1 城市维护建设税及教育费附加

8.1.1 城市维护建设税

1981 年，国务院在批转财政部关于改革工商税制的设想中提出："根据城市建设的需要，开征城市维护建设税，作为县以上城市和工矿区市政建设的专项资金。"现行的城市维护建设税的基本规范，是 1985 年 2 月 8 日国务院发布并于同年 1 月 1 日实施的《中华人民共和国城市维护建设税暂行条例》。

1. 城市维护建设税概述

城市维护建设税（简称城建税），是国家对缴纳增值税、消费税、（简称"两税"）的单位和个人就其实际缴纳的"两税"税额为计税依据而征收的一种税。城市维护建设税是一种具有受益性质的行为税，它与其他税收相比较具有以下特点：第一，具有特定目的，税款专款专用，其税款专门用于城市的公用事业和公共设施的维护建设；第二，属于一种附加税，即附加于 2 个主要的流转税，本身没有特定的、独立的纳税人、征税对象；第三，根据城建规模设计税率，城市、县城的税率就有较大差异；第四，征收范围较广。

2. 城市维护建设税的征收制度

1）纳税义务人

城市维护建设税的纳税人是负有缴纳增值税、消费税义务的单位和个人，包括国有企业、集体企业、私营企业、股份制企业、其他企业和行政单位、事业单位、军事单位、社会团体、其他单位以及个体工商户和个人。自 2010 年 12 月 1 日起，对外商投资企业、外国企业及外籍个人征收城市维护建设税。

2）计税依据

城市维护建设税的计税依据是纳税人实际缴纳的增值税、消费税税额。需要注意的是：①纳税人违反"两税"有关规定，被查补"两税"和被处以罚款时，也要对其未缴的城市维护建设税进行补税和罚款；②纳税人违反"两税"有关规定而加收的滞纳金和罚款，不作为城市维护建设税的计税依据；③"两税"得到减征或免征优惠，城市维护建设税也要同时减免征（城市维护建设税原则上不单独减免）；④城市维护建设税出口不退，进口不征。

3）税率

城市维护建设税采用地区差别比例税率，共分 3 档，如表 8－1 所示。

表 8－1 城市维护建设税税率表

档　次	纳税人所在地	税　率
1	市　区	7%
2	县城、镇	5%
3	不在市、县、城、镇	1%

特殊情况是：受托方代扣代缴"两税"的纳税人，按受托方所在地适用税率计算代扣代缴的城市维护建设税。

4）应纳税额的计算

$$应纳税额=(实纳增值税税额+实纳消费税税额)\times 适用税率$$

5）税收优惠

税收优惠主要有以下3个方面：①城市维护建设税随“两税”的减免而减免，但对出口产品退还增值税、消费税的，不退还已纳的城市维护建设税；②海关对进口产品代征的增值税、消费税，不征收城市维护建设税；③对个别缴纳城市维护建设税确有困难的企业和个人，由市（县）人民政府审批，可以酌情给予减免照顾。

6）申报缴纳

（1）纳税环节。城市维护建设税的纳税环节，实际就是纳税人缴纳“两税”的环节。纳税人只要发生“两税”的纳税义务，就要在同样的环节，分别计算缴纳城市维护建设税。

（2）纳税期限。由于城市维护建设税是由纳税人在缴纳“两税”的同时缴纳的，所以城市维护建设税的纳税期限分别与“两税”的纳税期限相一致。不能按固定期限纳税的，可以按次纳税。

（3）纳税地点。城市维护建设税的纳税地点，实际就是纳税人缴纳“两税”的地点。但是，属于下列情况的，纳税地点为：①代征代扣“两税”的单位和个人，其纳税地点为代征代扣地；②跨省开采的油田，下属生产单位与核算单位不在一个省内的，其生产的原油，在油井所在地缴纳增值税，其应纳税款由核算单位按照各油井的产量和规定税率，计算汇拨各油井缴纳，所以各油井应纳的城市维护建设税，应由核算单位计算，随同增值税一并汇拨油井所在地，由油井在缴纳增值税的同时，一并缴纳城市维护建设税；③对管道局输油部分的收入，由取得收入的各管道局于所在地缴纳增值税，所以其应纳的城市维护建设税，也应由取得收入的各管道局于所在地缴纳增值税时一并缴纳城市维护建设税；④对流动经营无固定纳税地点的单位和个人，应随同“两税”在经营地按适用税率缴纳城市维护建设税。

8.1.2 教育费附加

1. 教育费附加概述

教育费附加是对缴纳增值税、消费税的单位和个人，以其实际缴纳的税额为计算依据征收的一种附加费。1984年，《国务院关于筹措农村学校办学经费的通知》的颁布，开征了农村教育事业经费附加。1985年，《中共中央关于教育体制改革的决定》，指出必须在国家增拨教育基本建设投资和教育经费的同时，充分调动企、事业单位和其他各种社会力量办学的积极性，开辟多种渠道筹措经费。为此，国务院于1986年4月28日颁布了《征收教育费附加的暂行规定》，决定从同年7月1日开始在全国范围内征收教育费附加。

2. 教育费附加的征收制度

1）征收范围及计征依据

教育费附加是对缴纳增值税、消费税的单位和个人征收，以其实际缴纳的增值税、消费税为计征依据，分别与增值税、消费税同时缴纳。自2010年12月1日起，对外商投资企业、外国企业及外籍个人征收教育费附加。

2）教育费附加计征比率

教育费附加计征比率曾几经变化。1986年开征时，规定为1%；1990年5月《国务院关于修改〈征收教育费附加的暂行规定〉的决定》中规定为2%；按照1994年2月7日

《国务院关于教育费附加征收问题的紧急通知》的规定，现行教育费附加征收比率为3%。

3) 教育费附加的计算

应纳教育费附加=(实纳增值税税额+实纳消费税税额)×征收比率

4) 教育费附加的减免规定

(1) 对海关进口的产品征收增值税、消费税，不征收教育费附加。

(2) 对由于减免增值税、消费税而发生退税的，可同时退还已征收的教育费附加；但对出口产品退还增值税、消费税的，不退还已征的教育费附加。

8.1.3 城建税及教育费附加会计核算

城建税及教育费附加属于企业经营过程中的税金，发生的时候计入企业“税金及附加”科目，同时贷方科目计入“应交税费”科目，缴纳时候通过“应交税费”借方科目来反映企业的相应税费负担。

(1) 计提：

借：税金及附加

　贷：应交税费——应交城建税

　　　应交税费——应交教育费附加

(2) 实际缴纳：

借：应交税费——应交城建税

　　应交税费——应交教育费附加

　贷：货币资金科目

【案例8-1】 城市维护建设税和教育费附加案例

某县城一加工企业2018年8月份因进口半成品缴纳增值税120万元，销售产品缴纳增值税280万元，本月又出租门面房收到租金40万元。求企业本月应缴纳的城市维护建设税和教育费附加。

解析 应纳的城建税和教育费附加=(280+40×6%)×(5%+3%)=22.59(万元)

8.2 资 源 税

8.2.1 资源税概述

资源税是对在中华人民共和国境内从事资源开采的单位和个人征收的一种税。我国自然资源归国家所有。由于各地自然资源禀赋差异很大，开采资源的企业因资源禀赋差异而利润相差悬殊，造成了分配上的不合理，并出现了乱采滥挖、掠夺性开采等严重破坏和浪费国有资源的问题。征收资源税有其积极的作用：首先，征收资源税可以促进资源合理开采，节约使用国有资源；其次，征收资源税可以合理调节级差收入，鼓励企业平等竞争；最后，征收资源税可以拓宽税收调节领域，增加国家财政收入。

我国对资源的征税可追溯至春秋时期的“官山海”，以专卖为名，行征税之实，可以说是资源税的萌芽。自春秋时期国家凭借政权从盐、铁等资源取得收入以来，历代王朝大都相沿办理。为了加大对资源的有效开发和保护利用，世界上一些国家也开征了资源税或者类似资源税性质的税种。

为保护国有资源，促进国有资源合理开发和有效利用，调节级差收入，1984年9月18日国务院颁布了《中华人民共和国资源税条例（草案）》，从当年10月1日起对原油、天然气和煤炭3种矿产品征收资源税，同时国务院发布了《中华人民共和国盐税条例（草案）》，将盐税从原工商税中分离出来，重新成为一个独立的税种。随着我国市场经济的不断发展，资源税在征收范围等诸多方面已不能满足新形势的需要，为此，本着“普遍征收、级差调节”等原则，国务院于1993年12月25日重新修订颁布了《中华人民共和国资源税暂行条例》，财政部于1993年12月30日发布了《中华人民共和国资源税暂行条例实施细则》，同时取消了盐税，将盐纳入资源税的征收范围。修订后的资源税暂行条例于1994年1月1日起施行。

2011年9月21日，《国务院关于修改〈中华人民共和国资源税暂行条例〉的决定》予以公布，自2011年11月1日起实施新的暂行条例。自2014年12月1日起，为促进资源节约集约利用和环境保护，规范资源税费制度，实施煤炭资源从价计征改革，同时清理相关收费基金，并调整原油、天然气资源税相关政策。2016年7月1日，资源税实行从价计征改革及水资源税改革试点。2017年12月水资源税改革扩大到北京、天津等9个地区。

资源税的主要特点是：①征税范围仅限于矿产资源；②具有对绝对地租和级差地租（收入）征税的性质；③采用从量定额征收方法。

8.2.2 资源税征收制度

1. 纳税义务人

资源税的纳税义务人是在中华人民共和国境内开采应税资源的矿产品或者生产盐的单位和个人。

（1）资源税是对在中国境内生产或开采应税资源的单位或个人征收，而对进口应税资源产品的单位或个人不征资源税。相应的，对出口应税产品也不退（免）已纳的资源税。

（2）资源税是对开采或生产应税资源进行销售或自用的单位和个人，在出厂销售或移作自用时一次性征收，而对已税产品批发、零售的单位和个人不再征收资源税。

（3）资源税的纳税义务人不仅包括符合规定的中国企业和个人，还包括外商投资企业和外国企业（除国务院另有规定的除外）。

（4）中外合作开采石油、天然气，按照现行规定，只征收矿区使用费，暂不征收资源税。

（5）独立矿山、联合企业和其他收购未税矿产品的单位为资源税的扣缴义务人。

2. 税目及税额

资源税税目及税率见表8-2和表8-3。

表8-2 资源税税目表

税目	具体规定	
	包括的范围	特别提示
原油	天然原油	不包括人造石油
天然气	专门开采或与原油同时开采的天然气	
煤炭	包括原煤和以未税原煤（自采原煤）加工的洗选煤	不包括已税原煤加工的洗选煤、其他煤炭制品

续表

税目	具体规定	
	包括的范围	特别提示
金属矿	包含铁矿、金矿、铜矿、铝土矿、铅锌矿、镍矿、锡矿、钨、钼、未列举名称的其他金属矿产品原矿或精矿	纳税人在开采主矿产品过程中伴采的其他应税矿产品，凡未单独规定适用税额的（注意限定条件），一律按主矿产品或视同主矿产品征收资源税
非金属矿	包含石墨、硅藻土、高岭土、萤石、石灰石、硫铁矿、磷矿、氯化钾、硫酸钾、井矿盐、湖盐、提取地下卤水晒制的盐、煤层（成）气、未列举名称的其他非金属矿产品	
海盐	氯化钠初级产品	
水资源	对水力发电和火力发电贯流式以外的取用水设置最低税额标准 水力发电和火力发电贯流式取用水	包括地表水和地下水

表 8-3　资源税税率表

税　目	计税依据	税　率
一、原油	销售额	6%～10%
二、天然气	销售额	6%～10%
三、煤炭	销售额	2%～10%
四、其他非金属矿原矿	销售额	1%～15%
五、黑色金属矿原矿	销售额	1%～20%
六、有色金属矿原矿 轻稀土 中重稀土 钨 钼 其他有色金属矿原矿	 销售额 销售额 销售额 销售额 销售额或销售数量	 地区差别税率 27% 6.5% 11% 每吨 30 元以内或不超过 20%
七、盐 固体盐、液体盐 海盐	 销售数量 销售额	 定额税率 1%～5%
八、水 地表水、地下水	对水力发电和火力发电贯流式以外的取用水 水力发电和火力发电贯流式取用水	定额税率 地表水平均不低于 0.4 元/m^2 地下水平均不低于 1.5 元/m^2 每千瓦小时 0.005 元

2016 年 7 月 1 日全面推进资源税改革后，资源税主要采用比例税率从价计征，实行从量定额计征的项目较少。一是对经营分散、多为现金交易且难以控管的黏土、砂石，按照便利征管原则，仍实行每吨或立方米 0.1～5 元从量定额计征资源税；二是对未列举名称的其他非金属矿产品（原矿或精矿）按照从价计征为主、从量计征为辅的原则，对其中的部分矿产品实施每吨或立方米不超过 30 元的从量税。

3．资源税计税依据

1）从价定率征收的计税依据——销售额

销售应税产品的全部价款和价外费用，但不包括收取的增值税销项税额和运杂费用。价外费用是指销售方向购买方收取的手续费、补贴、基金、集资费、返还利润、奖励费、违约金（延期付款利息）、包装费、包装物租金、储备费、优质费、代收款项、代垫款项及其他各种性质的价外收费。从价征收的资源税的销售额与应税矿产品缴纳增值税的销售额一致。

销售额不包括：同时符合两项条件的代垫运费；同时符合三项条件的代为收取的政府性基金、行政事业性收费。运杂费用是指应税产品从坑口或洗选（加工）地到车站、码头或购买方指定地点的运输费用、建设基金以及随运销产生的装卸、仓储、港杂费用。运杂费用应取得合法有效凭据并与销售额分别核算，凡未取得合法有效凭据或不能与销售额分别核算的，应当一并计征资源税。

资源税反避税条款：纳税人开采应税矿产品由其关联单位对外销售的，按其关联单位的销售额征收资源税；纳税人将开采的应税产品直接出口的，以离岸价格（不含增值税）计算销售额征收资源税。

2）从量定额征收的计税依据——销售数量及其他使用数量

(1) 纳税人开采或者生产其他有色金属矿原矿、固体盐、液体盐、水销售的，以销售数量为课税数量。

(2) 纳税人开采或者生产其他有色金属矿原矿、固体盐、液体盐、水自用的，以自用（非生产用）数量为课税。

4．应纳税额的计算

资源税的应纳税额，按照应税产品销售额和比例税率的以及课税数量乘以规定的单位税额计算。计算公式为：

$$应纳税额＝销售额×比例税率或销售数量×单位税额$$

【案例8-2】 某油田2019年5月共计开采原油8 000 t，当月销售原油6 000 t，取得销售收入（不含增值税）18 000 000元，同时还向购买方收取违约金22 600元，优质费5 650元；支付运输费用20 000元（运输发票已比对）。已知销售原油的资源税税率为5%，则该油田5月应缴纳的资源税是多少？

解析 取得违约金和优质费属于价外费用，价外费用一般都是含税的，这里要换算成不含税的。

应缴纳的资源税＝[18 000 000＋(22 600＋5 650)/(1＋13%)]×5%＝901 250(元)

5．减免税

应纳资源税的纳税人，有下列情形之一者，可以减征或免征资源税：①开采原油过程用于加热，修井的原油免税；②纳税人开采或生产应税产品过程中，因意外事故或自然灾害等原因遭受重大损失的，由省、自治区、直辖市人民政府酌情决定减税或免税；③国务院规定的其他减税、免税项目。

纳税人的减税、免税项目，应当单独核算课税数量，未单独核算或者不能准确提供课税数量的，不予减税或免税。

6. 纳税环节和纳税期限

1）纳税环节

（1）纳税人开采或者生产应税产品直接销售的，在销售环节纳税。

（2）纳税人自产自用应税产品的，在移送使用环节纳税。

（3）由扣缴义务人代扣代缴的，在收购环节由扣缴义务人代扣代缴。

2）纳税义务的发生时间

（1）纳税人销售应税产品，纳税义务发生时间为收讫销售款或者取得索取销售款凭据的当天。具体规定如下：纳税人采取分期收款结算方式的，其纳税义务发生时间为销售合同规定的收款日期的当天；纳税人采用预收货款结算方式的，其纳税义务发生时间为发出应税产品的当天；纳税人采用其他结算方式的，其纳税义务发生时间为收讫货款或取得索取收款凭据的当天。

（2）纳税人自产自用应税产品的纳税义务发生时间为移送使用应税产品的当天。

（3）扣缴义务人代扣代缴税款的纳税义务发生时间为支付货款的当天。

3）纳税期限

资源税的纳税期限为 1 日、3 日、5 日、10 日、15 日或者一个月，由主管税务机关根据实际情况具体核定；不能按固定期限纳税的，可以按次纳税。

纳税人以一个月为一期纳税的，自期满之日起 10 日内申报纳税；以 1 日、3 日、5 日、10 日、15 日为一期纳税的，自期满之日起 5 日内预缴税款，于次月 1 日起 10 日内申报纳税并结清上月税款。

扣缴义务人的解缴税款期限，比照上述规定执行。

7. 纳税地点

资源税纳税人应纳的资源税，应当向应税产品的开采或者生产所在地主管税务机关缴纳。纳税人在本省、自治区、直辖市范围内开采或生产应税产品，其纳税地点需要调整的，由省、自治区、直辖市税务机关决定。

跨省、自治区、直辖市开采资源税应税产品的单位，其下属生产单位与核算单位不在同一省、自治区、直辖市的，对其开采的应税矿产品一律在开采地纳税，其应纳税款由独立核算、自负盈亏的单位，按照开采地的实际销售额及比例税率计算划拨。

扣缴义务人代扣代缴的资源税，应当向收购地主管税务机关缴纳。

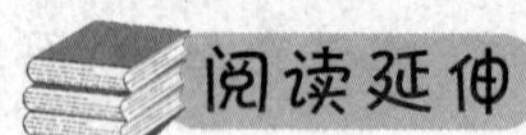

“水资源税扩大试点带来哪些变化”可通过加阅平台学习和了解。

8.3 城镇土地使用税

8.3.1 城镇土地使用税概述

城镇土地使用税（以下简称土地使用税）是对使用应税土地的单位和个人，以其实际占用的土地面积为计税依据，按照固定税额计算征收的一种税。1988 年 9 月 27 日国务院发布了《中华人民共和国城镇土地使用税暂行条例》。近年来，随着土地有偿使用制度的实施和经济的快速发展，土地需求逐渐增加，土地价值不断攀升，1988年规定的税额标准就明显偏低。此外，仅对内资纳税人征收城镇土地使用税也不符合公平税负、鼓励竞争的原则。根据上述情况，国务院于2006年12月30日重新修订、公布了《中华人民共和国城镇土地使用税暂行条例》，并自2007年1月1日起执行。此次修订的主要内容：一是将税额幅度提高两倍；二是将征税对象扩大到外商投资企业、外国企业、外籍个人。2011年1月8日对《国务院关于废止和修改部分行政法规的决定》进行了第二次修订，2013年12月7日对《国务院关于修改部分行政法规的决定》进行了第三次修订。

开征土地使用税，有利于进一步增加地方财政收入，完善地方税体系，巩固分税制财政体制；有利于促进合理、节约使用土地，提高土地使用效益。与其他税种相比，它具有以下几个特点：一是对占用或使用土地的行为征税；二是税征收对象为国有土地；三是征税范围比较广；四是对不同地区不同地段实行差别幅度税额。

8.3.2 城镇土地使用税的征收制度

1. 纳税义务人

凡在城市、县城、建制镇、工矿区范围内使用土地的单位和个人，为城镇土地使用税的纳税义务人。由于在现实经济生活中，使用土地的情况十分复杂，为确保将土地使用税及时、足额地征收上来，税法根据用地的不同情况，对纳税义务人做出如下具体规定：①拥有土地使用权的单位和个人为纳税义务人；②拥有土地使用权的单位和个人不在土地所在地的，其实际使用人和代管人为纳税义务人；③土地使用权未确定或权属纠纷未解决的，其实际使用人为纳税义务人；④土地使用权共有的，共有各方都是纳税义务人，由共有各方分别纳税。

2. 征税范围

城镇土地使用税的征税范围为城市、县城、建制镇和工矿区。其中，城市是指国务院批准设立的市，其征税范围包括市区和郊区；县城，指县人民政府所在地；建制镇是指符合国务院规定的建制镇标准的镇，其征税范围为镇人民政府所在地；工矿区是指工商业比较发达、人口比较集中的大中型工矿企业所在地。

3. 税率

城镇土地使用税实行分级幅度税额。自2007年1月1日起，每平方米土地年税额规定如下：①大城市1.5～30元；②中等城市1.2～24元；③小城市0.9～18元；④县城、建制镇、工矿区0.6～12元。

经省、自治区、直辖市人民政府批准，经济落后地区的土地使用税适用税额可以适当降低，但降低额不得超过规定的最低税额的30%。经济发达地区土地使用税的使用税额标准可以适当提高，但须报经财政部批准。

4. 应纳税额的计算

1）计税依据

城镇土地使用税以纳税人实际占用的土地面积为计税依据。纳税人实际占用的土地面积是指由省、自治区、直辖市人民政府确定的单位组织测定的土地面积。尚未组织测量，但纳税人持有政府部门核发的土地使用证书，以证书确认的土地面积为准；尚未核发土地使用证书的，应由纳税人据实申报土地面积。

2）应纳税额计算方法

城镇土地使用税的应纳税额依据纳税人实际占用的土地面积和适用单位税额计算。计算公式如下：

应纳税额＝计税土地面积(平方米)×适用税额

如果土地使用权由几方共有，由共有各方按照各自实际使用的土地面积占总面积的比例，分别计算缴纳土地使用税。

【案例8-3】 城镇土地使用税案例

某企业2019年共占地10 000平方米，其中企业内职工幼儿园和医院占地1 500平方米，厂区外绿地面积为1 000平方米，另外企业出租面积为500平方米，该企业的年城镇土地使用税标准为4元/平方米，问该企业应缴纳的土地使用税为多少？

解析 按照城镇使用税的税收优惠规定，幼儿园、医院和绿化地免税，则：

土地使用税＝(10 000－1 500－1 000)×4＝30 000(元)

5. 减免税

减免税具体包括以下土地：①国家机关、人民团体、军队自用的土地；②由国家财政部门拨付事业经费的单位自用的土地；③宗教寺庙、公园、名胜古迹自用的土地；④市政街道、广场、绿化地带等公共用地；⑤直接用于农、林、牧、渔业的生产用地；⑥经批准开山填海整治的土地和改造的废弃土地，从使用的月份起免缴土地使用5～10年；⑦由财政部另行规定免税的能源、交通、水利设施用地和其他用地。

6. 申报缴纳

1）纳税期限

城镇土地使用税按年计算，分期缴纳。缴纳期限由省、自治区、直辖市人民政府确定。因此，各省、自治区、直辖市税务机关结合当地实际情况，一般分别确定按月、季或半年等不同的期限缴纳。

2）纳税地点

城镇土地使用税的纳税地点在土地所在地，由土地所在地的税务机关负责征收。纳税人使用的土地不在同一县（市）的，由纳税人分别向土地所在地的税务机关申报缴纳。

8.4 房 产 税

8.4.1 房产税概述

房产税是以房产为征税对象，按照房产的计税余值或出租房产取得的租金收入，向产权所有人征收的一种税。1950年政务院颁布的《全国税政实施要则》中规定开征房产税，1951年将房产税与地产税合并为城市房地产税，公布了《城市房地产税暂行条例》。1973年工商税制改革时，将对国营企业、集体企业征收的城市房地产税并入工商税后，城市房地产税仅对房产管理部门和个人的房产以及外商投资企业、外国企业的房产征收。1984年对国营企业实行第二步利改税和改革工商税制时，重新将国营企业、集体企业纳入该税征收范围。同时，鉴于我国城市的土地属于国家所有，使用者没有土地所有权的情况，将对内资纳税人征收的城市房地产税分为房产税和城镇土地使用税两个税种，并于1986年9月15日颁布了《中华人民共和国房产税暂行条例》，同年10月1日起正式实施。城市房地产税仍保留，继续对外商投资企业、外国企业、外籍个人征收①。2008年12月20日，国务院办公厅《关于促进房地产市场健康发展的若干意见》提出，为了进一步公平税负，完善房地产税收制度，自2009年1月1日起废止《城市房地产税暂行条例》，按照《房产税暂行条例》对外商投资企业、外国企业和外国人征收房产税，各类企业和个人统一适用该条例。

房产税属于财产税，是一个古老而又普遍征收的税种，我国周代征收的廛布、唐代征收的间架税就具有房产税的性质。由于房产税税源稳定，税负不易转嫁，便于征管，比较适合作为地方税，我国及大多数国家、地区都将房产税作为地方税开征。

根据2010年12月29日《国务院关于废止和修改部分行政法规的决定》，修正《中华人民共和国房产税暂行条例》（2010年修正本）。开征房产税是房地产市场未来健康平稳发展的必然导向，可以有效平抑房价太大的涨跌幅度，满足市场刚需，“房子是用来居住的”，让市场回归理性。房产税的立法在经历了2014年和2018年之后，2019年第三次被提及。但是，具体立法时间取决于市场的稳定性以及税收立法的技术难题的破除。随着我国税收法定进程的加快，房产税立法已经在路上。

8.4.2 房产税的征收制度

1. 纳税义务人

房产税的纳税义务人是指房屋的产权所有人，具体包括产权所有人、经营管理单位、房产承典人、房产代管人或使用人。

2. 征税对象

所谓房产，包括房屋和与房屋不可分割的各种附属设备或一般不单独计算价值的配套设施。但独立于房屋之外的建筑物，如水塔、室外游泳池、围墙、石灰窑等，不属于房产。

房地产开发企业建造的商品房，在出售前不征收房产税；但对出售前房地产开发企业已使用或者出租、出借的商品房应按规定征收房产税。

3. 征税范围

房产税的征税范围为城市、县城、建制镇和工矿区。

4. 计税依据

房产税的计税依据，有从价计征和从租计征两种。所谓“从价计征”，是指按照房产原值一次减除10%～30%后的余值计算缴纳。在确定计税余值时，房产原值的具体减除比例，由省、自治区、直辖市人民政府在税法规定的减除幅度内自行确定。

---

① 城市房地产税是对外商投资企业、外国企业、外籍个人在我国规定地区拥有的房屋、土地，按照房价、地价或出租收入向产权人或使用人征收的一种税。基本法规是1951年8月8日政务院公布的《城市房地产税暂行条例》，后来又陆续对有关政策作了调整。

所谓“从租计征”，是指以房产租金收入计算缴纳。房产的租金收入，是房屋产权所有人出租房产使用权所得的报酬，包括货币收入和实物收入。对以劳务或其他形式作为报酬抵付房租收入的，应当根据当地同类房产的租金水平，确定一个标准租金额，从租计征。

5. 税率

我国现行房产税采用的是比例税率，主要有两种税率：一是实行从价计征的，税率为1.2%；二是实行从租计征的，税率为12%。从2001年1月1日起，对个人按市场价格出租的租金收入计征的，可暂减按4%的税率征收房产税。

6. 应纳税额的计算

1）从价计征的计算

从价计征的计算，是指按照房产的原值减除一定比例后的余额来计算征收房产税。其计算公式为：

应纳税额＝应税房产原值×(1－扣除比例)×适用税率

2）从租计征的计算

从租计征的计算，是指按房产出租的租金收入来计算征收房产税。其计算公式为：

应纳税额＝租金收入×适用税率

【案例8-4】 从价与从租计征缴纳房产税的计算

某企业2019年1月1日的房产原值为3 000万元，4月1日将其中原值为1 000万元的临街房出租给某连锁商店，月租金5万元。当地政府规定允许按房产原值减除20%后的余值计税。该企业当年应缴纳房产税是多少?

解析 自身经营用房的房产税按房产余值从价计征，临街房4月1日才出租，1—3月仍从价计征，自身经营用房应纳房产税＝(3 000－1 000)×(1－20%)×1.2%＋[1 000×(1－20%)×1.2%/12]×3＝19.2＋2.4＝21.6(万元)

出租的房产按本年租金从租计征＝5×9×12%＝5.4(万元)

企业当年应纳房产税＝21.6＋5.4＝27(万元)

7. 减免税

目前，房产税的税收优惠政策主要有：①国家机关、人民团体、军队自用的房产；②由国家财政部门拨付事业经费的单位自用的房产；③宗教寺庙、公园、名胜古迹自用的房产；④个人所有非营业用的房产；⑤经财政部批准免税的其他房产。

8. 申报缴纳

1）纳税期限

房产税按年计算，分期缴纳。具体缴纳期限由省、自治区、直辖市人民政府确定，各地一般按季或半年征收一次，在季度或半年规定某一个月进行征收。

新建或新购入的房产，应在建成或购入30日内，向房产所在地税务机关办理纳税申报登记，从次月起开始纳税。

2）纳税地点

房产税的纳税地点为房产所在地，由房产所在地的税务机关负责征收。房产不在同一地方的纳税人，应按房产的坐落地点分别向房产所在地的税务机关申报缴纳。

专题 8-1

房产税“千呼万唤何时来”

2019年的《政府工作报告》提到，“健全地方税体系，稳步推进房地产税立法”，这已是近年来全国人大第三次提到房地产税，从而也引发了市场的高度关注。借鉴发达国家的经验，考虑我国实施的限贷政策，预计房地产税的推出其实对中国楼市影响有限。房产税立法正在稳步推行当中，房产税立法势在必行，房产税开征的大致时间在2023年。

房产税是以房屋为征税的对象，按房屋的计税余值或租金收入为计税的依据，向产权所有人征收的一种财产税。房产税的征税范围在城市、县城、建制镇。

个人拥有的独栋别墅存量、增量都收征收房产税，认定标准是：在国有土地上依法修建的独立、单栋且与相邻房屋无共墙、无连接的成套住宅。部分教授、干部居住在单位提供的独栋别墅里，由于只有使用权，没有产权，就不需要交税。

首套房屋不交税。个人新购的高档住房征收房产税，高档住房是指建筑面积交易单价达到上两年主城旧区新建商品住房成交建筑面积均价2倍（含2倍）以上的住房。无户籍、无企业、无工作的个人新购的第二套房子，不管是高档房还是低档房，都得缴税。

开征房产税，谁会受到“一万点伤害”？有这样几类人：在中心城市囤积了大量住宅的人，盲目购买了旅游物业、养老地产的人，盲目购买了三四线城市郊区、新区住宅的人，加杠杆、超承受能力买多套房的白领，在三四线城市囤积了大量住宅的人，手中有多套房、负债率非常高的炒房者。期待房产税的到来对楼市的平抑作用更加明显。

8.5 土地增值税

8.5.1 土地增值税概述

所谓土地增值税，就是对土地开发阶段的增值征税，是对转让国有土地使用权、地上建筑物及其附着物并取得收入的单位和个人，就其转让房地产所取得的增值额征收的一种税。

20世纪80年代后期，随着房地产业的迅速发展，房地产市场初具规模并逐渐完善。但也出现了一些问题，主要是土地供给计划性不强，成片批租的量过大，土地出让金价格偏低，国有土地收益大量流失；各地盲目设立开发区，非农业生产建设大量占用耕地，开发利用率低；房地产市场机制不完善，市场行为不规范，“炒”风过盛，冲击了房地产的正常秩序。为了配合国家宏观经济政策，控制房地产的过度炒买炒卖，根据《中共中央国务院关于当前经济情况和加强宏观调控的意见》的精神，1993年12月13日，国务院颁布了《中华人民共和国土地增值税暂行条例》，自1994年1月1日起施行。

为了改革城镇国有土地使用制度，合理开发、利用、经营土地，加强土地管理，促进城市建设和经济发展，加强土地增值税的征收管理，根据《中华人民共和国土地增值税暂行条例》及有关规定，结合实际制定了《中华人民共和国土地增值税暂行条例实施细则》（以下简称《实施细则》），自2018年起施行。

8.5.2 土地增值税的征收制度

1. 纳税义务人

土地增值税的纳税义务人为转让国有土地使用权、地上建筑物及其附着物并取得收入的单位和个人。不论是法人与自然人，不论企业性质如何，不论是内资与外资企业、中国公民与外籍个人，不论部门，即包含工、农、商、学校、医院、机关等，只要是有偿转让房地产，都是土地增值税的纳税义务人。

2. 征税范围

1）土地增值税的征税范围

（1）转让国有土地使用权。

（2）地上的建筑物及其附着物连同国有土地使用权一并转让。

2）征税范围的界定

对征税范围，可以通过以下几条标准来判定：①转让的土地使用权是否国家所有；②土地使用权、地上建筑物及其附着物是否发生产权转让，转让房地产是否取得收入。

3）若干具体情况的判定

土地增值税征税范围判定见表8-4。

表8-4 土地增值税征税范围判定

有关事项	是否属于征税范围
出售	征税包括3种情况：①出售国有土地使用权；②取得国有土地使用权后进行房屋开发建造后出售；③存量房地产买卖
继承、赠与	继承不征税（无收入） 赠与中公益性赠与、赠与直系亲属或承担直接赡养义务人不征税 非公益性赠与征税
出租	不征（无权属转移）
房地产抵押	抵押期不征税 抵押期满偿还债务本息不征税 抵押期满，不能偿还债务，而以房地产抵债，征税
房地产交换	单位之间换房，有收入的征税 个人之间互换自住房不征税
以房地产投资、联营	房地产转让到投资联营企业，不征税 将投资联营房地产再转让，征税
合作建房	建成后自用，不征税 建成后转让，征税
企业兼并转让房地产	暂免
代建房	不征税（无权属转移）
房地产重新评估	不征税（无收入）

3. 税率

土地增值税实行四级超率累进税率（见表 8-5）。

表 8-5　土地增值税四级超率累进税率表

级　数	增值额与扣除项目金额的比率	税率/%	速算扣除系数/%
1	不超过 50%的部分	30	0
2	超过 50%～100%的部分	40	5
3	超过 100%～200%的部分	50	15
4	超过 200%的部分	60	35

4. 应税收入的认定

(1) 转让房地产所得的收入，应包括转让房地产的全部价款及有关的经济收益。

(2) 纳税人转让房地产取得的收入，包括货币收入、实物收入和其他收入。

5. 确定增值额的扣除项目

税法准予的扣除项目包括以下几项。

(1) 取得土地使用权所支付的金额。包括：①取得土地使用权所支付的地价款；②取得土地使用权时缴纳的有关费用（如登记、过户手续费）。

(2) 房地产开发成本。包括土地的征用及拆迁补偿费、前期工程费、建筑安装工程费、基础设施费、公共配套设施费、开发间接费用（如工资、折旧费、水电费等）。

(3) 房地产开发费用。即与房地产开发项目有关的销售费用、管理费用、财务费用。应按《实施细则》的标准进行扣除，不按实际费用扣除。

① 财务费用中的利息能按转让房地产项目计算分摊，且取得金融机构证明的，其允许扣除的房地产开发费用为：按实际支付的利息+(取得土地使用权所支付的金额+房地产开发成本)×5%以内计算扣除。(注：利息最高不能超过按商业银行同类同期贷款利率计算的金额。)

② 利息费用未能计算分摊或取得证明的，其允许扣除的房地产开发费用为：按(取得土地使用权所支付的金额+房地产开发成本费用)×10%以内计算扣除。

③ 利息费用的扣除规定。利息的上浮幅度按国家的有关规定执行，超过上浮幅度的部分不允许扣除。对于超过贷款期限的利息和加罚的利息不允许扣除。

(4) 旧房及建筑物的评估价格。转让旧房的，应按取得土地使用权所支付的地价款和按国家统一规定缴纳的有关费用，在转让环节缴纳的税金、房屋及建筑物的评估价格，作为扣除项目金额，计征土地增值税。旧房及建筑物的评估价格，是指在转让已使用的房屋及建筑物时，由政府批准设立的房地产评估机构评定的重置成本价乘以成新度折扣率后的价格。

(5) 与转让房地产有关的税金。与转让房地产有关的税金，是指在转让房地产时缴纳的城市维护建设税、印花税。因转让房地产缴纳的教育费附加，也可视同税金予以扣除。这里的印花税应注意：第一，房地产开发企业在转让时缴纳的印花税，列入管理费用中，故在此不允许扣除；第二，其他纳税人缴纳的印花税（按产权转移书据所载金额的 0.5‰贴花），允许在此扣除。

(6) 财政部规定的其他扣除项目。对专门从事房地产开发的纳税人，可按《实施细则》第七条第（一）、（二）项规定（即上述“取得土地使用权所支付的金额”与“房地产开发成本”）计算的金额之和，加计 20%扣除。

6. 增值额的确定

增值额是指土地增值税纳税人转让房地产所取得的收入减除规定的扣除项目金额后的余额。增值额与扣除项目金额的比率越大，适用的税率越高，缴纳的税款越多。

7. 应纳税额的计算

(1) 增值额未超过扣除项目金额 50%的部分：

应纳税额＝增值额×30%

(2) 增值额超过扣除项目金额 50%、未超过 100%：

应纳税额＝增值额×40%－扣除项目金额×5%

(3) 增值额超过扣除项目金额 100%、未超过 200%：

应纳税额＝增值额×50%－扣除项目金额×15%

(4) 增值额超过扣除项目金额 200%的部分：

应纳税额＝增值额×60%－扣除项目金额×35%

其中，公式中的 5%、15%、35%分别为二、三、四级的速算扣除系数。

【案例 8-5】 土地增值税应纳税额的计算

2019 年 1 月 31 日，某房地产开发公司转让写字楼一幢，共取得不含税转让收入 5 000 万元，公司即按税法规定缴纳了有关税金（城建税等其他税金 25 万元）。已知该公司为取得土地使用权而支付的地价款和按国家统一规定交纳的有关费用为 500 万元；投入的房地产开发成本为 1 500 万元；房地产开发费用中的利息支出为 120 万元（能够按转让房地产项目计算分摊并提供金融机构证明），比按工商银行同类同期贷款利率计算的利息多出 10 万元。另知公司所在地政府规定的其他房地产开发费用的计算扣除比例为 5%，请计算该公司转让此楼应纳的土地增值税税额。

解析 按照土地增值税计算办法，分析如下：

(1) 确定转让房地产的收入，转让收入为 5 000 万元。

(2) 确定转让房地产的扣除项目金额。

取得土地使用权所支付的金额为 500 万元，房地产开发成本为 1 500 万元，房地产开发费用为：

(120－10)＋(500＋1 500)×5%＝110＋100＝210(万元)

与转让房地产有关的税金为 25 万元。

从事房地产开发的加计扣除为：

(500＋1 500)×20%＝400(万元)

转让房地产的扣除项目金额为：

500＋1 500＋210＋25＋400＝2 635(万元)

(3) 计算转让房地产的增值额：

5 000－2 635＝2 365(万元)

(4) 计算增值额与扣除项目金额的比率：

$$2\,365/2\,635=89.3\%$$

(5) 计算应纳土地增值税税额（按照速算扣除法）：

应纳土地增值税税额＝2 365×40%－2 635×5%＝814.25(万元)

8. 税收优惠

1) 建造普通标准住宅的税收优惠

纳税人建造普通标准住宅出售，增值额未超过扣除项目金额20%的，免征土地增值税。

这里所说的“普通标准住宅”，是指按所在地一般民用住宅标准建造的居住用住宅。高级公寓、别墅、度假村等不属于普通标准住宅。普通标准住宅与其他住宅的具体划分界限，2005年5月31日以前由各省、自治区、直辖市人民政府规定。2005年6月1日起，普通标准住宅应同时满足：住宅小区建筑容积率在1.0以上；单套建筑面积在120 m^2 以下；实际成交价格低于同级别土地上住房平均交易价格1.2倍以下。各省、自治区、直辖市要根据实际情况，制定本地区享受优惠政策普通住房具体标准。允许单套建筑面积和价格标准适当浮动，但向上浮动的比例不得超过上述标准的20%。纳税人建造普通标准住宅出售，增值额未超过扣除项目金额20%的，免征土地增值税；增值额超过扣除项目金额20%的，应就其全部增值额按规定计税。

对于纳税人既建普通标准住宅又搞其他房地产开发的，应分别核算增值额。不分别核算增值额或不能准确核算增值额的，其建造的普通标准住宅不能适用这一免税规定。

2) 国家征用收回的房地产的税收优惠

因国家建设需要依法征用、收回的房地产，免征土地增值税。

这里所说的“因国家建设需要依法征用、收回的房地产”，是指因城市实施规划、国家建设的需要而被政府批准征用的房产或收回的土地使用权。因城市实施规划、国家建设的需要而搬迁，由纳税人自行转让原房地产的比照有关规定免征土地增值税。

3) 个人转让房地产的税收优惠

个人因工作调动或改善居住条件而转让原自用住房，经向税务机关申报核准，凡居住满5年或5年以上的，免予征收土地增值税；居住满3年未满5年的，减半征收土地增值税；居住未满3年的，按规定计征土地增值税。

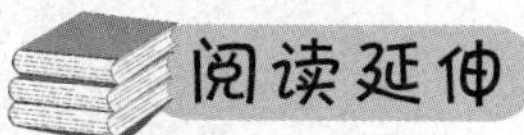

“房企难再享土地增值税优惠，楼市调控警惕成本转嫁”可通过加阅平台进行阅读。

8.6 车船税

8.6.1 车船税概述

车船税是对行驶于我国公共道路，航行于国内河流、湖泊或领海口岸的车船，按其种类实行定额征收的一种税。1951年政务院发布《车船使用牌照税暂行条例》，在全国范围内征收车船使用牌照税，但在20世纪70年代税制改革时，将对国营、集体企业征收的车船使用牌照税并入工商税，不再征收车船使用牌照税。在1984年工商税制改革时，确定恢复征收这个税种。1986年国务院颁布了《中华人民共和国车船税暂行条例》，于当年

10月1日起施行。除对外资企业和外籍个人拥有使用的车船仍依照《车船使用牌照税暂行条例》的规定征收车船使用牌照税外，其他单位和个人均缴纳车船税。2006年12月，国务院发布《中华人民共和国车船税暂行条例》，自2007年1月1日起施行。2011年2月25日第十一届全国人民代表大会常务委员会第十九次会议通过《中华人民共和国车船税法》，自2012年1月1日起施行；2006年12月29日国务院公布的《中华人民共和国车船税暂行条例》同时废止。

2019年4月23日（2019年第十三届全国人民代表大会常务委员会第十次会议通过），时隔8年，对车船税法完成第一次轻微修改，增加了第三条"（四）悬挂应急救援专用号牌的国家综合性消防救援车辆和国家综合性消防救援专用船舶"。

8.6.2 车船税的征收制度

1. 纳税义务人

在中华人民共和国境内属于《车船税税目税额表》规定的车辆、船舶（以下简称应税车船）的所有人或者管理人，为车船税的纳税人。

2. 征税范围

应税车船是指在我国境内应依法到车船管理部门登记的车船，包括乘用车、商业车、挂车、其他车辆、摩托车和船舶。

3. 税率

车船税税率实行定额税率，不同地区可以在规定幅度内根据实际情况确定实际定额税率，从量计征。车船税税目及税额表见表8-6。

4. 计税依据

车船税的计税依据，按车船的种类和性能，分别确定为每辆、整备质量每吨、净吨位每吨和艇身长度每米。有尾数的一律按照含尾数的计税单位据实计算车船税应纳税额。

（1）乘用车、商用客车和摩托车，以每辆为计税依据。

（2）商用货车、专用作业车和轮式专用机械车，按整备质量每吨为计税依据。

（3）机动船舶、非机动驳船、拖船，按净吨位每吨为计税依据。

（4）游艇按艇身长度每米为计税依据。

表8-6 车船税税目及税额表

税目		计税单位	年基准税额	备注
乘用车[按发动机汽缸容量（排气量）分档]	1.0L（含）以下的	每辆	60～360元	核定载客人数9人（含）以下
	1.0L以上至1.6L（含）的		300～540元	
	1.6L以上至2.0L（含）的		360～660元	
	2.0L以上至2.5L（含）的		660～1 200元	
	2.5L以上至3.0L（含）的		1 200～2 400元	
	3.0L以上至4.0L（含）的		2 400～3 600元	
	4.0L以上的		3 600～5 400元	

续表

税目		计税单位	年基准税额	备注
商用车	客车	每辆	480～1 440元	核定载客人数9人以上，包括电车
	货车	整备质量每吨	16～120元	包括半挂牵引车、三轮汽车和低速载货汽车等
挂车		整备质量每吨	按照货车税额的50%计算	
其他车辆	专用作业车	整备质量每吨	16～120元	不包括拖拉机
	轮式专用机械车		16～120元	
摩托车		每辆	36～180元	
船舶	机动船舶	净吨位每吨	3～6元	拖船、非机动驳船分别按照机动船舶税额的50%计算
	游艇	艇身长度每米	600～2 000元	

5. 应纳税额的计算（车船税新标准计算办法）

乘用车、商用客车和摩托车应纳税额＝应税车辆数量×适用单位税额

商用货车、挂车和其他车辆＝车辆的整备质量吨位×适用单位税额

机动船舶应纳税额＝净吨位数量×适用单位税额

游艇应纳税额＝艇身长度×适用单位税额

6. 应纳税额的相关调整

(1) 对车辆净吨位尾数在半吨以下的按半吨计算，超过半吨的按1 t计算。

(2) 从事运输业务的拖拉机所挂的拖车，均按载重汽车的净吨位的5折计征车船税。

(3) 机动车挂车，按机动载货汽车税额的7折计征税。

(4) 客货两用汽车，载人部分按乘人汽车税额减半征税，载货部分按机动载货汽车税额税。

(5) 船舶不论净吨位或载重吨位，其尾数在半吨以下的不计算，超过半吨的按1 t计算。

(6) 不及1 t的小型船只，一律按1 t计算。

(7) 拖轮计算标准可按每马力折合净吨位的5折计算。

7. 税收优惠

(1) 下列车船免征车船税：①捕捞、养殖渔船；②军队、武装警察部队专用的车船；③警用车船；④悬挂应急救援专用号牌的国家综合性消防救援车辆和国家综合性消防救援专用船舶；⑤依照法律规定应当予以免税的外国驻华使领馆、国际组织驻华代表机构及其有关人员的车船。

对受严重自然灾害影响纳税困难以及有其他特殊原因确需减税、免税的，可以减征或者免征车船税。具体办法由国务院规定，并报全国人民代表大会常务委员会备案。

省、自治区、直辖市人民政府根据当地实际情况，可以对公共交通车船，以及农村居民拥有并主要在农村地区使用的摩托车、三轮汽车和低速载货汽车定期减征或者免征车船税。

2018年7月，《财政部 税务总局 工业和信息化部 交通运输部 关于节能新能源车船享受车船税优惠政策的通知》，明确规定符合标准的节能汽车减半征收车船税，符合标准的新能源车船免征车船税。

(2) 对节能汽车减半征收车船税。

① 减半征收车船税的节能乘用车应同时符合以下标准：获得许可在中国境内销售的排量为1.6 L以下（含1.6 L）的燃用汽油、柴油的乘用车（含非插电式混合动力、双燃料和两用燃料乘用车）；综合工况燃料消耗量应符合标准。

② 减半征收车船税的节能商用车应同时符合以下标准：获得许可在中国境内销售的燃用天然气、汽油、柴油的轻型和重型商用车（含非插电式混合动力、双燃料和两用燃料轻型和重型商用车）；燃用汽油、柴油的轻型和重型商用车综合工况燃料消耗量应符合标准。

(3) 对新能源车船免征车船税。

① 免征车船税的新能源汽车是指纯电动商用车、插电式（含增程式）混合动力汽车、燃料电池商用车。纯电动乘用车和燃料电池乘用车不属于车船税征税范围，对其不征车船税。

② 免征车船税的新能源汽车应同时符合以下标准：获得许可在中国境内销售的纯电动商用车、插电式（含增程式）混合动力汽车、燃料电池商用车；符合新能源汽车产品技术标准；通过新能源汽车专项检测，符合新能源汽车标准；新能源汽车生产企业或进口新能源汽车经销商在产品质量保证、产品一致性、售后服务、安全监测、动力电池回收利用等方面符合相关要求。

③ 免征车船税的新能源船舶应符合以下标准：船舶的主推进动力装置为纯天然气发动机。发动机采用微量柴油引燃方式且引燃油热值占全部燃料总热值的比例不超过5%的，视同纯天然气发动机。

8. 税收征管

(1) 从事机动车第三者责任强制保险业务的保险机构为机动车车船税的扣缴义务人，应当在收取保险费时依法代收车船税，并出具代收税款凭证。

(2) 车船税的纳税地点为车船的登记地或者车船税扣缴义务人所在地。依法不需要办理登记的车船，车船税的纳税地点为车船的所有人或者管理人所在地。

(3) 车船税纳税义务发生时间为取得车船所有权或者管理权的当月。

(4) 车船税按年申报缴纳。具体申报纳税期限由省、自治区、直辖市人民政府规定。

(5) 公安、交通运输、农业、渔业等车船登记管理部门、船舶检验机构和车船税扣缴义务人的行业主管部门应当在提供车船有关信息等方面，协助税务机关加强车船税的征收管理。

(6) 车辆所有人或者管理人在申请办理车辆相关登记、定期检验手续时，应当向公安机关交通管理部门提交依法纳税或者免税证明。公安机关交通管理部门核查后办理相关手续。

【案例8-6】 车船税应纳税额的计算

某外资运输公司2019年1月拥有8 t载重货车10辆，4.3 t载重货车5辆，大轿车9辆，中型面包车4辆，乘人小轿车2辆；机动船15艘，其中净吨位1万t机动船5艘，净吨位1.5万t机动船6艘，净吨位2万t机动船4艘，还有5 000 t的拖船8艘。8月份购进新大轿车3辆，500 t的小轿型机动船12艘，450 t帆船10艘，当月取得有关部门核发的登记证并投入使用。当地车船税年税额：载货汽车每吨60元，大轿车每辆250元，中型面包车每辆200元，小轿车每辆150元；净吨位201～2 000吨的船舶，每吨4元，净吨位2 001～10 000 t的，每吨5元，10 001 t及以上的，每吨6元。要求：根据上述资料，回答下列问题：(1) 该运输公司8月份外购车辆、船舶当年应该缴纳的车船税；(2) 计算该运输公司所拥有的车辆当年应该缴纳的车船税；(3) 计算该运输公司所拥有的船舶当年应该缴纳的车船税。

解析　(1) 8 月份外购车辆应纳车船税＝（3×250/12）×5＝312.5(元)

8 月份外购船舶应纳车船税＝（500×12×4/12）×5＝10 000(元)

8 月份外购车辆、船舶应纳车船税＝312.5＋10 000＝10 312.50(元)

提示：新买的大轿车当月取得有关部门核发的登记证应该计算税额；帆船属于非机动船，属于免税船舶。

(2) 车辆当年应缴纳的车船税

＝8×10×60＋4.5×5×60＋9×250＋4×200＋2×150＋312.5＝9 812.50(元)

提示：车辆自重尾数在半吨以下者，按半吨计算；超过半吨的，按 1 t 计算。4.3 t 按照 4.5 t 计算。

(3) 船舶当年应该缴纳的车船税＝10 000×5×5＋15 000×6×6＋20 000×4×6＋5 000×8×5×50%＋10 000＝1 380 000(元)

8.7　印　花　税

8.7.1　印花税概述

印花税是对经济活动和经济交往中书立、领受具有法律效力的凭证的行为所征收的一种税，是一种具有行为税性质的凭证税，因纳税人通过在应税凭证上粘贴印花税票的方式完成纳税义务，所以称为“印花税”。

印花税是一个古老的国际性的税种，1624 年创始于荷兰。当时荷兰进行海外殖民掠夺，军费大增，财政拮据，为避免开征新税引发各阶层不满，设计了印花税方案。印花税税负轻微，税源广泛，手续简便，纳税人易于接受，很快被各国相继仿效。我国于 1988 年 8 月 6 日颁布了《中华人民共和国印花税暂行条例》，并于同年 10 月 1 日起施行。

2018 年 11 月 1 日，财政部、国家税务总局起草了《中华人民共和国印花税法（征求意见稿）》。此次印花税立法，除了扩大征税范围、细化税目、降低税率等实体税法要素调整之外，印花税的纳税方式由原来的自行纳税为主，调整为统一实行申报纳税方式，不再采用贴花的纳税方式。

现行印花税具有下列特点。①覆盖面广。指印花税法规定的征税范围广泛，凡税法列举的合同或具有合同性质的凭证、产权转移书据、营业账簿及权利、许可证照等，都必须依法纳税。印花税的应税凭证共有 5 大类 13 个税目，涉及经济活动的各个方面。②税率低，税负轻。印花税最高税率为 1‰，最低税率为 0.05‰；按定额税率征税的，每件 5 元。这就是说，与其他税种相比，印花税税率确实要低得多。显然，纳税人的税收负担就要轻一些。

印花税的立法原则主要体现在：①广集财政收入；②能够促进我国经济法制的建设，培养公民的依法纳税观念；③可以维护我国涉外经济权益；④加强对其他税种的监督管理。

8.7.2　印花税的征收制度

1. 纳税义务人

凡在中华人民共和国境内书立、使用、领受印花税所列举的凭证并依法履行纳税义务的单位和个人，都是印花税的纳税义务人。纳税义务人具体如下。

（1）立合同人。是指合同的当事人，所谓当事人，是指对凭证有直接权利义务关系的单位和个人，但不包括合同的担保人、证人、鉴定人。如果一份合同由两方或两方以上的当事人共同签订，那么签订合同的各方都是纳税义务人。

（2）立账簿人。是指开立并使用营业账簿的单位和个人。

（3）立据人。是指书立产权转移书据的单位和个人。如果书据由两方或两方以上的当事人共同书立的，则各方都是纳税义务人。

（4）领受人。是指领取或接受并持有权利许可证照的单位和个人，如领取营业执照的人。

（5）使用人。在国外书立、领受，但在国内使用的应税凭证，其纳税义务人是使用人。

2. 税目、税率

印花税税目及税率见表 8－7。

表 8－7 印花税税目及税率

应税凭证类别	税 目	税率形式	纳税人
合同或具有合同性质的凭证	购销合同	按购销金额 0.3‰	订合同人
	加工承揽合同	按加工或承揽收入 0.5‰	
	建设工程勘察设计合同	按收取费用 0.5‰	
	建筑安装工程承包合同	按承包金额 0.3‰	
	财产租赁合同	按租赁金额 1‰	
	货物运输合同	按收取的运输费用 0.5‰	
	仓储保管合同	按仓储收取的保管费用 1‰	
	借款合同（融资租赁合同）	按借款金额 0.05‰	
	财产保险合同	按收取的保险费收入 1‰	
	技术合同	按所载金额 0.3‰	
书据	产权转移书据	按所载金额 0.5‰	立据人
账簿	营业账簿	1. 记载资金的账簿，按照实收资本和资本公积的合计 0.5‰（自 2018 年 5 月 1 日起减半征收） 2. 其他账簿按件贴花 5 元（自 2018 年 5 月 1 日起免征印花税）	立账簿人
证照	权利、许可证照	按件贴花 5 元	领受人

3. 计税依据

（1）购销合同的计税依据为购销金额。需要注意的特殊规定是：商品购销中，采取以货易货方式进行商品交易的合同，应该按照合同所载的购、销合计金额计税贴花。

（2）加工承揽合同的计税依据为加工或承揽收入。这里的加工或承揽收入额是指合同中规定的受托方的加工费收入和提供的辅助材料金额之和。如果是由受托方提供原材料的加工、定做合同，凡在合同中分别记载加工费金额与原材料金额的，加工费金额按“加工承揽合同”，原材料金额按“购销合同”计税，两项税额相加数，即为合同应贴印花；合同中不划分加工费金额与原材料金额的，应按全部金额，依照“加工承揽合同”计税贴花。

【案例8-7】 加工承揽合同应纳税额的计算

甲公司与乙公司签订一份加工合同，甲公司提供价值30万元的辅助材料并收取加工费25万元，乙公司提供价值100万元的原材料。求甲公司应纳印花税。

解析 加工承揽合同印花税的计税依据为受托方收取的加工费和提供的辅助材料金额之和，所以：

$$应纳印花税=(30+25)\times0.5‰\times10\ 000=275(元)$$

(3) 建设工程勘察设计合同的计税依据为收取的费用。

(4) 建筑安装工程承包合同的计税依据为承包金额。如果存在分包转包情况，凡是签订了分包或转包合同的应该再按照新合同重新计算应纳税额。

【案例8-8】 建筑安装工程承包合同应纳税额的计算

某建筑公司与甲企业签订一份建筑承包合同，合同金额6 000万元（含相关费用50万元）。施工期间，该建筑公司又将其中价值800万元的安装工程转包给乙企业，并签订转包合同。求建筑公司此项业务应缴纳的印花税。

解析 施工企业将承包工程分包或转包所签合同，应根据分包合同或转包合同记载金额计算应纳税额，因此该建筑公司此项业务应纳印花税为：

$$应纳印花税=(6\ 000+800)\times0.3‰=2.04(万元)$$

(5) 财产租赁合同的计税依据为租赁金额。

需要注意两点：①不足1元的按照1元贴花；②财产租赁合同只是规定（月）天租金而不确定租期的，先定额5元贴花，在结算时再按实际补贴印花。

(6) 货物运输合同的计税依据为运输费用，但不包括所运送货物金额、装卸费用和保险费等。

(7) 仓储保管合同的计税依据为收取的仓储保管费用。

(8) 借款合同的计税依据为借款金额。

① 凡是一项信贷业务既签订借款合同，又一次或分次填开借据的，只以借款合同所载金额为计税依据计税贴花；凡是只填开借据并作为合同使用的，应以借据所载金额为计税依据计税贴花。

② 借贷双方签订的流动周转性借款合同，一般按年（期）签订，规定最高限额，借款人在规定的期限和最高限额内随借随还，为避免加重借贷双方的负担，对这类合同只以其规定的最高限额为计税依据，在签订时贴花一次，在限额内随借随还不签订新合同的，不再贴花。

③ 对借款方以财产作抵押，从贷款方取得一定数量抵押贷款的合同，应按借款合同贴花；在借款方因无力偿还借款而将抵押财产转移给贷款方时，应再就双方书立的产权书据，按产权转移书据的有关规定计税贴花。

④ 对银行及其他金融组织的融资租赁业务签订的融资租赁合同，应按合同所载租金总额，暂按借款合同计税。

⑤ 在贷款业务中，如果贷方系由若干银行组成的银团，银团各方均承担一定的贷款数额，借款合同由借款方与银团各方共同书立，各执一份合同正本。对这类合同借款方与贷款银团各方应分别在所执的合同正本上，按各自的借款金额计税贴花。

【案例 8-9】 合同应纳印花税综合计算

某钢铁公司 2019 年与机械进出口公司签订购买价值 2 000 万元设备合同，为购买此设备向商业银行签订借款 2 000 万元的借款合同。后因故购销合同作废，改签融资租赁合同，租赁费 1 000 万元。根据上述情况，求该厂一共缴纳的印花税。

解析 本题涉及 3 项应税行为。

(1) 购销合同应纳税额＝2 000×0.3‰＝0.6(万元)，产生纳税义务后合同作废不能免税。

(2) 借款合同应纳税额＝2 000×0.05‰＝0.1(万元)

(3) 融资租赁合同属于借款合同，应纳税额＝1 000×0.05‰＝0.05(万元)

该厂应纳税额＝0.6＋0.1＋0.05＝0.75(万元)

(9) 财产保险合同的计税依据为支付（收取）的保险费，不包括所保财产的金额。

(10) 技术合同的计税依据为合同所载的价款报酬或使用费。为了鼓励技术研究开发，对技术开发合同，只就合同所载的报酬金额计税，研究开发经费不作为计税依据。单对合同约定按研究开发经费一定比例作为报酬的，应按一定比例的报酬金额贴花。

【案例 8-10】 技术合同应纳税额计算

甲企业与丙企业签订一份技术开发合同，记载金额共计 500 万元，其中研究开发费用为 100 万元。该合同甲、乙各持一份，求应缴纳的印花税。

解析 应纳税额＝(500－100)×0.3‰×2＝0.24(万元)

(11) 产权转移书据的计税依据为所载金额，税率 0.5‰，其中，股权转移书据自 2005 年 1 月 24 日起调整到 1‰。企业因改制签订的产权转移书据免税。

(12) 营业账簿税目中记载资金的账簿的计税依据为“实收资本”与“资本公积”两项的合计金额。其他账簿按应税凭证的件数，每件 5 元计征。

(13) 权利许可证照的计税依据为计税凭证件数，每件 5 元。

4. 应纳税额的计算

(1) 按比例税率计算

应纳税额＝计税金额×适用税率

(2) 按定额税率计算

应纳税额＝凭证数量×单位税额

5. 纳税办法

(1) 纳税方式：印花税统一实行申报纳税方式，不再采用贴花的纳税方式；证券交易印花税仍按现行规定，采取由证券登记结算机构代扣代缴方式。

(2) 纳税地点：单位纳税人应当向其机构所在地主管税务机关申报缴纳印花税；个人纳税人应当向应税凭证订立、领受地或者居住地税务机关申报缴纳印花税；证券交易税的扣缴义务人相当向其机构所在地主管税务机关申报缴纳扣缴的税款。

(3) 纳税时间：印花税按季度、按年或按次计征。实行按年、按季计征的，纳税人应当于年度、季度终了之日起 15 日内申报并缴纳税款；实行按次计征的，纳税人应当于纳税义务发生之日起 15 日内申报并缴纳税款；证券交易印花税按周解缴，证券交易印花税的扣缴义务人应当于每周终了之日起 5 日内申报解缴税款及孳息。

专题 8－2

证券交易印花税历次变动情况（见表 8－8）

表 8－8 证券交易印花税历次变动情况

时间	调整情况	沪市	深市
1990年6月28日	深圳市颁布《关于对股权转让和个人持有股票收益征税的暂行规定》，开征股票交易印花税，由卖出股票者按成交金额的6‰缴纳	—	6‰（卖方）
1990年11月23日	深圳市对股票的买方也开征6‰的印花税	—	6‰
1991年10月	为了刺激低迷的股市，深圳市将印花税率调整到3‰	—	3‰
1991年10月10日	上海证券交易所对股票买方、卖方实行双向征收，税率为3‰	3‰	3‰
1992年6月12日	国家税务总局和国家体改委联合下发《关于股份制试点企业有关税收问题的暂行规定》，明确规定交易双方分别按3‰的税率缴纳印花税	3‰	3‰
1997年5月12日	为抑制证券市场过度投机，证券交易印花税率由3‰提高到5‰	5‰	5‰
1998年6月12日	为使证券市场能持续稳定地向前发展，经国务院批准，国家税务总局又将税率由5‰调低至4‰	4‰	4‰
1999年6月1日	为活跃B股市场，国家税务总局将B股交易税率由4‰降低为3‰	3‰（B股）	3‰（B股）
2001年11月6日	财政部决定向A股、B股股权转让双方分别征收2‰的印花税	2‰	2‰
2005年1月23日	为进一步促进证券市场的健康发展，经国务院批准，财政部决定调整证券（股票）交易印花税税率，由2‰调整为1‰	1‰	1‰
2007年5月30日	为进一步促进证券市场的健康发展，经国务院批准，财政部决定调整证券（股票）交易印花税税率，由1‰调整为3‰	3‰	3‰
2008年4月24日	经国务院批准，财政部、国家税务总局决定调整证券（股票）交易印花税税率，由3‰调整为1‰	1‰	1‰
2008年9月19日	经国务院批准，财政部、国家税务总局决定调整证券（股票）交易印花税征收方式，将现行的对买卖、继承、赠与所书立的A股、B股股权转让书据按1‰的税率对双方当事人征收证券（股票）交易印花税，调整为单边征税，即对买卖、继承、赠与所书立的A股、B股股权转让书据的出让方按1‰的税率征收证券（股票）交易印花税，对受让方不再征税	1‰	1‰

8.8 车辆购置税

8.8.1 车辆购置税概述

车辆购置税是对有取得并自用应税车辆的行为的单位和个人征收的一种税，兼有财产税和行为税的性质。

中国古代汉武帝时期，就出现了“算商车”的税收政策，规定对商人的车辆“一乘一算”征税。现行的车辆购置税法律规范，是2000年10月22日颁布的《中华人民共和国车辆购置税暂行条例》，从2001年1月1日起实施。

2018年12月29日第十三届全国人民代表大会常务委员会第七次会议通过《中华人民共和国车辆购置税法》，本法自2019年7月1日起施行；2000年10月22日国务院公布的《中华人民共和国车辆购置税暂行条例》同时废止。

同其他税种相比，车辆购置税的特点有：①车辆购置税兼有财产税和行为税的双重性质；②车辆购置税属于价外税；③车辆购置税属于费改税，由原来的车辆购置附加费改革而来；④属中央财政收入，主要用于国道、省道干线公路建设。

8.8.2 车辆购置税的征收制度

1. 纳税义务人

在我国境内购买、进口、自产、受赠、获奖和以其他方式取得并自用应税车辆的单位和个人，为车辆购置税的纳税义务人。

2. 征税范围

车辆购置税的征收范围包括汽车、有轨电车、汽车挂车、排气量超过150 mL的摩托车。

3. 税率与应纳税额的计算

车辆购置税实行从价定率的办法计算应纳税额，税率为10%。应纳税额的计算公式为：

应纳税额＝计税价格×税率

4. 计税价格的确定

车辆购置税的计税价格根据不同情况，按照下列规定确定。

(1) 纳税人购置自用车辆的计税价格，为纳税人购买应税车辆而支付给销售者的全部价款和价外费用，不包括增值税税款。

(2) 纳税人进口自用的应税车辆的计税价格的计算公式为

计税价格＝关税完税价格＋关税＋消费税

(3) 纳税人自产自用应税车辆的计税价格，按照纳税人生产的同类应税车辆的销售价格确定，不包括增值税税款。

(4) 纳税人以受赠、获奖或者其他方式取得自用应税车辆的计税价格，按照购置应税车辆时相关凭证载明的价格确定，不包括增值税税款。

(5) 纳税人申报的应税车辆计税价格明显偏低，又无正当理由的，由税务机关依照《中华人民共和国税收征收管理法》的规定核定其应纳税额。

5. 税收优惠

下列车辆免征车辆购置税：①依照法律规定应当予以免税的外国驻华使馆、领事馆和国际组织驻华机构及其有关人员自用的车辆；②中国人民解放军和中国人民武装警察部队列入装备订货计划的车辆；③悬挂应急救援专用号牌的国家综合性消防救援车辆；④设有固定装置的非运输专用作业车辆；⑤城市公交企业购置的公共汽电车辆。

根据国民经济和社会发展的需要，国务院可以规定减征或者其他免征车辆购置税的情形，报全国人民代表大会常务委员会备案。

6. 税收征管

(1) 车辆购置税由税务机关负责征收。纳税人购置应税车辆，应当向车辆登记地的主管税务机关申报缴纳车辆购置税；购置不需要办理车辆登记的应税车辆的，应当向纳税人所在地的主管税务机关申报缴纳车辆购置税。

(2) 车辆购置税的纳税义务发生时间为纳税人购置应税车辆的当日。纳税人应当自纳税义务发生之日起60日内申报缴纳车辆购置税。纳税人应当在向公安机关交通管理部门办理车辆注册登记前，缴纳车辆购置税。公安机关交通管理部门办理车辆注册登记，应当根据税务机关提供的应税车辆完税或者免税电子信息对纳税人申请登记的车辆信息进行核对，核对无误后依法办理车辆注册登记。

(3) 免税、减税车辆因转让、改变用途等原因不再属于免税、减税范围的，纳税人应当在办理车辆转移登记或者变更登记前缴纳车辆购置税。计税价格以免税、减税车辆初次办理纳税申报时确定的计税价格为基准，每满一年扣减10%。

(4) 纳税人将已征车辆购置税的车辆退回车辆生产企业或者销售企业的，可以向主管税务机关申请退还车辆购置税。退税额以已缴税款为基准，自缴纳税款之日至申请退税之日，每满一年扣减10%。

(5) 税务机关和公安、商务、海关、工业和信息化等部门应当建立应税车辆信息共享和工作配合机制，及时交换应税车辆和纳税信息资料。

【案例8-11】 车辆购置税应纳税额的计算

1. 某汽车贸易公司2019年6月进口11辆小轿车，海关审定的关税完税价格为25万元/辆，当月销售8辆，取得含税销售收入240万元；2辆企业自用，1辆用于抵偿债务。合同约定的含税价格为30万元。求公司应纳车辆购置税。(小轿车关税税率28%，消费税率9%。)

解析 该公司应纳车辆购置税=[2×(25+25×28%)/(1−9%)]×10%=7.03(万元)

2. A国驻我国某外交官2017年1月购买我国生产的轿车自用，支付价款20万元、支付保险费800元，支付购买工具和备件价款2 500元、车辆装饰费500元；2019年1月外交官将该轿车转让给我国某公民，成交价11万元，该型号轿车最新核定的同类型车辆最低计税价格为24万元。请说明如何缴纳车辆购置税。(注：2019年7月1日前，为最低计税价格)

解析 外国驻华使馆、领事馆和国际组织驻华机构及其外交人员自用车辆免车购税；免税条件消失的，要依法按规定补缴车购税。

补缴纳车购税=24×(1−2×10%)×10%=1.92(万元)

8.9 契　税

8.9.1 契税概述

契税是以所有权发生转移变更的不动产为课税对象，向产权承受人征收的一种税。它是不动产买卖、典当、赠与或交换而订立契约时，由承受方缴纳的一种财产税。

契税在我国是一个古老的税种，最早起源于东晋的“估税”，至今已有1 600多年的历史。“买地不契税，诉讼没凭据”的观念在民间影响颇深，可见，契税是对契约征收的一种税[①]。1950年政务院颁布实施了《契税暂行条例》，当时开征契税的一个很重要的目的是保障土地、房屋所有人的合法权益。改革开放以来，国家相继制定了房地产的法律法规，房地产交易市场得到快速发展，原《契税暂行条例》中的一些条款和规定出现了与实际情况不相适应的状况：一是原条例规定对土地所有权转移征收契税，与《宪法》规定不得买卖土地的条款相抵触；二是契税只对一部分个人及外商投资企业等征税，对公有制单位免税，不符合税收公平的原则。为此，国务院根据社会经济和房地产市场的发展变化，对原《契税暂行条例》作了较大的修改，于1997年7月7日颁布了《中华人民共和国契税暂行条例》，从当年10月1日起实施。新的契税暂行条例对土地使用权转移征税，不再具有保障土地、房屋权属的作用；统一了各种经济成分的税收政策，对典当行为取消了契税，缩小了减免税范围，下调了税率，修订了计税依据。此后，为适应市场经济发展和支持国有企业改组改制，国家又相继出台了相关契税优惠政策。

契税的立法原则主要体现在：首先，契税的订立有利于广辟财源，增加地方财政收入；其次，契税的订立有利于保护合法权益，避免产权纠纷。除此之外，契税还可以调节财富分配，体现社会公平。新条例新政策实施以来，对调控房地产交易，促进房地产市场健康发展，支持国有企业改革，增加地方财政收入等方面发挥了积极的作用。

8.9.2 契税的征收制度

1. 纳税义务人

契税的纳税义务人，是指在中华人民共和国境内转移土地、房屋权属，承受的单位和个人。土地、房屋权属是指土地使用权和房屋所有权。单位是指企业单位、事业单位、国家机关、军事单位和社会团体及其他组织。个人是指个体经营者及其他个人，包括中国公民和外籍人员。

2. 征税对象

契税的征税对象是境内转移土地、房屋权属，具体包括以下6项内容。

(1) 国有土地使用权出让。即土地使用者向国家交付土地使用权出让费用，国家将国有土地使用权在一定期限内让与土地使用者的行为。

(2) 土地使用权的转让。即土地使用者以出售、赠与、交换或者其他方式将土地使用权

---

① 即当不动产的所有权发生变动时，根据当事人所订契约，按不动产价格的一定比例向产权继承人征收契税，并于交税后向产权承受人颁发契证，以此作为合法的产权凭证。

转移给其他单位和个人的行为。土地使用权的转让不包括农村集体土地承包经营权的转移。

(3) 房屋买卖。即房屋所有者将其房屋出售，由承受者交付货币、实物、无形资产或其他经济利益的行为。

(4) 房屋赠与。即房屋所有者将其房屋无偿转让给受赠者的行为。

(5) 房屋交换。即房屋所有者之间互相交换房屋的行为。

(6) 承受国有土地使用权支付的土地出让金。对承受国有土地使用权支付的土地出让金，要征收契税，不得因减免土地出让金而减免契税。

3. 税率

2019 年 2 月 22 日起，契税税率实行以下新政。

(1) 个人购买 144 m^2 及以上住房契税税率适用 4%。

(2) 个人购买 90 m^2 以上至 144 m^2 之间的契税税率为 2%。

(3) 个人首次购买住房，且建筑面积在 90 m^2 以下（含）适用契税税率 1%，优惠政策不变。

(4) 个人购买住房虽然建筑面积在 90 m^2 以下，但是属于二次购房的（包括变更房产姓名为配偶、未成年子女的）适用税率 2%。

(5) 购买商用房（商铺）具体征收标准由各省、市、自治区、特别行政区自行收取，但税率不得低于 4%。

4. 计税依据

契税的计税依据为不动产的价格。按土地、房屋交易的不同情况，分为以下几种情况。

(1) 国有土地使用权出让、土地使用权出售、房屋买卖，以成交价格为计税依据。成交价格是指土地、房屋权属转移合同确定的价格，包括承受者应交付的货币、实物、无形资产或者其他经济利益。

(2) 土地使用权赠与、房屋赠与，由征收机关参照土地使用权出售、房屋买卖的市场价格核定。

(3) 土地使用权交换、房屋交换，为所交换的土地使用权、房屋的价格差额。①交换价格相等时，免征契税；②交换价格不等时，由多交付的货币、实物、无形资产或者其他经济利益的一方缴纳契税；③以划拨方式取得土地使用权，经批准转让房地产时，由房地产转让者补交契税，计税依据为补交的土地使用权出让费用或者土地收益。

5. 应纳税额的计算

应纳税额的计算采用比例税率，其计算公式为：

$$应纳税额=计税依据\times税率$$

【案例 8-12】 契税应纳税额的计算

张某 2019 年拥有和使用的房产情况如下：(1) 将 2014 年 8 月购入并居住的一套住房（购入价格 35 万元）和 2019 年 2 月购入并居住的一套住房（购入价格为 40 万元）分别以 50 万元和 48 万元的价格转让给他人；(2) 将一套三居室的住房出租，月租金 2 000 元，2019 年共取得租金 2.4 万元；(3) 将一套已居住 2 年的二居室住房（市场价格为 20 万元）与他人交换一套四居室住房（市场价格为 45 万元），支付差价 25 万元；(4) 参加一项有奖竞赛活动，获得奖励商品房一套（市场价格为 15 万元）。计算该个人在 2019 年应该缴纳的契税（当地核定的契税税率为 3%）。

解析 根据契税计征的有关规定：

(1) 2019 年 2 月购入并居住的一套住房（购入价格为 40 万元）应缴纳契税；

(2) 将一套三居室的住房出租不需要缴纳契税；

(3) 差价换房按差价征契税；

(4) 以获奖方式承受房屋应缴纳契税。

所以，应纳契税＝400 000×3%＋250 000×3%＋150 000×3%＝24 000(元)

6. 减免税

享受减免税的有以下 4 种情况：①国家机关、事业单位、社会团体、军事单位承受土地、房屋用于办公、教学、医疗、科研和军事设施的，免征契税；②城镇职工按规定第一次购买公有住房的，免征契税；③因不可抗力丧失住房而重新购买住房的，酌情准予减征或者免征契税；④财政部规定的其他减征、免征契税的项目。

7. 申报缴纳

(1) 纳税义务发生时间：是纳税人签订土地、房屋权属转移合同的当天，或者纳税人取得其他具有土地、房屋权属转移合同性质凭证的当天。

(2) 纳税期限：纳税人应当自纳税义务发生之日起 10 日内，向土地、房屋所在地的契税征收机关办理纳税申报，并在契税征收机关核定的期限内缴纳税款。

(3) 纳税地点：在土地、房屋所在地的征收机关缴纳契税。

(4) 征收管理：纳税人办理纳税事宜后，征收机关应向纳税人开具契税完税凭证。纳税人持契税完税凭证和其他规定的文件材料，依法向土地管理部门、房产管理部门办理有关土地、房屋的权属变更登记手续。土地管理部门、房产管理部门应向契税征收机关提供有关资料，并协助契税征收机关依法征收契税。

8.10 船舶吨税

8.10.1 船舶吨税概述

船舶吨税是海关代为对进出中国港口的国际航行船舶按其注册的净吨位征收的一种税，又称为“吨税”“灯塔税”，其征收税款主要用于港口建设维护及海上干线公用航标的建设维护。

船舶吨税起源于唐朝的“船脚”，新中国成立后为限制外国船舶进入我国港口，保护我国的船舶运输业，同时筹集港口建设基金，于 1952 年 9 月 29 日中国海关总署颁布《中华人民共和国海关船舶吨税暂行办法》。起初由财政部管理船舶吨税，海关代征；其后列为海关关税的一种，由海关征收管理，所得税款全部上缴中央金库。1986 年，国务院批准将船舶吨税划归交通部管理，由海关代征，所征收税款直接用于海上干线公用航标的建设和维护。

船舶吨税是一国船舶使用了另一国家的助航设施而向该国缴纳的一种税费，专项用于海上航标的维护、建设和管理。根据《 中华人民共和国海关船舶吨税暂行办法》和《船舶吨税征收管理作业规程》，船舶吨税由海关代交通部征收，海关征收后就地上缴中央国库。船舶吨税的征收范围为在中华人民共和国港口行驶的外国船舶和外商租用的中国籍船舶以及中外合营企业使用的中国籍船舶。2012 年 1 月 1 日《中华人民共和国船舶吨税暂行条例》实施，是对自中华人民共和国境外港口进入境内港口的船舶（以下称应税船舶）课征。

为了提升税收立法级次，加快税收法定进程，《中华人民共和国船舶吨税法》由中华人民共和国第十二届全国人民代表大会常务委员会第三十一次会议于2017年12月27日通过，自2018年7月1日起施行；2011年12月5日国务院公布的《中华人民共和国船舶吨税暂行条例》同时废止。

8.10.2 船舶吨税征税制度

1. 纳税人

对自中国境外港口进入中国境内港口的船舶征收船舶吨税，应税船舶负责人为纳税人。

2. 课税对象

在中华人民共和国港口行驶的外国船舶和外商租用的中国籍船舶以及中外合营企业使用的中国籍船舶。应税船舶包括：非机动船舶，是指自身没有动力装置，依靠外力驱动的船舶；非机动驳船，是指在船舶登记机关登记为驳船的非机动船舶；捕捞、养殖渔船，是指在中华人民共和国渔业船舶管理部门登记为捕捞船或者养殖船的船舶；拖船，是指专门用于拖（推）动运输船舶的专业作业船舶。

3. 税率

税率有普通税率和优惠税率。我国国籍的应税船舶，船籍国与我国签订含有互相给予船舶税费最优惠待遇条款的条约或者协定的应税船舶，适用优惠税率；其他应税船舶，适用普通税率。

船舶吨税税率见表8-9。

表8-9 船舶吨税税率表

税目	税率/（元/净吨）					
	普通税率			优惠税率		
	1年	90日	30日	1年	90日	30日
不超过2 000（含）净吨	12.6	4.2	2.1	9.0	3.0	1.5
2 000～10 000（含）净吨	24.0	8.0	4.0	17.4	5.8	2.9
10 000～50 000（含）净吨	27.6	9.2	4.6	19.8	6.6	3.3
超过50 000净吨以上的	31.8	10.6	5.3	22.8	7.6	3.8

4. 应纳税额的计算

应纳税额＝应税船舶净吨位×适用税率

净吨位，是指由船籍国（地区）政府签发或者授权签发的船舶吨位证明书上标明的净吨位。吨税按照船舶净吨位和吨税执照期限征收，应税船舶负责人在每次申报纳税时，可以按照《吨税税目税率表》选择申领一种期限的吨税执照。吨税执照期限，是指按照公历年、日计算的期间。

海关根据船舶负责人的申报，审核其申报吨位与其提供的船舶吨位证明和船舶国籍证书或者海事部门签发的船舶国籍证书收存证明相符后，按其申报执照的期限计征吨税，并填发缴款凭证交船舶负责人缴纳税款。

5. 纳税义务发生时间

（1）吨税纳税义务发生时间为应税船舶进入境内港口的当日，应税船舶在吨税执照期满后尚未离开港口的，应当申领新的吨税执照，自上一执照期满的次日起续交吨税。

(2) 应税船舶在进入港口办理入境手续时，应当向海关申报纳税领取吨税执照，或者交验吨税执照。应税船舶在离开港口办理出境手续时，应当交验吨税执照。

(3) 应税船舶负责人申领吨税执照时，应当向海关提供船舶国籍证书或海事部门签发的船舶国籍证书收存证明和船舶吨位证明。

6. 税收优惠

(1) 下列 10 项情形免征船舶吨税：①应纳税额在人民币 50 元以下的船舶；②自境外以购买、受赠、继承等方式取得船舶所有权的初次进口到港的空载船舶；③吨税执照期满后 24 小时内不上下客货的船舶；④非机动船舶（不包括非机动驳船）；⑤捕捞、养殖渔船；⑥避难、防疫隔离、修理、改造、终止运营或者拆解，并不上下客货的船舶；⑦军队、武装警察部队专用或者征用的船舶；⑧警用船舶；⑨依照法律规定应当予以免税的外国驻华使领馆、国际组织驻华代表机构及其有关人员的船舶；⑩国务院规定的其他船舶。由国务院报全国人民代表大会常务委员会备案。

(2) 在吨税执照期限内，应税船舶发生下列情形之一的，海关按照实际发生的天数批注延长吨税执照期限：避难、防疫隔离、修理、改造，并不上下客货；军队、武装警察部队征用。

符合上述税收优惠的船舶，应当提供海事部门、渔业船舶管理部门或者海关出入境检验检疫部门等部门、机构出具的具有法律效力的证明文件或者使用关系证明文件，申明免税或者延长吨税执照期限的依据和理由。

7. 税收征管

(1) 船舶吨税由海关负责征收。海关征收吨税应当制发缴款凭证。应税船舶负责人缴纳吨税或者提供担保后，海关按照其申领的执照期限填发吨税执照。应税船舶负责人应当自海关填发吨税缴款凭证之日起 15 日内缴清税款。未按期缴清税款的，自滞纳税款之日起至缴清税款之日止，按日加收滞纳税款万分之五的税款滞纳金。

应税船舶到达港口前，经海关核准先行申报并办结出入境手续的，应税船舶负责人应当向海关提供与其依法履行吨税缴纳义务相适应的担保；应税船舶到达港口后，依照规定向海关申报纳税。

(2) 海关发现少征或者漏征税款的，应当自应税船舶应当缴纳税款之日起 1 年内，补征税款。但因应税船舶违反规定造成少征漏征税款的，海关可以自应当缴纳税款之日起 3 年内追征税款，并自应当缴纳税款之日起按日加征少征或漏证税款万分之五的税款滞纳金。

(3) 海关发现多征税款的，应当在 24 小时内通知应税船舶办理退还手续，并加算银行同期活期存款利息。吨税税款、税款滞纳金、罚款以人民币计算。

(4) 应税船舶发现多缴税款的，可以自缴纳税款之日起 3 年内以书面形式要求海关退还多缴的税款并加算银行同期活期存款利息；海关应当自受理退税申请之日起 30 日内查实并通知应税船舶办理退还手续。应税船舶应当自收到通知之日起 3 个月内办理有关退还手续。

(5) 应税船舶在吨税执照期限内，因修理、改造导致净吨位变化的，吨税执照继续有效。应税船舶办理出入境手续时，应当提供船舶经过修理、改造的证明文件；应税船舶在吨税执照期限内，因税目税率调整或者船籍改变而导致适用税率变化的，吨税执照继续有效；因船籍改变而导致适用税率变化的，应税船舶在办理出入境手续时，应当提供船籍改变的证明文件；吨税执照在期满前毁损或者遗失的，应当向原发照海关书面申请核发吨税执照副本，不再补税。

(6) 应税船舶有下列行为之一的，由海关责令限期改正，处 2 000 元以上 30 000 元以下的罚款；不缴或者少缴应纳税款的，处不缴或者少缴税款 50%以上 5 倍以下的罚款，但罚款不得低于 2 000 元：①未按照规定申报纳税、领取吨税执照；②未按照规定交验吨税执照（或者申请核验吨税执照电子信息）以及提供其他证明文件。

【案例 8-13】 2018 年 10 月 20 日，B 国某运输公司一艘货轮驶入我国某港口，该货轮净吨位为 30 000 t，货轮负责人已向我国该海关领取了吨税执照，在港口停留期为 30 天，B 国已与我国签订有相互给予船舶税最惠国待遇条款。下列正确的是（　）。

A. 该货轮应享受优惠税率　　B. 应缴纳的船舶吨税 99 000 元

C. 该货轮适用普通税率　　D. 应缴纳的船舶吨税 138 000 元

解析　据船舶吨税的相关规定，该货轮应享受优惠税率，每净吨位为 3.3 元。应缴纳的船舶吨税＝30 000×3.3＝99 000（元），所以答案为 A、B。

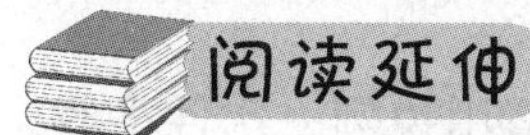

"落实税收法定进程、提升税法立法级次"可通过加阅平台阅读。

8.11　耕地占用税与烟叶税

8.11.1　耕地占用税

1. 耕地占用税概述

耕地占用税是一种行为税，是国家对单位或个人占用耕地建房或者从事非农业建设的行为征收的一种税。其特点有以下 4 个方面：一是征税对象的特定性；二是课征税额的一次性；三是税率确定的灵活性；四是税款使用的专项性。

我国是人均耕地少、农业后备资源严重不足的国家。目前，我国耕地只有 18.27 亿亩，人均仅有 1.39 亩，不到世界人均水平的 40%。长期以来，我国城乡非农业建设乱占滥用耕地的情况相当严重，新增建设用地规模过度扩张。人多地少与土地粗放利用并存、用地结构不够合理等因素，进一步加剧了我国人与地的矛盾，极大地影响了农业特别是粮食生产的发展。为了合理利用土地资源，加强土地管理，保护耕地，1987 年 4 月 1 日，国务院颁布了《中华人民共和国耕地占用税暂行条例》，决定对占用耕地建房或者从事非农业建设的单位和个人征收耕地占用税。为了实施最严格的耕地保护制度，促进土地的节约集约利用，2007 年 12 月 1 日，国务院颁布了《中华人民共和国国务院令第 511 号》，对《中华人民共和国耕地占用税暂行条例》进行了修订，自 2008 年 1 月 1 日起施行。此次修订，主要体现在 4 个方面：一是提高了税额标准；二是统一了内、外资企业耕地占用税税收负担；三是从严规定了减免税，取消了对铁路线路、公路线路、飞机场跑道、停机坪、炸药库占地免税的规定；四是加强征管，明确了耕地占用税的征收管理适用《中华人民共和国税收征收管理法》。

随着税收立法级次的提升以及税制改革的完善，2018 年 12 月 29 日第十三届全国人民代表大会常务委员会第七次会议通过《中华人民共和国耕地占用税法》，自 2019 年 9 月 1 日起施行。2007 年 12 月 1 日国务院公布的《中华人民共和国耕地占用税暂行条例》同时废止。

2. 耕地占用税征收制度

1）纳税义务人

耕地占用税的纳税人是占用耕地建房或者从事其他非农业建设的单位和个人，包括国有企业、集体企业、私营企业、股份制企业、其他企业、国家机关、事业单位、社会团体、其他单位、个体经营者和其他个人。

2）征税对象和征税范围

耕地占用税的征税对象是纳税人占用耕地的行为，耕地占用税的征税范围包括国家所有和集体所有的耕地。耕地是指用于种植农作物的土地，包括菜地、园地（包括苗圃、花圃、茶园、桑园和其他种植经济林木的土地）、鱼塘和其他农业用地，也包括新开荒地、休闲地、轮歇地、草田轮作地等。占用前3年内曾经用于种植农作物的土地、鱼塘、园地、菜地和其他农业用地，视同占用耕地；占用其他农用土地，如已经用于从事种植、养殖的滩涂、草场、水面和林地等进行非农业建设，是否征税，由各省、自治区、直辖市自行确定。

3）征收方法

耕地占用税以纳税人实际占用的耕地面积为计税依据，按照规定的适用税额一次性征收。①人均耕地不超过1亩的地区（以县级行政区域为单位，下同），每平方米为10～50元；②人均耕地超过1亩但不超过2亩的地区，每平方米为8～40元；③人均耕地超过2亩但不超过3亩的地区，每平方米为6～30元；④人均耕地超过3亩的地区，每平方米为5～25元。

国务院财政、税务主管部门根据人均耕地面积和经济发展情况确定各省、自治区、直辖市的平均税额。各地适用税额，由省、自治区、直辖市人民政府在规定的税额幅度内，根据本地区情况核定。各省、自治区、直辖市人民政府核定的适用税额的平均水平，不得低于规定的平均税额，具体见表8-10。

经济特区、经济技术开发区和经济发达且人均耕地特别少的地区，适用税额可以适当提高，但是提高的部分最高不得超过规定的当地适用税额的50%。

占用基本农田的，适用税额应当在规定的当地适用税额的基础上提高50%。

4）减免税

按照规定，下列用地免征耕地占用税。

（1）部队军事设施用地以及运输军事设施的铁路、公路专线免征耕地占用税。而部队非军事用途和从事非农业生产经营占用耕地，不予免税。

（2）铁路线路、公路线路、飞机场跑道、停机坪、港口、航道占用耕地，减按2元/m^2的税额征收。

（3）学校用地，即全日制大、中、小学校（包括部门、企业办的学校）的教学用房、实验室、操场、图书馆、办公室以及师生员工食堂宿舍用地，给予免税。学校从事非农业生产经营占用耕地，不予免税。职工夜校、学习班、培训中心、函授学校以及各级党、团校占地不在免税之列。

（4）医院、养老院、幼儿园用地免税。

上述免税用地，凡改变用途，属于非免税范围的，应从改变起补缴耕地占用税。

此外，国家对某些特殊行业占地、农村居民困难户建房用地征收耕地占用税，也给予一定的减征照顾，主要有：①农村居民占用耕地新建住宅应缴的耕地占用税减半征收，但必须在规定的标准范围内；②农村革命烈士家属、革命残废军人、鳏寡孤独以及革命老区、少数民族聚居地区和边远贫困山区生活困难的农户，在规定用地标准以内新建住宅纳税确有困难的，可给予减税或免税照顾；③公路、桥梁建设用地，按低限额征税。这个限额标准由财政部根据各省区人均耕地占有量、社会经济发展现状，本着解决各地执行低限额标准不一、过于悬殊的矛盾，确定各地公路、桥梁适用的平均税额。对于国家在老少边穷地区采取以工代赈办法修筑的公路，以及乡村简易公路，缴税确有困难的，由省、市、区财政厅（局）审核，报财政部批准，可给予减免。

5）纳税期限和纳税地点

按照规定，纳税人应当在土地管理部门批准占用耕地之日起30日内到财政机关缴纳耕地占用税。土地管理部门根据纳税收据发放用地批准文件，办理土地权属变更登记，划拨用地。

按照规定，耕地占用税实行同级批地、同级征收办法。即由哪级土地管理部门批地，就由哪级财政机关征税。

各省、自治区、直辖市耕地占用税平均税额见表8-10。

表8-10 各省、自治区、直辖市耕地占用税平均税额

省、自治区、直辖市	平均税额/(元/m^2)
上海	45
北京	40
天津	35
江苏、浙江、福建、广东	30
辽宁、湖北、湖南	25
河北、安徽、江西、山东、河南、重庆、四川	22.5
广西、海南、贵州、云南、陕西	20
山西、吉林、黑龙江	17.5
内蒙古、西藏、甘肃、青海、宁夏、新疆	12.5

8.11.2 烟叶税

1. 烟叶税概述

烟叶税是以纳税人收购烟叶的收购金额为计税依据征收的一种税。1958年我国颁布实施《中华人民共和国农业税条例》（以下简称《农业税条例》）。1983年，国务院以《农业税条例》为依据，选择特定农业产品征收农林特产农业税。当时农业特产农业税征收范围不包括烟叶，对烟叶另外征收产品税和工商统一税。1994年我国进行了财政体制和税制改革，国务院决定取消原产品税和工商统一税，将原农林特产农业税与原产品税和工商统一税中的农林牧水产品税目合并，改为统一征收农业特产农业税，并于同年1月30日颁布《国务院关于对农业特产收入征收农业税的规定》（国务院令143号）。其中，规定对烟叶在收购环节征收，税率为31%。1999年，将烟叶特产农业税的税率下调为20%。

2004年6月，根据《中共中央国务院关于促进农民增加收入若干政策的意见》（中发〔2004〕1号），财政部、国家税务总局下发《关于取消除烟叶外的农业特产农业税有关问题的通知》（财税〔2004〕120号），规定从2004年起，除对烟叶暂保留征收农业特产农业税外，取消对其他农业特产品征收的农业特产农业税。2005年12月29日，十届全国人大常委会第十九次会议决定，《农业税条例》自2006年1月1日起废止。至此，对烟叶征收农业特产农业税失去了法律依据。2006年4月28日，国务院颁布了《中华人民共和国烟叶税暂行条例》，并自公布之日起施行。

烟叶税被称为是“极速奔跑”在上升为法律的道路上的税收法规。2017年12月27日，十二届全国人大常委会第三十一次会议表决通过《中华人民共和国烟叶税法》，自2018年7月1日起施行。2006年4月28日国务院公布的《中华人民共和国烟叶税暂行条例》同时废止。

烟叶税的计税依据为纳税人收购烟叶实际支付的价款总额，烟叶税的税率为20%，烟叶税的应纳税额按照纳税人收购烟叶实际支付的价款总额乘以税率计算。此次烟叶税只是实现了从暂行条例上升为法律，税率并未作出调整，更不同于烟草消费税。

2. 烟叶税征收制度

1）纳税义务人

在中华人民共和国境内收购烟叶的单位为烟叶税的纳税人。烟叶税的纳税对象是指晾晒烟叶和烤烟叶。

2）计税依据及方法

烟叶税的计税依据是烟叶收购金额，实行比例税率，税率为20%，其中：

$$收购金额=收购价款\times(1+10\%)$$

$$应纳税额=烟叶收购金额\times税率$$

3）征收管理

烟叶税的纳税义务发生时间为纳税人收购烟叶的当日；烟叶税按月计征，纳税人应当于纳税义务发生月终了之日起15日内申报并缴纳税款。纳税人收购烟叶实际支付的价款总额包括纳税人支付给烟叶生产销售单位和个人的烟叶收购价款和价外补贴。其中，价外补贴统一按烟叶收购价款的10%计算。

4）购进烟叶增值税的处理

随着2019年4月1日增值税税率兼并和降低，对增值税一般纳税人购进农产品，原适用10%扣除率的，扣除率调整为9%。对于购进烟叶税的增值税一般纳税人来说，允许计算抵扣的进项税额为收购金额（收购金额=收购价款×(1+10%)）的9%，也就是收购金额的91%进入购进烟叶的成本。

阅读延伸

“烟叶税是烟草业给地方的“保护费”可通过加阅平台阅读。

本章小结

本章主要介绍了包括我国现行税制中的城市维护建设税及教育费附加、资源税、房产税、契税、车船税、车辆购置税、印花税在内的12个税种的概述及其征收制度，这些税种大多不是税制中的主体税种，但在税收调节经济中发挥着重要作用。

通过本章的学习，使学生能够掌握各个税种的概念、纳税人、征税对象、税率、计税依据及征纳管理；了解各个税种的起源及发展，以及适用的相关法律条文。

练习与思考题

一、单项选择题

1. 某金融机构 2019 年发生下列业务：与某商场签订一年期流动资金周转性借款合同，合同规定一年内最高借款限额为每次 100 万元，当年实际发生借款业务 5 次，累计借款额 400 万元，每次借款额均在限额内。该金融结构 2019 年应缴纳印花税是（　　）元。

A. 50　　B. 100　　C. 120　　D. 320

2. 某企业 2019 年 4 月将其与办公楼相连的地下仓库和另一独立的地下建筑物改为地下生产车间，办公楼原值 150 万元，地下仓库原值 20 万元，地下建筑物原价 200 万元，该企业所在省财政和地方税务部门确定地下建筑物的房产原价折算比例为 50%，房产原值减除比例为 30%，该企业 2019 年 4 到 12 月应缴纳房产税（　　）万元。

A. 0.47　　B. 1.15　　C. 1.64　　D. 1.70

3. 根据车船税规定以“辆”作为车船税计税单位的是（　　）。

A. 商用货车

B. 商用客车

C. 三轮汽车

D. 低速载货汽车

4. 下列各项中不属于耕地占用税征税范围的是（　　）。

A. 农村居民占用耕地修建住宅

B. 占用耕地建设厂房

C. 占用林地修建铁路

D. 占用菜地开发花圃

5. 某盐场 2019 年度占地 200 000 m^2，其中办公楼占地 20 000 m^2，盐场内部绿化占地 50 000 m^2，盐场附属幼儿园占地 10 000 m^2，盐滩占地 120 000 m^2。当地城镇土地使用税率 0.7 元/m^2，该盐场 2019 年度应缴纳城镇土地使用税（　　）元。

A. 14 000　　B. 49 000　　C. 56 000　　D. 140 000

二、判断题

1. 国家机关承受房屋用于对外从事饭店经营的免征契税。（　　）

2. 融资租入的房屋以每期支付的租赁费为房产税的计税依据。（　　）

3. 城市维护建设税是一种附加税。（　　）

4. 资源税完全采用从价定率的计征方式征税。（　　）

5. 船舶吨税的课税范围是在我国境内注册登记的、在中国境内运营的中国籍船舶。（　　）

三、思考题

1. 各个小税种的计税原理及课税范围各是什么？

2. 论述土地增值税增值率的计算及各项目的内容。

3. 地方税制体系中的主体税种将由哪几个税种来承担？

第 9 章 税收征收管理与税务行政法制

学习目的

通过本章的学习，理解税收征收管理和税务行政法制的概念、特点；掌握税收征收管理和税务行政法制的主要内容，包括税收基础管理、税款征收、税务检查、纳税评估以及税务行政处罚、行政复议、行政诉讼、行政赔偿所涉及的内容和构成要件，以期对税收征收管理和税务行政法制有一个基本的了解和认识。

开篇导言

税收流失问题在世界各国普遍存在，治理税收流失已成为世界各国共同面临的一个难点问题。在我国，据有关部门保守估计，国家每年税收流失至少在 1 000 亿元以上。在国外，希腊、德国每年仅偷税、逃税导致的税收流失分别在 400 亿美元左右和 500 亿马克左右；日本仅娱乐业、医院以及各种宗教法人等部门以无发票现金交易方式逃避的税额就在 10 亿日元以上；即使是法制比较健全、征管水平较高、公民纳税意识较强的美国，依法纳税的纳税人比例也只有 86%；在发展中国家，偷逃税的现象是很普遍的，如印度、巴西等国的税收流失率高达 50%。综合世界各国防治税收流失的基本做法，不外乎完善的税收制度、健全的法律保障和严厉的税收惩罚并重、合理的机构设置、严密的纳税申报和发票管理等制度设计、广泛充分的税收宣传和高素质高操守的中介机构、信息化的税收征管等①。

税收征收管理既是一个政府管理税收事务的行政执法过程，也是国家税收收入及时、足额入库的根本保证。税收征收管理主体只有按照法定的方式、方法和步骤来进行税收征纳活动，依法行使征税权力，才能形成规范、有序的征纳关系和良好的税收征纳环境。《中华人民共和国税收征收管理法》的实施，既对我国纳税人履行纳税义务的方式和程序、标准和规范以及有关税收征管中的原则、制度、程序等做出了全面规定，又为征纳双方提供了税收征收管理行为的标准：税务机关依法行政，税务人员恪尽职守，纳税人依法履行纳税义务并保护自身权益。

改革开放的 40 多年以来，从“有法可依，有法必依，执法必严，违法必究”的法制原则的确立，到“依法治国，建设社会主义法治国家”基本方略的提出，法治的基本精神逐渐深入人心。税务行政法制作为税法体系中程序法中的内容，主要阐述了纳税人及其他税务当事人违反税法规定的处罚程序、税务争议的处理程序以及税务机关应承担的行政赔偿责任。

本章结合我国税收征管法等相关法律法规，首先对税收征收管理概念、原则、适用范围和主体做一简单介绍，接着对税务管理、税款征收、税务检查、纳税评估等税收征收管理内容进行较为详尽的论述。最后，就税务行政处罚、行政复议、行政诉讼、行政赔偿等税务行政法制问题进行一般性分析。

---

① 胡勇辉．借鉴国外经验治理我国税收流失．当代财经，2004 (3).

9.1　税收征收管理概述

9.1.1　税收征收管理法的概念

税收征收管理，是国家征税机关依据国家税收法律、行政法规的规定，按照统一的标准，通过一定的程序，对纳税人应纳税款依法组织收缴、入库的活动。税收征收管理法有广义和狭义之分。

广义的税收征收管理法，指的是有关税收征收管理法律规范的总称，包括税收征收管理法及税收征收管理的有关法律、法规和规章。税收征收管理法不仅是纳税人全面履行纳税义务必须遵守的法律准则，也是税务机关履行征税职责的法律依据。

狭义的税收征收管理法指的是《中华人民共和国税收征收管理法》（以下简称《税收征管法》），它于 1992 年 9 月 4 日第七届全国人大常委会第 27 次会议通过，并先后经过两次修订。现行的《税收征管法》是 2001 年 4 月 28 日第九届全国人大常委会第 21 次会议修订的，并于当年 5 月 1 日起施行。《税收征管法》作为新中国成立后的第一部税收程序法，它是以规定税收实体法中所确定的权利义务的履行程序为主要内容的法律规范，是税法的有机组成部分。

9.1.2　税收征收管理法的历史沿革

自新中国成立至 1986 年之前，我国一直没有制定专门的税收征收管理的相关法律法规。在这段时间里，由于我国所实行的是高度集中的计划经济体制，税收的宏观调控和财政收入的职能被忽视，有关税收征收管理的规定分散在各种实体税收法律、法规之中，不统一、不规范，税收征管的程序法律制度处于“分散”状态。

为了改变税收征收管理分散、不规范的状况，适应改革开放的要求，推进市场经济的发展，1986 年 4 月 21 日国务院颁布了《中华人民共和国税收征收管理暂行条例》（以下简称《条例》）。《条例》的颁布，标志着我国税收征管制度开始单独立法，初步实现了税收征管制度的统一化和法制化。但由于历史的原因，《条例》存在不少缺陷：税收征收管理法律、法规的适用内外有别，其仅适用于内税，而涉外税收的征收管理则按照各个涉外税法的有关条款执行；税收行政执法权薄弱，未赋予税务机关必要的检查权、处罚权、行政强制执行权；对纳税人权利的保护和税务人员执法的制约不够；条例的法律效力有待提高等。

1992 年 9 月 4 日第七届全国人大常委会第 27 次会议通过了《税收征管法》，并于 1993 年 1 月 1 日起施行。1995 年 2 月 28 日第八届全国人大常委会第 20 次会议对个别条款作了修改。《税收征管法》是我国调整税收征纳程序关系的第一部法律，统一了“内、外”税收征管规定，赋予了税务机关必要的行政执法权，建立了对税务机关的执法制约制度，体现了对纳税人合法权益的保护。但是随着改革开放的深化和社会主义市场经济体制的逐步建立与发展，经济和社会各方面都发生了诸多变化，《税收征管法》面临新的税收征管局面也暴露出许多问题和不足。

2001 年 4 月 28 日第九届全国人民代表大会常务委员会第 21 次会议对《税法征管法》进行了修订，其修改达 90 余处，并由 62 条增加为 94 条。它相对于之前的税收征管规章制度，进一步强化了税务机关的行政执法权，完善了对税务机关的执法制约制度和对纳税人合法权益的保护制度及法律责任制度。2002 年 9 月 7 日，新修订的《中华人民共和国税收征收管理法实施细则》（以下简称《实施细则》）经国务院总理签发第 362 号国务院令颁布，并于 2002 年 10 月 15 日正式施行。《税收征管法》及其《实施细则》的颁布和实施，进一步推进了我国税收征管的法制化进程，促使税收理念和税务管理发生深刻的变化，标志着我国依法治税工作又迈上了一个新台阶。

2012、2013、2016 年对《征管法》进行了三次修订。修订的内容涉及税收征管流程、涉税信息获取、税额确认、实名办税、电子凭证、电子资料、税务检察权、一般反避税、与相关法律的衔接、纳税人权利保护体系等。

9.1.3 税收征收管理的基本原则

我国税收征管体现了以下基本原则。

(1) 依法征税原则，即税务机关的权限必须由法律赋予，税收征管行为和过程必须由法律规定，这是税务行政法制化的基本要求。

(2) 税款优先原则，纳税人基于税法而与国家之间形成的债权债务关系，本质上不同于纳税人在经济交往活动中形成的一般债权债务关系，理应优先清偿。

(3) 保障纳税人合法权益原则，纳税人在履行纳税义务的同时，也必须相应享有某些权利，保障纳税人的合法权益应作为一项基本原则贯穿于《税收征管法》的始终。

9.1.4 税收征收管理的适用范围和主体

1. 适用范围

目前我国税收的征收机关主要有税务和海关两个部门，其中税务机关负责征收各种工商税收，海关负责征收关税、进出口商品增值税、消费税等。《税收征管法》第 2 条规定，凡依法由税务机关征收的各种税收的征收管理，均适用本法。这就明确界定了《税收征管法》的适用范围，即只适用于由税务机关征收的各种税收的征收管理；而对于各级财政机关负责征收的耕地占用税、契税的征收管理，由国务院另行规定（适用于《税收征管法》）。海关征收的关税及代征的增值税、消费税，适用其他法律、法规的规定。目前税务机关还负责征收一部分费，如教育费附加。这些费不适用《税收征管法》，不能采取《税收征管法》规定的措施，其具体管理办法由各种费的条例和规章决定。

2. 适用主体

1) 税务行政主体——税务机关

《税收征管法》第 5 条规定，国务院税务主管部门主管全国税收征收管理工作。各地国家税务局和地方税务局应当按照国务院规定的税收征收管理范围分别进行征收管理。《税收征管法》和《实施细则》规定，税务机关是指各级税务局、税务分局、税务所和省以下税务局的稽查局。稽查局专司偷税、逃避追缴欠税、骗税、抗税案件的查处。国家税务总局应明确划分税务局和稽查局的职责，避免职责交叉。上述规定既明确了税收征收管理的行政主体（即执法主体），也明确了《税收征管法》的遵守主体。

2) 税务行政管理相对人——纳税人、扣缴义务人和其他有关单位

《税收征管法》第 4 条规定，法律、行政法规规定负有纳税义务的单位和个人为纳税人。法律、行政法规规定负有代扣代缴、代收代缴税款义务的单位和个人为扣缴义务人。纳税人、扣缴义务人必须依照法律、行政法规的规定缴纳税款、代扣代缴、代收代缴税款。第 6

条第 2 款规定，纳税人、扣缴义务人和其他有关单位应当按照国家有关规定如实向税务机关提供与纳税和代扣代缴、代收代缴税款有关的信息。根据上述规定，纳税人、扣缴义务人和其他有关单位是税务行政管理的相对人，是《税收征管法》的遵守主体，必须按照有关规定接受税务管理，享受合法权益。

3）有关单位和部门

《税收征管法》第 5 条规定："地方各级人民政府应当依法加强对本行政区域内税收管理工作的领导或者协调，支持税务机关依法执行职务依照法定税率计算税额，依法征收税款。各有关部门和单位应当支持、协助税务机关依法执行职务。"这说明包括地方各级人民政府在内的有关单位和部门同样是《税收征管法》的遵守主体，必须遵守其有关规定。

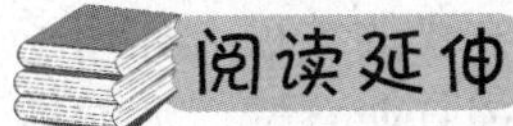

"税收征收管理的国际比较"可通过加阅平台阅读。

9.2　税收征收管理

9.2.1　税收基础管理

税务管理是国家税务机关依据税收法律、行政法规对税务活动所进行的决策、计划、组织、协调和监督检查等一系列活动的总称。从广义上说，税务管理包括税务决策管理、税源管理、征收管理、稽查管理、违章处罚管理、税收计划管理和税务行政组织管理。狭义上的税务管理主要包括税务登记，账簿、凭证管理，发票管理，纳税申报，下面讲述其中 4 个方面。

1. 税务登记

税务登记是税务机关对纳税人的开业、变动、歇业以及生产经营范围变化等与纳税有关的事项进行法定登记的一项管理制度，也是纳税人履行纳税义务必须办理的法律手续。税务登记是税务机关开展税务管理活动的首要环节。通过税务登记，税务机关可以更好地了解和掌握本地区的纳税人的分布情况，有利于税款的及时、足额入库。《税收征管法》以法律的形式，对纳税人办理税务登记的范围、内容、程序等都作出了明确的规定。

根据范围和内容的不同，税务登记可以分为以下 5 种。

1）开业税务登记

开业税务登记是指由从事生产、经营的纳税人，包括企业、企业在外地设立的分支机构和从事生产、经营的场所，以及个体工商户和从事生产、经营的事业单位（以下统称从事生产、经营的纳税人），自领取营业执照之日起 30 日内，持有关证件，向所在地税务机关申请办理税务登记。

2）变更税务登记

变更税务登记是指纳税人在办理税务登记后，原登记的任何一项内容发生变化时，而向税务机关申报办理的税务登记。在与经营有关的下列事项发生变化时，纳税人必须办理变更登记。这些事项包括：改变名称、法人代表，经济性质，住所或经营地点，生产、经营范围、方式、期限，开户银行和账号，增设或撤销分支机构、增减注册资本等。

3）注销税务登记

纳税人发生解散、破产、撤销以及其他情形，依法终止纳税义务的，应当在向工商行政管理机关或者其他机关办理注销登记前，持有关证件和资料向原税务登记机关申报办理注销税务登记。按规定不需要在工商行政管理机关或者其他机关办理注册登记的，应当自有关机关批准或者宣告终止之日起15日内，持有关证件和资料向原税务登记机关申报办理注销税务登记。纳税人在办理注销登记前，应当向税务机关结清应纳税款、滞纳金、罚款、缴销发票、税务登记证件和其他税务证件。

纳税人被工商行政管理机关吊销营业执照或者被其他机关予以撤销登记的，应当自营业执照被吊销或者被撤销登记之日起15日内，向原税务登记机关申报办理注销税务登记。

4）停业、复业登记

停业登记是指实行定期定额征收方式的纳税人，在营业执照核准的经营期限内需要停业时，依法向主管税务机关申请办理的一项登记手续。当按定期定额征收方式的纳税人办理了停业登记，在停业期满前需要恢复生产、经营，需要向税务机关申请办理复业登记，如实填写"停、复业报告书"，领回并启用税务登记证件、发票领购簿及其停业前领购的发票。如果纳税人停业期满尚不能及时恢复生产、经营的，应当在停业期满前向税务机关提出延长停业登记，否则视为恢复正常营业，税务机关将进行正常的税收征收管理。

5）外出经营报验登记

外出经营报验登记指的是纳税人到外县（市）临时从事生产经营活动，应当在外出生产经营以前，持税务登记证向主管税务机关申请开具《外出经营活动税收管理证明》（以下简称《外管证》），这是一种特殊的税务登记。税务机关在办理外出经营报验登记时，按照一地一证的原则，核发《外管证》。《外管证》的有效期限一般为30日，最长不得超过180日。纳税人到达生产经营所在地后，应当持《外管证》向当地税务机关报验登记，并提交《税务登记证件副本》等相关证件、资料。

2. 账簿、凭证管理

《税收征管法》中对账簿、凭证的设置作出了明确的规定：纳税人、扣缴义务人按照有关法律、行政法规和国务院财政、税务主管部门的规定设置账簿，根据合法、有效凭证记账，进行核算。账簿，是指由具有一定格式的账页所组成的、能够对全部经济业务活动全面、系统、连续、分类地记录和核算的簿记。账簿包括总账、明细账、日记账和其他辅助性账簿。会计凭证是指对经济业务的发生和完成进行记录的书面证明。账簿、凭证管理作为会计核算的首要环节，既有利于纳税人加强经济核算，提高经济效益，也为税务机关实施税务管理提供了必要的资料。

《税收征管法》中对账簿、凭证保管的规定如下：从事生产、经营的纳税人、扣缴义务人必须按照国务院财政、税务主管部门规定的保管期限保管账簿、记账凭证、完税凭证及其他有关资料。账簿、记账凭证、完税凭证及其他有关资料不得伪造、变造或者私自损毁。《实施细则》进一步规定，账簿、记账凭证、报表、完税凭证、发票、出口凭证以及其他有关涉税资料应当合法、真实、完整，保存期为10年，法律、行政法规另有规定的除外。

3. 发票管理

发票是指在购销商品、提供或者接受服务以及从事其他经营活动中，由商品销售方或服务提供方所开具、收取的收付款凭证。发票作为经济业务活动过程中记载相关主体经济业务往来并凭以收付款项的商事凭证，不仅是会计核算的原始凭证，而且是税务管理的重要依据，是维护市场经济秩序的重要环节。随着市场经济的发展，新税制的实施，尤其是在我国当前以增值税为主体的税收制度中发票的作用日趋明显。在日常税收征收管理中，通常将发票分为普通发票、增值税专用发票和专业发票 3 类。根据 1996 年《国家税务总局关于调整国家税务局、地方税务局税收征管范围若干具体问题的通知》中的规定，增值税专用发票的管理由国家税务局按照现行有关规定执行；普通发票的管理按流转税管理归属划分；专业发票①，经国家税务总局或者国家税务总局省、自治区、直辖市分局批准，可以由国务院有关主管部门或省、自治区、直辖市人民政府有关主管部门自行管理。

税务机关日常的发票管理工作包括：发票的印制、发票的领购、发票的开具和保管、发票的检查等 4 个方面。

4. 纳税申报

纳税申报，是指纳税人依照税法的规定，向征税机关提交有关纳税事项的书面报告的一种法定行为。具体而言，纳税申报不仅是纳税人履行纳税义务、扣缴义务人履行扣缴税款义务的法定手续，也是税务机关核定应征税款，办理税款征收，开具完税凭证的重要依据，因而是联结税务管理和税款征收两个重要征管环节的纽带和桥梁。根据我国《税收征管法》及其《实施细则》的规定，纳税人必须在法定的或税务机关依法确定的申报期限内如实办理纳税申报，报送纳税申报表、财务会计报表以及税务机关根据实际需要要求纳税人报送的其他纳税资料；扣缴义务人则须在法定的或税务机关依法确定的申报期限内如实报送代扣代缴、代收代缴税款报告表以及税务机关根据实际需要要求其报送的其他有关资料。

纳税人、扣缴义务人可以直接到税务机关办理纳税申报，也可以按照规定采取邮寄、数据电文或者其他方式办理纳税申报。按照纳税申报资料的传递途径，纳税申报有直接申报、邮寄申报和电子申报 3 种方式。

【案例 9－1】　免税仍需办理税务登记和纳税申报

2018 年 10 月，某市国税局稽查局在集贸市场专项检查中发现，下岗职工王某开办了一个农机产品经销点，经营范围主要是农机产品，2017 年 9 月，他仅办理了工商营业执照，没有办理税务登记便开始挂牌营业。对此，市国税局稽查局认为，该纳税人不符合国家减免税的条件，于是作出了税务行政处理决定，对王某下达了“核定应纳税款通知书”，责令其补缴自开业以来应缴纳的各项税金总计 2 500 元，并处罚款 1 200 元。王某对此不服，认为农机产品是农业生产资料，可以享受国家免税照顾，所以他没有办理税务登记，更没有去税务机关申报纳税。请对此作出评析。

解析　王某为下岗职工，而且从事农机产品的销售，按照相关法律、法规的规定，属于减免税的范畴。但不能因此，王某就不办理税务登记和纳税申报，且减免税需要王某持税务登记的相关证件向税务机关提出申请，批准后方可减免。市国税局稽查局所作出的具体行政行为事实清楚、证据确凿、程序合法、处罚适当。

9.2.2　税款征收

所谓税款征收，是指税务机关依法将纳税人、扣缴义务人依法应缴纳或解缴的税款按照一定的征收方式征集入库的执法活动的总称，是税收征管的一个重要环节。税款征收流程如

① 这里的专业发票具体是指国有金融、保险企业的存贷、汇兑、转账凭证，保险凭证；国有邮政、电信企业的邮票、邮单、话务、电报收据；国有铁路、民用航空企业和交通部门国有铁路、水上运输企业的客票、货票等。

图 9-1 所示。

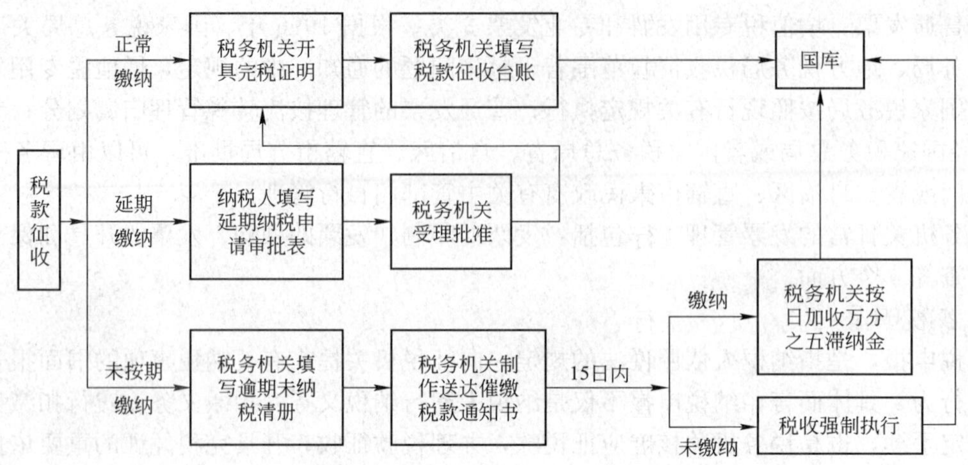

图 9-1 税款征收流程

在实际工作中，税款征收方式有查账征收、查定征收、查验征收、定期定额征收、代收代缴、代扣代缴、委托代征。其中，前 4 种属于直接征收方式，后 3 种属于间接征收方式。

税款征收是一项复杂而又艰巨的工作，因为税务机关不仅面对的是遵纪守法的诚信纳税人，而且还要面对想方设法钻空子的偷税、漏税者。这也要求了税务机关既要有一般的征收手段，还要有特殊的强制征收手段，如税收担保、税收保全、税收强制执行等。

1. 税收担保制度

税收担保是指经税务机关同意或确认，纳税人或其他自然人、法人、经济组织以保证、抵押、质押的方式为纳税人应当缴纳的税款及滞纳金提供担保的行为。

2. 税收保全制度

税收保全措施是指税务机关在规定的纳税期限之前，在由于纳税人行为或某种客观原因而导致税款难以保证的情况下而采取的限制纳税人处理或者转移商品、货物和其他财产的强制措施，其目的是保证国家税款的及时、足额入库。

3. 税收强制执行制度

税收强制执行措施是指纳税人、扣缴义务人、纳税担保人等税收管理相对人未按规定限期缴纳税款的，税务机关可以通知银行或其他金融机构扣缴当事人的存款或扣押、台封、拍卖、变卖部分财产，以抵缴税款的强制执行措施，以保证国家的收入利益。

4. 离境清税制度

离境清税是指欠缴税款的纳税人或者其法定代表人在离开国境前，必须向税务机关缴清所欠税款，否则税务机关可以通知边防或者海关限制其出境。这是防止纳税人通过出境偷逃税款的必要措施。

5. 优先权

所谓税收优先权，是指税务机关征收税款与其他债权的实现发生冲突时，税款的征收原则上应该优先于其他债权的实现。具体而言，税收优先权包括：税收优先于无担保债权；纳税人欠缴的税款发生在纳税人以其财产设定抵押、质押或者纳税人的财产被留置之前的，税收应先于抵押权、质权、留置权执行；税收优先于罚款、没收违法所得。

以上几种措施或制度是针对某些特殊情况下，税款流失风险较大，难以保证税款及时、足额收缴国库时，税务机关所采取的特别的征收方式。除了以上几种以外，还有一些税款征收保障的制度，如税收代位权制度、税收撤销权制度、欠缴税款公告制度、欠缴税款担保制度等。

9.2.3　税务检查

税务检查是税务机关依据法律、行政法规的规定对纳税人、扣缴义务人等缴纳或代扣、代收税款及其他有关税务事项进行的监督、检查和处理的总称。税务检查主要有监督职能、惩处职能、教育职能和收入职能，4种职能充分体现了规范征纳双方行为、强化税收征管的目的，其作用在于打击税收违法行为，监督纳税人依法履行纳税义务，净化税收环境，保证国家财政收入。近年来我国税收收入的逐年增加，一方面与持续增长、平稳发展的经济密不可分，另一方面也离不开税务检查工作的加强。

税务检查的主体是国家税务机关，其对象是负有纳税义务的纳税人和负有代扣代缴、代收代缴义务的扣缴义务人。税务检查的内容主要是检查纳税人是否遵守国家的税收法律、法规，主要包括：有无隐瞒收入、乱摊成本、少计利润、虚报费用及偷、漏、欠、骗税款等行为，有无不按纳税程序办事和违反征管制度的问题；检查纳税人是否遵守财经纪律和财务会计制度，主要包括：查其有无弄虚作假、贪污挪用及其他违反财经纪律和财经制度的行为；检查纳税人的生产经营管理和经济核算情况，了解企业各方面情况，帮助企业改善经营管理，加强经济核算，健全内部管理制度；最后，税务机关自身是否依法行政，是否存在执法不严、违法不究的情况。目前我国税务机关执行税务检查包括选案、检查、审理和执行4个步骤，具体工作流程如图9-2所示。

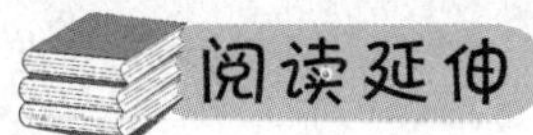

“对我国税务检查权限的思考”可通过加阅平台阅读。

9.2.4　纳税评估

纳税评估是指税务机关运用数据信息对比分析的方法，对纳税人和扣缴义务人（以下简称纳税人）纳税申报（包括减、免、缓、抵、退税申请，下同）情况的真实性和准确性作出定性和定量的判断，并采取进一步征管措施的管理行为。纳税评估是我国在新的税收征管模式下提出的一种税源管理制度和措施[①]。

纳税评估，包括两种类型：一种是税务机关根据纳税人提供的纳税资料及日常掌握的涉税资料，运用一定的技术手段和方法，对纳税人一定纳税期内纳税情况的真实性、准确性及合法性进行综合评估，及时发现和纠正涉税违法违规行为的一种税收管理方式，即税务机关的直接评估；另一种是纳税人自我评估，即纳税人根据自身销售、经营、成本及利润等情况，对一定时间内已纳、应纳税情况的估算，它对纳税人的税收遵从度的要求较高。在目前各国的税收征管实践中，普遍推行纳税评估，而且以税务机关的直接评估为主导，是税收征管使用的有效手段。

---

① 我国纳税评估制度确立较晚，2005年3月，国家税务总局颁布《纳税评估管理办法（试行）》国税发〔2005〕43号，正式在税收征管中推行纳税评估制度。

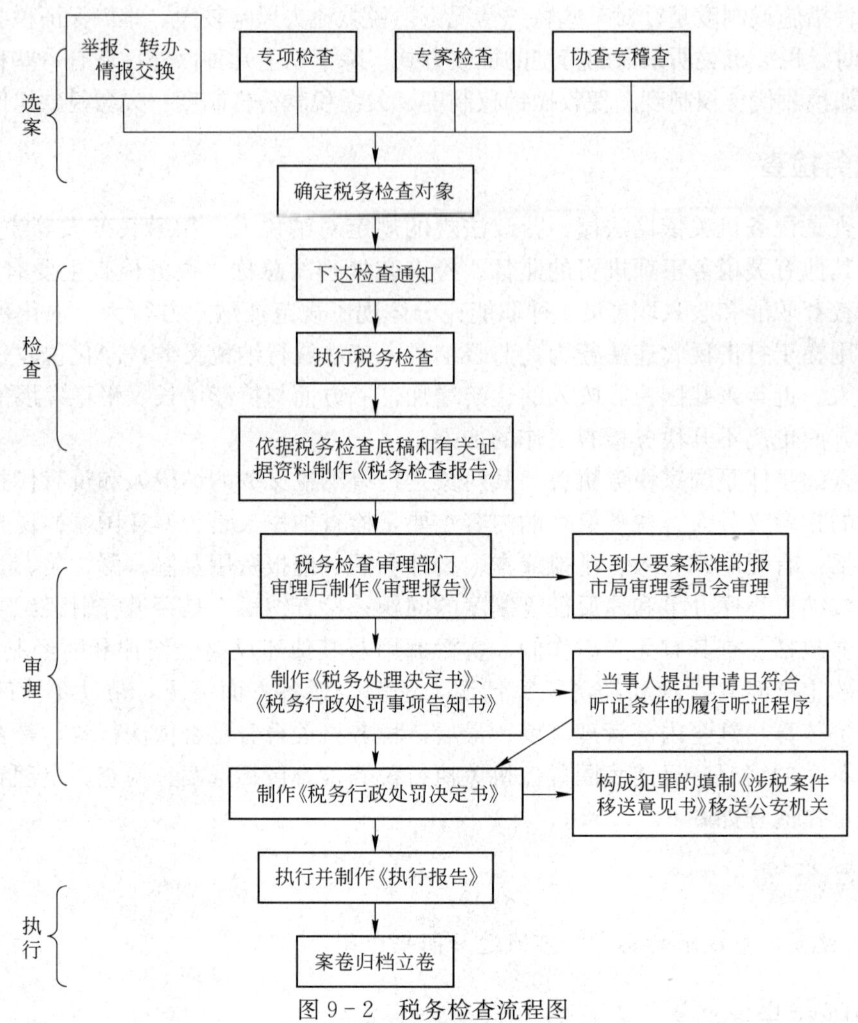

图 9－2　税务检查流程图

纳税评估工作主要由基层税务机关的税源管理部门及其税收管理员负责，重点税源和重大事项的纳税评估也可由上级税务机关负责①。纳税评估的核心是对日常征管中获得的各种数据进行分析处理。我国纳税评估的数据主要来自“一户式”存储的纳税人各类纳税信息资料，税收管理员通过日常管理所掌握的纳税人生产经营实际情况，上级税务机关发布的宏观税收分析数据、行业税负的监控数据，以及本地区的主要相关经济指标、外部交换信息等。

目前，我国税务机关进行的纳税评估工作一般按照确定对象、评估分析、约谈调查、评定处理、管理建议5个步骤进行，具体工作流程如下。

（1）确定对象。一般在纳税人申报纳税后，税务部门根据比对分析发现有问题的纳税人作为重点评估分析的对象。具体采用的方法有计算机自动筛选、人工分析筛选和重点抽样筛

① 基层税务机关是指直接面向纳税人负责税收征收管理的税务机关；税源管理部门是指基层税务机关所属的税务分局、税务所或内设的税源管理科（股）。对汇总合并缴纳企业所得税企业的纳税评估，由其汇总合并纳税企业申报所在地税务机关实施；对汇总合并纳税成员企业的纳税评估，由其监管的当地税务机关实施；对合并申报缴纳外商投资和外国企业所得税企业分支机构的纳税评估，由总机构所在地的主管税务机关实施。

选等方法。

（2）评估分析。评估分析是税务部门对各种数据进行计算分析，对纳税人申报的真实性、准确性进行估量、评价的过程。评估分析一般以评估对象当年或当期申报情况为主，根据工作需要，也可以对往年未经税务检查的一并评估。

（3）约谈调查。主要包括约谈、举证、调查核实 3 个步骤，是评估人员对评估分析中发现的疑点问题进行确认或排除的过程。约谈中发现必须到生产经营现场了解情况、审核账目的，由税收管理人员进行调查核实，并且不得少于两名税务评估人员。

（4）评定处理。税务评估人员确定评估结论及建议，制作《纳税评估分析报告》，然后提交评估专业税务所负责人或税务检查部门审核，并出具纳税评估结论。分别是：未发现疑点或疑点经询问核实后排除的，按无问题处理，直接案卷归档即可；有疑点，经询问核实得到确认，情节轻微或无主观故意的，责成纳税人自行调整账目，补正申报资料，补缴税款和滞纳金后终结；发现纳税人涉嫌偷税、骗税及其他严重违反法律、行政法规情形的，移送检查部门实施税务检查；纳税人拒绝配合的，提请由检查部门实施税务检查。

（5）管理建议。评估人员针对评估过程中发现的征管薄弱环节，提出相关改进的建议，以做好评估数据库的完善和维护工作。

9.3　税务行政法制

税务行政法制是为了保障和监督行政机关有效实施行政管理，保护公民、法人和其他组织的合法权益，由国家制定的有关税务行政处罚、税务行政复议、税务行政诉讼、税务行政赔偿的法律、法规的总称。

9.3.1　税务行政处罚

税务行政处罚是指公民、法人或者其他组织有违反税收征收管理秩序的违法行为，尚未构成犯罪，依法应当承担行政责任的，由税务机关给予行政处罚。为了贯彻实施《中华人民共和国行政处罚法》（1996 年 3 月 17 日），规范税务行政处罚行为，保障纳税人和其他税务当事人的合法权益，1996 年 9 月 28 日国家税务总局发布了《税务案件调查取证与处罚决定分开制度实施办法（试行）》和《税务行政听证程序实施办法（试行）》，并于 1996 年 10 月 1 日实施。

1. 税务行政处罚的设定和种类

1）税务行政处罚的设定

税务行政处罚的设定是指由特定的国家机关通过一定形式规定公民、法人或者其他组织的行为规范，并规定违反该行为规范的行政制裁措施。我国税收法制的原则是税权集中、税法统一。税收的立法权主要集中在中央，地方没有税收立法权，因而地方性法规和地方性规章均不得设定税务行政处罚。

2）税务行政处罚的种类

税务部门可以在法定职权范围内实施对税收违法行为 3 种行政处罚：申诫罚、财产罚和能力罚。

（1）申诫罚。申诫罚是指影响违法者声誉的罚，是行政机关对行政违法行为人提出谴责、警告，使其引起警惕，防止继续违法的措施。申诫罚主要适用于情节比较轻微，未造成严重社会危害的违法行为，既可以适用于公民个人，也运用于法人和组织。

《税收征管法》第 37 条规定，对未按照规定办理税务登记的从事生产、经营的纳税人以及临时从事经营的纳税人，由税务机关核定其应纳税额，责令缴纳。第 38 条规定，税务机关有根据认为从事生产、经营的纳税人有逃避纳税义务行为的可以在规定的纳税期之前，责令限期缴纳应纳税款。

《实施细则》第 72 条规定，从事生产、经营的纳税人、扣缴义务人未按照规定的期限缴纳或者解缴税款的，纳税担保人未按照规定的期限缴纳所担保的税款的，由税务机关发出限期缴纳税款通知书，责令缴纳或解缴税款的最长期限不得超过 15 日。第 76 条规定，县以上各级税务机关应当将纳税人的欠税情况，在办税场所或者广播、电视、报纸、期刊、网络等新闻媒体上定期公告。

在这些条款中，受处罚者违法行为情节比较轻微，未造成严重社会危害，法律对违反税法规定的纳税人进行了提醒、告诫、以书面形式责成命令等形式影响违法者声誉。

（2）财产罚。财产罚是指行政机关依法剥夺行政违法人财产权利的一种处罚。包括罚款、没收非法所得、没收非法财产。财产法的适用条件是：适用于有经济收入的公民、有固定资产的法人或者组织所实施的违法行为，对以谋利为目的的经营活动中实施的违法行为。

《税收征管法》第 5 章“法律责任”第 60 条至 74 条中，针对违法情节的轻重，对罚款数额及罚款幅度进行了详细界定。

《税收征管法》第 71 条规定，非法印制发票的由税务机关销毁非法印制的发票，没收违法所得和作案工具，并处以 1 万元以上 5 万元以下的罚款。

《实施细则》第 93 条规定，为纳税人、扣缴义务人非法提供银行账户、发票、证明或者其他方便，导致未缴、少缴税款或者骗取国家出口退税的，税务机关除没收其违法所得外，可以处未缴、少缴或者骗取的税款 1 倍以下的罚款。没收非法所得、没收非法财产是用法律形式剥夺违法获利，以法律的形式增大违法成本，使违法者无利可图，从而起到遏制违法行为，对违法行为给予的制裁措施。第 59 条规定，《税收征管法》中规定的其他财产，包括纳税人的房地产、现金、有价证券等不动产和动产。《实施细则》中第 59～72 条、对《税收征管法》中财产罚的有关规定进行了细化和注释，使税收法律中规定的财产罚更加明确和具体。

财产法通过依法对有经济收入的公民、有固定资产的法人或者组织等行政违法者、依法剥夺财产权利的处罚，使税收违法行为的获利目的受到打击，通过罚款、没收非法所得，没收非法财产等手段。对违法者进行处罚和制裁，是一种适用范围比较广，极易奏效的行政处罚。

《实施细则》第 90 条规定，纳税人未按照规定办理税务登记证件验证或者换证手续的，由税务机关责令限期改正。可以处以 2 000 元以下的罚款。第 92 条规定：银行和其他金融机构未依照《税收征管法》的规定在从事生产、经营的纳税人的账户中登录税务登记证件号码，或者未按规定在税务登记证件中登录从事生产、经营的纳税人的账户账号的由税务机关责令其限期改正，处以 2 000 元以上 2 万元以下的罚款；情节严重的，处以 2 万元以上 5 万元以下的罚款。这两条都是法律法规规定以申诫罚和财产罚并举的处罚措施。两种处罚形式并用，加大了处罚的力度。

（3）能力罚。能力罚是行政机关对违反行政法律规范的行政相对方，所采取的限制或者剥夺特定行为能力的制裁措施，是一种比较严厉的行政处罚。能力罚的主要表现形式是：责令限期改正、责令停产停业、暂扣或者吊销营业执照、暂扣或者吊销许可证。新《税收征管法》及其实施细则规定税务部门有行使责令限期改正、提请吊销营业执照的权力。

《税收征管法》第 60 条规定，纳税人不办理税务登记的。由税务机关责令限期改正；逾期不改正的，经税务机关提请，由工商行政管理机关吊销其营业执照。因为纳税人不办理税务登记，将会扰乱税收征管，造成国家税款流失、在税务机关责令限期改正，逾期不改正的情况下，由税务机关提请吊销其营业执照，使其失去从事某项生产经营活动的权利，使其违法经营在行政能力罚下得以中止。《税收征管法》第 60 条规定的税务机关作出的吊销营业执照的这一提请是一种实质性提请，工商行政管理部门接到提请后必须吊销行政相对人的营业执照。

2. 税务行政处罚的主体与管辖

税务行政处罚的实施主体是县以上的税务机关。我国税务机关的组织构成包括国家税务总局，省、自治区、直辖市国家税务局、地方税务局，地（市、州、盟）国家税务局、地方税务局，县（市、旗）国家税务局、地方税务局 4 级。

各级税务机关的内设机构、派出机构不具处罚主体资格，不能以自己的名义实施税务行政处罚。但是税务所可以对个体工商户及未取得营业执照的单位、个人实施罚款额在 1 000 元以下的罚款。

税务行政处罚由当事人税收违法行为发生地的县（市、旗）以上税务机关管辖。即：从地域管辖来看，税务行政处罚实行行为发生地原则；从级别管辖来看，必须是县（市、旗）以上的税务机关；从管辖主体的要求来看，必须具备税务行政处罚权。

3. 税务行政处罚的程序

我国税务行政处罚的程序按照违法事实认定的难易程度和罚款数额的多少可以分为简易程序和一般程序两种。

1）税务行政处罚简易程序

税务行政处罚的简易程序是指税务机关及其执法人员对于公民、法人或者其他组织违反税收征收管理秩序的行为，当场作出税务行政处罚决定的行政处罚程序。简易程序的适用条件包括：一方面，案情简单、事实清楚、违法后果比较轻微且有法定依据；另一方面，给予的处罚较轻，仅适用于对公民处以 50 元以下和对法人或者其他组织处以 1 000 元以下罚款的违法案件。对于适用于简易程序办理的税务行政处罚案件，税务机关的办理流程如图9-3所示。

2）税务行政处罚的一般程序

除了适用简易程序的税务违法案件外，对于其他违法案件，税务机关在作出处罚决定之前均须采用税务行政处罚的一般程序。适用一般程序办理的税务违法案件一般是情节比较复杂、处罚比较重的案件，其办理流程也较简易程序复杂，具体参照图 9-4。

4. 税务行政处罚的执行

行政处罚执行可分为当场收缴罚款、专门机构收缴罚款和强制执行。

1）当场收缴罚款

（1）当场收缴罚款适用范围。在以下 3 种情形中税务机关及其执法人员可以当场收缴罚款：①当场作出 20 元以下罚款的行政处罚决定；②不当场收缴事后难以执行；③被罚人向指定银行缴纳罚款有困难并申请当场收缴罚款。

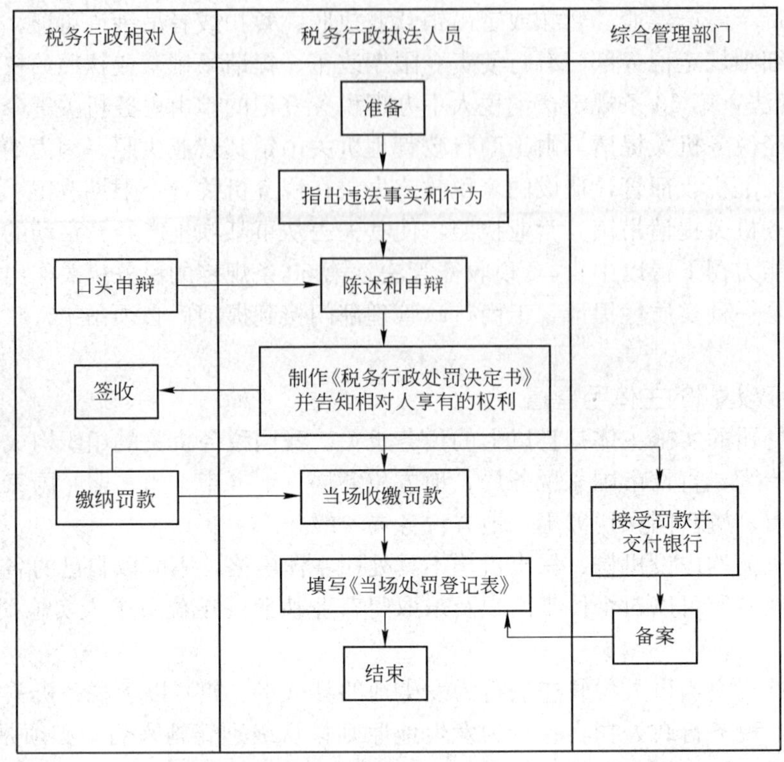

图 9-3 税务行政处罚简易程序流程图[①]

（2）当场收缴罚款程序的步骤。①相关执法岗收缴罚款。收缴罚款时应当向当事人出具省级财政部门统一制发的罚款收据。②相关执法岗将罚款交至税务机关。执法人员应当在收缴罚款后 2 日内将罚款交至税务机关；在水上当场收缴的罚款，自抵岸之日起 2 日内交至税务机关。③税务机关将罚款交至指定银行。税务机关在收到执法人员交来的罚款后，应当在 2 日内将罚款交付指定的银行。

2）专门机构收缴罚款

专门机构收缴罚款程序，又称罚款分离程序，是指作出罚款决定的行政机关与收缴罚款的机构分开，作出行政处罚的行政机关不直接收缴罚款，而且由指定的机构（银行）收缴并入国库。

3）强制执行

对当事人逾期不履行行政处罚决定的，作出行政处罚决定的税务机关可以采取 3 种强制措施：①到期不缴纳罚款的，每日按罚款数额的 3％加处罚款；②根据法律规定，将查封、扣押的财物拍卖或者将冻结的存款划拨抵缴罚款；③依法或者申请人民法院强制执行。

如果当事人不履行行政处罚决定是因为确有经济困难、需要延期或者分期缴纳罚款，经当事人申请和税务机关批准，可以暂缓或者分期缴纳。

9.3.2 税务行政复议

1. 税务行政复议的概念和特点

税务行政复议是指当事人（包括纳税人、扣缴义务人、纳税担保人）不服税务机关及其

① 引自瑞昌市人民政府门户网站，http://www.ruichang.gov.cn/wsbs/display.asp? id=200812915149.

工作人员作出的税务具体行政行为，依法向上一级税务机关（复议机关）提出申请，复议机关经审理对原税务机关具体行政行为依法作出维持、变更、撤销等决定的活动。税务行政复议的特点是：①以当事人不服税务机关及其工作人员作出的税务具体行政行为为前提；②因当事人的申请而产生；③税务行政复议案件的审理一般由原处理税务机关的上一级税务机关进行；④税务行政复议与行政诉讼相衔接。

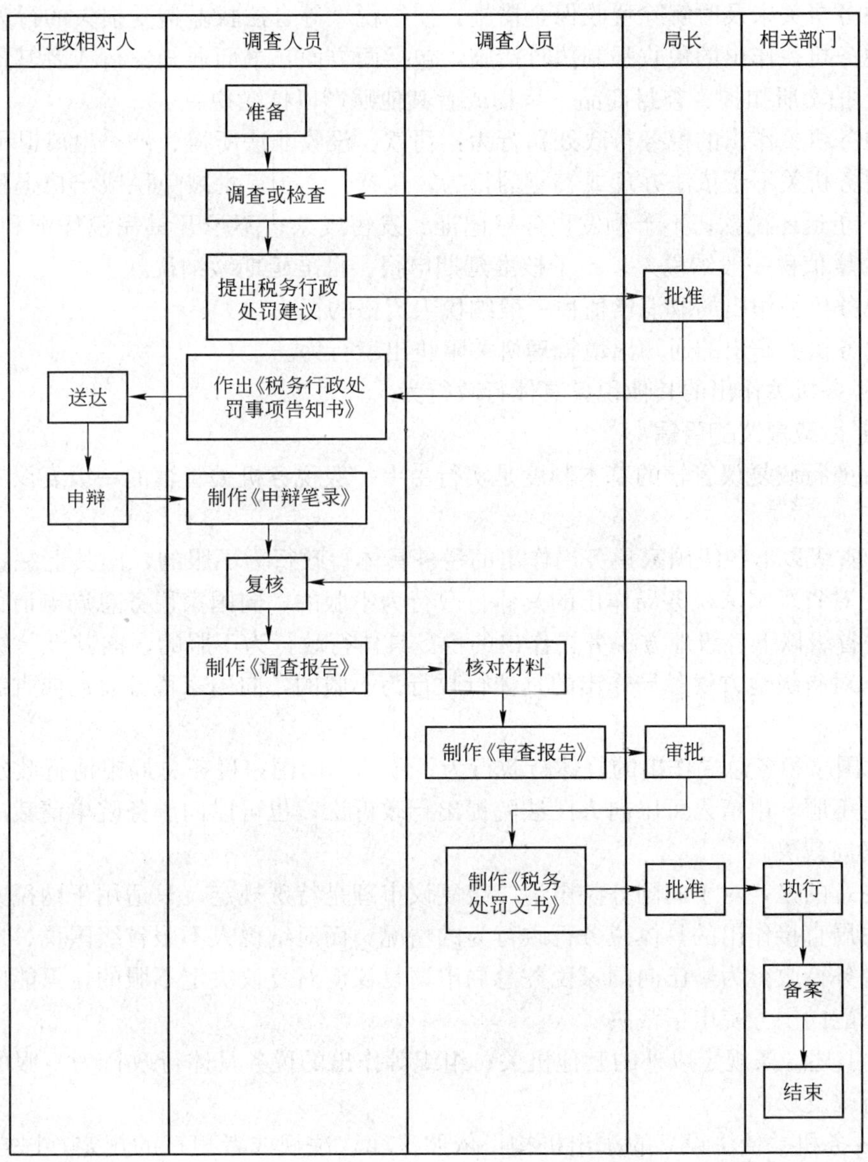

图9-4 税务行政处罚一般程序流程图①

2. 税务行政复议的受案范围

一般而言，我国税务行政复议的受案范围仅限于税务机关作出的税务具体行政行为。税务具体行政行为主要包括以下10个方面的内容。

① 引自瑞昌市人民政府门户网站，http://www.ruichang.gov.cn/wsbs/display.asp?id=200812915410.

（1）税务机关作出的征税行为，包括两方面：征收税款、加收滞纳金；扣缴义务人、受税务机关委托征收单位作出的代扣代缴、代收代缴行为。

（2）税务机关作出的责令纳税人提交纳税保证金或提供纳税担保行为。

（3）税务机关作出的税收保全措施，包括两方面：书面通知银行或者其他金融机构暂停支付存款；扣押、查封商品、货物或者其他财产。

（4）税务机关未及时解除税收保全措施，使纳税人等合法权益遭受损失的行为。

（5）税务机关作出的税收强制执行措施，包括两方面：书面通知银行或者其他金融机构扣缴税款；拍卖所扣押、查封商品、货物或者其他财产以抵缴税款。

（6）税务机关作出的税务行政处罚行为：罚款、没收非法所得、停止出口退税权。

（7）税务机关不予依法办理或答复的行为，包括：不予审批减免税或出口退税；不予抵扣税款；不予退还税款；不予颁发税务登记证、发售发票；不予开具完税凭证和出具发票；不予认定为增值税一般纳税人；不予核准延期申报、批准延期缴纳税款。

（8）税务机关作出的取消增值税一般纳税人资格的行为。

（9）税务机关作出的通知出境管理机关阻止出境行为。

（10）税务机关作出的其他税务具体行政行为。

3. 税务行政复议的管辖

我国税务行政复议管辖的基本制度是实行由上一级税务机关管辖的一级复议制度。具体内容如下。

（1）对省级以下各级国家税务局作出的税务具体行政行为不服的，向其上一级机关申请行政复议；对省级国家税务局作出的具体行政行为不服的，向国家税务总局申请行政复议。

（2）对省级以下各级地方税务局作出的税务具体行政行为不服的，向其上一级机关申请行政复议；对省级地方税务局作出的具体行政行为不服的，向国家税务总局或省级人民政府申请复议。

（3）对国家税务总局作出的具体行政行为不服的，向国家税务总局申请行政复议。对行政复议决定不服，申请人可以向人民法院提出行政诉讼；也可以向国务院申请裁决，国务院的裁决为终局裁决。

需要注意的是，对于向国务院申请二级复议审理是特殊规定，只适用于纳税人不服，由国家税务总局直接作出的具体税务行政行为的情况。而对纳税人不服省级国税、地税机关具体作出的税务行政行为，已向国家税务总局申请复议但对复议决定不服的，只能向人民法院起诉，而不能向国务院申请裁决。

（4）对上述 3 条规定以外的其他机关、组织等作出的税务具体行政行为不服的，按以下规定申请行政复议。

① 对税务机关依法设立的派出机构，依照法律、法规或者规章的规定，以自己的名义作出的税务具体行政行为不服的，向设立该派出机构的税务机关申请行政复议。

② 对扣缴义务人作出的扣缴税款行为不服的，向主管该扣缴义务人的税务机关的上一级税务机关申请复议；对受税务机关委托的单位作出的代征税款行为不服的，向委托税务机关的上一级税务机关申请复议。

③ 对国家税务局和地方税务局共同作出的具体行政行为不服的，向国家税务总局申请复议；对税务机关与其他机关共同作出的具体行政行为不服的，向其上一级行政机关申请

复议。

④ 对被撤销的税务机关在撤销前所作出的具体行政行为不服的，向继续行使其职权的税务机关的上一级税务机关申请行政复议。

按复议法的有关规定，复议申请人也可以向具体行政行为发生地的县级地方人民政府提出行政复议申请，由接受申请的县级地方人民政府依法进行转送。

4. 税务行政复议申请

1）复议申请人

（1）纳税人、扣缴义务人、纳税担保人和其他税务争议当事人应当以自己的名义申请复议。

（2）有权申请复议的公民死亡的，其近亲属可以申请复议；有权申请复议的公民是无行为能力或限制行为能力人的，其法定代理人可以代理申请复议。

（3）有权申请行政复议的法人或者其他组织发生合并、分立或终止的，承受其权利义务的法人或其他组织可以申请行政复议。

（4）与申请行政复议的具体行政行为有利害关系的其他公民、法人或者其他组织，可以作为第三人参加行政复议。

（5）虽非具体行政行为的相对人，但其权利直接被该具体行政行为所剥夺、限制或被赋予义务的第三人，在行政管理相对人没有申请行政复议时，可以单独申请行政复议。

（6）申请人、第三人可以委托代理人代为参加行政复议。

2）申请复议的相关事项

（1）申请人可以在知道税务机关作出具体行政行为之日起 60 日内提出行政复议申请。因不可抗力或者被申请人设置障碍等其他正当理由耽误法定申请期限的，申请期限自障碍消除之日起继续计算。

（2）申请人对税务机关作出的下列行为不服的，应当先向复议机关申请行政复议，对复议决定不服的，再向人民法院起诉。

① 税务机关作出的征税行为，包括确认纳税主体、征税对象、征税范围、减税、免税及退税、适用税率、计税依据、纳税环节、纳税期限、纳税地点以及税款征收方式等具体行政行为和征收税款、加收滞纳金及扣缴义务人、受税务机关委托征收的单位作出的代扣代缴、代收代缴行为。

② 税务机关不予依法办理或者答复的行为：不予审批减免税或者出口退税；不予抵扣税款；不予退还税款。

（3）申请人按规定先申请行政复议的，必须先依照税务机关根据法律、行政法规确定的税额、期限，缴纳或者解缴税款及滞纳金或者提供相应的担保，然后可以在实际缴清税款和滞纳金后或者所提供的担保得到作出具体行政行为的税务机关确认之日起 60 日内提出行政复议申请。

（4）申请人对税务机关作出的其他税务具体行政行为不服，可以申请行政复议，也可以直接向人民法院提起行政诉讼。

（5）申请人认为税务机关的具体行政行为所依据的下列规定（不含规章）不合法，在对具体行政行为申请行政复议时，可一并向复议机关提出对该规定的审查申请：①国家税务总局和国务院其他部门的规定；②其他各级税务机关的规定；③地方各级人民政府的规定；

④地方人民政府工作部门的规定。

(6) 申请人认为税务机关的具体行政行为侵犯了其合法权益并造成了损害，可以在提起复议申请的同时请求赔偿。

5. 税务行政复议的工作流程

税务行政复议的工作流程分为申请、受理、审理和决定4个步骤，具体流程参见图9－5。

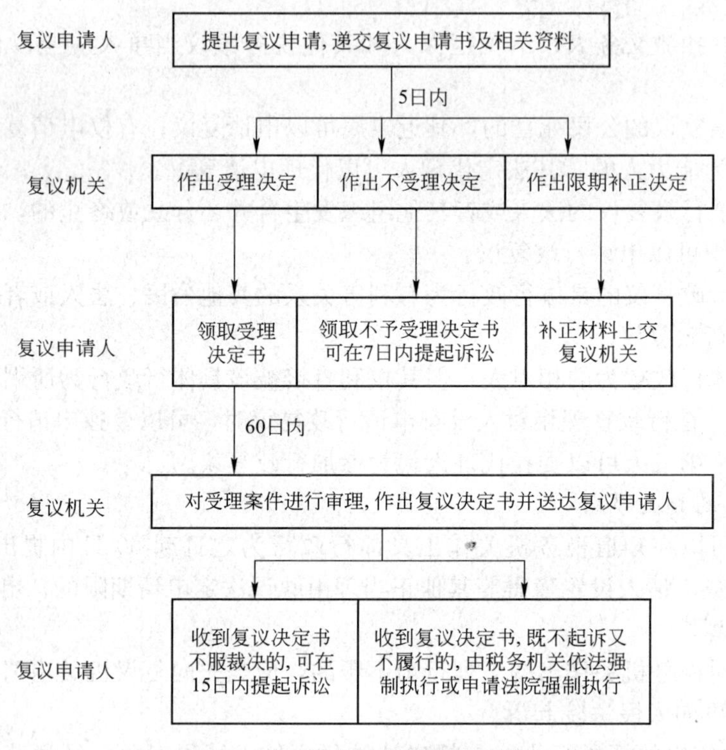

图9－5 税务行政复议流程图

【案例9－2】 王某能否作为申请人申请行政复议

李某于2018年10月7日被所在县的地税局罚款600元，王某是李某的好朋友，他认为地税局的罚款过重，于同年11月14日以自己的名义，向该县政府邮寄了行政复议书。由于邮局的原因，该县政府2019年1月14日才收到行政复议申请书，该县政府在2019年1月24日以超过复议申请期限为由作出不予受理决定，并电话通知了王某。请根据《中华人民共和国行政复议法》的规定回答：

(1) 王某能否作为申请人申请行政复议？为什么？

(2) 本案申请人的申请期限是否超期？为什么？

(3) 县政府对王某的行政复议申请，作出不予受理决定的期限是否符合行政复议法的规定？如果不符合，县政府应在几日内作出？

(4) 县政府用电话通知王某不予受理的做法是否符合行政复议法的规定？如果不符合，应当用什么方式？

(5) 如果李某申请行政复议，县政府能否受理？如果不能，李某应当向哪个机关申请？

解析

(1) 不能。因为根据行政复议法的规定，只有认为具体行政行为侵犯其合法权益的公民、法人和其他组织，才能作为申请人申请复议，本案中的王某与县地税局的具体行政行为没有利害关系，所以王某不能申请复议。

(2) 没有。因为以邮寄方式申请行政复议的，以邮寄的邮戳日期为准，邮寄在途期间不计算期限，本案中的申请人没有超过法定申请期限。

(3) 县政府作出不予受理决定的期限不符合行政复议法的规定，县政府应当在5日内作出是否受理的决定。

(4) 县政府用电话通知不予受理的做法不符合行政复议法的规定。县政府应当采用书面方式告知申请人。

(5) 县政府不能受理。根据《中华人民共和国行政复议法》第 12 条的规定，李某应当向县地税局的上一级主管部门（市地税局）申请行政复议。

9.3.3　税务行政诉讼

税务行政诉讼是指公民、法人和其他组织认为税务机关及其工作人员的具体税务行政行为违法或者不当，侵犯了其合法权益，依法向人民法院提起行政诉讼，由人民法院对具体税务行政行为的合法性和适当性进行审理并作出裁决的司法活动。

1. 税务行政诉讼的原则

税务行政诉讼的原则主要有：人民法院特定主管原则、合法性审查原则、不适用调解原则、起诉不停止执行原则、税务机关负举证责任原则、由税务机关负责赔偿的原则。

2. 税务行政诉讼的管辖

1) 级别管辖

级别管辖是指划分上下级人民法院之间受理一审行政案件的分工和权限。根据《中华人民共和国行政诉讼法》第 13 条至第 16 条的有关规定，税务行政诉讼级别管辖的主要内容是：基层人民法院管辖一般的行政诉讼案件；中高级人民法院管辖本辖区内重大、复杂的行政诉讼案件；最高人民法院管辖全国范围内重大、复杂的行政诉讼案件。据此，对国家税务总局作出的具体税务行政行为以及在本辖区重大、复杂的税务行政案件原则上由中级人民法院管辖。高级人民法院和最高人民法院其主要职责是审理第二审案件以及对下属各级人民法院进行监督和指导，因而基本上不受理一审税务行政案件，但对在本辖区内重大、复杂的税务行政案件和在全国范围内有重大影响或极复杂的个别税务行政案件也可分别由高级人民法院和最高人民法院行使管辖权。

2) 地域管辖

地域管辖是确定同级人民法院之间审理第一审行政案件的分工和权限。包括一般地域管辖、特殊地域管辖、专属管辖、选择管辖 4 种。根据《中华人民共和国行政诉讼法》第 17 条的规定，一般地域管辖的具体内容是行政案件由最初作出具体行政行为的行政机关所在地人民法院管辖。经复议的案件，复议机关改变原具体行政行为的，也可以由复议机关所在地人民法院管辖。如税务行政诉讼案件，由最初作出具体行政行为的税务机关所在地人民法院管辖，但复议机关改变了原具体行政行为的，也可以由复议机关所在地人民法院管辖。

3. 税务行政诉讼的工作流程

(1) 纳税人和其他税务当事人不服税务机关作出的具体行政行为，向人民法院提起诉讼，税务机关在收到人民法院送达的《应诉通知书》和原告起诉状副本后，应由其法定代表人指定本机关法制机构及时办理有关事宜，积极应诉。

(2) 税务机关应对原告的起诉状进行审查，有异议的，税务机关应及时书面提请人民法院依法处理，并做好各项应诉准备。具体包括以下 4 个方面。

① 税务机关应由其法定代表人或者由法定代表人委托的 1～2 名代理人进行诉讼。诉讼代理人可以是税务人员也可以是律师或者其他人员。

② 税务机关应当在收到原告起诉状副本之日起 10 日内，向人民法院提交答辩状，并提供做出具体行政行为的有关材料，同时还应提交本机关法定代表人证明书及授权委托书。

③ 税务机关对做出的具体行政行为负有举证责任，并应按照人民法院的要求提供或补充证据。在证据可能灭失或者以后难以取得的情况下，税务机关可以向人民法院申请证据保全措施。

④ 税务机关在诉讼过程中发现本机关作出的具体行政行为确有错误，可以在开庭审理之前变更、撤销或者部分撤销，并书面通知人民法院。

(3) 税务机关必须按照人民法院通知的开庭时间出庭应诉，无正当理由不得拒不到庭。因特殊情况不能按时出庭的，应向人民法院申请延期开庭。

(4) 税务机关不服人民法院的第一审判决或者裁定的，应于接到行政判决书之日起 15 日内或接到行政裁定书之日起 10 日内向原市人民法院或其上一级人民法院提起上诉，书面提交上诉状，并按规定预缴诉讼费用，但判决或裁定不停止执行。

(5) 对人民法院违反法律、法规规定做出的已经发生法律效力的判决或裁定，税务机关可以请求人民检察院按照审判监督程序进行抗诉。

(6) 税务机关必须履行人民法院已经发生法律效力的判决和裁定。

4. 税务行政诉讼的审理和判决

1) 税务行政诉讼的审理

人民法院审理行政案件实行合议、回避、公开审判和两审终审的审判制度。

2) 税务行政诉讼的判决

人民法院对受理的税务行政案件，经过调查、收集证据、开庭审理之后，分别作出以下判决：维持判决、撤销判决、履行判决、变更判决。

对一审人民法院的判决不服当事人可以上诉。对发生法律效力的判决，当事人必须执行，否则人民法院有权依对方当事人的申请予以强制执行。

税务行政诉讼流程图参见图 9-6。

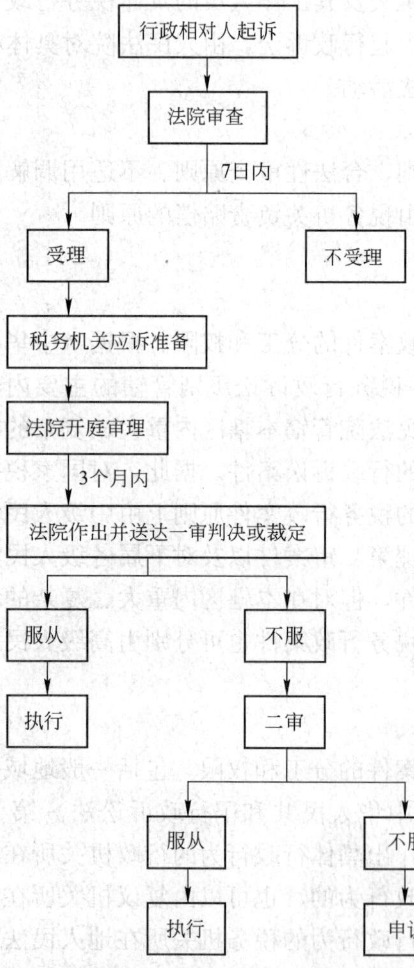

图 9-6　税务行政诉讼流程图

9.3.4 税务行政赔偿

税务行政赔偿是指税务机关作为履行国家赔偿义务的机关，对本机关及其工作人员的职务违法行为给纳税人和其他税务当事人的合法权益造成的损害，代表国家予以赔偿的制度。

1. 税务行政赔偿的构成要件

税务行政赔偿的构成要件有：①税务机关或者其工作人员的职务违法行为；②存在对纳税人和其他税务当事人合法权益造成损害的事实；③税务机关及其工作人员的职务违法行为与现实发生的损害事实存在因果关系。

2. 税务行政赔偿的赔偿义务机关

一般情况下，哪个税务机关及其工作人员行使职权侵害公民法人和其他组织的合法权益，该税务机关就是履行赔偿义务的机关。如果两个以上税务机关或者其工作人员共同违法行使职权侵害纳税人和其他税务当事人合法权益的，则共同行使职权的税务机关均为赔偿义务机关，赔偿请求人有权对其中任何一个提出赔偿请求。

经过上级税务机关行政复议的，最初造成侵权的税务机关为赔偿义务机关，但上级税务机关的复议决定加重损害的，则上级税务机关对加重损害部分履行赔偿义务。

应当执行赔偿义务的税务机关被撤销的，继续行使其职权的税务机关是赔偿义务机关；没有继续行使其职权的，撤销该赔偿义务机关的行政机关为赔偿义务机关。

3. 赔偿范围

我国的国家赔偿法将损害赔偿的范围限于对财产权和人身权中的生命健康权、人身自由权的损害，未将精神损害等列入赔偿范围。此外，我国国家赔偿法中的损害赔偿仅包括对直接损害的赔偿，不包括间接损害。

依据国家赔偿法的规定，税务行政赔偿的范围具体如下。

（1）侵犯人身权的赔偿：①税务机关及其工作人员非法拘禁纳税人和其他税务当事人或者以其他方式剥夺纳税人和其他税务当事人人身自由的；②税务机关及其工作人员以殴打等暴力行为或者唆使他人以殴打等暴力行为造成公民身体伤害或者死亡的；③造成公民身体伤害或者死亡的税务机关及其工作人员的其他违法行为。

（2）侵犯财产权的赔偿：①税务机关及其工作人员违法征收税款及滞纳金的；②税务机关及其工作人员对当事人违法实施罚款、没收非法所得等行政处罚的；③税务机关及其工作人员对当事人财产违法采取强制措施或者税收保全措施的；④税务机关及其工作人员违反国家规定向当事人征收财物、摊派费用的；⑤税务机关及其工作人员造成当事人财产损害的其他违法行为。

（3）税务机关不承担赔偿责任的情形：①行政机关工作人员与行使职权无关的行为；②因纳税人和其他税务当事人自己的行为致使损害发生的；③法律规定的其他情形。

4. 赔偿程序

赔偿请求人要求赔偿应当先向有赔偿义务的税务机关提出，也可以在申请行政复议和提起行政诉讼时一并提出。赔偿请求人根据受到的不同损害，可以同时提出数项赔偿要求。税务行政赔偿非诉讼程序是指税务行政赔偿请求人在法定期限内提出赔偿请求，负有赔偿义务的税务机关应当自收到申请之日起 2 个月内依照法定的赔偿方式和计算标准给予赔偿，税务行政赔偿方式包括支付赔偿金、返还财产和恢复原状 3 种。

依据国家赔偿法的规定，作为履行赔偿义务的税务机关在赔偿损失后应当责令有故意或者重大过失的工作人员承担全部或者部分赔偿费用，这也称为税务行政追偿。国家赔偿法还规定对有故意或者重大过失的工作人员，应当依法给予行政处分；构成犯罪的应当依法追究刑事责任。税务行政赔偿流程如图 9-7 所示。

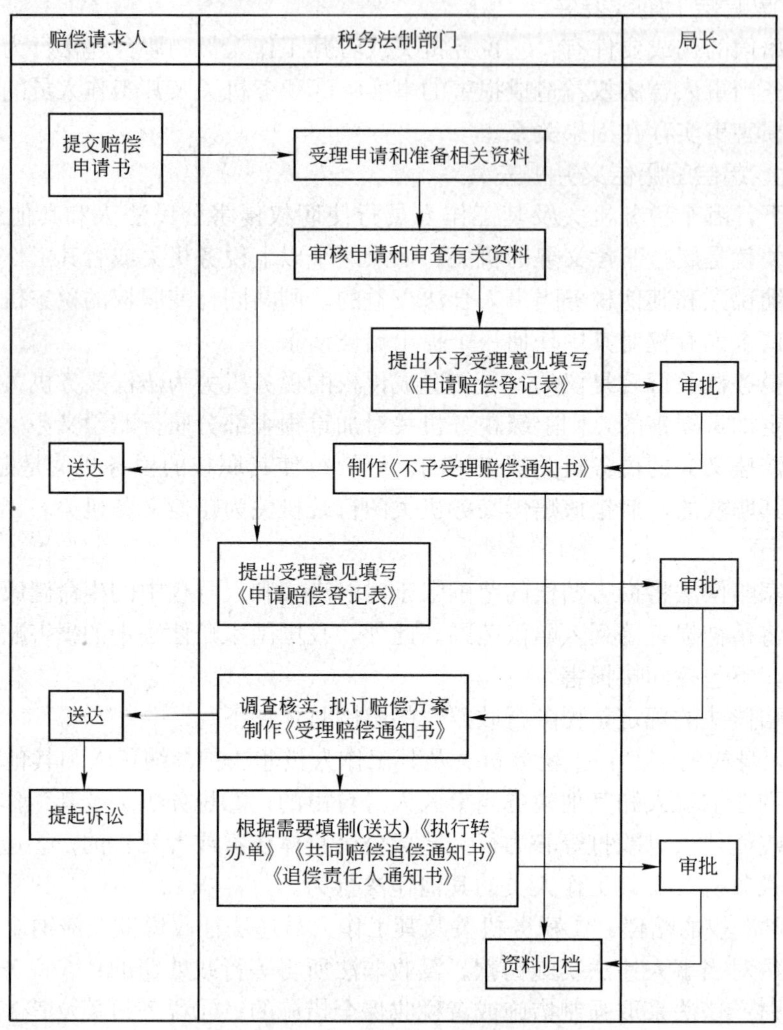

图 9-7 税务行政赔偿流程图

对于超过 2 个月税务机关不赔偿或者赔偿请求人对赔偿数额有异议的，赔偿请求人可以在期限届满之日起 3 个月内向人民法院提起诉讼。

(1) 在提起税务行政诉讼时一并提出赔偿请求无须经过先行处理，而税务行政赔偿诉讼的提起必须以税务机关的先行处理为条件。

(2) 依据行政诉讼法规定，税务行政诉讼不适用调解，而税务行政赔偿诉讼可以进行调解。

(3) 依据行政诉讼法规定，在税务行政诉讼中被告即税务机关承担举证责任，而在税务行政赔偿诉讼中，损害事实部分的举证责任不可能由税务机关承担，也不应由税务机关承担。

5. 税务行政赔偿的费用标准

1）侵害人身权的赔偿标准

① 侵犯公民人身自由的，每日赔偿金按照国家上年度职工日平均工资计算。

② 造成公民身体伤害的，应当支付医疗费，以及赔偿因误工减少的收入。减少的收入每日赔偿金按照国家上年度职工日平均工资计算，最高限额为国家上年度职工平均工资的 5 倍。

③ 造成部分或者全部丧失劳动能力的，应当支付医疗费及残疾赔偿金，最高额为国家上年度职工平均工资的 10 倍，全部丧失劳动能力的为国家上年度职工平均工资的 20 倍。造成全部丧失劳动能力的，对其抚养的无劳动能力的人，还应当支付生活费。

④ 造成死亡的，应当支付死亡赔偿金、丧葬费，总额为国家上年度职工平均工资的 20 倍。对死者生前抚养的无劳动能力的人，还应当支付生活费。

上述规定的生活费发放标准参照当地民政部门有关生活救济的规定办理。被抚养的人是未成年人的，生活费给付至 18 周岁为止；其他无劳动能力的人，生活费给付至死亡时为止。

2）侵害财产权的赔偿标准

(1) 违法征收税款、加收滞纳金的，返还税款及滞纳金。

(2) 违法对应与出口退税而未退税的，应予退税。

(3) 处罚款、没收非法所得或者违反国家规定征收财物、摊派费用的，返还财产。

(4) 查封、扣押、冻结财产的，解除对财产的查封、扣押、冻结。造成财产损坏或者灭失的，应当恢复原状或者给付相应的赔偿金。

(5) 应当返还的财产损坏的，能恢复原状的恢复原状；不能恢复原状的，按照损害程度给付赔偿金。

(6) 应当返还的财产灭失的，给付相应的赔偿金。

(7) 财产已经拍卖的，给付拍卖所得的款项。

(8) 对财产权造成其他损害的，按照直接损失给予赔偿。

本章小结

本章主要介绍了税收征管和税务行政法制的基本原理。税收征收管理法是有关税收征收管理法律规范的总称，包括税收征收管理法及税收征收管理的有关法律、法规和规章。税收征收管理的主要内容包括税务管理、税款征收、税务检查、纳税评估。税务行政法制的目的是保障和监督行政机关有效实施行政管理，保护公民、法人和其他组织的合法权益，主要内容包括税务行政处罚、税务行政复议、税务行政诉讼和税务行政赔偿。

随着市场经济体制的不断发展，我国的税收征收管理制度和税务行政法制也逐步规范和完善。一方面，规范了税务机关的税收征收和纳税人的缴纳行为，既保障了国家税收收入，又保护了纳税人的合法权益，促进了经济和社会发展；另一方面，作为税收程序法也是各种税收实体法实施的有力保证，并共同构成了我国完整的税收法律体系。

练习与思考题

一、单项选择题

1. 关于税款征收方式错误的是（　　）。

A. 查定征收适用于财务会计制度健全的纳税单位

B. 定期定额征收适用于小型个体工商户

C. 委托代征一般适用于零星的税款征收

D. 查验征收适用会计制度健全的企业

2. 税务机关在税收征管中可以行使的权利有（　　）。

A. 税收保密权　　B. 核定税款权

C. 税收强制执行权　　D. 税务检察权

3. 在规定的纳税期前税务机关有根据认为纳税人有逃避纳税义务的首先应（　　）。

A. 核定其应纳税额　　B. 责令限期缴纳应纳税额

C. 采取税收强制执行措施　　D. 扣押其商品

4. 当需要采取税收保全措施时候，下列资产不能纳入税收保全范围的是（　　）。

A. 被执行人拥有的唯一一辆机动车

B. 被执行人自有的金银首饰

C. 被执行人新购入的价值 4 700 元家具

D. 被执行人名下的别墅

5. 纳税人当期的货币资金在扣除应付职工工资、社会保险费后，不足以缴纳税款时，可以按规定程序向税务机关申请办理（　　）。

A. 减征税款　　B. 豁免应纳税款

C. 提供纳税担保　　D. 延期缴纳税款

二、判断题

1. 个人及其所抚养家属维持生活必需的住房和用品不再税收保全措施范围之内。（　　）

2. 纳税人多缴的税款税务机关发现后应当立即退还。（　　）

3. 对骗税行为税务机关可以在 10 年内追征纳税人所骗取的税款。（　　）

4. 逃避缴纳税款数额较大并占应纳税额 10% 以上的，处 5 年以下有期徒刑。（　　）

5. 纳税人欠缴税款同时又被行政机关处已付款的，税款优先于罚款。（　　）

三、思考题

1. 税务管理的内容是什么？

2. 税款征收的方式有哪些？

3. 税收保全的措施。

第10章 税收筹划与税务代理

学习目的

本章主要介绍税收筹划与税务代理的基本理论知识。通过本章的学习，应对什么是税收筹划、税收筹划的特点、税收筹划的基本方法、税务代理的主要内容等有比较全面的理解和掌握。

开篇导言

如前所述，征税必然要增加纳税人的负担。作为纳税人，不管是自然人还是法人，出于自身利益的考虑，必然会通过经营活动或个人事务活动的安排，实现缴纳最低的税收。这就是税收筹划。

税收筹划是市场经济发展到一定阶段的必然产物。在西方国家，税收筹划早已是普遍存在的经济现象，注册会计师和律师的一项重要工作就是帮助企业及个人进行纳税筹划。在国内，许多企业特别是大型国有企业，民营企业，跨国公司在中国的子公司、分公司及外商投资企业也已开始专门设立税务部，聘请专业人员进行税收筹划。应该看到，随着我国市场经济的成熟和发展，随着经济运行的规范化、法制化及纳税人纳税意识的提高，企业从维护自身整体、长远利益出发，必将摒弃偷税、逃税等短期行为，转而进行科学的税收筹划。同时，随着经济全球一体化的发展，我国必将有更多的企业走出国门，利用不同国家间税法上的差异所进行的税收筹划也必将大有市场，受到纳税人的青睐及理论界的日益关注。

税收筹划的产生与发展也推动了税务代理业向纵深发展，成为税务代理的重要内容。纳税人对代理人的要求已不再满足于简单的填表缴税、办税交涉等代理活动上，合理合法地通过税收筹划节税、降低税负、增加收益和扩大市场竞争力等高层次的代理活动已成为纳税人的代理需求。税务代理业将成为一个颇具发展前途的新兴行业。

本章对税收筹划与税务代理的基本内涵进行了分析，重点介绍了主要税种税收筹划的基本方法及税务代理的主要内容。

10.1 税收筹划概述

10.1.1 税收筹划的产生与发展

税收筹划产生于西方。19世纪中叶，意大利的税务专家已经出现，并为纳税人提供税务咨询，其中便包括为纳税人提供纳税筹划方案。1959年在法国巴黎，由5个欧洲国家的从事税务咨询的专业团体发起成立欧洲税务联合会，使税务顾问和从事税务咨询及纳税筹划的人员有了自己的行业组织。该联合会的成立在纳税筹划发展史上具有重要意义，它极大地促进了纳税筹划业的发展。最近30年，随着西方各国税法的完善和日益复杂，纳税筹划得到了纳税人的普遍认可。目前，税收筹划在发达国家早已成为一个成熟稳定的行业，会计师、税务师和律师事务所基本上都开展纳税筹划的咨询和代理业务，许多公司、企业都聘用税务顾问、审计师、会计师、国际金融顾问等高级专门人才从事以节约税金为目的的纳税筹划活动。如今美国约有50%的企业、日本有85%以上的企业、澳大利亚约有70%以上的纳税人是通过税务代理人办理涉税事宜的。在欧洲，税务咨询业的产值占到国民生产总值的近一个百分点；在美国，税务咨询业年产值在1 000亿美元左右。国外的大企业在已形成的财务决策活动中，有纳税筹划先行的习惯性做法。跨国公司对纳税筹划更为重视，不少跨国公司成立了专门的税务部，高薪聘请专业人士，每年用在纳税筹划上的支出相当可观，同时也给他们带来巨大利益。

在我国，计划经济体制下，由于价格管制及企业缺乏独立自主权，税收筹划没有存在和发展的土壤。而且人们对税收筹划的认识偏激，把税收筹划等同于税收欺诈，一些主管部门一度将税收筹划方面的理论研究书籍视为“禁书”，将其打入“冷宫”。直到改革开放和党的十四大确立了社会主义市场经济体制，企业独立自主性增强，为税收筹划在我国的发展提供了制度前提和基本条件。1994年税制改革以来，税制的日益复杂化使得税收筹划的空间也越来越大。我国的税务代理制度也于1994年建立并在全国试行。1998年，人事部考试中心和国家税务总局注册税务师管理中心举办了第一次全国注册税务师执业资格考试。这些举措从制度上和人才上为税务代理及税收筹划的发展打下了良好的基础。随着社会经济的不断发展进步，特别是我国税收制度的进一步完善和规范，税收筹划的观念会深入人心，税收筹划会有广阔的发展前景。

10.1.2 税收筹划的概念

税收筹划指的是在法律规定许可的范围内，通过对经营、投资、理财活动的事先筹划和安排，尽可能地取得“节税”（tax savings）的税收利益。对税收筹划的理解还可以从与其他相关概念的对比中得出。

1. 税收筹划与节税

节税是指纳税人利用现行税收法律和法规的优惠政策，通过对筹资活动、投资活动以及经营活动的巧妙安排，达到不缴税或少缴税，减轻税收负担的经济行为。在税法规定的范围内，当存在许多纳税方案选择时，纳税人有权选择以税收负担最低的方式来处理财务、经营、交易事项。一般认为，节税就是指税收筹划。

2. 税收筹划与偷税

按照我国税收征管法规定，偷税是指纳税人采取伪造、变造、隐匿、擅自销毁账簿、记账凭证，或者在账簿上多列支出或者不列、少列收入，或者经税务机关通知申报而拒不申报，或者进行虚假的纳税申报，不缴或者少缴税款的行为。偷税是违反税法规定的，要承担相应的法律责任。

3. 税收筹划与避税

避税相对而言是一个比较不明确的概念。联合国税收专家小组将其解释为：避税可以认为是纳税人采取利用某种法律上的漏洞或含糊之处的方式来安排自己的经济活动，以减少纳税人本应承担的纳税数额。虽然避税所使用的方式是合法的，但避税行为可能被认为是不道德的，而且违背了立法意图。例如，在某些开征遗产税的国家，财产所有者为了规避税收，在死前就把财产分割完毕，使得国家往往达不到征税目的但又无可奈何。

虽然很多学术观点都把避税列入广义的税收筹划的范畴，但避税与税收筹划存在明显区别。首先，在合法性问题上，避税与税收筹划虽然都不违背现行税法的精神，但不同的是，避税有时违背了立法意图，而税收筹划却不违背立法意图。其次，在对总体税收收入量的影响方面，避税显然减少了政府合法的税收收入，而税收筹划虽然大部分情况下没有增加政府的税收收入，但也没有减少政府的税收收入（有时为了追求总体利益的最大化，纳税可能并非最少）。最后，在运用方式上，避税主要是利用税法漏洞来减轻公司税收负担，更多的是一种投机行为和非税收行为，表现为一种非正常的财务安排；而税收筹划则主要是利用现行税法的条款规定来进行合理的税收安排，是一种正常的商业动机和税收行为。

至于逃税、欠税、抗税，其目的都是减轻税收负担，但都属于违法行为，与偷税一起都要归入税收欺诈范畴，因此与税收筹划的区别是显而易见的。

10.1.3　税收筹划的特点

（1）税收筹划时间的超前性。在经济活动中，纳税义务通常具有滞后性，这在客观上为企业事先为纳税作出安排提供了可能性。因此，税收筹划一般都是在事先进行规划、设计和安排的，这与偷税、逃税、欠税等行为都是在事后进行是根本不同的。另外，经营、投资和理财活动是多方面的，税收规定也是有针对性的。纳税人和征税对象的性质不同，税收待遇也往往不同，这在另一个方面为纳税人提供了可选择较低税负决策的机会。如果经营活动已经发生，应纳税收已经确定而去想方设法减少纳税，都不能认为是税收筹划。

（2）税收筹划内容的合法性。税收筹划是在不违反税法的前提下进行的，是在对税法进行深入研究比较后，对纳税进行的一种最优化选择，符合政府宏观调控的目标。违反法律规定逃避税收负担，属于偷逃税，要坚决加以反对和制止。不过在有多种纳税方案可供选择时，纳税人作出选择低税负的决策，是无可非议的。

（3）税收筹划的范围具有综合性，目的是使企业的税收成本最小。按照一般的理解，税收筹划的目的是要使得纳税人取得“节税”的税收利益。这有两层意思：一层意思是选择低税负，低税负意味着较低的税收成本，较低的税收成本意味着较高的资本回收率；另一层意思是滞延纳税时间。纳税期的推后，也许可以减轻税收负担（如避免高边际税率），也许可以降低资本成本（如减少利息支出）。不管是哪一种，其结果都是税收成本的节约，即节税。进一步来说，税收成本的节约不仅仅是指个别税种如所得税等税收负担的降低，而应当是指企业整体税负的降低。因为企业生产经营的最终目标是获得利润最大化。要达到这个目标，必须要考虑企业整体利益的最大化，为此，有可能舍弃某些个别利益。因此，税收筹划不是必须使得企业缴纳的每一种税都最少，只要企业总体税收成本最低，而且不影响长期的生产经营、投资、筹资等活动，就实现了筹划目的。

（4）税收筹划行为的长期性。税收筹划是一种长期的行为。它不能局限于企业哪一年少缴了多少税，要着眼于从长远来看税收筹划活动能给企业带来多少经济利益，同时又不影响企业生产经营，不仅要看节省税收多少，还要看能给企业带来多大的税后收益；不仅要看眼前利益，还要看长远利益；不仅要看局部利益，还要看整体利益；使得眼前利益与长远利益、局部利益与整体利益兼顾。

专题 10-1

理性看待税收筹划[①]

如何看待税收筹划，事关税收筹划能否获得有利的发展环境。税收筹划对纳税人有利是毫无疑问的，那么对政府来说意味着什么？应该说，税收筹划对政府也有利。税收筹划的经济社会效应表现在以下 5 个方面。

(1) 税收筹划有利于普及税法及增强纳税人的纳税意识。税收筹划是纳税人纳税意识提高到一定程度的表现。如果纳税人纳税意识薄弱，完全可以采用偷税、漏税、抗税等非法手段来减免税收负担，而不必进行税收筹划。企业进行税收筹划与企业纳税意识增强具有客观一致性。

(2) 税收筹划有利于充分发挥税收的经济杠杆作用，优化产业结构和资金的合理配置。纳税人根据税法中设计的税基与税率的差别进行决策和税收筹划，尽管在主观上是为了减轻自己的税收负担，但客观上却逐步走向了优化产业结构和生产力合理布局的道路，有利于促进资本的流动和资源的合理配置。因此，税收筹划与税收政策两者是相辅相成、相互促进的。

(3) 税收筹划有利于国家不断完善税法和税收政策。税收筹划是针对税法未明确规定的行为及税法中的优惠政策而进行的，是纳税人对国家税法及有关税收经济政策的反馈行为。充分利用纳税人税收筹划行为的反馈信息，可以完善现行税法和改进有关税收政策，从而不断地健全和完善我国税法和税收制度。

(4) 税收筹划有助于提高企业的经营管理水平和财务管理水平，实现经济效益最大化目标。企业经营管理水平直接影响企业的经济效益、经营风险、竞争能力和发展前景，税收筹划就是为了实现资金、成本费用、利润的最佳效果，从而提高企业的经营管理水平。选择不同的会计处理方法对企业利润、纳税额和纳税期限的影响是不同的，企业可在合法条件下从中选择有利的会计处理方法，以减少纳税额或推延纳税期。这就要求会计人员既要熟悉会计法、会计准则、会计制度，也要熟知现行的税收法规。因此，税收筹划会促进企业财务管理水平的提高。

(5) 从长远和整体看，税收筹划不仅不会减少甚至可能增加国家的税收收入总量。税收筹划有利于贯彻国家的宏观调控政策，实现国民经济健康、有序、稳步发展。企业进行税收筹划，虽然降低了企业税负，但是随着产业布局的逐步合理，可以促进生产进一步发展。企业规模上去了，收入和利润增加了，从整体和发展上看，国家的税收收入也将同步增长。

10.1.4 税收筹划的技术手段

税收筹划是一项综合性的、复杂的工作，涉及面广、难度大，进行税收筹划，可以采用

① 余文声. 纳税筹划技巧. 广州：广东经济出版社，2003.

各种不同的技术手段。纳税人应充分考虑具体情况和政策规定来运用，并要注意各种技术之间的相互影响与配合运用。

1. 不予征税技术

不予征税技术是指选择国家税收法律、法规或政策规定不予征税的经营、投资、理财等活动的方案以减轻税收负担的方法。

每一种税都有明确的征税范围，国家只对纳入征税范围的经营行为、所得或财产征税，没有纳入征税范围的不予征税。纳税人可以在对照税收政策、权衡各方面利益的前提下，对经营、投资、理财活动事先作出安排，尽量选择不予征税的方案。如根据我国现行税收政策规定，可以选择投资于不动产而不是出售或出租方案，则可以避免增值税的课征；选择出租或投资于土地、地上建筑物及其附着物，则可以避免土地增值税的课征。

2. 减免税技术

减免税技术是指选择国家税收法律、法规或政策规定的可以享受减税或免税优惠的经营、投资、理财等活动方案，以减轻税收负担的方法。

纳税人可以对照国家减免税的优惠政策条件，事先对其经营、投资、理财等活动进行安排，以获得充分的税收利益。其关键在于：第一，尽量争取减免税待遇并使减免税最大化，在合法和合理的情况下，争取尽可能多的项目获得减免税待遇，争取减免更多的税收；第二，尽量使获得减免税待遇的期限最长化，期限越长，节省的税收越多。

例如，国家对在A经济开发区企业制定有从开始经营之日起3年内免税的规定，对在B经济开发区企业制定有从开始经营之日起5年内免税的规定。则在其他条件基本相似的情况下，一个公司完全可以搬到B经济开发区从事经营活动以获得更多的免税待遇。

3. 税率差异技术

税率差异技术是指在不违法的情况下，尽量利用税率的差异，使减少的应纳税款最大化。在合法和合理的情况下，一是要尽量寻求适用税率的最低化。例如，A、B、C三国的公司所得税税率分别是33％、40％、38％，那么在其他条件基本相似或利弊基本相抵的条件下，投资者到A国开办公司就可使公司减税最大化。在我国，有的税种国家根据地区、行业、经济成分、所得项目、企业类型的不同，规定有差异的税率，也有的税种规定的是幅度税率，由各地根据情况作出具体税率的规定，纳税人可以对照政策规定，对投资区域、投资行业作出筹划，以适用较低的税率。另外，还要尽量寻求税率差异的稳定性和长期性。例如，政局稳定国家的税率差异就比政局动荡国家的税率差异更具稳定性，政策制度稳健国家的税率差异就比政策制度多变国家的税率差异更具长期性。

4. 分割技术

分割技术是指根据国家税收法律、法规或政策规定，选择能使计税依据进行分割的经营、投资、理财等活动方案而使节减的税款最大化的税收筹划技术。其目的是使得不同税负或税种的计税依据相分离；或者分解为不同纳税人或征税对象以增大不同计税依据扣除的额度；或者达到防止税率爬升的效果等。

例如，一国应税所得20万元以下的适用税率是10％，20万元到40万元的部分适用税率为20％，该国允许夫妇分别或合并申报，一对某年各有应税所得18万元的夫妇就可以分别申报纳税。一些国家的税务局向纳税人免费寄发的纳税宣传小册子也指导纳税人如何分割所得和财产，以便节税。

5. 扣除技术

扣除技术是指在合法和合理的情况下，使扣除项目或金额增加而直接节税，或调整各个计税期的扣除额而相对节税的税收筹划技术。扣除即税前扣除，是税收制度的重要组成部分，许多税种对扣除项目、扣除范围和扣除标准作出了明确规定。其中，有些是对所有纳税人普遍适用的，是对征税对象的一种必要扣除，如我国企业所得税法规定，企业的应纳税所得额为纳税人每一纳税年度的收入总额减去准予扣除项目后的余额；有些则是针对某些特定纳税人和征税对象规定的一种特殊扣除，如我国增值税条例规定应纳税额为当期销项税额抵扣进项税额后的余额。纳税人可以对税前扣除的费用或支出的项目、性质、支付方式等方面事先作出安排，以增大扣除额，减轻纳税负担。

利用税收扣除来获得税收利益最大化的关键在于以下 3 个方面。第一，争取扣除项目最多化。在合法和合理的情况下，尽量使更多的项目能够得到扣除。在其他条件相同的情况下，扣除的项目越多，计税基数就越小，进而应纳税额就越小。第二，争取扣除金额最大化。在合法和合理的情况下，尽量使各项扣除额能够最大化。在其他条件相同的情况下，扣除的金额越大，计税基数就越小，应纳税额也就越小。第三，争取扣除最早化。在合法和合理的情况下，尽量使各允许扣除的项目在最早的计税期得到扣除。在其他条件相同的情况下，扣除越早，早期缴纳的税收就越少，早期的现金净流量就越大，可用于扩大流动资本和进行投资的资金也越多，将来的收益也越多。

例如，国家允许公司按两种方法扣除业务招待费：一是允许按公司销售收入一定百分比计算出来的金额扣除；二是按有限额规定的实际发生的费用扣除。在其他条件基本相似的前提下，公司完全可以选择第一种方法以获得货币的时间价值，节减更多的税收。

6. 抵免技术

税收抵免是指从应纳税额中扣除税收抵免额。包括避免双重征税的税收抵免，即当对纳税人来源于国内外的全部所得或财产课征所得税时，允许以其在国外缴纳的所得税或财产税税款抵免应纳税款的一种税收优惠方式，是解决国际间所得或财产重复课税的一种措施；还包括税收优惠或奖励的税收抵免，如设备购置投资抵免、研究开发抵免。

抵免技术即指利用税收抵免来获得税收利益最大化。其关键在于：第一，争取抵免项目最多化。在其他条件相同的情况下，抵免的项目越多，冲抵应纳税额的项目也越多，应纳税额就越少，因而节减的税收就越多；第二，争取各抵免项目的抵免金额最大化。在其他条件相同的情况下，抵免的金额越大，冲抵应纳税额的金额就越大，应纳税额就越小，因而节减的税收就越多。

例如，一国规定公司委托科研机构或大学进行科研开发，支付的研发费用 65％可以直接抵免公司所得税，还规定公司当年科研开发费用超过之前 3 年平均数 25％的部分，可直接抵免当年应纳所得税。则公司如果每年研发费用都较多，就可以选择其中纳税较少的方案。

7. 延期纳税技术

延期纳税是对纳税人应纳税款的部分或全部的缴纳期限适当延长的一种特殊规定。为了照顾某些纳税人由于缺乏资金或其他特殊原因造成的缴税困难，许多国家都在税法中规定了有关延期缴纳的税收条款。

延期纳税技术是指依据国家税收法律、法规或政策规定，将经营、投资、理财等活动的当期应纳税额延期缴纳，以实现相对减轻税收负担的方法。其关键在于尽量使得更多的应纳税款符合延期纳税条件，从而推迟纳税。具体来说，就是尽量争取递延项目最多化及递延期限最长化。例如，设在税率低的国家或地区的子公司可通过延迟汇回利润实现递延纳税；采用分期收款、赊销或代销方式销售货物；固定资产采用加速折旧方法计算折旧额；等等。

延期纳税技术不能减少应纳税总额，但纳税期的推迟可以使纳税人无偿使用这笔款项而不需支付利息，对纳税人来说等于是降低了税收负担，纳税期的递延有利于资金的周转，节省了利息和支出，还可使纳税人享受通货膨胀带来的好处，因为延期后缴纳的税款由于通货膨胀币值下降，更加降低了实际的税额。

8. 退税技术

优惠退税是指政府将纳税人已经缴纳或实际承担的税款退还给纳税人，其实质是一种特殊的免税和减税方式。退税技术是指依据国家税收法律、法规或政策规定，使经营、投资、理财等活动的相关税额退还，以获得税收利益最大化的方法。退税是将已纳税额从国库中直接退出，国家一般都会对退税的条件、资料、程序、时间和管理方面作出严格规定，纳税人应根据自己的经营活动情况，对政策依据和相关条件事先作出安排，以顺利享受到退税政策。其关键在于以下两个方面。第一，争取退税项目最多化。在其他条件相同的情况下，退税的项目越多，退还的已纳税额就越多，因而节减的税收就越多；第二，使退税额最大化。在其他条件相同的情况下，退税额越大，节减的税收就越多。

例如，某国规定企业用税后所得再投资可以退还已纳公司所得税税额的 50%，一个想不断扩大经营规模的公司，在其他条件基本相似的情况下，选择用税后所得而不是用借入资本进行再投资，即可以节减税收。

9. 亏损抵补

亏损抵补是指当年经营亏损在次年或其他年度经营盈利中抵补，以减少以后年度的应纳税款。这种优惠形式对扶持新办企业的发展具有一定的作用，对具有风险的投资激励效果明显，尤其对盈余无常的企业具有均衡税负的积极作用。因此，为了鼓励投资者进行长期风险投资，各国税法大多规定，准予投资者将年度亏损结转，与一定期内的年度盈余互抵后以差额计征所得税。例如，我国企业所得税就规定企业的年度亏损可以用以后连续 5 年的盈余弥补，补亏后有盈余的再照章纳税。亏损抵补技术就是利用这种规定来减少企业应纳税额的。

10.2　主要税种的税收筹划

10.2.1　流转税主要税种的税收筹划

1. 增值税的税收筹划

增值税的筹划要点在于：尽量利用国家税收优惠政策，享受减免税优惠；选择不同的纳税人身份，使自己适用较低的税率或征收率；通过经营安排，最大限度地抵扣进项税额及减少销项税额；推迟纳税时间，获得资金时间效益。增值税的筹划可以从纳税人、征税范围、计税依据、出口退税等几个方面来进行。自 2019 年 4 月 1 日以后，增值税筹划方法及内容需重新考虑。

1）增值税纳税人的税收筹划

人们通常认为，小规模纳税人由于没有进项扣除，所以税负重于一般纳税人，但实际并非尽然。企业为了减轻税负，在暂时无法扩大经营规模的前提下实现由小规模纳税人向一般纳税人的转换，必然会增加会计成本。例如，增设会计账簿、培养或聘请有能力的会计人员等。如果小规模纳税人由于税负减轻而带来的收益不足以抵扣这些成本的支出，则宁可保持小规模纳税人的身份。

对于一般纳税人与小规模纳税人身份的筹划，可以通过计算增值率和抵扣率来判定。

(1) 均衡点增值率判别法。

一般纳税人应纳增值税额＝销项税额－进项税额

由于　增值率＝(不含税销售额－不含税购进项目金额)/销售额

不含税购进项目金额＝不含税销售额－不含税销售额×增值率＝不含税销售额×(1－增值率)

则　进项税额＝不含税购进项目金额×增值税税率＝不含税销售额×(1－增值率)×增值税税率

因此　一般纳税人应纳增值税额＝销项税额－进项税额＝不含税销售额×增值税税率－不含税销售额×(1－增值率)×增值税税率＝不含税销售额×增值税税率×增值率　①

而　小规模纳税人应纳税额＝销售额×征收率(3%)　②

当两者税负相等时，其增值率则为无差别均衡点增值率。

即　令①＝②，则：

销售额×增值税税率×增值率＝销售额×征收率

增值率＝征收率/增值税税率

由此，可以得出适用不同税率情况下一般纳税人与小规模纳税人的无差别均衡点增值率。如表 10-1 所示。

从 2019 年 4 月 1 日起，增值税一般纳税人适用的税率有：13%、9%、6%；小规模纳税人征收率一般为 3%。一般纳税人的实际税收负担率，会因各个企业具体购销情况不同而相异，有的高于 3%，有的也许等于或低于 3%。当一般纳税人的实际税收负担率等于 3%时，就会出现税负平衡点。如果剔除其他因素，仅从理论上加以分析，增值税一般纳税人与小规模纳税人的无差别均衡点增值率见表 10-1。

表 10-1　一般纳税人与小规模纳税人的无差别均衡点增值率

一般纳税人税率	小规模纳税人税率	无差别均衡点增值率
13%	3%	23.08%
9%	3%	33.33%
6%	3%	50.00%

无差别均衡点意味着在某个特定的增值率下小规模纳税人与一般纳税人有相同的税收负担，即税负无差别，纳税人身份的选择无差异；而在特定增值率点的两边，小规模纳税人与一般纳税人有不同的税收负担，当增值率高于无差别均衡点增值率时，一般纳税人应纳税额大于小规模纳税人的应纳增值税额，这时小规模纳税人税收负担较轻，选择小规模纳税人身份较有利；反之，增值率低于无差别均衡点增值率时，一般纳税人税收负担较轻，则选择一

般纳税人身份较有利。

（2）均衡点抵扣率判别法。

由于　　进项税额＝可抵扣购进项目金额×增值税税率

增值率＝（销售额－可抵扣购进项目金额）/销售额＝

1－可抵扣购进项目金额/销售额＝1－抵扣率

（注：销售额与购进项目金额均为不含税金额）

所以　　进项税额＝可抵扣购进项目金额×增值税税率＝

销售额×（1－增值率）×增值税税率

因此

一般纳税人应纳增值税额＝销项税额－进项税额＝

销售额×增值税税率×增值率＝

销售额×增值税税率×（1－抵扣率）　①

小规模纳税人应纳税额＝销售额×征收率（3%）　②

当两者税负相等时，即①＝②时，其抵扣率则为无差别均衡点抵扣率。即：

销售额×增值税税率×（1－抵扣率）＝销售额×征收率

抵扣率＝1－征收率/增值税税率

由此，可以得出适用不同税率情况下，一般纳税人与小规模纳税人的无差别均衡点抵扣率，如表 10－2 所示。

表 10－2　一般纳税人与小规模纳税人的无差别均衡点抵扣率

一般纳税人税率	小规模纳税人税率	无差别均衡点抵扣率
13%	3%	76.92%
9%	3%	66.67%
6%	3%	50.00%

无差别均衡点抵扣率的含义是：当企业可抵扣的购进项目金额占不含税销售额的比重在无差别均衡点抵扣率时，小规模纳税人与一般纳税人有相同的税收负担，即税负无差别，纳税人身份的选择无差异；当企业可抵扣的购进项目金额占不含税销售额的比重大于无差别均衡点抵扣率时，一般纳税人税负轻于小规模纳税人，这时选择一般纳税人身份较有利；当企业可抵扣的购进项目金额占不含税销售额的比重小于无差别均衡点抵扣率时，则一般纳税人的税负重于小规模纳税人，这时选择小规模纳税人身份较有利。

2）增值税计税依据的税收筹划

一般纳税人应纳税额的计算公式为：

应纳增值税额＝当期销项税额－当期进项税额

因此，可以对销项税额和进项税额分别进行增值税纳税筹划。

（1）销项税额的纳税筹划。在保证产品销售利润不变的情况下尽可能减少销项税额，可以有效减少增值税负担。而销项税额的多少与销售额紧密相关，销售额的实现又取决于销售方式，不同销售方式下税法规定了不同的纳税义务发生时间和销售额的确定方法。

① 销售方式的税收筹划。

【案例 10-1】 某商场商品销售利润率为 40%，即销售 100 元商品，其成本为 60 元，商场是增值税一般纳税人，适用增值税税率为 13%。购货时取得了增值税专用发票。请在下面的销售方式中为商场选择最优方案。

方案一：将商品以 7 折销售。

方案二：凡是购物满 100 元者，均可获赠价值 30 元(成本为 18 元)的商品。

方案三：凡是购物满 100 元者，将获返还现金 30 元。

(以上价格均为含税价格)

解析 3 种方案下的增值税销项税额不同，最终将导致税前利润的不同（不考虑企业所得税部分的影响）。假定消费者购买一件价值 100 元的商品。

在第一种方案下：100 元的商品 7 折销售，商场取得的销售收入为 70 元，并按 70 元核算增值税销项税额。

企业应纳增值税额＝[70/(1＋13%)]×13%－[60/(1＋13%)]×13%＝1.15(元)

企业的利润额＝70/(1＋13%)－60/(1＋13%)＝8.85(元)

在第二种方案下：100 元的商品按正常销售计算销项税额，同时赠送的价值 30 元的商品视同销售缴纳增值税，同时按税法规定，应代扣代缴个人所得税，所得税应由商场负担。

企业应纳增值税额＝[100/(1＋13%)]×13%－[60/(1＋13%)]×13%＝4.60(元)

赠送的价值 30 元的商品视同销售缴纳增值税，以及代扣代缴个人所得税：

企业应纳增值税额＝[30/(1＋13%)]×13%－[18/(1＋13%)]×13%＝1.38(元)

企业代扣代缴的个人所得税＝[30/(1－20%)]×20%＝7.5(元)

企业的利润额＝100/(1＋13%)－60/(1＋13%)－18/(1＋13%)－7.5＝11.97(元)

在第三种方案下：

企业应纳增值税额＝[100/(1＋13%)]×13%－[60/(1＋13%)]×13%＝4.60(元)

企业代扣代缴的个人所得税＝7.5(元)

企业的利润额＝100/(1＋13%)－60/(1＋13%)－30－7.5＝－2.10(元)

由此可见，上述三种方案中，方案三亏损，显然不可取；方案二最优，方案一次之。

② 结算方式的税收筹划。要推迟纳税义务的发生，关键是采取何种结算方式。在增值税条例中根据结算方式分别规定了纳税义务发生时间，纳税人可以根据具体情况选择合适的结算方式进行筹划。纳税人通常采取以下两种结算方式。

第一，赊销和分期收款方式。税法规定，赊销和分期收款结算方式都是以合同约定日期为纳税义务发生时间。因此，企业在产品销售过程中，在应收货款一时无法收回或部分无法收回的情况下，可以选择赊销或分期收款结算方式。经过测算，采用这两种结算方式，可以为企业节约大量的流动资金，节约银行利息支出。

第二，委托代销方式。委托代销商品是指委托方将商品交付给受托方，受托方根据合同要求，将商品出售后开具销货清单并交给委托方。此时，委托方才确认销售收入实现。因此，根据这一原理，如果企业的产品销售对象是商业企业，并且产品以商业企业再销售后付款结算方式的销售业务，则可以采用委托代销结算方式，根据实际收到的货款分期计算销项税额，从而延缓纳税时间。

利用结算方式进行税收筹划的目的都是推迟纳税时间，获得递延纳税的利益。

(2) 进项税额的增值税纳税筹划。增值税采用进项税额凭购货专用发票扣税法，增值税一般纳税人从小规模纳税人处采购的货物不能进行抵扣，或只能抵扣 3%，为了减少纳税时抵扣过低带来的税收负担的加重，一般纳税人必然要求小规模纳税人在价格上给予一定程度的优惠。小规模纳税人价格折扣是多少才合适，这里存在一个价格折让临界点。

根据测算，一般纳税人与小规模纳税人适用不同税率情况下的临界点如表 10－3 所示。

表 10－3　一般纳税人与小规模纳税人适用不同税率情况下的临界点

一般纳税人的抵扣率	小规模纳税人的抵扣率	价格折让临界点
13%	3%	90.24%
9%	3%	92.34%
6%	3%	96.82%

当增值税税率为 13%，小规模纳税人征收率为 3%时，价格折让临界点为 90.24%。这意味着当小规模纳税人的价格为一般纳税人的 90.24%时，即价格折让幅度为 90.24%时，无论是从一般纳税人处还是从小规模纳税人处购进货物，承担的税负相等。其他组合含义相同。

企业在采购货物时，可根据以上价格临界点值，正确计算出临界点时的价格，从中选择采购方，从而取得较大的税后收益。

3）出口退税的税收筹划

（1）选择经营方式。通过选择经营方式进行筹划，即选择是自营出口还是来料加工方式，适用的出口退税方法不同，得到的退税额也不同。自营出口，包括进料加工，一般采用“免、抵、退”办法办理出口退税；来料加工则采用“不征不退”办法。

一般来讲，对于利润率较低、出口退税率较高及耗用的国产辅助材料较多（进项税额较大）的货物出口宜采用进料加工方式，对于利润率较高的货物出口宜采用来料加工方式。

选用“免、抵、退”方法还是“免税”方法的基本思路，就是如果出口产品不得抵扣的进项税额小于为生产该出口产品而取得的全部进项税额，则应采用“免、抵、退”办法，否则应采用“不征不退”的“免税”办法。

而对于退税率等于征税率的产品，无论其利润率高低，采用“免、抵、退”的自营出口方式均比采用来料加工等“不征不退”的免税方式更优惠，因为两种方式出口货物均不征税，但采用“免、抵、退”方式可以退还全部的进项税额，而“不征不退”免税方式则要把该进项税额计入成本。

（2）选择出口方式。对于有出口经营权的企业有两种出口方式，即自营出口和代理出口。两种方式均可获得退税但数额却不尽相同。

在退税率与征税率相等的情况下，企业选择自营出口还是委托外贸企业代理出口，两者税负相等。

在退税率与征税率不等的情况下，企业选择自营出口还是委托外贸企业代理出口，两者税负是不同的，即选择自营出口收到的出口退税数额小于委托外贸企业代理出口应获的出口退税数额，选择外贸企业出口有利于减轻增值税税负。

4）利用税收优惠的规定进行筹划

增值税有多方面的税收优惠政策，企业要通过自身创造条件，来适应税收政策的要求，以享受国家的减免税规定，达到少缴税的目的。

2. 消费税的税收筹划

1）纳税人的税收筹划

由于消费税是针对特定的纳税人生产的特殊消费品在生产、委托加工和进口环节征收的税，因此可以通过合并等方式递延纳税时间，减少税收负担。可以合并上游或者下游企业，将原来的购销环节变为企业内部的生产资料调拨，从而递延部分消费税税款。如果后一环节的消费税税率较前一环节的低，则可直接减轻企业的消费税税负。

2）税率的税收筹划

消费税税率分为比例税率、定额税率和复合税率（卷烟、白酒）。同一种产品由于其产品性能、价格、原材料构成不同，其税率高低也不同。如酒类产品，分为粮食白酒、薯类白酒、酒精、药酒、啤酒、黄酒和其他酒等，分别适用不同的税率。纳税人应根据税法规定，在多种税率中选择对自己有利的经营对象，最大限度地获得节税利益。

【案例 10－2】 某酒厂原来主要生产粮食白酒，适用税率为 20%，定额税率每斤 0.5 元；年生产能力 1 亿斤，每斤售价 5.5 元；如果将粮食白酒继续加工成药酒出售，每斤售价 6 元，适用税率为 10%。问企业应销售白酒还是药酒？

解析 企业生产销售白酒应纳消费税为：

$$55\,000\times20\%+10\,000\times0.5=16\,000(\text{万元})$$

如果企业生产药酒应纳消费税为：

$$60\,000\times10\%=6\,000(\text{万元})$$

比较可知，企业将白酒作为中间产品连续生产药酒出售可以获得较大的税收利益，节约消费税 10 000 万元。

当企业兼营多种不同税率的应税消费品时，应当分别核算不同税率应税消费品的销售额、销售数量。因为税法规定，未分别核算销售额、销售数量，或者将不同税率的应税消费品组成成套消费品出售的，应从高适用税率，这无疑会增加企业的税收负担。因此，某些情况下，企业只需简单地避开税法中的一些惩罚性措施，即可以实现税收筹划目的。

3）计税依据的税收筹划

税法规定，纳税人通过自设非独立核算门市部销售的自产应税消费品，应当按照门市部对外销售额或者销售数量计算征收消费税。税法对独立核算的门市部则没有限制。消费税的纳税行为发生在生产领域（包括生产、委托加工和进口），而非流通领域或消费环节（金银首饰除外）。因而，关联企业中生产（委托加工、进口）应税消费品的企业，在零售等特殊情况下，如果以较低但不违反公平交易的销售价格将应税消费品销售给其独立核算的销售部门，则可以降低销售额，从而减少应纳消费税税额。而独立核算的销售部门，由于处在销售环节，只缴纳增值税，不缴纳消费税，即可使集团的整体消费税税负下降，但增值税税负不变。

【案例 10－3】 某酒厂主要生产粮食白酒，产品销售给全国各地的批发商。按照以往的经验，本市的一些商业零售户、酒店、消费者每年到工厂直接购买的白酒约为 1 000 箱，每箱 10 斤。为了提高企业的盈利水平，企业在本市设立了一独立核算的白酒经销部。该厂按照销售给其他批发商的产品价格与经销部结算，每箱 400 元，经销部再以每箱 480 元的价格对外销售。粮食白酒适用消费税税率 20%，按同期水平计算：

上期应缴纳消费税为：1 000×480×20%+10×1 000×0.5=101 000(元)

本期应缴纳消费税为：1 000×400×20%+10×1 000×0.5=85 000(元)

两者相比，分设独立核算的门市部后企业节税额为16 000元。本例中，如果经销部为非独立核算形式，则起不到节税的效果。

4）加工方式的税收筹划

应税消费品的加工方式可以有委托加工和自行加工，不同的加工方式下纳税人的税负不同，因此，纳税人可以进行税收筹划，选择合适的加工方式以降低税收成本。尤其是利用关联方关系，压低委托加工成本，达到节税目的。

相比较而言，在委托加工方式下，在材料成本不变、最终售价不变的情况下，加工收回后直接销售要比收回后继续加工后再销售有利得多，能够节省较多税收，增加税后利润；而自行加工方式的税后利润最少，其税负最重。

这是因为，委托加工的应税消费品与自行加工的应税消费品的税基不同。委托加工时，受托方（个体工商户除外）代收代缴税款，税基为组成计税价格或同类产品销售价格；自行加工时，计税的税基为产品销售价格。在通常情况下，委托方收回委托加工的应税消费品后，要以高于成本的价格售出以求盈利。不论委托加工费大于还是小于自行加工成本，只要收回的应税消费品的计税价格低于收回后的直接出售的价格，委托加工应税消费品的税负就会低于自行加工的税负。对委托方来说，其产品对外售价高于收回委托加工应税消费品的计税价格部分，实际上并未纳税。

【案例10-4】 甲厂委托乙厂将价值300万元的烟叶加工成烟丝，支付给乙厂加工费50万元。甲厂收回烟丝后继续加工成卷烟出售，取得销售收入800万元。烟丝税率30%，卷烟税率36%。

解析 甲厂向乙厂支付加工费时，应支付由乙厂代扣代缴消费税为：

[(300+50)/(1−30%)]×30%=150(万元)

甲厂销售卷烟后应纳消费税=800×36%−150=138(万元)

该批卷烟实际负担的消费税=150+138=288(万元)

假如委托加工收回的产品直接用于销售，甲厂委托乙厂直接加工成卷烟，加工费增加到100万元，成本和销售价格不变，则甲厂向乙厂支付加工费时，应支付乙厂代扣代缴消费税为：

[(300+100)/(1−36%)]×36%=225(万元)

甲销售卷烟后少交消费税=288−225=63(万元)

5）连续生产应税消费品的筹划

纳税人自产自用于连续生产的应税消费品不纳税，用外购已税烟丝等8种应税消费品连续生产应税消费品的，允许按领用数计算扣除已纳消费税款。应当注意，当纳税人决定外购应税消费品用于连续生产时，应选择生产厂家，而不应是商家。因为允许扣除已纳消费税的外购消费品仅限于直接从生产企业购进的，不包括从商品流通企业购进的应税消费品。

6）成套应税消费品销售的筹划

税法规定，纳税人将应税消费品与非应税消费品，以及适用不同税率的应税消费品组成成套消费品销售的，应按应税消费品的最高税率纳税。习惯上，工业企业销售产品，都采取

"先包装后销售"的方式进行。按照上述规定，如果改成"先销售后包装"方式，不仅可以大大降低消费税税负，而且也不增加增值税税负。

10.2.2 所得税主要税种的税收筹划

1. 企业所得税的筹划

企业所得税与企业的经济利益息息相关。如何在合法的前提下，充分享受现有税收优惠照顾，减轻企业税收负担，增加企业利润，应该成为每一个企业经营者慎重考虑的问题。企业所得税的筹划可以从纳税人、计税依据等方面来进行。

1）纳税人的税收筹划

纳税人的税收筹划主要是通过纳税人之间的合并、分立、集团公司内设立子公司或分公司的选择，以达到规避高税率、享受税收优惠的目的。

（1）合并的筹划。企业合并的筹划必须首先掌握有关的法律规定，如合并后纳税人的认定、减免税优惠的处理、资产转让损益、资产计价、亏损弥补的税务处理等，权衡利弊后再作出筹划决策。进行筹划时要注意处理好以下问题。

首先，合并不等于新办。我国税法对新办企业规定有很多税收优惠政策，有的企业试图通过对企业进行合并达到享受这些优惠的目的，这是不允许的。因为我国税法规定，合并前各企业应享受的定期减免税优惠已享受期满的，合并后的企业不再重新享受，如果企业希望享受这些优惠，可以由各企业进行投资组建新企业。

其次，以前享受优惠的企业应注意合并后是否还符合条件。例如，民政福利企业享受优惠的条件为安排"四残"人员的比例，如果合并后不符合该比例，企业应该进行适当的人员调整，以使得企业仍然符合条件。

再次，合并不应仅从税收上考虑，也应该结合企业合并的主要动因。企业合并的原因可能很多，如实现共同管理、合理利用资源、获得规模效益等，节省税款只是其中很小一部分。在一般情况下，企业不宜为了节省税款而进行企业合并。

最后，合并企业应该全面分析合并的成本和收益。这里的收益主要指合并后企业的评估价值，其中包括以后年度可能实现的收益和节省的成本。这里的成本不仅指企业的合并完成成本、整合与营运成本、并购退出成本、并购机会成本等，而且还包括企业的合并风险成本，如营运风险等。

（2）企业分立的筹划。对企业分立进行筹划，涉及的问题同合并类似，要处理好相关法律规定。同时应注意以下问题。

首先，分立并不等于新办。与企业合并不等于新办一样，分立也不等于新办。

其次，分立会增加某些方面的税收。①增值税。被分立企业相互之间的商品和劳务转移在分立前不用缴纳增值税，分立后由于独立核算应缴纳相应的增值税。②所得税。由于分立后，被分立企业之间的亏损与盈利再也不能汇总纳税，盈亏相抵效应的消失可能会增加部分所得税。

2）计税依据的税收筹划

企业所得税的计税依据是应纳税所得额，而应纳税所得额等于收入总额减去准予扣除项目金额。因此，企业所得税计税依据的筹划就包括收入的筹划和扣除项目的筹划两部分内容。而收入总额筹划的空间并不大，所以企业筹划的重点应放在扣除项目的筹划上。

(1) 选择固定资产折旧方法。企业固定资产的折旧方法有很多，最常用的有直线法、工时法、产量法和加速折旧法。加速折旧法包括双倍余额递减法和年数总和法。不同的折旧方法给企业带来的成本不同，从而影响企业的收益。

一般情况下，在企业开业初期，如果选择双倍余额递减法计算折旧，应纳税额最少；其次是年数总和法；而运用直线法，所缴纳的税款最多。考虑到开业初期企业往往缺乏资金，因此采用加速折旧较有利，这种折旧方法相当于企业得到一笔无息贷款，有利于企业的成长壮大。

在企业减免税优惠期内，采用加速折旧会增加成本支出，减少企业利润，推迟利润的实现，等过了优惠期后反而使企业总体税负提高，增加了所得税的支出，使经营者可以自主支配的资金减少。因此，对于享受某些税收优惠的企业而言，尽量不要采用加速折旧法，采用工作量法或直线法比较有利。

从企业税负来看，在累进税率的情况下，采用直线摊销法使企业承担的税负最轻。这是因为直线摊销法使折旧平均摊入成本，有效地遏制了某一年内利润过于集中，从而适用较高税率，所得税支出较多；而别的年份利润又骤减，税负又大大降低。这会影响企业生产经营的长期性和稳定性；相反，加速折旧法使企业税负较重。加速折旧法把利润集中在后几年，必然导致后几年承担较高的税负。对于新设企业来讲，可能企业刚刚进入稳定期，就因为过重的税负而使得其缺乏资金影响生产经营。但在比例税率的情况下，采用加速折旧法，对企业更为有利。因为加速折旧法可使固定资产成本在使用期限内加快得到补偿，企业前期利润少，纳税少；后期利润多，纳税较多，从而起到延期纳税的作用。

企业所得税法中规定原则上采取直线法计提固定资产折旧，因此在具体选择折旧计算方法时应综合考虑税法和财务制度的有关规定。

(2) 成本费用核算的税收筹划。

① 选择合理的存货计价方法。材料价格是生产成本的重要组成部分，材料价格波动必然影响产品成本变动。因此，企业材料费用如何计入成本，将直接影响当期成本的大小，并且通过成本影响利润，进而影响所得税的大小。目前，按我国财务制度规定，企业材料费用计入成本的计价方法有先进先出法、加权平均法、移动平均法、个别计价法、后进先出法。而不同的计价方法对企业成本、利润及纳税影响甚大。因此，采用何种存货计价方法是税收筹划的重要内容。

一般来讲，存货计价方法的选择应有利于本期多结转成本，能使成本上升，从而冲减利润，减少计税依据，减轻所得税税负。

当材料价格不断上涨时，后进的材料先出去，计入成本的费用就高；而先进先出法势必使计入成本的费用较低。企业可根据实际情况，灵活选择使用。

还可根据企业的性质选择计价方法：如果企业正处于所得税的免税期，成本费用的抵税效应会全部或部分地被减免优惠所抵消，意味着企业获得的利润越多，其得到的免税额就越多，这样，企业就可以通过选择先进先出法计算材料费用，以减少当期材料成本，扩大当期利润；相反，如果企业正处于征税期，其实现利润越多，则缴纳所得税越多，那么，企业就可以选择后进先出法，将当期的材料费用尽量扩大，以达到减少当期利润、推迟纳税期的目的。在亏损企业，选择计价方法应同企业的亏损弥补情况相结合。选择的计价方法，必须能使不能得到或不能完全得到税前补亏年度的成本费用降低，保证成本费用的抵税效应得到最大限度的发挥。

② 选择合理的费用分摊方法。不同的费用分摊方式会扩大或缩小企业成本，从而影响企业利润水平，因此企业可以选择有利的方法来进行费用的分摊。现行的税收法规和财务会计法规也对成本费用的分摊期限、分摊方法作了明确的确定。

对于有多种分摊方法可供选择的成本费用，如低值易耗品价值可采用一次摊销法、分期摊销法、五五摊销法等。在采用不同的分摊方法下，其每期应分摊的成本费用额不同，对利润和应纳所得税额产生的影响也就不同。

第一，在盈利年度，应选择能使成本费用尽快得到分摊的方法。其目的是使成本费用的抵税作用尽早发挥，推迟利润的实现，从而推迟所得税的纳税义务时间。例如，对低值易耗品的价值摊销应选择一次摊销法。

第二，在亏损年度，分摊方法的选择应充分考虑亏损的税前弥补程度。在其亏损额预计不能或不能全部在未来年度里得到税前弥补的年度，应选择能使成本费用尽可能地摊入亏损能全部得到税前弥补或盈利的年度，从而使成本费用的抵税作用得到最大限度的发挥。

第三，在享受税收优惠政策的年度，应选择能避免成本费用的抵税作用被优惠政策抵消的分摊方法。例如，在享受免税和正常纳税的交替年度，应选择能使减免税年度摊销额最小和正常纳税年度摊销最大的分摊方法。

另外，在企业所得税实行超额累进税率的国家里，应采用平均分摊方法，使企业的获利相对平稳，从而使其适用的所得税税率处于低位上，这是减少纳税的最佳方法。

不管采用何种费用摊销方法，必须符合税法和会计制度的有关规定；否则，税务机关将会对企业的利润予以调整，并按调整后的利润计算并征收应纳税额。

③ 选择合理的资产租赁方式。资产租赁方式有融资租赁和经营租赁，税法中明确规定了两种方式下租金的计税：以经营租赁方式租入固定资产发生的租赁费支出，按照租赁期限均匀扣除；以融资租赁方式租入固定资产发生的租赁费支出，按照规定构成融资租入固定资产价值的部分应当提取折旧费用，分期扣除。

当出租方和承租人属于关联企业时，若一方盈利，一方亏损，则亏损方可以利用租赁形式把某些设备租赁给盈利方，减少盈利方利润；若双方适用的税率有差别时，可利用租赁使利润流向税率较低的一方。

④ 选择合理的筹资方式。筹资作为一个相对独立的行为，它对企业经营理财业绩的影响，主要是通过资本结构的变动而引发效应的，因而分析筹资的税收筹划时，应着重考虑两个方面：一是资本结构的变动究竟是如何对企业业绩和税负产生影响的；二是企业应当如何组织资本结构的配置，才能在有效降低税负的同时实现投资所有者税后收益最大化的目标。资本结构的构成与变动主要取决于负债与资本金的比例，也就是负债比率，而负债比率是否合理是判定资本结构是否优化的关键。负债比率越高，意味着企业的税前扣除额越大，节税效果相应也就越明显，但同时企业的经营风险也就越大。因此，企业在利用筹资方式进行纳税筹划时，不能仅从税收上考虑，要注意企业收益提高所带来的风险，要充分考虑企业自身的特点及风险防范能力。

(3) 合理利用税收优惠政策。企业所得税的税收优惠包括投资地区的优惠、投资项目的优惠、特殊收入的优惠、高新技术企业优惠、研发费用、综合利用资源的优惠等。企业可以利用这些规定，尽量使自己能够符合优惠的条件，从而享受税收优惠。例如，投资项目可以选择基础设施、环保、节能节水项目、资源综合利用的项目等；企业职工可以多吸收安置残疾人员、下岗职工等；增加研发费用开支，既能够提高企业技术生产水平，又能享受到加计扣除优惠等。

2. 个人所得税的筹划

目前由于我国个人的所得总额越来越多，所得来源渠道越来越多样化，对个人所得的课征越来越受到税务机关的重视。近年来我国又加大了对高收入者的课征力度，这使得对个人所得的税收筹划成为一个普遍关注的热点话题。个人所得的税收筹划总体思路是注意收入量的标准、支付的方式和均衡收入，降低名义收入，保持实得收入不变，进而降低税率档次。具体的税收筹划根据情况有不同的做法。2019 年 1 月 1 日以后的新个人所得税下，其税务筹划的方法及思路均需重新调整及安排。

10.2.3　其他税种的税收筹划

1. 土地增值税的筹划

对土地增值税纳税筹划的重点是，充分利用现行的免税和计算扣除的政策。税法规定，纳税人建造普通标准住宅出售，增值额未超过扣除项目金额 20%时，免征土地增值税；增值额超过扣除项目金额 20%的，应就其全部增值额按规定计税。按此原则，纳税人建造住宅出售的，应考虑增值额增加带来的效益和放弃起征点的优惠而增加的税收负担间的关系，避免增值税率稍高于起征点而导致得不偿失。

【案例 10-5】 某房地产开发公司 2015 年开发商品房对外销售，取得收入总额为 10 000 万元。开发该写字楼有关支出为：支付地价款及各种费用 2 500 万元，房地产开发成本4 000 万元，开发费用 650 万元（当地规定的扣除比例为 10%），营业税税率 5%，城建税税率 7%，教育费附加征收率 3%，印花税税率 0.5‰，所得税税率 25%。

解析　(1) 未进行筹划时，其应纳各税如下。

应缴纳的有关税金计算如下：

应纳营业税＝10 000×5%＝500(万元)

应纳城市维护建设税＝500×7%＝35(万元)

应纳教育费附加＝500×3%＝15(万元)

应纳印花税＝10 000×0.5‰＝5(万元)

土地增值税：

① 扣除项目金额＝2 500＋4 000＋(2 500＋4 000)×10%＋500＋35＋15＋(2 500＋4 000)×20%＝9 000(万元)

② 增值率＝[(10 000－9 000)/9 000]×100%＝11.1%

③ 应缴纳土地增值税＝1 000×30%＝300(万元)

(3) 企业所得税：

① 应纳税所得额＝10 000－2 500－4 000－650－500－35－15－5－300＝1 995(万元)

② 应纳企业所得税＝1 995×25%＝498.75(万元)

(2) 对其进行纳税筹划：本例中，由于该商品房开发的增值额只有 1 000 万元，低于其扣除项目金额 20%为 11.1%，故可以依据有关规定，向有关部门申请确定为普通标准住宅，这样其商品房开发就不用缴纳土地增值税，仅此一项就可以节约土地增值税税额 300 万元。

2. 印花税的筹划

对印花税的税收筹划方法较多，重点也是根据税法规定的计税依据、税率、征税项目的差异进行筹划。

【案例 10-6】 订立合同的税收筹划——选择低税率的项目

某家具厂接受本市一家私企委托，加工一批家具，总价值为 1 000 万元，加工所需原材料 700 万元，零配件 100 万元。

其纳税筹划方法：

(1) 按总价值签订合同，其应纳印花税为：

$$1\,000\times 0.5‰=0.5(\text{万元})$$

(2) 按材料和加工费分开签订合同，其应纳印花税为：

$$800\times 0.3‰+200\times 0.5‰=0.34(\text{万元})$$

(3) 只是就加工费部分签订合同，则其应纳印花税为：

$$200\times 0.5‰=0.1(\text{万元})$$

根据规定，各类经济合同签订后，不论合同是否履行，都应按合同上所记载的金额、收入或费用为计税依据，依照不同项目的适用税率，计算交纳印花税。因此，上例在订立合同时应选择税率较低的方式，仅就加工费部分签订合同即可避免多交印花税；或者先签订金额不确定的合同，待最终结算时再按实际金额计算交税，也可少交印花税。

10.3 税务代理

10.3.1 税务代理的概念

税务代理是税务代理人在国家法律规定的代理业务范围内，受纳税人、扣缴义务人的委托或授权，代为办理税务事宜的各项行为的总称。税务代理是市场经济发展的必然产物。税务代理的兴起，适应了社会经济发展的需要，具有广泛的社会性。

10.3.2 税务代理制度的产生与发展

1. 税务代理制的起源

税务代理制的起源可以追溯到日本的明治时代。1896 年（明治 29 年），日本政府制定了《营业税法》，确定营业税以工商业者为纳税义务人。随着税收负担的加重，工商业者中的一些人向退职税务官吏及财会方面的高手去寻求“关于税收商函”和委托代理申报，以求得合理纳税。1904 年日俄战争爆发，日本政府为了筹措战争经费，采取增收营业税的方法，增加了纳税人计缴税款的难度和工作量，纳税人寻求税务咨询和委托代理申报的义务增加，使专职于这种工作的人员有了较为稳定的市场，并以税务专家的职业固定下来。1911 年日本大阪首先制定出《税务代办监督制度》，这就是日本税务代理制度的前身。在日本税理士制度形成和发展的过程中，英、美、德、法等一些欧美国家，韩国和我国台湾、香港地区也相继实行了税务代理制度。

2. 我国税务代理制的产生与发展

回顾我国税务代理制产生与发展的基本历程，大致可分为 3 个阶段。

(1) 20 世纪 80 年代初的税务咨询业。我国税务代理是在税务咨询基础上逐步发展起来的。随着国家税制改革的开展与深化，我国的税收从单一税制改为复合税制，纳税难度相应加大。为帮助纳税人准确纳税，北京、辽宁、无锡、海口等地区开展了税务代理的试点工作。从业人员多是一些离退休税务干部，他们运用自己多年的工作经验主要从事财务、会计、税法等方面的咨询工作。这是我国税务代理的雏形阶段。

(2) 20 世纪 90 年代初税务代理市场的启动。从 1988 年起，国家税务总局在全国逐步开展了税收征管改革，进行了税务代理的试点，取得了一定的成效，为此国家在 1993 年实施的《中华人民共和国税收征收管理法》第 57 条中明确规定“纳税人、扣缴义务人可以委托税务代理人代办税收事宜”，并授权国家税务总局制定具体办法。1994 年 9 月，国家税务总局颁发了《税务代理试行办法》，在全国范围内有组织、有计划地开展税务代理工作，税务代理市场开始启动。

(3) 税务代理制的全面推行。进入 20 世纪 90 年代中后期，我国的税务征管改革已进入深化阶段，税收征管实现了程序化，对税务代理的客观需求不断加大。为规范代理行为，提高代理质量，1996 年 11 月，国家税务总局与人事部联合制定颁布了《注册税务师资格制度暂行规定》，把税务代理人员纳入了国家专业技术人员执业资格准入控制制度的范围，标志着注册税务师执业资格制度在我国正式确立。税务代理行业同注册会计师、律师事务所等一样，成为国家保护和鼓励发展的一种社会中介服务行业。随后，国家税务总局相继制定并下发了《注册税务师执业资格考试实施办法》《注册税务师注册管理暂行办法》和组建省级注册税务师管理机构等文件，加强了对税务代理行业的管理。1999 年，国家税务总局根据中央及国务院领导的有关指示精神，开始对税务代理行业进行全面清理整顿，以促进税务代理事业的健康发展。2016 年，考试改为税务师职业资格考试。

经过十多年的实践，我国税务代理制度逐步建立起来，并不断得以完善。实践证明，税务代理工作的开展，有力地配合了税收征管改革，使税务机关和纳税人之间形成了有效的相互监督、相互制约的机制，在维护国家利益和委托人的合法权益、促进社会主义市场经济发展等方面，切实发挥了重要作用。

10.3.3　税务代理的基本特征

(1) 主体资格的特定性。在税务代理法律关系中，代理行为发生的主体资格是特定的，作为代理人一方，必须是经批准具有税务代理执业资格的注册税务师和税务师事务所。作为被代理人一方，必须是负有纳税义务或扣缴税款义务的纳税人或扣缴义务人。

(2) 行为的法律约束性。税务代理不是一般意义上的事务委托或劳务提供，而是负有法律责任的契约行为，税务代理人与被代理人之间的关系是通过代理协议而建立起来的，代理人在从事税务代理活动过程中，其行为受税法及有关法律的约束。

(3) 税收法律责任的不可转嫁性。税务代理是一项民事活动，税务代理关系的建立并不改变纳税人、扣缴义务人对其本身所固有的税收法律责任的承担。在代理活动中产生的税收法律责任，无论出自谁的原因，其法律后果承担者直接归属于纳税人、扣缴义务人，而不能因建立了代理关系而转移征纳关系，即转移纳税人、扣缴义务人的法律责任。但是法律责任的不转嫁性并不意味着税务代理人在代理过程中可以对纳税人、扣缴义务人的权益不负责任，不承担任何代理过错。若因代理人工作过失而导致纳税人、扣缴义务人不必要的损失，纳税人、扣缴义务人可以通过民事诉讼程序向代理人提出赔偿要求。

(4) 内容的规定性。税务代理人的税务代理业务范围，由国家以法律、行政法规和行政规章的形式确定，税务代理人不得超越规定的内容从事代理活动。除税务机关按照法律、行政法规规定委托其代理外，税务代理人不得代理应由税务机关行使的行政职权。

(5) 专业性。税务代理人必须精通税务和财会等专业知识，应当有丰富的实践经验和较强的综合分析能力。在代理过程中，必须以税收法规和民事代理法规为依据。

(6) 独立性和公正性。税务代理机构与国家行政机关、纳税人或扣缴义务人等没有行政隶属关系，而是作为征纳双方的中介机构，独立行使代理权，不受税务行政部门的干预，也不受纳税人、扣缴义务人等所左右，客观、公正地为纳税人、扣缴义务人代办税务事宜。

10.3.4 税务代理的基本原则

税务代理原则是税务代理人员在从业过程中应当遵循的基本行为准则。我国《税务代理试行办法》中也明确规定了税务代理人在代理活动中应当遵循的原则。

1. 依法代理原则

依法代理是税务代理的一项重要原则，包括以下内容：第一，从事税务代理的机构必须是依法成立的，税务代理人员必须是经过有关部门批准认定具有税务代理资格的注册税务师；第二，一切代理业务都要以法律、法规为依据；第三，代理行为必须按照税收征管程序法和税务代理程序法的要求进行，不能超越规定的代理范围；第四，税务代理人在代理过程中应充分体现被代理人的合法意愿，在被代理人授权的范围内开展活动。

2. 自愿原则

税务代理属于委托代理，必须依照民法有关代理活动的基本原则，坚持自愿委托和自愿选择原则，代理关系的建立应符合代理双方的共同意愿。只有在双方自愿且合法的基础上订立契约，双方的民事法律关系才能确立。

3. 独立、公正原则

独立原则是指税务代理人在其代理权限内，独立地行使代理权，不受其他机关、社会团体和个人的非法干预；公正原则是指代理活动必须客观公正地处理被代理人与税务机关的税收征纳关系，既要维护纳税人、扣缴义务人的合法权益，又要维护国家的合法权益。

4. 有偿服务，合理取酬原则

作为一种以知识和智能为载体的社会性中介服务，税务代理按照国际惯例实行有偿服务。税务代理机构是独立法人，实行自收自支，依法纳税，自负盈亏，必须实行有偿服务，这既体现了按劳计酬的市场分配原则，又体现了中介服务的自愿、有偿的特点，更能增强代理双方的责任感和信任感。但要注意合理取酬，其收费标准要考虑服务项目的多少、工作量的大小、技术的难易程度，还要取决于个别地区的经济发展水平。

5. 保守秘密的原则

税务代理人在代理过程中，由于工作需要，必然要了解被代理人的生产经营等各方面的情况，甚至涉及核心机密。对这些关键的数据、资料及商业秘密，代理人必须为之保守秘密。这是税务代理人的职业道德要求，这样才能取得委托人的信任，保证税务代理工作顺利进行。

10.3.5　税务代理制度

1. 税务代理制度的内涵

税务代理制度是在税务代理体系中，规范税务代理人及其代理活动的一系列法律、法规及制度规定。主要包括国家颁布的有关税务代理的法律、规章制度和税务代理机构根据本身业务特点而制定的有关本行业的制度。一套完备的税务代理制度必须包括以下内容：税务代理人资格的取得和认定；税务代理机构的设置；税务代理原则；税务代理权限与业务范围；代理操作程序；税务代理监督管理机构。

2. 税务代理制度的模式

从目前各国的税务代理制度来看，大致有 3 种模式。

(1) 集中的垄断模式。即全部规范管理，国家专门立法管理税务代理事务，对税务代理的业务范围、代理人资格认定、代理人的权利义务等，都有严格的规定，同时还设有专门的工作机构和行业协会。其代表性国家是日本、德国和韩国，其中以日本最为典型。

(2) 分权的分散模式。即国家不对税务代理人进行集中管理，不进行专门的资格认定，不要求组织专门的行业协会，只管开业注册登记。在这种模式下，税务代理业务和税务咨询业务往往是由注册会计师和律师兼办，没有专门的税务代理人员。其代表性国家是英国、荷兰、比利时等，以澳大利亚最为典型。

(3) 混合模式，即美国模式。其特点是一方面政府设有专门的管理机构，制定了专门的行政法规，另一方面成立税务代理人行业协会，负责具体事务。税务代理人由行业组织考核赋予资格的会计师、律师、审计师担任，由财政部登记发照。

通过上述比较不难看出，无论哪种模式都实行了严格的行业管理，政府的监督尽管程度不同，但都是必要的。

10.3.6　我国的税务代理

1. 我国现行税务代理制度的基本内容

1) 税务师

国家对从事税务代理活动的专业技术人员实行注册登记制度，并将其纳入国家职业资格证书制度范畴，纳入专业技术人员执业资格制度的统一规划，由国家确认和批准。按规定取得中华人民共和国税务师职业资格证书并注册的人员，方可从事税务代理活动。

税务师可通过税务师资格考试取得资格，也可以通过资格审查考核认定。取得税务师执业资格证书、申请从事税务代理业务的人员，应在取得证书后 3 个月内到所在省、自治区、直辖市及计划单列市注册税务师管理中心申请办理注册登记手续。

税务师每次注册有效期限为 3 年，每年验证一次。有限期满前 3 个月应持证按规定到注册管理机构重新办理注册登记。对不符合注册条件和被注销税务师资格的不予重新注册。

2) 税务师的权利与义务

(1) 税务师执业，享有下列权利。

① 税务师有权依照规定范围，代理由委托人委托的代理事宜；对委托人违反税收法律、法规行为的委托，有权拒绝。

② 税务师依法从事税务代理业务，受国家法律保护，任何机关、团体、单位和个人不

得非法干预。

③ 税务师可以向税务机关查询税收法律、法规、规章和其他规范性文件。

④ 税务师可以要求委托人提供有关会计、经营等涉税资料（包括电子数据），以及其他必要的协助。

⑤ 税务师可以对税收政策存在的问题向税务机关提出修改意见和建议；可以对税务机关和税务人员的违法、违纪行为提出批评或者向上级主管部门反映。

⑥ 税务师对行政处罚决定不服的，可依法申请行政复议或起诉。

（2）税务师应按其代理职责履行义务并承担相关的法律责任。税务师执业，需履行下列义务。

① 税务师执业由税务师事务所委派，个人不得承接业务。

② 税务师应当在对外出具的涉税文书上签字盖章，并对其真实性、合法性负责。

③ 税务师执业中发现委托人有违规行为并可能影响审核报告的公正、诚信时，应当予以劝阻；劝阻无效时，应当终止执业。

④ 税务师对执业中知悉的委托人的商业秘密，负有保密义务。

⑤ 税务师应当对业务助理人员的工作进行指导与审核，并对其工作结果负责。

⑥ 税务师与委托人有利害关系的，应当回避；委托人有权要求其回避。

⑦ 税务师应当不断更新执业所需的专业知识，提高执业技能，并按规定接受后续教育培训。

2. 税务代理机构

我国《税务代理试行办法》规定，税务代理机构为税务师事务所和经国家税务总局及其省、自治区、直辖市国家税务局批准的其他机构。

税务师事务所由税务师出资设立，其组织形式为有限责任制和合伙制，以及国家税务总局规定的其他形式。设立税务师事务所应有一定数量的专职从业人员，其中至少有五名以上经税务机关审定的税务师。设立税务师事务所，应当报国家税务总局或省、自治区、直辖市税务局审查批准。国家规定，一个税务师只能加入一个税务代理机构。

经国家批准设立的会计师事务所、律师事务所、审计师事务所、税务咨询机构需要开展税务代理业务的，必须在本机构内设置专门的税务代理部，配备五名以上经税务机关审定的税务师，并报经国家税务总局或省、自治区、直辖市国家税务局批准，方能从事税务代理业务。省、自治区、直辖市国家税务局应当将其批准设立的税务师事务所和其他税务代理机构报国家税务总局备案。

3. 税务代理业务范围

税务代理的业务范围主要是纳税人所委托的各项涉税事宜。我国《注册税务师管理暂行办法》规定，税务师可以接受委托人的委托从事下列范围内的业务代理。

（1）办理税务登记。

（2）办理纳税、退税和减免税申报。

（3）建账记账。

（4）办理增值税一般纳税人资格认定申请。

（5）利用主机共享服务系统为增值税一般纳税人代开增值税专用发票。

（6）代为制作涉税文书。

(7) 开展税务咨询（顾问）、税收筹划、涉税培训等涉税服务业务。

(8) 税务师还可承办下列涉税鉴证业务：①企业所得税汇算清缴纳税申报的鉴证；②企业税前弥补亏损和财产损失的鉴证；③国家税务总局和省税务局规定的其他涉税鉴证业务。

根据现行有关法律规定，税务师不能违反法律、行政法规的规定行使税务机关的行政职能；同时，对税务机关规定必须由纳税人、扣缴义务人自行办理的税务事宜，税务师不得代办。

4. 税务代理的法律责任

税务师开展税务代理活动，必须由所在的税务师事务所统一受理并与委托人签订委托代理协议书，经委托方、受托方签章后，正式生效。这标志着税务代理关系的最终确立。税务代理人应按委托协议书约定的代理内容和代理权限、期限进行税务代理。按照法律规定，享有权利，承担义务，并对其行为承担法律责任。

税务代理的法律责任一般有 3 种类型：一是行政处罚，即对违反税法或其他法规的税务代理行为给予行政上的处罚；二是刑事责任，对触犯刑法的要追究刑事责任；三是民事责任，即由于代理行为给被代理人造成经济损失的，要负赔偿责任。

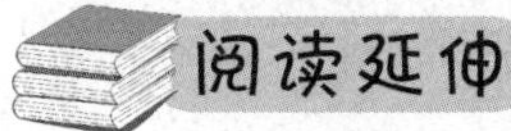

“税收筹划是税务代理机构发展的主方向”可通过加阅平台阅读。

本章小结

本章主要讲述了税收筹划与税务代理的基本理论与方法。税收筹划的目的是取得节税利益，可以采取多种技术手段来进行。在我国，企业税收筹划的重点是流转税与所得税两大税种，分别可以从纳税人、计税依据、税率等方面进行筹划。税务代理是适应我国社会经济发展需要新兴的社会中介行业。我国已经基本建立起了一套较规范的税务代理制度体系。税收筹划会成为今后我国税务代理行业发展的主要方向。

练习与思考题

一、单项选择题

1.“多证合一”改革后（　　）应当依法向税务机关办理税务登记领取税务登记证件。

A. 事业单位　　B. 农民专业合作社

C. 境外非政府组织　　D. 律师事务所

2. 纳税人未按规定申请一般纳税人资格登记的，主管税务机关应当在规定期限结束后（　　）工作日内制作《税务事项通知书》，告知纳税人应当向主管税务机关办理相关手续。

A. 5　　B. 10　　C. 15　　D. 30

3. 税务师在纳税审核时，返现企业以前年度少计收益或者多及费用时，调账时应(　　)。

A. 借记“利润分配——未分配利润”

B. 借记“以前年度损益调整”

C. 贷记“以前年度损益调整”

D. 贷记“应交税费——应交所得税”

4. 税务师对某企业纳税情况审核时，发现该企业计提当年 12 月份折旧时少计了上月新购固定资产产生的折旧 2 000 元，下列调账方式较为恰当的是（　　）。

A. 红字冲销法　　B. 蓝字更正法

C. 补充登记法　　D. 综合账务调整法

5. 选择国家税收法律或政策规定不予征税的经营投资等活动的方案以减轻税收负担的是（　　）。

A. 减免税方法　　B. 不予征税方法

C. 税率差异方法　　D. 分割方法

二、判断题

1. 税收筹划本质是一个方法体系，在我国主要就企业税收进行筹划。（　　）

2. 电话咨询是税务咨询中最常用的一种方式。（　　）

3. 税务师执业风险是指税务师因工作欠缺导致委托人或第三方权益遭受损失所要承担的法律责任。（　　）

4. 涉税签证业务其工作底稿至少要保存 10 年。（　　）

5. 我国税务代理市场以及税务筹划中介服务已经完全成熟。（　　）

三、思考题

1. 论述税务代理的发展历程以及我国税务代理的现状。

2. 税务筹划的一般原理是什么？

3. 论述个人所得税筹划的新思路。

4. 综合税务筹划的难点在哪里？

第 11 章 国际税法

学习目的

通过本章的学习，掌握国际税法及其相关概念，税收管辖权及其实施；重点掌握国际重复征税及其减除方法；了解国际逃税、避税的常用手段和国际税收协定的相关内容；并且能够将理论与实际情况相结合，对我国的国际税法问题及现象进行分析。

开篇导言

自 19 世纪末至 20 世纪初开始，随着国际经济交往的不断发展，各种投资所得、企业和个人收入与财产越来越多地超越国家的范围，涌现出了大批的跨国纳税人，把税收带出国界，使国际税收成为国际经济中一个不可忽视的因素，国际税收关系在国际政治经济关系中的地位日显重要，而对国际税收关系的协调与规范便形成了国际税法。理顺国际税收关系、搞好国际税收协调对各国来说都是一项十分重要的工作。

在我国，随着改革开放的不断深入，尤其是 2001 年加入 WTO 以来，无论是货物的出口还是进口，无论是吸引外资还是对外投资，均表现出了迅猛的发展势头。在此背景下，有关国际税收问题就表现得较为突出，居民纳税人的认定问题、跨国公司内部转让定价问题、内外资企业相关税收的合并与税收优惠政策的统一问题、国际税收竞争与我国税收政策的选择问题、我国与相关国家国际税收的合作问题等，都是我们需要积极面对加以解决的难点和热点问题。

当今世界，距离的空间正日益缩小，现代交通、通信的高度发展克服了地理上的障碍，将世界连成了一体。不断扩大的贸易交往、日益增多的资本流动、加速发展的技术传播和信息交流等，导致各国经济日益相互渗透、相互依赖和相互制约。不仅经济生活的高度国际化已成为我们这个时代发展的一个基本特征，而且区域性经济集团化，也成为世界经济中一种全球性的走势。可以预见，国际税收关系与国际税法将普遍受到人们的重视。

本章除了介绍国际税法的概念、主体、客体及国际税法的法律渊源外，还将重点分析国际税法的几大问题：税收管辖权及其应用、国际重复征税的产生和消除、国际避税与反避税，最后对国际税收协定作一简单介绍。

11.1 国际税法概述

11.1.1 国际税法的概念

国际税法的产生源于国际间经济的交往和一体化。税收（国家税收）是国家凭借手中的政治权力对其管辖范围内的人和物进行的一种强制无偿课征，是国家取得财政收入的一种手段。在封闭经济条件下，各国的税收并不具有涉外因素，也不涉及与其他国家的税收利益的冲突。但是，在开放经济条件下，随着货物、资金、人员的跨国界流动，由于税收是国家主权的体现，一国有权对进出其国境的人和物进行征税，因此，一国的税收就不可避免地具有涉外因素。此时，国家税收既对国际间的经济交往和跨国纳税人产生影响，也与其他国家的税收利益产生冲突，这就需要国家间税收利益的协调。

所谓国际税法，就是调整国际税收关系的法律规范的总称。这里，“国际税收”是指在开放的经济条件下因纳税人的经济活动扩大到境外以及国与国之间税收法规存在差异或相互冲突而带来的一些税收问题和税收现象；“国际税收关系”是两个或两个以上的国家与纳税人相互间在跨国征税对象（即跨国所得和跨国财产价值）上产生的经济利益分配关系，是有关国家之间的税收利益分配关系和它们各自与纳税人之间的税收征纳关系的统一体。

国际税法作为税收法规及制度国际化的延续，涉及国家与国家之间对利益的分配问题，属于国际政策协调的范畴，是国际经济法的组成部分。需要强调指出，国际税法不仅调整国家间的税收分配关系，还调整国家和跨国纳税人之间的税收征纳关系。事实上，国际间并没有超国家的存在，协调国家间税收权力的国际法规范的具体实施也离不开国内法规范。例如，国际税收条约要求缔约国双方为了避免双重征税采用免税法，这一措施的实现必须通过缔约国的国内法。如果缔约国的国内法中没有给予免税的法律规定，则国际税收条约的目的就无法实现。可见，国际税法的研究范围就包括对税收领域的国际法规范和国内法规范的研究。

专题 11-1

国际税收与国家税收的联系与区别

国际税收与国家税收之间的密切联系表现在：一方面，国际税收以国家税收为基础，它不能脱离国家税收而独立存在；另一方面，国家税收中有关本国跨国经营的纳税人和外国纳税人的征收制度则又要遵循国际税收的准则和规范。

二者的区别主要有以下几个方面：首先，国家税收是以国家政治权力为依托的强制课征，而国际税收在本质上是国家之间的税收关系，不是凭借某种政治权力进行的强制课征；其次，国家税收反映国家与纳税人之间的征纳关系，而国际税收则反映国家之间的税收分配关系和税收协调关系；最后，国家税收按课税对象不同可以分为不同的税种，而国际税收不是一种具体的课征形式，所以只涉及一些税种，而没有独立的税种。

11.1.2 国际税法的主体

国际税法的主体包括以下 3 个方面。

(1) 国家。国家作为国际税法的主体，有权对纳税人的跨国征税对象进行课税，具有双重特点。首先，国际税法调整国家之间的税收分配关系，因此国家与国家之间是平等的，国家既享有权利，也承担义务；其次，由于国际税法还调整国家和跨国纳税人之间的税收征纳关系，因此相对于跨国纳税人来讲，国家是征税主体，其与跨国纳税人之间的权利和义务关系并不是平等的，即国家无偿强制征税，纳税人无偿纳税，这与国内税法中国家和非跨国纳税人的关系是一样的。

（2）国际组织。国际组织作为国际税法的主体，与国家不同。由于国际组织并不享有主权，因此它并不具有征税权，也就不存在国家和国际组织之间的税收分配关系。不过，国际组织要在国家的领域内开展活动，国际组织要向其所在国或开展活动的国家纳税，因此就涉及国家和国际组织之间的税收征纳关系。在实践中，国家对国际组织是免于征税的，即国际组织享有税收豁免。例如，《国际货币基金协定》第 9 条第 9 节（a）规定："基金的资产、财产、收益以及本协定授权的业务活动和交易，应豁免一切捐税和关税。基金对于任何捐税关税的征税或缴纳，也均豁免承担任何责任"。

（3）跨国纳税人。跨国纳税人是指在两个或两个以上国家同时负有纳税义务的个人或经济组织，包括自然人、法人和其他组织或团体。它们是国际税法中的纳税主体，承担纳税的义务。不过，跨国纳税人与非跨国纳税人的不同在于，它们要向两个或两个以上的国家纳税，而相关国家为了避免对跨国纳税人的双重征税，往往采取相应的避免双重征税的措施或提供税收优惠，而这是非跨国纳税人所不享有的。

11.1.3　国际税法的客体

由于国际税法的调整对象为国家间的税收分配关系及国家和跨国纳税人之间的税收征纳关系，因此国际税法的客体也表现为两个方面。

（1）国际税法的征税对象。国际税法的征税对象决定了国家和跨国纳税人之间的税收征纳关系，即国家在哪些税种方面与跨国纳税人发生法律关系。只有存在这一前提，才会有国家之间税收分配关系的存在。现行各国税种按其课税对象可分为三大类：所得税、财产税和流转税。而国际税法的客体，除了跨国纳税人的跨国所得，还包括一定的流转额，因此国际税收关系主要发生在所得税、关税和流转税上。

（2）国家间进行分配和协调的税收收入。国际税法的征税对象体现了国家和跨国纳税人之间的关系，国家就此取得的税收则因为纳税人的跨国性而产生了国家间的税收分配关系。两个或两个以上的国家对同一纳税人的同一跨国所得或者对同一课税对象征税，就会产生国际双重征税现象。国际双重征税不利于国际经济的发展。因此，为消除国际双重征税，就需要有的国家采用相应的减税或免税措施，让渡或放弃自己的征税权，这种做法既可以由国家自行实施，也可以通过国际税收协定来划分国家间对某一征税对象的征税权，从而完成国家间的税收分配。

11.1.4　国际税法的法律渊源

国际税法的渊源有以下两个方面。

（1）国际条约。国际税法中的国际条约包括两个方面。①国际税收条约。这是最重要的渊源。国际税收条约主要集中在两个领域，即所得税领域和关税领域。所得税领域的国际税收条约，通常称作"国际税收协定"。当然，有关国际税收协定的换文、对国际税收协定进行修改和补充的议定书等国际法律文件也是国际税收协定的组成部分。所得税领域中的国际税收协定大多是双边的，即双边税收协定，以避免对所得和财产双重征税和防止偷漏税为主要目的。关税领域中的国际税收条约主要是多边的，即国际关税条约。国际关税条约可分为两大类：以协调和减让关税为目的的国际条约和以建立关税同盟为目的的国际条约。②某些不以税收为目的的双边投资协定、友好通商航海条约等国际条约中有关税收优惠的条款也属于国际税法的法律渊源。根据《国际法院规约》第38条的规定，国际条约是国际法的渊源之一，因此，国际税法与国际公法也存在着联系，即国际税法领域的国际条约，如国际税收协定的签订、生效、解释等问题也需要运用国际法的原则和规章，如《维也纳条约法公约》。

(2) 各国的涉外税法。一国单纯处理国内税收问题的法律不属于国际税法的范畴，而各国的涉外税法则是国际税法的重要组成部分。所谓涉外税法，是指一国调整涉外税务的法律规范。涉外税务存在两种情况，一是负有无限纳税义务的居民纳税人有来自境外的所得或财产；二是负有有限纳税义务的非居民纳税人有来自该国的所得或财产。

11.2 税收管辖权及其应用

国际税收分配关系中的一系列矛盾的产生都与税收管辖权有关。换句话说，国际税收分配关系中诸多矛盾和问题，都是各国税收管辖的差异所造成的。研究国际税收，尤其是解决国际双重征税问题，首先应从了解税收管辖权着手。

11.2.1 税收管辖权的概念及特征

所谓税收管辖权，就是一种征税权，它是国家的管辖权在税收上的具体体现，是一国政府行使主权征税所拥有的管理权力。税收管辖权具有独立性和排他性，它意味着一个国家在征税方面行使权力的完全自主性，在处理本国税务时不受外来干涉和控制。也就是说，任何一个主权国家，在不违背国际法和国际公约的前提下，都有权选择最优的（或对本国最有利的）税收制度，这一制度包括3项基本内容。

(1) 纳税主体，即由谁来纳税，具体而言是指由国家行使征税权，由国家的税务部门行使税收的管理权。

(2) 纳税客体，即对什么征税，通常而言包括收益、所得和财产等。

(3) 纳税数量，即征多少税。它既包括宏观整体税负的确定，也包括各具体税种的确定，还包括有关征税项目征税数量的确定。

显然，由于管辖权存在多重性，那么税收管辖权的选择也不会是单一的。

11.2.2 税收管辖权的确立原则

税收是国家凭借政治权力征收的，这一本质特征决定了一个国家行使课税权力不能超越其政治权力所能达到的范围。一般来说，一个主权国家的政治权力所能达到的范围，主要包括地域和人员两方面。一国确立税收管辖权范围所遵循的原则便是属地原则和属人原则。

1. 属地原则

属地原则是指一个主权国家以地域的概念作为其行使征税权力的指导原则。按属地原则，一国政府行使其征税权力时，必须受该国的领土疆界内的全部空间范围（包括领陆、领空、领海）的制约。一国政府只能对在上述空间范围内发生的所得和应税行为行使征税权力，而不论纳税人是否是该国的公民或居民。

2. 属人原则

属人原则是指一个主权国家以人员的概念作为其行使征税权力的指导原则。按属人原则，一国政府在行使其征税权力时，必须受人的概念范围制约，即只能对该国的居民或公民

(包括自然人和法人) 获取的所得行使征税权力，而不论这些居民或公民的经济活动是否发生在该国领土疆域以内。

11.2.3 税收管辖权的类型

按照属地原则和属人原则所确立的税收管辖权可以分为 3 种类型，即收入来源地管辖权、居民管辖权和公民管辖权。

1. 收入来源地管辖权

收入来源地管辖权又称为地域管辖权，是按属地原则确立的税收管辖权。也就是说，一国对来源于本国境内的收入或所得以及存在于本国领土范围内的财产行使征税权，而不考虑取得收入者和财产所有者是否为该国的居民或公民。

行使收入来源地税收管辖权的核心问题，是确定各类所得和财产来源地的标准。目前大多数国家的做法是将所得划分为不同类别，并根据所得类别确定相应的标准。

(1) 营业所得。属于积极投资所得，指在固定场所从事企业经营活动所取得的营业利润。大多数国家在确定一笔营业所得来源于何处时，是依据在该国是否设有常设机构为标准。常设机构是指一个企业进行全部或部分经营活动的固定营业场所，它是对非居民营业所得征税与否的分水岭。

(2) 股息、红利、利息、特许权使用费等所得。这类所得确定以实际发生地为标准。如股息以分配股息的企业所在地为来源地。

(3) 劳务所得。对个人独立劳务所得来源地的确认，一般有 3 种标准，即劳务的提供地、劳务服务的使用地、劳务报酬作为费用扣除的企业所在地。非独立个人劳务所得，一般以劳动力的实际使用地为标准确定其来源地。

(4) 不动产所得。由于不动产所得具有明确的外部标志和地域概念，各国均以不动产的实际所在地为所得来源地的标准。

2. 居民管辖权

居民管辖权又称为居住管辖权，是按属人原则确立的税收管辖权。它强调按纳税人的居民身份来行使征税权，即一国对该国居民（包括自然人和法人）在世界范围的全部所得和财产行使征税权，而不考虑该纳税人的所得是来源于境内还是境外。一国在行使居民管辖权时，首先要确定纳税人是否具有本国的居民身份。所谓居民，从税收角度而言，是指按照某国法律，由于住所、居所、管理场所或其他类似性质的标准，在该国负有无限纳税义务的自然人和法人（《OECD 范本》）。居民身份的确定，必须依据一定的标准。

1) 自然人居民身份的确定

目前，各国对跨国自然人居民身份的确定一般采用以下 3 种标准。

(1) 住所标准。所谓住所，是指人的固定的或永久性的居住场所，一般是指配偶、家庭及财产的所在地。按照住所这一概念，凡是住所在本国境内的，均为本国居民，从而要承担本国的无限纳税义务；否则，视为本国非居民纳税人，本国政府对其免予行使居民管辖权。如法国、瑞士等国家都采用这一标准。我国也以此标准作为判定自然人居民身份的重要标准。

(2) 时间标准。时间标准是指以自然人在本国居住或停留时间的长短作为判定其是否为本国居民的标准。如果一个人在本国境内居住或停留的时间超过了本国税法规定的期限，那么这个人就被认定为本国居民纳税人，本国政府有权对其来自世界各地的所得进行征税。采用时间标准确定自然人居民身份的国家相对较多，如英国、德国、加拿大、瑞典及中国等规定在本国居住达到半年（183天），即为该国居民；美国、日本、法国等规定在本国居住达到一年（365天）以上者，为该国居民。

（3）意愿标准。意愿标准是指纳税人在行使居民管辖权的国家内有长期居住的主观意愿或被认定为有长期居住意愿的，都被视为该国居民。凡在一国有长期居住意愿，并依法取得入境护照、移居签证和各种居留证明的外国侨民，都属于该国居民，该国政府都有权对其来源于世界范围的全部所得进行征税。例如，美国和巴西等国。

2）法人居民身份的确定

目前，各国判定法人的居民身份主要有以下几个标准。

（1）注册登记地标准（又称法律标准）。按照行使居民管辖权的国家的法律注册设立的公司，即为该国居民公司。采用注册登记地标准的国家是以跨国法人是否在本国注册登记为依据，来确定该跨国法人是否为本国法人居民。凡在本国办理了注册登记手续的法人，均可确认为本国的法人居民，本国政府可以对其来源于世界范围内的全部所得行使居民管辖权征税。如美国、瑞典、澳大利亚、日本、法国、中国等国均采用这一标准。

（2）管理机构所在地标准。这是以公司的实际管理机构和控制中心是否在本国境内为依据，来确定其是否是本国法人居民。凡是实际管理机构和控制中心设在本国境内的公司，即被确认为本国的法人居民，本国可以对其行使居民管辖权征税。如英国、德国、加拿大、新加坡、中国等国均采用这一标准。

（3）总机构所在地标准。这是以公司、企业的总机构是否设立在本国境内为依据来确定其是否为本国居民。总机构是企业的总管理或控制机构，它是负责法人的重大经营决策以及全部经营活动和统一核算法人盈亏的管理机构。凡是总机构设立在本国境内的跨国公司，不论投资人是哪国人，均应确认为本国居民公司，可由本国政府对其行使居民管辖权，对其来自世界范围的全部所得进行征税。如法国、日本、比利时等国均采用这一标准。

（4）资本控制标准。即以控制公司选举权的股东的居民身份为依据来确定该公司的居民身份。如美国规定，一家跨国公司虽然在国外注册但只要50%以上的选举权股票为美国股东所掌握，即可确定为美国居民公司，由美国政府对其行使居民管辖权。

在世界各国的税收实践中，由于实行单一标准不利于维护国家税收权益，因此许多国家都不是只采用一个标准，而是同时采用两个或两个以上的标准。表11-1为部分国家确立居民税收管辖权的有关税法规定。

表11-1 部分国家确立居民税收管辖权的有关税法规定

国家	判定自然人居民身份的标准	判定法人居民身份的标准
美国	在美国境内居住满一年或根据本人的意愿情况而定	依据美国联邦或州的法律登记注册
法国	（1）在国内有住所 （2）受雇或从业地点在法国，经济利益中心地点在法国 （3）有5年以上经常居所	在法国境内登记注册或者管理机构、控制中心设在法国

续表

国家	判定自然人居民身份的标准	判定法人居民身份的标准
英国	符合下列条件之一 (1) 在国内有住所 (2) 在一个纳税年度居住满 6 个月 (3) 在一个纳税年度旅居英国不到半年，但连续 5 年以上每年来访英国达 3 个月	在英国境内登记注册，或者其事业的管理机构以及控制支配中心在英国
德国	在国内有永久住所或在一个纳税年度内在暂时住所居住满 6 个月	依据德国法律注册登记，或其管理机构设在德国
新加坡	在一个公历年度居住或就业满 183 天	公司的实际管理机构与控制机构在新加坡境内
加拿大	在加拿大境内有永久居住场所，或在一个公历年度内居住满 183 天	管理机构和经营控制中心在加拿大境内
日本	在国内有永久性住所或居所，连续居住在 1 年以上	按照日本法律注册登记，或在日本境内设有总机构、总店或总办事处
新西兰	在新西兰境内居住满 1 年	在新西兰境内登记成立或总管理机构、主要办事处在新西兰境内
泰国	在一个纳税年度内在泰国境内累计居住满 180 天	在泰国境内登记成立

资料来源：《OECD 范本》

11.2.4 税收管辖权的选择与实施

税收管辖权的选择与实施，既影响到某个国家的财权利益，又涉及与有关国家之间的税收分配关系。因此，各国选择并实施何种税收管辖权，已成为人们密切关注的问题。世界主要国家（地区）对税收管辖权一览表如表 11－2 所示。

表 11－2 世界主要国家（地区）税收管辖权一览表

税收管辖权	国家或地区
同时行使收入来源地管辖权和居民管辖权	中国、阿富汗、澳大利亚、孟加拉国、印度、斐济、印度尼西亚、日本、韩国、马来西亚、新西兰、巴基斯坦、新加坡、泰国、斯里兰卡、西萨摩亚、哥伦比亚、萨尔瓦多、洪都拉斯、秘鲁、奥地利、比利时、希腊、西班牙、瑞典、瑞士、土耳其、英国、爱尔兰、卢森堡、摩洛哥、荷兰、法国、俄罗斯、加拿大等
单一行使收入来源地管辖权	文莱、阿根廷、玻利维亚、巴西、多米尼加、厄瓜多尔、危地马拉、尼加拉瓜、巴拿马、巴拉圭、委内瑞拉等
同时行使收入来源地管辖权和公民管辖权	罗马尼亚、菲律宾
同时行使收入来源地管辖权、居民管辖权和公民管辖权	美国、墨西哥

资料来源：IMF 官方网站

从表 11－2 中可见，亚洲、欧洲、大洋洲的大多数国家和地区都同时行使收入来源地管辖权和居民管辖权，单一行使收入来源地管辖权的国家和地区多为拉丁美洲国家和地区，同时行使收入来源地管辖权和公民管辖权的国家为数很少，同时行使收入来源地管辖权、居民管辖权和公民管辖权的国家也很少。至于单一行使居民管辖权则可能会在区域性（如欧盟的成员国之间）税收同盟中出现。需要指出的是，无论一个国家或地区实施何种税收管辖权，在一定的条件下，都会存在国家与国家之间税收管辖权的冲突，由此加重跨国纳税人的税收负担，违背税收公平的原则，对世界经济的发展带来不良影响。

【案例 11-1】 居民税收管辖权的冲突

行使居民税收管辖权的各个国家，在税法中判定居民身份的标准不尽相同，致使一个纳税人在两个或两个以上国家同时被认为是本国居民纳税人并承担无限纳税义务。例如，某个美国公民在美国有永久性住所，2018 年在英国居住，工作达半年以上。在这种情况下，该美国公民同时被美国、英国确定为该国的居民，对英美两国承担无限纳税义务。又如，在南非注册，总部也设在南非的一家公司，理所当然是南非的法人居民公司。该公司的董事成员大部分住在伦敦，董事会大部分在伦敦召开，公司的所有重要决定都在伦敦作出。为此，英国政府也视该公司为英国的居民公司并对该公司在南非取得的收入征税。

11.3 国际重复征税的产生和消除

11.3.1 国际重复征税的产生

国际重复征税是指两个或两个以上国家的不同课税权主体，在同一时期内对同一或不同跨国纳税人的同一征税对象或税源所进行的重复征税。国际重复征税是以税收管辖权的冲突，即存在两个以上征税主体为前提的，是由各国税收法律的冲突引起的。

国际重复征税对国际经济合作与交往会产生消极影响。首先，国际重复征税给跨国纳税人造成额外的税收负担；其次，国际重复征税阻碍国际资本、商品、劳务和技术的自由流动；最后，国际重复征税违背税收负担公平合理的原则。正是由于存在上述问题，世界各国和各种国家联盟都把解决国际重复征税作为一个极其重要的国际问题，经过几十年的努力，已卓有成效，主要的表现是在世界范围内确立并贯彻了一系列减除国际重复征税的方法。

专题 11-2

法律意义上的国际重复征税与经济意义上的国际重复征税的区别

在国际税法上，人们对国际重复征税这一概念的认识，存在一定的分歧。这种分歧主要表现在国际重复征税的概念范围，是仅限于法律意义的国际重复征税，还是应包括所谓经济意义的国际重复征税。

1. 法律意义的国际重复征税

所谓法律意义的国际重复征税，是指两个或两个以上的国家，对同一纳税人就同一征税对象，在同一时期内课征相同或类似的税收。法律意义的国际重复征税概念包括以下 5 项构成要件：第一，存在两个以上的征税主体；第二，是同一个纳税主体，即同一个纳税人对两个或两个以上的国家负有纳税义务；第三，课税对象的同一性，即同一笔所得或财产价值；第四，同一征税期间，即在同一纳税期间内发生的征税；第五，课征相同或类似性质的税收。只有同时具备上述5项要件，才构成法律意义上的国际重复征税。这种法律意义的国际重复征税，也称狭义的国际重复征税，是目前各国通过单边的国内立法和双边税收协定努力克服解决的核心问题。

2. 经济意义的国际重复征税

所谓经济意义的国际重复征税，亦称为国际重叠征税或国际双层征税，是指两个以上的国家对不同的纳税人就同一课税对象或同一税源在同一期间内课征相同或类似性质的税收。与前述法律意义的国际重复征税相比，经济意义的国际重复征税除了不具备同一纳税主体这一特征外，同样具有法律意义的国际重复征税的其余4项构成要件。经济意义的国际重复征税现象，主要表现在两个国家分别同时对在各自境内居住的公司的利润和股东从公司获取的股息的征税上。从法律角度看，公司和公司的股东是各自具有独立法律人格的不同纳税人。公司通过经营活动取得的营业利润和股东从公司获取的股息，也是属于两个不同纳税人的所得。因此，一国对属于其境内居民的公司的利润征税和另一国对其境内居住的股东从上述公司取得的股息征税，在法律上均属合法有据，并非对一个纳税人的重复征税。然而，两个国家分别对公司的利润和股东的股息征税，在经济上不合理。因为从经济角度看，公司实质上是由各个股东所组成的，公司的资本是各个股东持有的股份的总和，公司的利润是股东分得股息的源泉。因此，一方面对公司的利润征税，另一方面又对作为公司税后利润分配的股息再征税，明显是对同一征税对象或同一税源进行的重复征税。就经济效果而言，对公司利润征收的所得税，最终还是按股份比例由各个股东承担。这与对同一纳税人的同一所得的重复征税在实质上并无区别。

国际重复征税概念应该包括法律性质的和经济性质的重复征税。因此，完整的国际重复征税概念，应该是指两个或两个以上的国家，对同一纳税人或不同纳税人的同一种征税对象或税源，在相同期间内课征相同或类似性质的税收。这种重复征税，除在某些情形下可能表现为多重性的以外，在一般情形下往往是双重性的，故亦可统称为国际双重征税。

11.3.2　双重课税的消除

国际重复征税的产生同各国税收管辖权的差异性有一定的关系。当前，世界各国普遍接受地域税收管辖权优先的原则，即在出现税收管辖权冲突时，由来源国优先课征，从而在相当程度上可以减轻乃至消除国际重复征税问题。在此途径下，世界各国主要有4种方法减除国际重复征税。

1. 抵免法

抵免法是指居住国政府，允许本国居民在本国税法规定的限度内，用已缴非居住国政府的所得税和一般财产税税额，抵免应缴本国政府税额的一部分。该方法的指导思想是承认收入来源地管辖权的优先地位，但不放弃居民管辖权。

抵免法分为两种类型。一是全额抵免，即本国居民在境外缴纳的税款，可以按照本国税法规定计算出的应缴税款，予以全部免除。二是普通抵免（限额抵免）。本国居民在汇总境内、境外所得计算缴纳所得税或一般财产税时，允许扣除其来源于境外的所得或一般财产收益按照本国税法规定计算的应纳税额，即通常所说的抵免限额，超过抵免限额的部分不予扣除。

全额抵免和普通抵免的区别在于普通抵免要受抵免限额的限制。当国外税率高于本国税率时，只能按照国内税法计算的抵免额，来抵免在国外已缴纳的税款，而全额抵免则不受此限制。

还有一种方法是税收抵免的延伸或扩展，称之为税收饶让。税收饶让是指一国政府对本国纳税人在国外得到减免的那一部分所得税，视同在国外已缴税款，同样给予抵免待遇，不再按本国规定的税率补征。在目前世界经济中，发展中国家为了吸引外国资本到本国投资，往往在税制上、特别是对所得税给予许多减免优惠待遇。如果资本输出国（主要是指发达国家）不给予税收饶让，则发展中国家给予的减免会转化为发达国家的税收收入，而纳税人本身得不到任何好处，从而使税收抵免失去意义。实行税收饶让，就可以维护投资者的利益，鼓励外国投资。但是，目前世界各国对税收饶让的认识并不一致，有的国家，如美国，反对税收饶让，而英国、法国、日本等国则同意税收饶让。

专题 11-3

境外投资所得可自行选择综合抵免法或分国抵免法

财政部 国家税务总局联合印发《关于完善企业境外所得税收抵免政策问题的通知》赋予纳税人选择权，对境外投资所得可自行选择综合抵免法或分国抵免法，但一经选择，5 年内不得改变。

实行综合抵免法，对同时在多个国家投资的企业可以统一计算抵免限额，有利于平衡境外不同国家（地区）间的税负，增加企业可抵免税额，有效降低企业境外所得总体税收负担。同时，综合抵免依然遵守限额抵免原则，不会侵蚀所得税税基。

早在 2011 年，财税部门根据企业所得税法授权已发文明确对石油行业企业实行综合抵免法，在实际执行中对我国石油行业企业“走出去”起到了积极推动作用，石油行业企业的实践也为扩大综合抵免范围起到了试点和基础性作用。

企业选择采用不同于以前年度的抵免方法计算可抵免境外所得税税额和抵免限额时，对该企业以前年度尚未抵免完的余额，可在税法规定结转的剩余年限内，按新选择的抵免方法计算的抵免限额中继续结转抵免。即企业此前在分国抵免法下还有尚未抵免完的余额，可在税法规定 5 年结转期的剩余年限内，按照综合抵免法计算的抵免限额继续结转抵免。

近年来，随着我国企业越来越多地“走出去”参与国际竞争，很多企业在境外投资中需要专门架设中间层企业，现行抵免不超过 3 层的限制难以完全适应企业“走出去”的实际情况。为更好地鼓励中国企业“走出去”获取境外资源、市场、技术等关键要素，抵免层级由 3 层扩大至 5 层。

一般来讲，抵免层级越多，消除重复征税就越彻底；但抵免层级增多后，纳税人计算更为复杂，税务机关也会面临较大的征管压力。随着近年来企业核算水平的提高和税务信息化建设的推进，纳税人遵从度和税收管理水平也有一定程度的提高，实施统一的 5 层抵免可以使抵免更加充分，在税收征管操作方面也具备相应的基础。

2. 免税法

免税法是指居住国政府对本国居民来源于非居住国政府的跨国收益、所得或一般财产价值，在一定的条件下，放弃行使居民管辖权，免予征税。免税法以承认非居住国地域管辖权的唯一性为前提。

免税方法包括两种具体形式。一是全额免税法，是指居住国政府对本国居民纳税义务人征税时，允许其从应纳税额中扣除其来源于国外并已向来源国纳税的那部分所得。这种方法在国际税收实际中极少被采用。二是累进免税法，是指采取累进税制的国家，虽然从居民纳税人的应税所得中扣除其来源于国外并已经纳税了的那部分所得，但对其他所得同样确定适用税率时仍将这部分免税所得考虑在内，即对纳税人其他所得的征税，仍适用依据全部所得确定的税率。

3. 扣除法

扣除法是指居住国政府在行使居民管辖权时，允许本国居民用已缴非居住国政府的所得税或一般财产税税额，作为向本国政府汇总申报应税收益、所得或财产价值的一个扣除项目，就扣除后的余额，计算征收所得税或一般财产税。

在运用扣除法时，居住国政府给予免税的，并不是纳税人在非居住国已缴的税额，而是从其应税所得中减去一部分计税所得额。在国际税收实践中，扣除法极少被运用。

4. 减免法

减免法又称低税法，即一国政府对本国居民的国外所得在标准税率的基础上减免一定比例，按较低的税率征税，对其国内所得则按正常的标准税率征税。显然，一国对本国居民来源于外国的所得征税的税率越低，越有利于缓解国际重复征税。但由于减免法只是居住国对已缴纳国外税款的国外所得按较低的税率征税，而不是完全对其免税，所以它与扣除法一样，也只能减轻而不能免除国际重复征税。目前它只是在个别国家的国内法中有所体现。例如，比利时所得税法规定，对比利时公司国外分支机构取得的所得减征 75%的所得税。

【案例 11-2】 国际重复课税的消除方法

A 国一居民公司 M，在某纳税年度内，取得总所得 250 万元，其中总公司来自居住国 A 国的所得是 150 万元，分公司来自非居住国 B 国的所得是 100 万元。A 国的企业所得税税率是 40%，B 国的企业所得税税率是 30%，B 国分公司享受 20%的优惠税率。现分别计算 A 国政府在采用免税法、扣除法、抵免法、税收饶让下，该公司应向 A 国政府缴纳的税款。

解析

1. 用免税法计算：

M 公司在 B 国已纳税款　　100×20%＝20(万元)

M 公司在 A 国应纳税款　　150×40%＝60(万元)

M 公司承担的总税负　　20＋60＝80(万元)

2. 用扣除法计算：

M 公司在 B 国已纳税款　　100×20%＝20(万元)

M 公司在 A 国应纳税款　　(150＋100－20)×40%＝92(万元)

M 公司承担的总税负　　20＋92＝112(万元)

3. 用抵免法计算：

M 公司在 B 国已纳税款　　100×20%＝20(万元)

M 公司在 A 国应纳税款 (150＋100)×40％－20＝80(万元)

M 公司承担的总税负 20＋80＝100(万元)

4. 按税收饶让规定计算

M 公司在 B 国已纳税款 100×20％＝20(万元)

视同已纳税款 100×30％＝30(万元)

M 公司在 A 国应纳税款 (150＋100)×40％－30＝70(万元)

M 公司承担的总税负 20＋70＝90(万元)

简要分析：

①免税法下，居住国政府完全放弃居民（公民）管辖权，彻底免除了纳税人的国际重复征税；②扣除法下，居住国政府没有放弃居民（公民）管辖权，但只是部分免除了纳税人的国际重复征税；③抵免法下，居住国政府既没有放弃居民（公民）管辖权，又彻底免除了纳税人的国际重复征税；④税收饶让法下，在抵免法的基础上，纳税人确实享受到了非居住国政府的税收优惠。

11.4 国际避税与反避税

国际避税是国内避税在地域范围的延伸。跨越国界的避税涉及了两个或两个以上国家的税收管辖权，因此也使其影响跨越了国界。不但影响有关国家的税收权益，而且对国际经济往来与发展，对跨国纳税人之间和国家之间的税收公平都产生了影响。

11.4.1 国际避税的判定

避税是指纳税人通过对个人或企业事务的安排，利用税法的漏洞、特例和缺陷，规避或减轻其纳税义务的行为。避税原本是一个中性的定义，指通过合法手段减轻纳税义务的行为。但后来避税的合法性为越来越多的国家政府所否定，认为是错用或滥用税法的行为。很多国家制定有反避税条例或规定，我国的税法也制定了反避税条款。

国际避税是指跨国纳税人利用两个或两个以上国家的税法和国际税收协定的差别、漏洞、特例和缺陷，规避或减轻其总纳税义务的行为。国际避税问题涉及两个或两个以上国家，比国内避税问题更复杂，矛盾更突出。国际避税有其存在的客观原因：一是各国税制存在着差异，如一些国家税负重，一些国家税负轻；二是并非所有国家都认为国际避税是需要打击的行为。避税在一些国家被认为就是逃税，而在另一些国家则被认为是合法合理的行为。

11.4.2 国际避税的方式

税收是国家对纳税人（纳税主体）和征税对象（纳税客体）进行的课征。因此要规避税收，就要避免成为纳税主体和纳税客体。国际避税的基本方式就是跨国纳税人通过借用或滥用有关国家税法、国际税收协定，利用它们的差别、漏洞、特例和缺陷，规避纳税主体和纳税客体的纳税义务，不纳税或少纳税。其基本方式和方法主要有以下几类。

1. 通过纳税人的国际转移进行避税

纳税人的国际转移，是指一个国家税收管辖权下的纳税人迁移出该国，成为另一个国家税收管辖权下的纳税人，或没有成为任何一个国家税收管辖权下的纳税人，以规避或减轻其总纳税义务的国际避税方式。例如，纳税人从高税国迁往低税国成为低税国的居民。

2. 纳税人不迁移进行国际避税

一般来说，纳税人要规避其纳税义务，就要设法迁移。但利用有关国家税法和税收协定的漏洞和缺陷，纳税人有时不迁移也可以规避或减轻其纳税义务。如纳税人虚假迁移其住所，即纳税人法律上已迁出了高税国，但实际上并没有在其他任何国家取得住所。如果一个高税国的纳税人有足够证据证明他不是这个国家的居民，而是另一个国家的居民，那么尽管实际上他是这个国家的居民，他的纳税义务还是可以减轻，甚至消除的。因为各个国家关于住所或居所的法律规定并不一样，法律解释也不相同，这使纳税人利用住所或居所的虚假迁移进行国际避税成为可能。

3. 通过征税对象的国际转移进行避税

征税对象的国际转移，是指一个国家税收管辖权下的征税对象转移出该国，成为另一个国家税收管辖权下的征税对象，或没有成为任何一个国家税收管辖权下的征税对象，以规避或减轻纳税人总纳税义务的国际避税方式。这类避税方式花样很多，非常复杂，例如，跨国公司可以通过关联企业之间的转让定价转移应税所得，从而避税。这是目前跨国公司在世界范围采取的一种非常重要的国际避税方法。其基本做法是：高税国企业向其低税国关联企业销售货物、提供劳务、转让无形资产、提供贷款时制定低价；低税国企业向其高税国关联企业销售货物、提供劳务、转让无形资产、提供贷款时制定高价。这样，跨国公司的利润就可以从高税国转移到低税国。

4. 不转移征税对象进行国际避税

利用有关国家税法和国际税收协定的漏洞和缺陷，有时不转移征税对象也可以规避或减轻税收负担，如改变企业的组织形式进行避税。不同性质的企业获得所得的性质也不同，不同性质的所得可能会有不同的税收待遇。通过企业组织形式的改变，也可达到避税目的。如作为总分公司，需要就其世界范围的所得合并计算征收所得税，而作为母子公司，是就各自的所得分别计算征收所得税。因此，利用企业组织形式的变化就可以在征税对象不进行国际转移的条件下规避税收。

5. 利用避税地进行国际避税

避税地亦称“避税港”，是指国际上轻税甚至无税的场所，即外国人可以在那里取得收入或拥有资产，而不必因之支付税金或只需支付少量税金的地方。这个场所或地方可以是一个国家，也可以是一个国家的某个地区。

避税地具有以下几个特点：①有明确的避税区域范围，大多数都是很小的国家和地区，甚至是很小的岛屿；②避税港的地理位置大多靠近实行高税的经济发达国家，交通方便，并便于形成脱离高税管辖的庇护地；③避税港提供的税收优惠形式、优惠内容及程度远远超过其他地区。避税港主要是从税务工作角度上对这类地区命名的。

目前，国际上共有350多个避税港，遍及75个国家和地区。其中国际上著名的避税港有拉丁美洲的巴哈马联邦、我国的香港等。当今世界上大体有3种类型的避税地：一种是没有所得税和一般财产税的国家和地区，这一类型的避税地常被称为“纯国际避税地”；第二种是完全放弃居民（公民）管辖权只行使地域管辖权的国家和地区；第三种是在按照各国惯例制定税法的同时，提供某些特殊优惠的国家和地区。

【案例 11-3】 国际避税操作举例。

1. 利用各国避免双重征税为跨国纳税人创造避税机会

某跨国纳税人A生活在甲国，属于甲国的居民。某纳税年度A在乙国工作，在该纳税年度内A在甲国和乙国取得的所得分别为30万美元和20万美元，甲、乙两国均行使居民税收管辖权，并以抵免法消除国际重复课税，甲国、乙国的所得税平均税率分别为40%和30%。那么A在某纳税年度内的应纳所得税为：在乙国的应纳税额6万美元（20万×30%）和在甲国的应纳税额14万美元（50万×40%－20万×30%），应纳税总额为20万美元；若A移居到乙国，其应纳所得税为：在甲国的应纳税额12万美元（30万×40%）加上在乙国的应纳税额6万美元（50万×30%－30万×30%），纳税总额为18万美元。由此可见，A为了规避高税国甲国的税负，将居所移到乙国，可有效减轻税负2万美元，达到了避税的目的。

2. 跨国公司常设机构之间用商品支付代替股息支付进行国际避税

甲国的跨国公司A公司在乙国拥有子公司B公司，B公司当年盈利3 000万元，按5%的固定股利率，年终应向A公司支付股息：3 000万元×5%＝150万元；对这部分股息，年终征收20%的所得税。为逃避这部分税收，B公司将400万元的商品以250万元（差额为股息收入）卖给了A公司，以代替股息支付。

若按正常支付股利时的税负，B公司应纳税额为150万元×20%＝30万元。

若B公司将商品以低价售给A公司，以商品代替股息支付时的税负，A公司从中获得与股息等值的回报，B公司因支付方式改变，且无盈利，既可避免所得税，又不必缴纳预提税。

11.4.3 国际反避税

国际反避税的措施主要有以下几个方面。

1. 防止通过纳税主体国际转移进行国际避税的一般措施

（1）对自然人利用移居国外的形式规避税收负担的限制。有的国家规定，必须属于“真正的”和“全部的”移居才予以承认，方可脱离与本国的税收征纳关系，而对“部分的”和“虚假的”移居则不予承认。如德国规定，纳税自然人虽已失去本国居民身份，但仍有经济联系的，应连续对其征收有关的所得税，视其为特殊的“非居民”。

（2）对法人利用变更居民或公民身份的形式规避税收负担的限制。有的国家对法人的国际转移给予有条件的允许。荷兰曾规定，准许本国企业在战时或其他类似灾害发生时迁移到荷属领地，而不作避税处理，但对于其他理由的迁移，一般认为是以避税为目的，而不予承认，仍连续负有纳税义务。法人居民身份的改变目前多数国家已按照“主要管理机构所在地”的原则掌握，有的国家并对“主要管理机构”的具体标准作了较详细的规定，但由于没有统一的口径，仍有一些漏洞存在。

2. 防止通过征税对象国际转移进行国际避税的一般措施

通过征税对象国际转移进行避税主要发生在国际关联企业之间。这些企业之间的财务收支活动、利润分配形式体现着“集团利益”的特征，因此，对这种避税活动给予限制，关键是应坚持“独立竞争”标准，即按照有关联的公司任何一方与无关联的第三方公司，各自以独立经济利益和相互竞争的身份出现，在相同或类似的情况下，从事相同或类似的活动所应承担或归属的成本、费用或利润来考查、衡量某个公司的利润是否正常，是否在公司之间发生了不合理的安排。凡是符合“独立竞争”标准的，在征税时就可以承认；否则，要按照这一标准进行调整，这样就可以达到防止避税的目的。

3. 转让定价调整

对关联企业之间销售货物或财产的定价问题，一直是防止国际避税的一个焦点。其中的一个关键环节是确定一个公平的价格，以此作为衡量纳税人是否通过转让定价方式，压低或抬高价格，规避税收。调整转让定价的方法主要有以下3种。

(1) 可比非受控价格法。也称不被控制的价格法，即比照没有任何人为控制因素的卖给无关联买主的价格来确定。

(2) 再售价格法。如无可比照价格，就以关联企业交易的买方将购进的货物再销售给无关联企业关系的第三方时的销售价格扣除合理的购销差价来确定。

(3) 成本加利法。对于无可比照的价格，而且购进货物经过加工有了一定的附加值，已不适用再销售价格法的情况，则采用以制造成本加上合理的毛利，按正规的会计核算办法组成价格的方法。

4. 防止利用避税地避税的措施

针对国际避税地的特殊税收优惠办法，一些国家从维护自身的税收权益出发，分别在本国的税法中相应作出规定，以防止国际避税发生。其中美国的防范措施规定最复杂，也最典型。例如，美国《国内收入法典》规定，只要在国外某一公司的“综合选举权”股份总额中，有50%以上分属于一些美国股东，而这些股东每人所持有的综合选举权股份又在10%以上时，这个公司就被视为被美国纳税人控制的外国公司，即外国基地公司。而且这个股权标准只要外国一家公司在一个纳税年度中的任何一天发生过，该公司当年就被视为外国基地公司。在上述条件下，凡按股息比例应归到各美国股东名下的所得，即使当年外国基地公司未分配，也均应计入各美国股东本人当年所得额中合并计税，这部分所得称为外国基地公司所得，共应缴外国税款可以获得抵免，以后这部分所得实际作为股息分配给美国股东时，则不再征税。外国基地公司所得应认定多少归为美国股东，有更具体的规定。这样规定的目的就是避免美国公司向国际避税地转移利润，长期积累所得进行避税。

5. 加强征收管理

如何有效地防止或限制国际避税，实际上需要从税收立法到征收管理全过程的协调。为了有效地反避税，许多国家从以下几个方面加强了征收管理，制定了比较严密的税收管理制度。

(1) 纳税申报制度。严格要求一切从事跨国经济活动的纳税人及时、准确、真实地向国家税务机关申报自己的所有经营收入、利润、成本或费用列支等情况，这是国际反避税的重要环节。许多国家在其立法中都特别规定纳税人对与纳税义务有关的事项，负有向税务机关报告和举证的义务，如果纳税人对税务机关的处理，提不出相反的证据，就应按照税务机关的决定执行。

(2) 会计审计制度。与纳税申报制度密切相关的是如何对跨国纳税人的会计核算过程及结果进行必要的审核，以检查其业务或账目有无不实、不妥以及多摊成本费用和虚列支出等问题。目前，许多国家都严格了对涉及外国公司会计业务的审计制度，一般都要求外国公司，特别是股份公司所申报的各类报表一律要经过公证会计师的审核，否则不予承认。

(3) 所得核定制度。许多国家采用假设或估计的方法确定国际纳税人的应税所得。征税可以基于一种假设或估计之上，这不是对税法的背弃，而是在一些特殊的情况下采取的有效办法。如在纳税人不能提供准确的成本或完税凭证，不能正确计算应税所得额时，可以由税务机关参照一定标准，估计或核定一个相应的所得额，然后据以征税。此举的目的多是避免跨国纳税人利用不准确的成本或费用避税，同时也可以简化征收手续。

11.5 国际税收协定

协调国家之间的税收利益，对国家的征税权加以约束，现已成为各国政府必须面对和解决的问题。国际税收协定就是在国际经济环境下产生和发展的。

11.5.1 国际税收协定的概念

所谓国际税收协定，是指两个或两个以上主权国家，为了协调相互间处理跨国纳税人征税事务方面的税收关系，本着对等原则，经由政府的谈判后所签订的一种书面协议。

国际税收协定按照参加国家的多少，可以分为双边和多边两类：凡由两个国家参加签订的协定，称为双边国际税收协定；凡由两个以上国家参加签订的协定，称为多边国际税收协定。按照涉及内容范围的大小，可以分为一般与特定两种形式：凡协定内容一般地适用于缔约国之间各种国际税收问题的，称为一般国际税收协定；凡协定内容仅仅适用于某项业务的特定税收问题的，则称为特定国际税收协定。以上这些国际税收协定，由有关国家政府之间谈判签订以后，还必须通过各自国家的正式批准，并经外交途径互换批准文件，然后方可生效。在协定有效期满后，只要原缔约国中任何一方经由外交途径发出终止通知，该协定即自动停止生效。在国际税收协定的整个有效期间内，缔约国有关各方，都必须对协定中的一切条款承担义务。任何一方的原有单方面规定，如有与协定内容相抵触的，必须按照协定的条款执行。

11.5.2 国际税收协定范本

国际税收协定产生初期，签订税收协定的国家比较少。进入 20 世纪以后，世界经济一体化的进程不断加快，越来越多的国家加入签订国际税收协定的行列。因此，迫切需要制定出国与国之间签订税收协定时可供参照和遵循的国际标准。国际税收协定范本就是在这种国际环境下产生的。国际税收协定范本的主要作用在于为各国签订税收协定提供一个规范性样本，为解决协定谈判过程中遇到的技术性难题提供有效的帮助。税收协定范本具有两个特征：一是规范化，可供签订国际税收协定时参照；二是内容弹性化，能适应各国的实际情况，可由谈判国家协商调整。目前较为重要的是 1977 年经合组织正式通过的《关于对所得和财产避免双重征税协定范本》和 1979 年联合国通过的《关于发达国家与发展中国家间避免双重征税协定范本》。经合组织和联合国这两个国际性税收协定范本是世界各国处理相互税收关系的实践总结，它们的产生标志着国际税收关系的调整进入了成熟的阶段。这两个范本主要包括以下几方面基本内容。

1. 征税权的划分与协定的适用范围

两个范本在指导思想上都承认优先考虑收入来源管辖权原则，即从源课税原则，由纳税人的居住国采取免税或抵免的方法来避免国际双重征税。但两个范本也存在重要区别：联合国范本比较强调收入来源地征税原则，分别反映发达国家和发展中国家的利益；经合组织范本较多地要求限制收入来源地原则。两个范本对协定的适用范围基本一致，主要包括纳税人的适用范围规定和税种的适用范围规定。

2. 常设机构的约定

两个范本都对常设机构的含义作了约定。常设机构是指企业进行全部或部分营业活动的固定场所，包括3个要点：第一，有一个营业场所，即企业设施，如房屋、场地或机器设备等；第二，这个场所必须是固定的，即建立了一个确定的地点，并有一定的永久性；第三，企业通过该场所进行营业活动，通常由公司人员在固定场所所在国依靠企业（人员）进行经济活动。明确常设机构含义的目的，是为了确定缔约国一方对另一方企业利润的征税权。常设机构范围确定的宽窄，直接关系居住国与收入来源国之间税收分配的多寡。经合组织范本倾向于把常设机构的范围划得窄些，以利于发达国家征税；联合国范本倾向于把常设机构的范围划得宽些，以利于发展中国家征税。

3. 预提税的税率限定

对股息、利息、特许权使用费等投资所得征收预提税的通常做法，是限定收入来源国的税率，使缔约国双方都能征到税，排除任何一方的税收独占权。税率的限定幅度，两个范本有明显的区别。经合组织范本要求税率限定很低，这样收入来源国征收的预提税就较少，居住国给予抵免后，还可以征收到较多的税收。联合国范本没有沿用这一规定，预提税限定税率要由缔约国双方谈判确定。

4. 税收无差别待遇

经合组织范本和联合国范本都主张平等互利的原则。缔约国一方应保障另一方国民享受到与本国国民相同的税收待遇。

(1) 国际无差别。即不能因为纳税人的国籍不同，而在相同或类似情况下，给予的税收待遇不同。

(2) 常设机构无差别。即设在本国的对方国的常设机构，其税收负担不应重于本国类似企业。

(3) 支付扣除无差别。即在计算企业利润时，企业支付的利息、特许权使用费或其他支付款项，如果承认可以作为费用扣除，不能因支付对象是本国居民或对方国居民，在处理上差别对待。

(4) 资本无差别。即缔约国一方企业的资本，无论全部或部分、直接或间接为缔约国另一方居民所有或控制，该企业的税收负担或有关条件，不应与缔约国一方的同类企业不同或更重。

5. 避免国际偷税、逃税

避免国际偷税、逃税是国际税收协定的主要内容之一。两个范本对这方面所采取的措施主要有以下两种。

(1) 情报交换。分日常情报交换和专门情报交换。日常的情报交换，是缔约国定期交换有关跨国纳税人的收入和经济往来资料。通过这种情报交换，缔约国各方可以了解跨国纳税人在收入和经济往来方面的变化，以正确地核定应税所得。专门的情报交换，是由缔约国的一方，提出需要调查核实的内容，由另一方帮助核实。

(2) 转让定价。为了防止和限制国际合法避税，缔约国各方必须密切配合，并在协定中确定各方都同意的转让定价方法，以避免纳税人以价格的方式转移利润、逃避纳税。

11.5.3 我国对外税收协定的发展

中国与有关国家处理经济交往中的税收关系起始于20世纪60年代，随着中国对外经济贸易的发展，国家间的税收问题开始摆到议事日程上来。1966年，中国政府同巴基斯坦政府签订了海运企业运输协定，其中包含了有关两国间海运税收问题，标志着中国同其他国家和地区通过协商解决双边税收问题的开始。自此以后，1973年和1974年又分别与前南斯拉夫、日本签订双方互免海运企业运输收入所得税和互免空运企业运输收入所得税的税收协定。1979年又同英国签订了关于互免空运企业运输收入所得税的税收协定。这一时期签订的税收协定涉及范围窄，内容是某一行业的专项协定。自1979年以后，中国实行了对外开放政策，为了吸引外资，在税收管理方面建立了具有中国特色的有关跨国经营的涉外税法体系。特别是1991年4月公布的《外商投资企业和外国企业所得税法》，实现了两个外资企业所得税法的统一。税法建设更加规范化，向与世界各国所得税一致性的目标前进了一大步。在完善国内涉外税制的同时，中国也积极开展对外缔结全面性的双边税收协定。从1981年9月起，中国首先同日本政府谈判税收协定问题，1983年9月6日在北京正式签署中日税收协定，协议中特别阐明了防止偷税漏税的问题。截至目前，中国已与110多个国家和地区签署了税收协定。通过签订税收协定促进了彼此之间的经济交流，促进了中国对外经济关系的更快发展。

1. 国际税收合作

近年来，我国在国际税收征管协作方面取得快速进展。2013年8月27日，我国签署了《多边税收征管互助公约》，成为该公约的第56个签约方，20国集团（G20）成员至此已全部加入这一公约。

1）我国税收情报交换

情报交换的类型包括专项情报交换、自动情报交换、自发情报交换以及同期税务检查、授权代表访问和行业范围情报交换等。

2）美国海外账户税收遵从法案

美国制定《海外账户税收遵从法案》（简称FATCA）的主要目的是追查全球范围内美国富人的逃避缴纳税款行为。美国公布以政府间合作方式实施FATCA的两种协议模式：模式一，通过政府开展信息交换，包括互惠型和非互惠型两种子模式；模式二，金融机构直接向美国税务机关报送信息。中美两国签署的是互惠型政府间信息交换协议。

3）OECD金融账户涉税信息自动交换标准

经合组织（OECD）参照美国的FATCA制定了《金融账户涉税信息自动交换标准》（standard for automatic exchange of financial account information，AEOI标准），标准由《主管当局协议范本》（model competent authority agreement，MCAA）和《统一报告标准》（common reporting standard，CRS）两部分内容组成。

MCAA是规范各国（地区）税务主管当局之间如何开展金融账户涉税信息自动交换的操作性文件，以互惠型模式为基础，分为双边和多边两个版本；CRS规定了金融机构收集和报送外国税收居民个人和企业账户信息的相关要求和程序。

在 G20 的大力推动下，目前已有 101 个国家（地区）承诺实施 AEOI 标准。按照 OECD 设定的时间表，英国、法国、德国、意大利等欧洲国家及开曼群岛等离岸金融中心（超过 51 个辖区）建立了早期实施小组，拟于 2017 年 9 月开展第一批金融账户涉税信息自动交换。2015 年 12 月，经国务院批准，国家税务总局签署了《金融账户涉税信息自动交换多边主管当局间协议》，为我国与其他国家（地区）间相互交换金融账户涉税信息提供了操作层面的多边法律工具。

按照时间表，我国境内金融机构从 2017 年 1 月 1 日起按照 AEOI 标准履行尽职调查程序，识别在本机构开立的非居民个人和企业账户，收集并报送账户相关信息，由国家税务总局定期与其他国家（地区）税务主管当局相互交换信息。我国首次对外交换非居民金融账户涉税信息的时间是 2018 年 9 月。

2. 非居民金融账户涉税信息尽职调查

为了履行《多边税收征管互助公约》和《金融账户涉税信息自动交换多边主管当局间协议》规定的义务，我国制定了《非居民金融账户涉税信息尽职调查管理办法》，自 2017 年 1 月 1 日起依法在中华人民共和国境内设立的金融机构开展非居民金融账户涉税信息尽职调查工作。

非居民金融账户是指在我国境内的金融机构开立或者保有的、由非居民或者有非居民控制人的消极非金融机构持有的金融账户。金融机构应当在识别出非居民金融账户之日起将其归入非居民金融账户进行管理。

金融机构应当于 2017 年 12 月 31 日前登录国家税务总局网站办理注册登记，并且于每年 5 月 31 日前按要求报送相关信息。

3. 国际税收合作新形式——税基侵蚀与利润转移行动计划

税基侵蚀与利润转移（base erosion and profit shifting，BEPS）是当前全球最热门的税务议题之一，是指跨国企业利用国际税收规则存在的不足，以及各国税制差异和征管漏洞，人为造成应税利润“消失”或将利润转移到没有或几乎没有实质经营活动的低税负国家（地区），从而最大限度地减少其全球总体的税负，甚至达到双重不征税的效果，造成对各国税基的侵蚀。

2017 年 6 月 7 日，中国国家税务总局局长和来自 67 个国家（地区）的代表出席了由经合组织举行的《实施税收协定相关措施以防止税基侵蚀和利润转移（BEPS）的多边公约》（以下简称《公约》）的联合签字仪式。《公约》发布于 2016 年底，旨在迅速修订双边税收协定以实施与税收协定相关的 BEPS 行动建议，共有 100 多个国家（地区）参与了谈判与磋商工作。《公约》的签署是税收协定发展历史上的一座重要里程碑，揭开了国际税收协定的新格局。中国的立场基本上采纳了多边工具中 BEPS 应对措施的最低标准条款（如防止协定滥用的主要目的测试规则和充分实施相互协商程序的要求），但选择不适用某些非强制性条款（如人为规避常设机构构成）。

多边工具包含了以下 4 项与税收协定相关的 BEPS 行动计划。

(1) 混合错配安排（行动计划 2）：旨在解决与税收透明实体、双重居民实体和适用免税法，以消除双重征税有关的税收协定问题。各税收管辖区可以选择不采用这一措施。

(2) 协定滥用（行动计划 6）：旨在要求采用反滥用协定以有效应对择协避税，这些规定如主要目的测试、简化版利益限制条款以及为享受协定待遇所设定的最低持有期限等要求。

本行动计划的最低标准是要求各税收管辖区采纳主要目的测试，而各税收管辖区可选择不采用简化版利益限制条款和其他反协定滥用要求。

(3) 常设机构（行动计划 7)：旨在对构成常设机构的判定设置更严格的规定以应对佣金代理人和类似安排，并修订特定活动豁免规定以及引入反拆分规定等。这一行动计划和行动计划 2 一样，各税收管辖区可以选择不采用。

(4) 改进争议解决（行动计划 14)：要求在税收协定中诚意地采用相互协商程序，并在相互协商程序中为有强制约束力的仲裁制度订立新标准。改进相互协商程序是强制性的，而各税收管辖区仍可以选择不采用有强制约束力的仲裁制度。

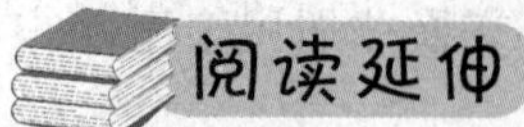

“恶性税收竞争的负面效应”可通过加阅平台阅读。

本章小结

随着各国经济活动国际化的发展，税收活动也出现了国际化的趋势，产生了国际税收问题。跨国纳税人的出现，使不同政府对同笔跨国收入的税收管辖权出现重叠，产生国际双重征税现象。如何消除和减轻对跨国纳税人国外所得的双重征税，是国际税收要解决的首要问题。世界各国政府采取各种措施减除国际重复征税，其中有单边方式，也有双、多边通过谈判和协议的方式来解决的。

随着国际经济交往的扩大和跨国活动的增加，国际避税已经成为国际税收领域一个普遍的现象。一方面，跨国公司追求利润最大化，尽一切可能避免税收负担；另一方面，各国间税收制度上存在着差异，客观上为跨国纳税人进行国际避税创造了条件。国际避税不仅减少了国家的财政收入，而且破坏了公平税负原则，各国政府应当采取相应措施，杜绝跨国纳税人的避税行为。

为了协调国家之间的税收利益，对国家的征税权加以约束，国家间更好地配合以达到反避税的目的，国际税收协定应运而生。广义的国际税收协定涉及的内容广泛，包括双边协定与多边协定、一般协定与特定协定等多种类型。现行的两个重要的国际税收协定范本——经合组织范本和联合国范本是当前被世界各国普遍接受的两大税收范本。

练习与思考题

一、单项选择题

1. 间接抵免法适用于（ ）。

A. 经济性重复征税　　B. 法律性重复征税

C. 税制性重复征税　　D. 社会性重复征税

2. 关于税收抵免与税收饶让的叙述，不正确的是（ ）。

A. 税收抵免是解除国际重复征税最彻底的一种方法，而国际税收饶让并非如此

B. 前者的抵免额是实际已纳外国政府税收，后者却并不是真正缴纳的外国政府税收

C. 前者目的是避免国际重复征税，后者目的是使来源国给予外资的税收优惠落到实处

D. 前者是单方面的规定，后者通过双方协议才能实现